EDEXCEL A LEVEL Includes AS

SPANISH

SIMON BAREFOOT
DAVID MEE
MÓNICA MORCILLO LAIZ
MIKE THACKER

DYNAMIC LEARNING

HODDER EDUCATION
AN HACHETTE UK COMPANY

In order to ensure that this resource offers high-quality support for the associated Pearson qualification, it has been through a review process by the awarding body. This process confirms that this resource fully covers the teaching and learning content of the specification or part of a specification at which it is aimed. It also confirms that it demonstrates an appropriate balance between the development of subject skills, knowledge and understanding, in addition to preparation for assessment.

Endorsement does not cover any guidance on assessment activities or processes (e.g. practice questions or advice on how to answer assessment questions), included in the resource nor does it prescribe any particular approach to the teaching or delivery of a related course.

While the publishers have made every attempt to ensure that advice on the qualification and its assessment is accurate, the official specification and associated assessment guidance materials are the only authoritative source of information and should always be referred to for definitive guidance.

Pearson examiners have not contributed to any sections in this resource relevant to examination papers for which they have responsibility.

Examiners will not use endorsed resources as a source of material for any assessment set by Pearson.

Endorsement of a resource does not mean that the resource is required to achieve this Pearson qualification, nor does it mean that it is the only suitable material available to support the qualification, and any resource lists produced by the awarding body shall include this and other appropriate resources.

The publisher would like to thank Mike Thacker for his excellent work as development editor of this title, Emma Díaz Fernández for her work on the film and literature section and Helena González Florido and Melody Valois for their hard work reviewing this book.

Hachette UK's policy is to use papers that are natural, renewable and recyclable products and made from wood grown in sustainable forests. The logging and manufacturing processes are expected to conform to the environmental regulations of the country of origin.

Orders: please contact Bookpoint Ltd, 130 Milton Park, Abingdon, Oxon OX14 4SB. Telephone: (44) 01235 827720. Fax: (44) 01235 400454. Email education@bookpoint.co.uk

Lines are open from 9 a.m. to 5 p.m., Monday to Saturday, with a 24-hour message answering service. You can also order through our website: www.hoddereducation.co.uk

ISBN: 978 1 4718 5831 4

© Simon Barefoot, David Mee, Mónica Morcillo Laiz and Mike Thacker 2016

First published in 2016 by

Hodder Education,
An Hachette UK Company
Carmelite House
50 Victoria Embankment
London EC4Y 0DZ

www.hoddereducation.co.uk

Impression number   10 9 8 7 6 5 4 3 2 1

Year   2020 2019 2018 2017 2016

All rights reserved. Apart from any use permitted under UK copyright law, no part of this publication may be reproduced or transmitted in any form or by any means, electronic or mechanical, including photocopying and recording, or held within any information storage and retrieval system, without permission in writing from the publisher or under licence from the Copyright Licensing Agency Limited. Further details of such licences (for reprographic reproduction) may be obtained from the Copyright Licensing Agency Limited, Saffron House, 6–10 Kirby Street, London EC1N 8TS.

Cover photo reproduced by permission of Robert Harding World Imagery/Alamy

Typeset by Lorraine Inglis

Printed in Italy

A catalogue record for this title is available from the British Library.

CONTENTS

Maps	6
About the AS and A-level exams	8
How this book works	10

Tema 1: La evolución de la sociedad española

Unidad 1 Los cambios en la estructura familiar — 13
1.1	Diversidad en los modelos de familia	14
1.2	¿Vivir juntos o casarse?	18
1.3	El casado casa quiere	22

Unidad 2 El mundo laboral — 27
2.1	Jóvenes con ganas de trabajar	28
2.2	Ojalá me renueven el contrato…	32
2.3	Mujeres que hacen malabarismos	36

Unidad 3 El impacto turístico en España — 41
3.1	El gigante turístico se transforma… 50 años de cambios	42
3.2	Turismo, ¿todos ganamos?	46
3.3	Lo que nos ha dejado el turismo…	50

Tema 2 La cultura en el mundo de habla española

Unidad 4 La música — 55
4.1	El papel de los cantantes y músicos	56
4.2	La guitarra española: música popular y clásica	60
4.3	'Tiene olor a vida… tiene gusto a muerte': la evolución del tango en Argentina y Uruguay	64
4.4	¡A bailar!	68

Unidad 5 Los medios de comunicación — 73
5.1	Televisión, telebasura, telenovelas, y teleadictos	74
5.2	La prensa ha muerto… ¡viva la prensa!	78
5.3	¡Sígueme en Facebook!	82

Unidad 6 El papel de las costumbres y las tradiciones — 87

- 6.1 ¡Qué rico! La importancia de las tradiciones gastronómicas en España — 88
- 6.2 ¡Vamos de fiesta… o de carnaval! — 92
- 6.3 Tradiciones gastronómicas y fiestas en Hispanoamérica: ¡a chuparse los dedos! — 96
- 6.4 Fiestas religiosas en España: ¿espectáculos sagrados o excusas para ir de marcha? — 100

Literatura y cine

1. *Bodas de sangre* [play] — 106
2. *Como agua para chocolate* [novel] — 108
3. *El coronel no tiene quien le escriba* [novel] — 110
4. *La casa de Bernarda Alba* [play] — 112
5. *Nada* [novel] — 114
6. *Réquiem por un campesino español* [novel] — 116
7. *El laberinto del fauno* [film] — 118
8. *La lengua de las mariposas* [film] — 120
9. *Diarios de motocicleta* [film] — 122
10. *Mar adentro* [film] — 124
11. *Volver* [film] — 126
12. *Crónica de una muerte anunciada* [novel] — 128
13. *El túnel* [novel] — 130
14. *La casa de los espíritus* [novel] — 132
15. *Modelos de mujer* [short stories] — 134
16. *Machuca* [film] — 136
17. *Todo sobre mi madre* [film] — 138
18. *Voces inocentes* [film] — 140

Writing an AS essay — 142
Writing an A-level essay — 144

Online works (www.hoddereducation.co.uk/mfl-film-and-literature)

19. *Primera memoria* [novel]
20. *La misma luna* [film]
21. *También la lluvia* [film]
22. *Eva Luna* [novel]
23. *Ficciones* [short stories]
24. *La historia oficial* [film]
25. *Las trece rosas* [film]

Tema 3: La inmigración y la sociedad multicultural española

Unidad 7 El impacto positivo de la inmigración en la sociedad española — 147

- 7.1 España como destino migratorio — 148
- 7.2 Nos faltan deportistas y marinos — 152
- 7.3 ¡Gracias por los deliciosos postres árabes! — 156

Unidad 8   Los desafíos de la inmigración y de la integración en España — 161
  8.1   Aprendemos gracias a las diferencias — 162
  8.2   'Lo siento… Ya está alquilado' — 166
  8.3   Inmigrantes. ¿Por qué tratarlos así? — 170

Unidad 9   La reacción pública y social a la inmigración — 175
  9.1   Las vidas detrás de las políticas de inmigración — 176
  9.2   Y tú, ¿qué opinas de la inmigración? — 180
  9.3   La España plural del futuro — 184

Investigación y presentación
  1   ¡Vamos a decidir! — 190
  2   Nos organizamos — 192
  3   Nos preparamos para la presentación — 194

Tema 4: La dictadura franquista y la transición a la democracia

Unidad 10   La Guerra Civil y el ascenso de Franco — 197
  10.1   Franco al mando… después de pensárselo mucho — 198
  10.2   La Guerra Civil: España dividida — 202
  10.3   Los horrores de la Guerra Civil y su resultado — 206

Unidad 11   La dictadura franquista — 211
  11.1   Patria, religión y orden — 212
  11.2   Bajo el control franquista desaparece la prensa libre — 216
  11.3   Las 'dos Españas' — 220

Unidad 12   El paso de la dictadura a la democracia — 225
  12.1   Se acerca la democracia… ¡y también el peligro! — 226
  12.2   Adolfo Suárez: de la dictadura a la democracia en un par de saltos — 230
  12.3   Año 1977: primeras elecciones democráticas desde 1936 — 234
  12.4   A tiro de piedra de la sociedad española de hoy — 238

Repaso de los temas 1 y 2

Unidad 13   Profundicemos en los temas 1 y 2 — 243
  13.1   Día del Orgullo Gay — 244
  13.2   El mundo del trabajo: dos extremos — 248
  13.3   ¿Volver a empezar?: el reto para el turismo español — 252
  13.4   Los espacios virtuales son de los jóvenes — 256

Grammar — 261

Index of strategies — 311

Los países hispanohablantes en las Américas

Clave
- Español como lengua oficial
- Español como lengua comúnmente usada

España — la península y las islas

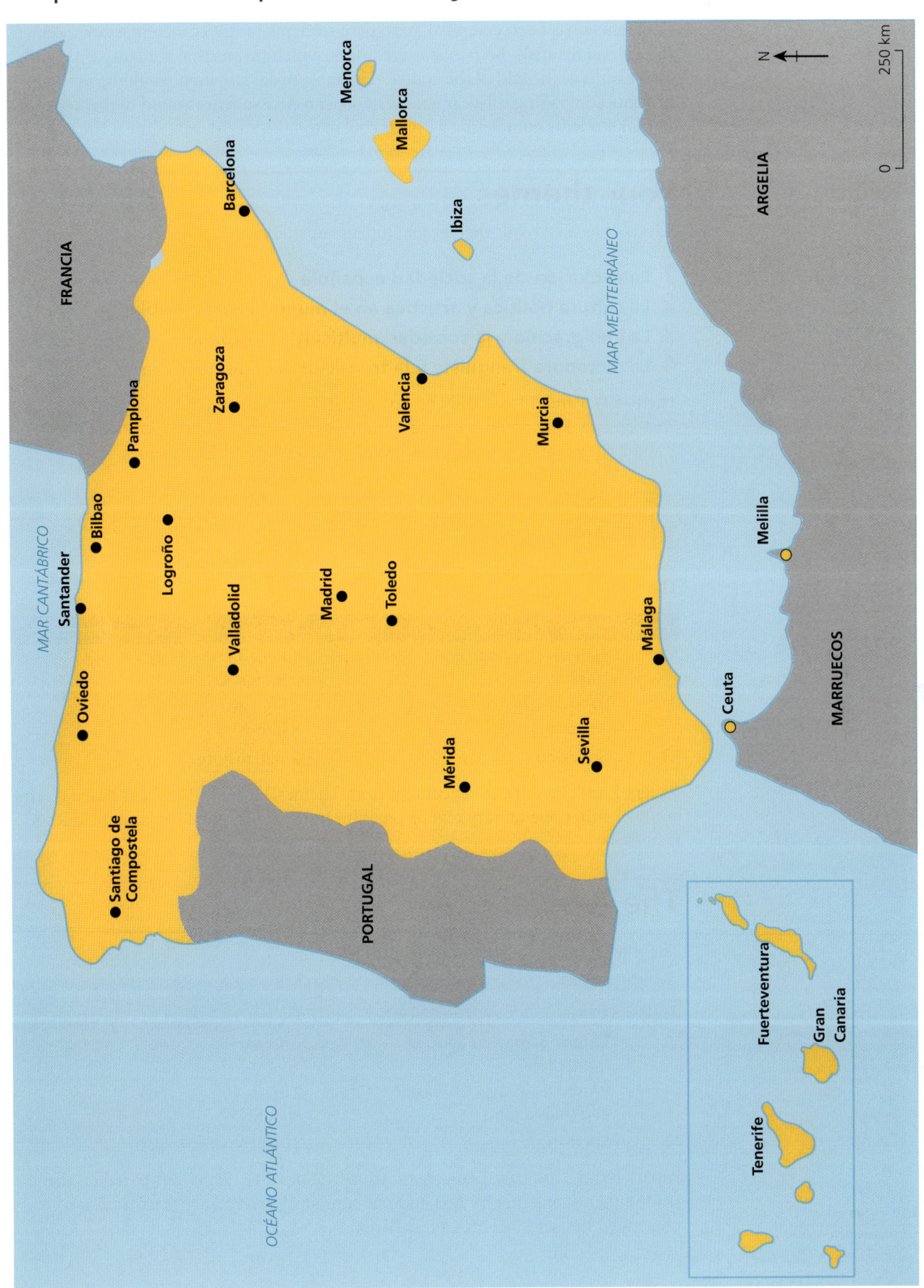

About the AS and A-level exams

This course has been compiled to prepare students for two different exams, AS and A-level Spanish. Both exams are linear, which means that students will sit all their exams at the end of the course. The most usual situation would be for students completing a 1-year course to take an AS exam at the end of their course, and for students completing a 2-year course to take an A-level exam at the end.

Four themes

Edexcel has listed four themes for students to study:

1 La evolución de la sociedad española
2 La cultura política y artística en el mundo hispanohablante
3 La inmigración y la sociedad multicultural española
4 La dictadura franquista y la transición a la democracia

Themes 1, 3 and 4 focus only on Spain, but Theme 2 is set in the context of any Spanish-speaking countries or communities. AS students will only study Themes 1 and 2. If you are studying for A-level you will study all four themes.

The AS exam

The AS exam consists of three papers:

Paper	Skills	Marks	Timing	Proportion of AS
1	Listening, reading and translation	64	1 hour 45 minutes	40%
2	Written response to works and translation	60	1 hour 40 minutes	30%
3	Speaking	72	27–30 minutes	30%

Papers 1 and 3 are based on content from Themes 1 and 2. Paper 2 is based on the study of either one literary text *or* one film from a prescribed list, and includes a translation.

The A-level exam

The A-level exam consists of three papers:

Paper	Skills	Marks	Timing	Proportion of A-level
1	Listening, reading and translation	80	2 hours	40%
2	Written response to works and translation	120	2 hours 40 minutes	30%
3	Speaking	72	21–23 minutes	30%

Papers 1 and 3 are based on content from Themes 1–4. Paper 2 is based on the study either of one literary text and one film *or* of two literary texts from a prescribed list, and includes a translation.

In this course, each of these themes has been divided into a series of units which correspond to the Edexcel sub-themes. For more details see the Contents (pages 3–5).

Grammar

The grammar lists for AS and A-level Spanish are very similar, but there are a few more sophisticated grammar points that you only need to study at A-level. For details about which grammar points only need to be studied at AS, please refer to the Edexcel specification. The grammar points are introduced and practised throughout the course. For the complete list of grammar points covered in this book, refer to the grammar index on page 261.

Literary texts and films

In the middle of this book is a section that offers a taster spread on most of the films and texts in the specification. You can find spreads on the other works in the specification by visiting www.hoddereducation.co.uk/mfl-film-and-literature. Some of the works can be studied only at A-level. Please refer to the Edexcel specifications for the prescribed lists for AS and A-level.

More information about the AS and A-level exam papers

Access to a dictionary is not allowed.

Paper 1

In this exam you will be expected to listen and respond to spoken passages from a range of contexts from the themes (two themes for AS and four for A-level) with all questions in Spanish. The reading and listening passages in this book offer you plenty of practice at this type of task. You will also be asked to carry out a short translation from Spanish to English.

Paper 2

At the beginning of the AS exam only, there is a translation of a series of sentences from English to Spanish. This is followed by an essay of 275–300 words based on a literary work or a film. For each work, there are two questions to choose from, each requiring a critical response about aspects such as the key issues covered, the characters, or other stylistic features appropriate to the work studied. Bullet points are given for guidance with structuring the essay and deciding which features to discuss.

The A-level exam requires two essays, each about 275–350 words, based on either two literary texts or one text and one film. These essays require a critical and analytical response, and students structure their own essays and decide how best to respond to the question.

Paper 3

At AS, Paper 3 consists of two discussion tasks:
- In task 1 you respond to two short texts from Theme 1 followed by a wider discussion on the theme. This should take 7–9 minutes.
- Task 2 is a discussion from Theme 2 and lasts 5–6 minutes. You have a choice from two sub-themes for this task.

You have 15 minutes to prepare for both tasks. You may make notes during this time.

At A-level, Paper 3 consists of two different types of task:
- Task 1 is a discussion on a sub-theme (from a choice of two). This should last 6–7 minutes. You have 5 minutes of preparation time.
- Task 2 is in two parts. Part 1 is the presentation of your research (no more than 2 minutes). Part 2 is a wider discussion about your research and should last 8–9 minutes.

How this book works

How the units and sub-units work

Each of the four Edexcel themes (see p. 8) is divided into three units. The topics covered by Units 1–12 are determined by the exam board. If you are studying for AS, you need to refer only to the material up to the end of Unit 6. If you are studying for A-level, all 12 units are relevant. To see at a glance what is included in each one, refer to the contents pages (pp. 3–5). Each unit is further divided into three or four sub-units. A sub-unit contains two spreads, as shown in a typical example below.

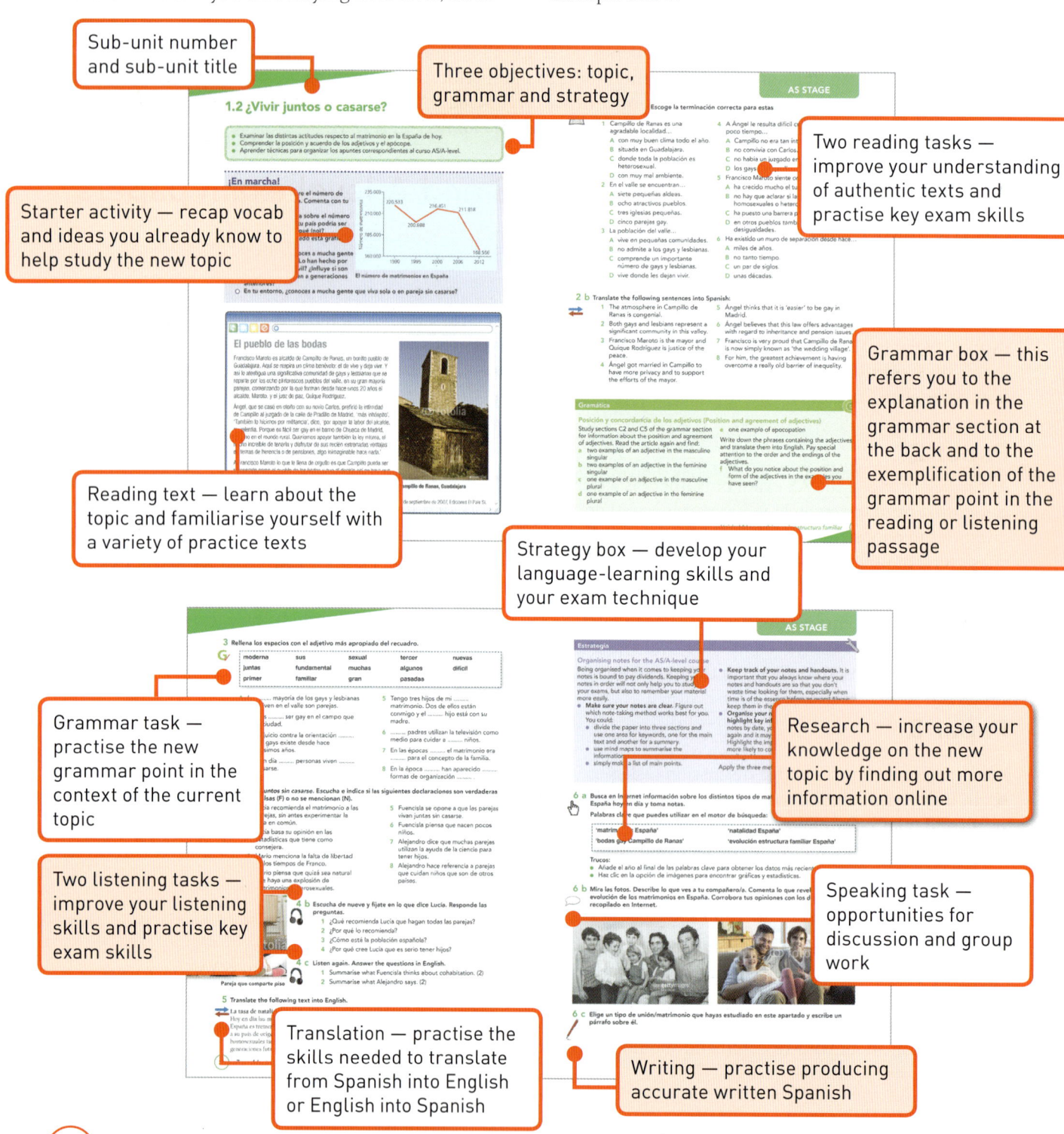

- Sub-unit number and sub-unit title
- Three objectives: topic, grammar and strategy
- Two reading tasks — improve your understanding of authentic texts and practise key exam skills
- Starter activity — recap vocab and ideas you already know to help study the new topic
- Reading text — learn about the topic and familiarise yourself with a variety of practice texts
- Grammar box — this refers you to the explanation in the grammar section at the back and to the exemplification of the grammar point in the reading or listening passage
- Strategy box — develop your language-learning skills and your exam technique
- Grammar task — practise the new grammar point in the context of the current topic
- Research — increase your knowledge on the new topic by finding out more information online
- Two listening tasks — improve your listening skills and practise key exam skills
- Speaking task — opportunities for discussion and group work
- Translation — practise the skills needed to translate from Spanish into English or English into Spanish
- Writing — practise producing accurate written Spanish

Contents

What is Unit 13 for?

This is a revisiting unit. If you are taking an A-level exam, you will need to revise Units 1–6, which you studied in your first year. Since then, your language level will have improved, so Unit 13 is based on the same themes as Units 1–6 but at a more sophisticated level.

Literature and film section

This section is devoted to the study of literature and film and is divided into 18 taster spreads covering the majority of the literary works and films listed in the Edexcel specification. For the AS exam you need to study just one film *or* book, while for the A-level exam, you need to study one book *and* one film, or two books.

Although you need to study just one or two titles in detail (depending on whether you are taking the AS or the A-level exam), there are many advantages to familiarising yourself with the other titles on the Edexcel list.

One important way to improve your language is to increase your exposure to authentic Spanish, and what better way to do it than watching Hispanic films and reading Hispanic books. As you probably will not have time to study all the works on the list, why not work your way through the tasters and decide which ones you are interested in?

As you work your way through the tasters, you will gain useful practice in AS- and A-level-style comprehension questions on reviews, articles and interviews on the different works. You will also be introduced to different strategies that help you to develop techniques for criticising and analysing novels, plays and films.

Research and presentation section

This section is for A-level candidates only. The aim of the section is to help you with your individual research project, which you have to present and discuss as part of your oral exam. It gives you some ideas about:

- the sort of subjects you might like to research
- how to go about the research
- organising the information into a coherent presentation
- preparing yourself for this part of your oral exam

Should I work through the book in order?

It is not essential because the book is organised in stages of learning. Each sub-unit or spread is pitched at a certain stage of learning.

If you are in year 12, you are likely to concentrate on the first two stages of learning: Transition from GCSE and AS. If you are continuing to A-level, you will be working from the second half of the book, where most of the sub-units are pitched at the two higher stages of learning: A-level and Extension. Note that the stage of learning does not reflect which exam the content will appear in. For example, you will find some sub-units at the AS stage of learning in Themes 3 and 4 which are only assessed at A-level.

The books and films have been separated into AS and A-level stages of learning to offer a variety of levels of difficulty in the film and literature section.
See the Edexcel specification for details of which works can be studied at A-level only.

TRANSITION STAGE

A-LEVEL STAGE

AS STAGE

EXTENSION STAGE

How this book works 11

What do the different icons mean?

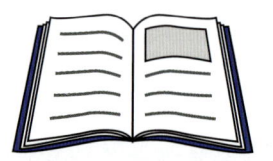

This reading task is one of two based on the accompanying text. Usually one of these tasks is similar to the sort of reading questions you can expect to find in the exam. The other task helps you with your language learning, e.g. by helping you to familiarise yourself with new topic vocabulary.

These tasks also come in pairs and they indicate that you need to access the audio recording to carry out the task (available as a digital file in Dynamic Learning or in your Student eTextbook). At least one of the tasks is of the sort you can expect to find in the exam. Transcripts are also provided in Dynamic Learning and are useful for follow-up tasks.

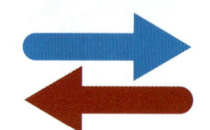

This involves a translation either from Spanish to English or from English to Spanish. The length and complexity of these passages is similar to those in the AS and A-level exams. There is at least one of each sort per unit.

This indicates an opportunity for discussion, which might be with a partner, a group or with the whole class. You need to get used to explaining information, weighing up points of view, giving your own thoughts and justifying them in order to prepare yourself for your oral exam.

As you work through the different themes, you are not asked to write essays. This is because the only essays you have to write in the exam are based on literary works and films. Most of the times you see this icon, you are asked to produce a paragraph about the topic you have just studied. These paragraphs will provide useful revision material. Check each one carefully for accuracy each time.

This indicates some grammar information or a grammar task. Each grammar box or activity focuses on one or two grammar points for you to learn or revise in order to be confident before you take the exam.

Strategies are the essential tools you need to use to be an effective language learner. This icon indicates strategy boxes and tasks throughout to help you improve your skills such as memorising vocabulary, pronunciation, revision and many more.

Every unit contains suggestions for online research. Don't forget to use Spanish search engines so that you find authentic information from Spanish websites. This enables you to supplement what you learn from this book with the most up-to-date information available.

Contents

Unidad 1

Los cambios en la estructura familiar

1.1 Diversidad en los modelos de familia
1.2 ¿Vivir juntos o casarse?
1.3 El casado casa quiere

Theme objectives

In this unit you will study ways in which:
- different types of family exist in modern-day Spain
- different attitudes to marriage exist in Spain today
- different situations exist that may threaten family environments

The content in this unit is assessed at AS and A-level.

Grammar objectives

You will study and practise the following grammar points:
- regular and irregular verbs in the present tense, including radical-changing verbs
- the position and agreement of adjectives, including apocopation
- reflexive verbs in several tenses

Strategy objectives

You will develop the following strategies:
- using paper and online bilingual and monolingual dictionaries
- organising notes for the AS/A-level course
- memorising vocabulary

1.1 Diversidad en los modelos de familia

- Estudiar y comparar los diferentes tipos de familia que existen en la España de hoy.
- Usar el presente de los verbos regulares e irregulares (incluidos los que cambian de raíz).
- Aprender a usar diccionarios bilingües y monolingües en papel y en línea.

¡En marcha!

1 a Anota todo el vocabulario que recuerdes sobre la familia. Completa tu lista con las palabras que recuerda tu compañero/a.

1 b Ahora lee los datos del Instituto de Política Familiar. Coméntalos con tu compañero/a y decide si coinciden con vuestra idea de cómo son las familias españolas.

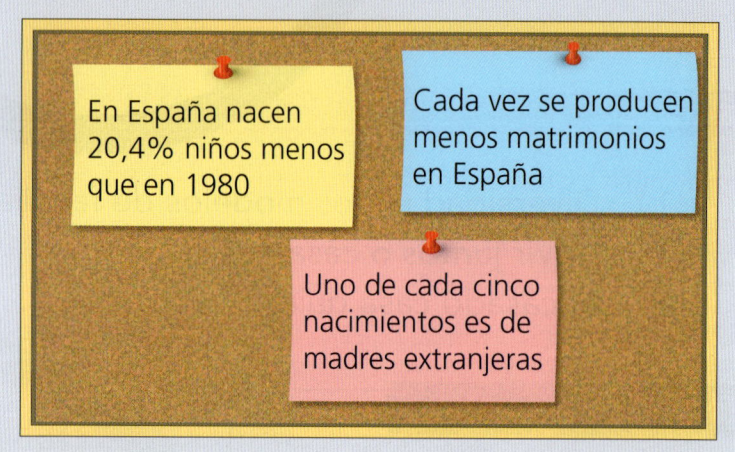

> En España nacen 20,4% niños menos que en 1980

> Cada vez se producen menos matrimonios en España

> Uno de cada cinco nacimientos es de madres extranjeras

Nuevos esquemas familiares

Compañeros de piso viendo la tele

Casa 1 (Valencia): Antonio y Carlos, novios, ocupan un cuarto en un piso compartido de tres habitaciones. El segundo es de otra pareja (Juan y Marta, ecuatorianos que acaban de terminar la carrera) y el tercero de Inés (que está separada) y de su hija María.

Casa 2 (Bilbao): Míriam y Jorge han alquilado un piso, porque Míriam tenía que mudarse allí por trabajo. Ahora viven lejos de donde crecieron y de sus padres, quienes con frecuencia les echaban una mano para cuidar de sus dos hijos.

Casa 3 (Puerto de Santa María, Cádiz): En este chalet encontramos a Pedro y Milagros con sus tres hijos. Bueno, las dos chicas son de Pedro de su anterior relación, y el niño es del breve matrimonio que tuvo Milagros. Las negociaciones dictan la vida familiar para ver a quién le toca quedarse con los hijos.

Casa 4 (Madrid): A Sebastián y Marisol, treintañeros, les cuesta 800 euros una diminuta buhardilla. Con sus bajos ingresos y una vida sencilla, sonríen y se aprietan el cinturón y demuestran que se puede ser feliz así. ¿Hijos? No, un lujo al que ni pueden ni quieren aspirar.

Tema 1 La evolución de la sociedad española

TRANSITION STAGE

2 a Lee el artículo sobre los distintos modelos de familia en España. Localiza las palabras o expresiones en español que se corresponden con las siguientes, y comprueba tus respuestas en un diccionario bilingüe. Consulta las recomendaciones del recuadro de Estrategia.

1 boyfriends
2 couple
3 rented
4 move
5 grew up
6 gave them a hand

Lee otra vez el artículo. Escribe en inglés el significado de las siguientes palabras en ese contexto. Luego escribe su definición en español utilizando un diccionario monolingüe.

7 cuidar
8 buhardilla
9 ingresos

Estrategia

Using paper and online bilingual and monolingual dictionaries

You are not allowed to use a dictionary in your exam, but you will need one to help you prepare for it! Whether using a bilingual or monolingual dictionary, on paper or online:

- **Learn the abbreviations.** These will inform you about, e.g. the gender of the word, the kind of word it is, the field it belongs to, etc.
- **Understand the guide to pronunciation** [usually inside two slashes (/ /)]. This will help you pronounce the word correctly. An advantage of some online dictionaries is that you can listen to the word being pronounced.
- **Read the definition or translation**: The most common meaning is normally placed first. Keep in mind the context to help you work out which definition or translation is most likely to be the correct one.

2 b Cuatro de las siguientes declaraciones son correctas. ¿Cuáles son?

1 Antonio y Carlos tienen una relación amorosa.
2 María vive con su abuela y su tía.
3 Antes los abuelos ayudaban a Míriam y a Jorge con los hijos.
4 Pedro y Milagros han tenido tres hijos juntos.
5 Hay tres hijos que viven juntos, pero no son todos de los mismos padres.
6 No hay parejas jóvenes que no vivan con sus padres.
7 Sebastián y Marisol están contentos, aunque no tienen mucho dinero.
8 Tener hijos está en los planes inmediatos de esta pareja treintañera.

2 c Corrige las declaraciones incorrectas en 2b, para que sean verdaderas.

Unidad 1 Los cambios en la estructura familiar

Gramática

Verbos regulares e irregulares, y los cambios de raíz en el presente (Regular, irregular and radical-changing verbs in the present tense)

Study sections G1 and G19 of the grammar section. Find the following verbs in the present tense in the article on page 14:
a four regular verbs
b four irregular verbs
c four radical-changing verbs

Copy out the phrases containing the examples and translate them into English.
d Can you describe what happens to the root of the verb in some cases?

3 De las tres formas verbales, elige la correcta.

1 Mis abuelos [*tienen/tengo/tenemos*] ideas anticuadas sobre el tema del matrimonio.

2 En mi familia [*somos/son/sois*] cuatro personas: mis padres, Carmen y yo.

3 Cada vez que mi hermano Roque y yo [*pido/piden/pedimos*] información sobre la vida bajo Franco, mis padres se callan.

4 Sofía [*recuerda/recordamos/recuerdas*] a su padre como un hombre muy generoso.

5 Me [*siento/sentís/sientas*] triste cuando veo a mis padres discutiendo.

6 Pablo [*duermes/duerme/dormimos*] mal porque tiene problemas matrimoniales.

7 Mariluz y Sara, ¿por qué [*piensas/piensan/pensáis*] que vuestra abuela no os va a ayudar?

8 Si no [*volveís/vuelven/vuelves*] a casa antes de medianoche, no saldrás el fin de semana.

4 a *La vida cotidiana de Laura.* Escucha a Laura, que está hablando con Carmen sobre su vida desde que se separaron sus padres. Escoge la terminación correcta para estas frases.

1 Los padres de Laura se separaron hace…
   A siete años.
   B unas semanas.
   C tres años.
   D dos semanas.

2 Laura cambia de domicilio…
   A cada tres días.
   B todas las semanas.
   C cada dos días.
   D los fines de semana.

3 A Laura le ha resultado difícil habituarse a…
   A ir a otro colegio.
   B tener otros horarios.
   C no ver a sus hermanos.
   D no vivir siempre en el mismo sitio.

4 La madre de Laura no la ayuda…
   A con las tareas de la casa.
   B a ordenar sus juguetes.
   C con los deberes.
   D a leer los libros de su padre.

5 El padre de Laura…
   A hace actividades divertidas con ella.
   B nunca escucha a su novia.
   C le deja llevar amigos a casa.
   D la regaña mucho.

6 El padre de Laura la lleva a un museo…
   A raramente.
   B el sábado o el domingo.
   C después del cole.
   D siempre que se lo pide.

Tema 1 La evolución de la sociedad española

4 b Escucha de nuevo y responde las preguntas.

1. ¿Qué pasó hace tres años?
2. ¿Qué acordaron respecto a cuándo ver a su hija?
3. ¿Está Laura totalmente satisfecha con su vida ahora? ¿Por qué (no)?
4. ¿Qué diferencias ha notado Laura en el comportamiento de sus padres? (2)
5. ¿Qué no le gusta a Laura cuando está con su madre? (2)
6. ¿Qué hace Laura cuando está con su padre? (3)
7. ¿Qué no le gusta a Laura cuando está con su padre?
8. ¿Por qué no le deja su padre invitar a amigos?

Laura lo pasa mal

5 Translate the following text into English.

El cuidado infantil en España

Hoy en día muchas parejas no tienen más de dos hijos. De hecho, hay una cantidad sorprendente de hijos únicos. En parte se debe a que a menudo hace falta tener dos sueldos para mantener a la familia. Papá y mamá trabajan fuera de casa por lo que son otras personas las que se ocupan del cuidado de los hijos durante muchas horas: guardería, empleada doméstica, abuelos, etc. Los niños tienen que adaptarse a la ausencia de sus padres.

6 a Trabaja con tu compañero/a. Formula las siguientes preguntas y compara las opiniones.

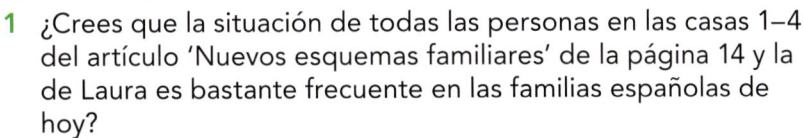

1. ¿Crees que la situación de todas las personas en las casas 1–4 del artículo 'Nuevos esquemas familiares' de la página 14 y la de Laura es bastante frecuente en las familias españolas de hoy?
2. ¿Son diferentes estos modelos familiares a los de tu país? Si es así, ¿en qué crees que se diferencian?
3. ¿Opinas que todos estos cambios en el modelo tradicional de la familia española han sido para bien o para mal? ¿Por qué?

6 b Comenta con tu compañero/a:

- ¿Existe todavía la familia tradicional española, basada en el matrimonio (heterosexual y, normalmente, por la Iglesia)?
- ¿Qué opinas de que las parejas gay tengan derecho a casarse?
- ¿Crees que la variedad de unidades familiares, no siempre basadas en el matrimonio, suponen una evolución positiva o negativa para España?

6 c Esribe un párrafo sobre lo que has aprendido sobre la diversidad de las familias españolas.

- Repásalo para asegurarte de que es correcto.
- Intercámbialo con el de tu compañero/a.
- Corrige los errores que encuentres.
- Coméntalos con tu compañero/a para ver si está de acuerdo.
- Compara las distintas impresiones sobre el contenido del párrafo.

1.2 ¿Vivir juntos o casarse?

- Examinar las distintas actitudes respecto al matrimonio en la España de hoy.
- Comprender la posición y acuerdo de los adjetivos y el apócope.
- Aprender técnicas para organizar los apuntes correspondientes al curso AS/A-level.

¡En marcha!

1 Observa la gráfica sobre el número de matrimonios en España. Comenta con tu compañero/a:
- ¿Crees que la gráfica sobre el número de matrimonios en tu país podría ser similar a esta? ¿Por qué (no)?
- ¿Cómo habrá cambiado esta gráfica dentro de 10 años?
- En tu entorno, ¿conoces a mucha gente que se ha casado? ¿Lo han hecho por la iglesia o por lo civil? ¿Influye si son jóvenes o pertenecen a generaciones anteriores?
- En tu entorno, ¿conoces a mucha gente que viva sola o en pareja sin casarse?

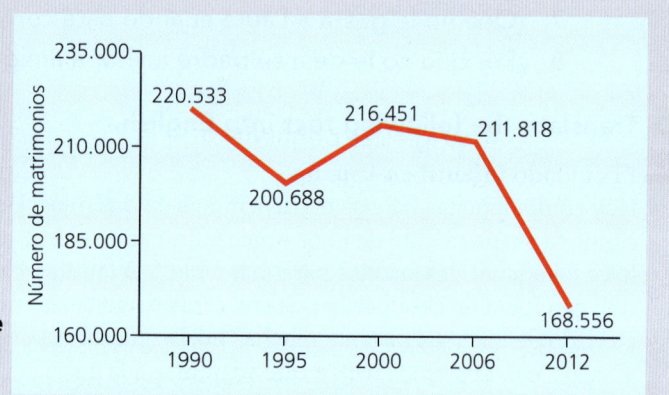

El número de matrimonios en España

El pueblo de las bodas

Francisco Maroto es alcalde de Campillo de Ranas, un bonito pueblo de Guadalajara. Aquí se respira un clima benévolo: el de vive y deja vivir. Y así lo atestigua una significativa comunidad de gays y lesbianas que se reparte por los ocho pintorescos pueblos del valle, en su gran mayoría parejas, comenzando por la que forman desde hace unos 20 años el alcalde, Maroto, y el juez de paz, Quique Rodríguez.

Ángel, que se casó en otoño con su novio Carlos, prefirió la intimidad de Campillo al juzgado de la calle de Pradillo de Madrid, 'más inhóspito'. 'También lo hicimos por militancia', dice, 'por apoyar la labor del alcalde, su valentía. Porque es fácil ser gay en el barrio de Chueca de Madrid, pero no en el mundo rural. Queríamos apoyar también la ley misma, el hecho increíble de tenerla y disfrutar de sus recién estrenadas ventajas en temas de herencia o de pensiones, algo inimaginable hace nada.'

A Francisco Maroto lo que le llena de orgullo es que Campillo pueda ser reconocido como el pueblo de las bodas y que al decirlo así no haya que añadir nada, no haya que precisar la orientación sexual de los que se casan. En su opinión, esa es la mayor conquista, haber roto una barrera milenaria de desigualdades.

Campillo de Ranas, Guadalajara

Texto adaptado de: 'El pueblo de las bodas', *El País*, 9 de septiembre de 2007, Ediciones El País SL

Tema 1 La evolución de la sociedad española

AS STAGE

2 a Lee la página web. Escoge la terminación correcta para estas frases.

1. Campillo de Ranas es una agradable localidad…
   - A con muy buen clima todo el año.
   - B situada en Guadalajara.
   - C donde toda la población es heterosexual.
   - D con muy mal ambiente.
2. En el valle se encuentran…
   - A siete pequeñas aldeas.
   - B ocho atractivos pueblos.
   - C tres iglesias pequeñas.
   - D cinco parejas gay.
3. La población del valle…
   - A vive en pequeñas comunidades.
   - B no admite a los gays y lesbianas.
   - C comprende un importante número de gays y lesbianas.
   - D vive donde les dejan vivir.
4. A Ángel le resulta difícil creer que hasta hace poco tiempo…
   - A Campillo no era tan íntimo.
   - B no convivía con Carlos.
   - C no había un juzgado en la calle Pradillo.
   - D los gays no se podían casar legalmente.
5. Francisco Maroto siente orgullo al pensar que…
   - A ha crecido mucho el turismo de Campillo.
   - B no hay que aclarar si las bodas son homosexuales o heterosexuales.
   - C ha puesto una barrera para entrar en el pueblo.
   - D en otros pueblos también se aprecian desigualdades.
6. Ha existido un muro de separación desde hace…
   - A miles de años.
   - B no tanto tiempo.
   - C un par de siglos.
   - D unas décadas.

2 b Translate the following sentences into Spanish:

1. The atmosphere in Campillo de Ranas is congenial.
2. Both gays and lesbians represent a significant community in this valley.
3. Francisco Maroto is the mayor and Quique Rodríguez is justice of the peace.
4. Ángel got married in Campillo to have more privacy and to support the efforts of the mayor.
5. Ángel thinks that it is 'easier' to be gay in Madrid.
6. Ángel believes that this law offers advantages with regard to inheritance and pension issues.
7. Francisco is very proud that Campillo de Ranas is now simply known as 'the wedding village'.
8. For him, the greatest achievement is having overcome a really old barrier of inequality.

Gramática

Posición y concordancia de los adjetivos (Position and agreement of adjectives)

Study sections C2 and C5 of the grammar section for information about the position and agreement of adjectives. Read the article again and find:
a two examples of an adjective in the masculine singular
b two examples of an adjective in the feminine singular
c one example of an adjective in the masculine plural
d one example of an adjective in the feminine plural
e one example of apocopation

Write down the phrases containing the adjectives and translate them into English. Pay special attention to the order and the endings of the adjectives.
f What do you notice about the position and form of the adjectives in the examples you have seen?

Unidad 1 Los cambios en la estructura familiar

3 Rellena los espacios con el adjetivo más apropiado del recuadro.

moderna	sus	sexual	tercer	nuevas
juntas	fundamental	muchas	algunos	difícil
primer	familiar	gran	pasadas	

1 La .... mayoría de los gays y lesbianas que viven en el valle son parejas.
2 Es más .... ser gay en el campo que en la ciudad.
3 El prejuicio contra la orientación .... de los gays existe desde hace muchísimos años.
4 Hoy en día .... personas viven .... sin casarse.
5 Tengo tres hijos de mi .... matrimonio. Dos de ellos están conmigo y el .... hijo está con su madre.
6 .... padres utilizan la televisión como medio para cuidar a .... niños.
7 En las épocas .... el matrimonio era .... para el concepto de la familia.
8 En la época .... han aparecido .... formas de organización ....

4 a *Vivir juntos sin casarse.* Escucha e indica si las siguientes declaraciones son verdaderas (V), falsas (F) o no se mencionan (N).

1 Lucía recomienda el matrimonio a las parejas, sin antes experimentar la vida en común.
2 Lucía basa su opinión en las estadísticas que tiene como consejera.
3 Mario menciona la falta de libertad en los tiempos de Franco.
4 Mario piensa que quizá sea natural que haya una explosión de matrimonios heterosexuales.
5 Fuencisla se opone a que las parejas vivan juntas sin casarse.
6 Fuencisla piensa que nacen pocos niños.
7 Alejandro dice que muchas parejas utilizan la ayuda de la ciencia para tener hijos.
8 Alejandro hace referencia a parejas que cuidan niños que son de otros países.

4 b Escucha de nueve y fíjate en lo que dice Lucía. Responde las preguntas.

1 ¿Qué recomienda Lucía que hagan todas las parejas?
2 ¿Por qué lo recomienda?
3 ¿Cómo está la población española?
4 ¿Por qué cree Lucía que es serio tener hijos?

4 c Listen again. Answer the questions in English.

1 Summarise what Fuencisla thinks about cohabitation. (2)
2 Summarise what Alejandro says. (2)

Pareja que comparte piso

5 Translate the following text into English.

La tasa de natalidad en España

Hoy en día las mujeres tienen hijos muy tarde, o no los tienen, por eso el número de nacimientos en España es tremendamente bajo y los padres son, en general, mayores. Los inmigrantes están volviendo a su país de origen, los españoles también emigran, la población se hace vieja y apenas nacen niños. Los homosexuales tienen derecho a casarse y muchos heterosexuales no se casan. No deben sorprendernos las generaciones futuras con hijos únicos, o solo dos hermanos.

Tema 1 La evolución de la sociedad española

AS STAGE

Estrategia

Organising notes for the AS/A-level course

Being organised when it comes to keeping your notes is bound to pay dividends. Keeping your notes in order will not only help you to study for your exams, but also to remember your material more easily.

- **Make sure your notes are clear.** Figure out which note-taking method works best for you. You could:
  - divide the paper into three sections and use one area for keywords, one for the main text and another for a summary.
  - use mind maps to summarise the information.
  - simply make a list of main points.

- **Keep track of your notes and handouts.** It is important that you always know where your notes and handouts are so that you don't waste time looking for them, especially when time is of the essence before an exam! Always keep them in the same place.

- **Organise your notes chronologically and highlight key information.** If you order your notes by date, you are more likely to find them again and it may also help jog your memory. Highlight the important information that is more likely to come up in the exam. Colour-coding aids memorisation.

Apply the three methods above to sub-unit 1.2.

6 a Busca en Internet información sobre los distintos tipos de matrimonio que existen en España hoy en día y toma notas.

Palabras clave que puedes utilizar en el motor de búsqueda:

> 'matrimonios España'   'natalidad España'
> 'bodas gay Campillo de Ranas'   'evolución estructura familiar España'

Trucos:
- Añade el año al final de las palabras clave para obtener los datos más recientes.
- Haz clic en la opción de imágenes para encontrar gráficas y estadísticas.

6 b Mira las fotos. Describe lo que ves a tu compañero/a. Comenta lo que revelan sobre la evolución de los matrimonios en España. Corrobora tus opiniones con los datos que has recopilado en Internet.

6 c Elige un tipo de unión/matrimonio que hayas estudiado en este apartado y escribe un párrafo sobre él.

Unidad 1 Los cambios en la estructura familiar

1.3 El casado casa quiere

- Aprender sobre las relaciones familiares y las distintas situaciones que pueden amenazar el entorno familiar.
- Usar verbos reflexivos en varios tiempos verbales.
- Aprender técnicas de memorización de vocabulario.

¡En marcha!

1 a ¿Qué significa el refrán *El casado casa quiere*? Coméntalo con tu compañero/a y elige la respuesta correcta, justificando tu elección.
  1. Las personas solteras no tienen derecho a una vivienda.
  2. Las parejas siempre prefieren tener su propio espacio e intimidad.
  3. A la gente casada le encanta vivir en la casa familiar.

1 b Tomando como referencia tus propios familiares y conocidos, haz una lista de los problemas que pueden surgir en las relaciones familiares y de cuáles pueden ser las principales causas. Por ejemplo: dificultades económicas, exceso de trabajo, etc.

Impresiones de un abuelo español

Aún me acuerdo de cuando vivían juntas tres o cuatro generaciones y los abuelos también educaban a los nietos. Hoy en día ocurre casi lo mismo aquí en Málaga, en parte a consecuencia de la crisis[1]... Yo ya me jubilé y **gozo de buena salud**. Y mejor así, porque mis hijos me necesitan...

Mi hija vuelve de trabajar a las ocho de la tarde y mi **yerno** anda siempre de viaje. Lola y yo nos ocupamos de recoger a los niños del colegio **cada dos por tres**; les damos de **merendar** y les ayudamos con los deberes. A veces hasta les damos de cenar y Lola les hace un cocidito, más saludable. Les transmitimos valores familiares y les contamos historias de la familia. El sábado pasado nos quedamos con ellos para que sus padres salieran a cenar fuera.

Mi hijo se separó y se siente bastante solo, conque nuestra ayuda es aún más importante al no tener a su pareja. Además, también le echamos una mano cuando tiene dificultades para **llegar a fin de mes**. Y con las niñas, que no se quieren acostar, hace falta **tener mano izquierda**, pues lógicamente echan de menos a su madre, así que intervenimos puntualmente para **apaciguar** desacuerdos familiares.

Se dice que hay abuelos que se quejan de tener que cambiar **pañales** o correr detrás de un niño en bici, pero nosotros nos sentimos útiles y lo hacemos con gusto. ¡Y ahora mis nietos nos están enseñando a usar Internet!

Abuelo paseando con su nieto

[1] La crisis económica afectó fuertemente a España en 2008

Tema 1 La evolución de la sociedad española

AS STAGE

2 a Lee el artículo y localiza las palabras o expresiones en negrita que correspondan a estas definiciones.

1. tranquilizar, aportar paz
2. cubrir los gastos con el sueldo mensual
3. el hombre que está casado con mi hija
4. material absorbente para niños sin hábito de ir al baño
5. con mucha frecuencia
6. no tengo ninguna enfermedad y me siento fuerte
7. ser hábil, tener astucia para resolver situaciones complicadas
8. comer algo ligero a media tarde

2 b Cuatro de las siguientes declaraciones son correctas. ¿Cuáles son?

1. Los abuelos nunca han participado en la educación de los nietos.
2. Antiguamente era frecuente que vivieran juntas varias generaciones.
3. Los malagueños tienen suerte porque ahí no hay crisis.
4. Se espera que los abuelos actúen si algo va mal en la familia.
5. Los abuelos suelen dar caramelos a los nietos cuando se quedan con ellos.
6. Los padres siempre recogen a los niños en el colegio.
7. A veces los abuelos adoptan el papel de la pareja, si el padre o la madre está solo/a.
8. Los nietos ayudan a los abuelos a aprender a usar el ordenador o el móvil.

Gramática

Verbos reflexivos (Reflexive verbs)

Study section G18 of the grammar section. Read the article again and find:
a four reflexive verbs in the present tense
b two reflexive verbs in the preterite tense

Copy out the phrases containing the reflexive verbs and translate them into English.
c What do you notice about the pronouns that accompany reflexive verbs in the examples that you have seen?

3 Rellena los espacios con la forma correcta del presente del verbo entre paréntesis.

1. 'El número de españoles que [*casarse*] disminuye cada vez más'.
2. A veces las parejas separadas [*encontrarse*] con dificultades económicas.
3. Los matrimonios por lo civil [*realizarse*] en la oficina del Registro Civil.
4. Tradicionalmente la novia [*vestirse*] de blanco para la ceremonia del matrimonio.
5. 'Eugenio, ¿por qué quieres [*divorciarse*]?' 'Yo [*sentirse*] muy triste.'
6. En la ceremonia religiosa los testigos [*situarse*] en el lado correspondiente, el del novio o el de la novia.
7. Vamos a [*separarse*] de mutuo acuerdo antes de [*divorciarse*].
8. A menudo las parejas separadas [*juntarse*] otra vez porque no quieren vivir alejados.

Unidad 1 Los cambios en la estructura familiar

4 a *Piénsatelo dos veces.* Escucha el programa. Contesta las siguientes preguntas en español.

1. ¿Cómo se llama el programa?
2. ¿En qué consiste?
3. ¿Cuál es la situación familiar de Mercedes?
4. ¿Qué hizo cuando entró al sitio de meetic?
5. ¿Llegó esta mujer a tener una cita con Daniel?
6. ¿Está ahora satisfecha con su vida familiar?

Mujer chateando de madrugada

4 b Escucha de nuevo. Escoge la terminación correcta para estas frases.

1. Mercedes pasó una temporada en la que…
   - A no se entendía con sus hijos.
   - B tenía ganas de hacer nuevos amigos.
   - C quería aprender informática.
   - D se sentía muy triste.
2. Mercedes llegó a pensar que…
   - A le iban a echar del trabajo.
   - B no iba a conseguir nunca un buen puesto.
   - C su única ocupación iba a ser el trabajo.
   - D el trabajo sería su salvación.
3. Tras crear su perfil, Mercedes…
   - A no recibió ningún mensaje.
   - B tuvo noticias a las dos semanas.
   - C se fue a conocer gente a una fiesta.
   - D obtuvo respuestas antes de 30 minutos.
4. Daniel es un hombre que Mercedes…
   - A conocía desde hacía varios años.
   - B había conocido en un sitio web.
   - C acababa de conocer en una fiesta.
   - D no tenía ningún interés en conocer.
5. El marido de Mercedes observó que…
   - A Mercedes no sabía qué ponerse para ir a ver a su madre.
   - B un tal Daniel tenía una cita.
   - C Mercedes estaba cegada.
   - D su madre había cambiado de atuendo.
6. Mercedes y su marido finalmente…
   - A salieron a cenar con Daniel.
   - B hablaron con sinceridad de todo lo ocurrido.
   - C se pusieron a discutir.
   - D dejaron de hablarse.

5 Traduce el texto siguiente al español.

The role of grandparents in the education of children

In today's society, in which women are now part of the work scene, grandparents play a key role in children's education. On many occasions they look after the children while the parents are at work. This fact can be very beneficial for both the grandparents and the children; the grandparents feel useful in their new role and the grandchildren enjoy much more time in their company.

Tema 1 La evolución de la sociedad española

AS STAGE

6 a Elige un tipo de familia española y busca información en Internet. Concéntrate en las relaciones entre miembros de la familia y las amenazas a la vida familiar hoy en día.

6 b Comenta con tu compañero/a lo que has descubierto, utilizando los siguientes puntos:
- tipo de unión
- con/sin hijos
- relaciones entre padres e hijos
- tipo de vida
- posibles amenazas a la vida familiar

6 c Escribe un párrafo sobre un tipo de familia española y las relaciones que existen entre los varios miembros.

Estrategia

Memorising vocabulary

You are not allowed to use a dictionary in your exam, so you need to learn vocabulary regularly and thoroughly if you want to succeed. Now is the time to start!

- Look at the vocabulary list of sub-unit 1.3 (key words are at the end of Unit 1, the longer list is available online).
- Are there any you just can't remember? Here are some ways to help you (find out which one works best for you):
  - Find English words that sound a little bit like the Spanish word you need to remember — create a picture in your head, or a silly rhyme, to help you.
  - Put them on Post-it® Notes around your bedroom. Seeing them around you regularly will jog your memory.
  - Write out the ones you can't remember a few times. The act of writing them helps you to memorise them.
  - Always learn nouns with their article.

Unidad 1 Los cambios en la estructura familiar

Vocabulario

1.1 Diversidad en los modelos de familia

- los **abuelos** grandparents
- **alquilar** to rent
- **caer** (*caigo*) **bien** to like, to find pleasant
- el/la **cónyuge** spouse
- **dar caprichos** to give treats
- **echar una mano** to give a hand
- el/la **empleado/a doméstico/a** domestic help
- **estar casado** to be married
- **estar** (*estoy*) **en los planes** to be part of the plans
- **estar** (*estoy*) **separado** to be separated
- **fuera de casa** away from home
- la **guardería** nursery
- **habituarse a** to get used to
- **hacer** (*hago*) **los deberes** to do one's homework
- **hacer** (*hago*) (**menos**) **caso** to pay (less) attention
- los **hermanos** siblings
- el **horario** timetable
- los **ingresos** income
- el **marido** husband
- el **matrimonio** marriage
- el **nacimiento** birth
- el/la **novio/a** boy/girlfriend
- la **pareja** couple
- el **piso compartido** shared flat
- **quedarse (con)** to stay (with)
- **recoger** (*recojo*) **a alguien** to pick up someone
- **separarse** to be separated
- la **tareas de la casa** household chores
- **tener** (*tengo*) **hijos** to have children
- **tener** (*tengo*) **que acostumbrarse** to have to get used to
- **tocarle a alguien** to be someone's turn
- el/la **treintañero/a** person in their thirties
- **vivir (con)** to live (with)

1.2 ¿Vivir juntos o casarse?

- la **adopción** adoption
- el **ayuntamiento** town hall
- una **barrera milenaria** a thousand-year-old barrier
- la **boda** wedding
- **casar a alguien** to marry someone
- **casarse** to get married
- **Chueca** gay-friendly district in Madrid
- los **derechos** rights
- el **divorcio** divorce
- **emigrar** to emigrate
- **envejecer** (*envejezco*) to age, to get old
- la **esposa** wife
- **estar** (*estoy*) **enamorado de** to be in love with
- la **fecundación in vitro** IVF
- la **fecundidad** fertility
- la **generación** generation
- la **herencia** inheritance
- **heterosexual** heterosexual
- el/la **hijo/a único/a** only child
- el **juzgado** magistrate's court
- **lesbiana** lesbian
- **la ley misma** the law itself
- **matrimonial** marital, matrimonial
- el **matrimonio del mismo sexo** same-sex marriage
- la **militancia** solidarity
- la **natalidad** birth rate
- la **nupcialidad** marriage rate (in statistics)
- la **orientación sexual** sexual orientation
- **quedarse soltero** to remain single
- **recién casado** recently married
- **sentirse** (*me siento*) **solo** to feel lonely
- la **tasa de natalidad/fecundidad** birth/fertility rate
- **tener** (*tengo*) **derecho a** to have the right to
- **tener** (*tengo*) **familia** to have a family

1.3 El casado casa quiere

- **acordarse** (*me acuerdo*) to recall, to remember
- la **casa familiar** family home
- los **celos** jealousy
- **construir** (*construyo*) **su hogar** to make one's home
- la **crisis** (economic) recession
- **de mutuo acuerdo** mutually agreed
- el **derecho** right
- el **desequilibrio** imbalance
- la **diferencia cultural** cultural difference
- **discutir** to argue
- el **entorno familiar** family environment
- la **expectativa diferente** different expectation
- el **fallecimiento** death
- los **familiares** relatives
- la **infidelidad** unfaithfulness, infidelity
- **jubilarse** to retire
- **jugar** (*juego*) **un papel** to play a role
- el **nieto** grandson
- la **nieta** granddaughter
- la **nuera** daughter-in-law
- **ocuparse (de)** to take care (of)
- los **padres** parents
- el **pañal** nappy
- la **pareja** partner
- las **relaciones familiares** family relationships
- **separarse de mutuo acuerdo** to separate by mutual agreement
- **soltero** single
- el **suegro** father-in-law
- la **suegra** mother-in-law
- **transmitir valores familiares** to pass on family values
- **vestirse** (*me visto*) **de blanco** to dress in white
- la **vivienda** housing
- **vivir juntos** to live together
- el **yerno** son-in-law

Tema 1 La evolución de la sociedad española

Unidad 2

El mundo laboral

2.1 Jóvenes con ganas de trabajar
2.2 Ojalá me renueven el contrato…
2.3 Mujeres que hacen malabarismos

Theme objectives

In this unit you will study the world of work. The following topics are covered:
- the current situation of young people in Spain in relation to work
- job opportunities for young people within the different sectors of the Spanish economy
- the positive and negative aspects of jobs in Spain, especially gender (in)equality

The content in this unit is assessed at AS and A-level.

Grammar objectives

You will study and practise the following grammar points:
- definite and indefinite articles
- interrogatives
- comparative constructions

Strategy objectives

You will develop the following strategies:
- consolidating reading strategies: summary of skills learnt so far
- participating fluently in a conversation, showing a good command of repair and circumlocution strategies
- translating accurately from Spanish into English

2.1 Jóvenes con ganas de trabajar

- Examinar la situación actual de los jóvenes en España en relación al trabajo.
- Usar los artículos definidos e indefinidos.
- Afianzar las técnicas de lectura: repaso de las destrezas aprendidas.

¡En marcha!

1 a ¿Has oído hablar de los 'ninis'? Elige la respuesta correcta.
Son personas jóvenes que…
1 ni beben ni fuman.
2 ni estudian ni trabajan.
3 ni ayudan ni respetan.
¿Sabes cómo los llaman en inglés y por qué?

1 b Con tu compañero/a, haz una lista de todo el vocabulario que recordéis relacionado con el trabajo. Subraya aquellos trabajos que son más típicamente para jóvenes.

La cultura de lo fácil

Ni estudiamos ni trabajamos

Gustavo
La generación que hoy tiene entre 45 y 60 años tiene que ser responsable y aceptar la sociedad que está dejando a sus hijos. ¿Qué se ha hecho mal? ¿Por qué tienen los jóvenes que luchar tanto?
Hace 5 días

Leonardo
Son unos mimados. Tienen que espabilar y no estar desde primera hora de la mañana comiendo pipas en un banco en un parqus. El Estado no te va a ayudar, así que invéntate otro 'yo': aprende chino y te vas a Asia a hacer negocio con Europa, por ejemplo.
Hace 4 días

Tema 1 La evolución de la sociedad española

TRANSITION STAGE

Ramón

Uno puede quedarse sin trabajo por la crisis, o algo, pero que un joven no quiera reciclarse, prepararse, formarse o mejorar no es culpa más que de cada uno, por ser un vago.

Hace 2 días

Alba

Aquí el esfuerzo personal no sirve, salvo para aprobar unas oposiciones a funcionario y vivir de ello el resto de la vida. El que trabaja tiene que pagar muchos impuestos, la mayoría de los puestos de trabajo privados son contratos basura (o sea, con pésimas condiciones) y se gana mucho más cobrando el paro. Tenemos que aprender cómo ayudarnos a nosotros mismos, sin echar la culpa siempre a los demás…

Hace 7 horas

Ana

Animo a los jóvenes a crear su propia empresa. Con su excelente formación, su entusiasmo y creatividad y las nuevas tecnologías, se puede. Infórmate, sé prudente, estudia el mercado, busca alianzas y rompe barreras. ¡Suerte!

Hace 2 horas

Texto adaptado de: 'La crisis ha generado cinco millones de "ninis"', *El Mundo*, 27 de mayo de 2015

2 a Lee las entradas de un blog, donde se comenta el origen de la situación de unos jóvenes que ni estudian ni trabajan. Localiza los términos que describen estas expresiones en inglés. Fíjate en el contexto.

1. group of people of (more or less) the same age
2. struggle so much
3. spoilt kids
4. wise up
5. eating sunflower seeds
6. do business
7. fault
8. civil servant
9. pay high taxes
10. look for partners

2 b Lee la entrada del blog de nuevo. Contesta las siguientes preguntas en español.

1. Según Gustavo, ¿quiénes son los responsables de la sociedad en la que viven los jóvenes de hoy?
2. ¿Qué cuestiona Gustavo?
3. ¿Qué dice Leonardo que hacen los jóvenes ya temprano?
4. ¿Qué ejemplo da Leonardo para inventar otro 'yo'? (2)
5. ¿Es Ramón comprensivo con los jóvenes que no hacen nada? ¿Por qué (no)?
6. ¿Qué tipo de persona cree Ramón que no se esfuerza en mejorar?
7. ¿Qué son 'contratos basura'?
8. ¿Qué recomienda Ana a la gente joven?

Unidad 2 El mundo laboral

Estrategia

Consolidating reading strategies: summary of skills learnt so far

Read for gist and for detail.
- When reading for gist:
  - Look at the title, subtitle (if there is one) and subheadings. These will give you clues about the overall meaning of the passage.
  - Note cognates.
  - Note grammatical aspects that may help you work out a meaning.
  - Think about the relevance of any visuals.
- Refer to the questions, as sometimes reading the questions helps you to understand the text.
- When reading for detail:
  - Focus on the parts that may contain the information you are looking for.
  - Try to work out the meaning of unfamiliar words from the context.
  - Only use the dictionary if you really need to (as you cannot use one in the exam!).

3 Translate the fourth blog entry (Alba) into English.

Gramática

Artículos definidos e indefinidos (Definite and indefinite articles)

Study sections B1 and B2 of the grammar section. Read the blogs again and find two exampls of:
a definite articles in the singular
b definite articles in the plural
c indefinite articles in the singular
d indefinite articles in the plural

Copy out the sentences containing the examples and translate them into English.

4 Decide si los sustantivos en las frases siguientes necesitan un artículo definido o indefinido, o ninguno de los dos.

1 Javier es .... programador; trabaja en .... empresa estadounidense.

2 .... telecomunicaciones han avanzado mucho en .... últimos tiempos.

3 En enero Olga va a comenzar .... curso de .... inglés.

4 En general .... estudiantes españoles tienen .... formación muy buena pero les faltan ciertas destrezas.

5 España es .... ejemplo excelente en .... lucha contra .... desempleo juvenil.

6 .... españoles tienen .... plan para mejorar .... inclusión de .... jóvenes en .... mercado de trabajo.

7 .... gobierno quiere garantizar a todos .... jóvenes menores de 25 años .... buena oferta de .... empleo.

8 España recibirá .... cuantos millones de euros para luchar contra .... desempleo.

Requisito clave para encontrar empleo

TRANSITION STAGE

5 a *La formación profesional ayuda.* Escucha el punto de vista de varias personas sobre la empleabilidad de los jóvenes. Cuatro de las siguientes declaraciones son correctas. ¿Cuáles son?

1. La formación profesional puede ser una solución a la hora de dar trabajo a los jóvenes.
2. La mayoría de la gente que trabajaba en la construcción había ido a la universidad.
3. Con la crisis, muchos trabajadores del sector de la construcción se quedaron sin empleo.
4. Es una pena que los jóvenes españoles no tengan una buena educación.
5. Los jóvenes españoles tienen que completar sus buenas notas con otras capacidades.
6. Los jóvenes españoles no necesitan aprender más inglés.
7. El inglés es la lengua que se habla en muchas compañías.
8. En España, el fracaso escolar alcanza casi la cuarta parte de la población en edad escolar.

5 b Corrige las declaraciones falsas de la actividad 5a para que sean correctas.

5 c Translate the following sentences into Spanish. Use the audio soundtrack. You may also wish to access the transcript.

1. Vocational training is one of the keys to solve the problem of unemployment.
2. There is a serious problem with untrained people.
3. Many untrained people from the building sector lost their jobs due to the recession.
4. Young Spaniards lack certain practical skills.
5. Young Spaniards need to speak English, as well as having good marks.
6. English is the official language in many companies.
7. Spaniards can compete with young people from other countries.
8. 30% of Spanish young people fail at school.

6 a Busca información en Internet y toma notas sobre los jóvenes españoles:
- ¿Están bien formados los jóvenes españoles?
- ¿Qué problemas tienen los jóvenes españoles para encontrar trabajo?
- ¿Por qué algunos jóvenes españoles se marchan de España?

6 b Comenta con tu compañero/a. En tu opinión, ¿es buena idea que la población joven española busque trabajo en el extranjero o es preferible que se queden en España? ¿Por qué (no)?

6 c Escribe un párrafo sobre un aspecto del desempleo juvenil en España.

Ejemplo: ¿Por qué conviene que los españoles aprendan idiomas? ¿Cómo pueden hacerlo?

Unidad 2 El mundo laboral

2.2 Ojalá me renueven el contrato...

> - Examinar las oportunidades de trabajo que tienen los jóvenes dentro de los distintos sectores de la economía española.
> - Usar las partículas interrogativas.
> - Participar con soltura en una conversación, dominando las estrategias de corrección y circunlocución.

¡En marcha!

1 Comenta con tu compañero/a. ¿Cuáles de estos puestos crees que serían más apropiados para un/a joven que acaba de terminar sus estudios universitarios? ¿Por qué?
- ○ gestor/a de redes sociales
- ○ director/a de Departamento de Recursos Humanos
- ○ ingeniero/a de caminos (contrato de prueba)
- ○ camarero/a en Burger King
- ○ rector/a de la universidad
- ○ voluntario/a en una ONG (pequeña compensación económica)

SOY UN JOVEN CUALIFICADO Y BUSCO TRABAJO

Es cierto que España no ofrece un buen panorama laboral para los jóvenes...

¿Por qué?

Hay demasiados titulados universitarios, la formación profesional no es de gran calidad y no se ajusta a las necesidades de la empresa, y las pymes (empresas predominantes en nuestro país) no se pueden permitir formar a sus empleados.

¿Y quién se ocupa del problema?

En teoría los gobiernos, aunque a veces no de la mejor manera: con políticas basadas en subvenciones o con contratos precarios (temporales, a tiempo parcial, de prácticas, o hasta no remunerados).

¿Dónde tienen más oportunidades laborales los jóvenes?

En los servicios ligados al comercio, la hostelería y la restauración, o en la sanidad y la educación privada, aunque muchos universitarios ocupan puestos de trabajo por debajo de su formación.

¿Qué está fallando?

Los contratos temporales no favorecen el progreso dentro de la empresa ni permiten a los más jóvenes adquirir la experiencia necesaria.

Joven trabajando en un almacén

¿Cómo pueden mejorar sus salidas laborales?

Necesitan complementar su formación académica con competencias tan importantes como saber desenvolverse en un entorno multicultural, dominar el inglés o manejar con soltura herramientas informáticas.

Tema 1 La evolución de la sociedad española

AS STAGE

2 a Lee el folleto. Localiza la palabra o expresión para cada una de estas definiciones.
1. personas que han obtenido un título de grado en la universidad
2. pequeñas y medianas empresas
3. ayudas económicas
4. que no se pagan
5. relacionados con
6. oportunidades en el mundo del trabajo
7. conjunto de títulos de centros de enseñanza
8. sintiéndose cómodo

2 b Lee el folleto de nuevo y decide si las siguientes frases son verdaderas (V), falsas (F) o no se mencionan (N).
1. Hay muchas salidas laborales para los jóvenes españoles desempleados.
2. Las empresas no tienen confianza en la calidad de la formación profesional.
3. Los gobiernos se ocupan del problema de manera ineficaz.
4. Casi no hay trabajo en los servicios relacionados con la salud de la gente.
5. Los jóvenes con títulos universitarios tienen las mejores posibilidades para conseguir un empleo.
6. Mediante un contrato temporal un joven puede ganar la experiencia necesaria para progresar profesionalmente.
7. Para mejorar sus salidas laborales los jóvenes necesitan más experiencia de otras culturas.
8. La formación que reciben los jóvenes les permite manejar mejor el español.

2 c Corrige las declaraciones falsas del ejercicio 2b.

Gramática

Partículas interrogativas (Interrogatives)

Study sections E9 and F9 of the grammar section.

Look again at the brochure.
a. Find five interrogatives, note them down and translate into English the sentences in which they are contained.
b. What do the Spanish interrogatives all have in common?

Unidad 2 El mundo laboral

3 Empareja las preguntas con sus respuestas.

1 ¿Cuál es el mayor problema que tienen los jóvenes hoy en día?
2 ¿Qué formación necesito para trabajar en un hotel?
3 ¿Dónde está la sede de SEAT?
4 ¿Quién te ofreció el empleo?
5 ¿Cuántos jóvenes españoles no tienen empleo?
6 ¿Por qué no me ofrecen un contrato?
7 ¿Cuándo te entrevistaron para el puesto?
8 ¿Cómo puedo mejorar mis salidas laborales?

A El 25 de marzo.
B Dominando el inglés.
C Por lo menos un 25%.
D La hostelería.
E No tienes una formación adecuada.
F Cerca de Barcelona.
G Conseguir un puesto permanente.
H El director de la empresa.

Jordi, profesor por vocación

4 a *¡Tengo trabajo!* Escucha la discusión e identifica el equivalente de las siguientes expresiones, según lo que oyes.

1 When I graduated
2 maternity leave
3 I've always dreamed of…
4 my knowledge
5 out of work
6 I discovered
7 loan
8 competition

4 b Escucha de nuevo a los tres jóvenes que han encontrado trabajo. Contesta las siguientes preguntas en español.

1 ¿Qué profesión le ha interesado siempre a Jordi?
2 ¿Cuál es la razón por la que le han ofrecido el trabajo?
3 ¿Cómo encontró trabajo Jordi?
4 ¿Qué es lo que Claudia siempre quiso hacer?
5 ¿Cuánto tiempo estuvo Claudia sin trabajo?
6 ¿Cómo sabes que a Claudia le gustaría seguir trabajando para la ONG?
7 ¿Qué es lo primero que estudió Iván?
8 ¿Cómo consiguió Iván estudiar un máster?

Tema 1 La evolución de la sociedad española

AS STAGE

5 Traduce al español.

Young people and work
Around 30% of young people in our country go to university. Statistics show that having a university degree is a pathway to obtaining higher positions in companies and better salaries. Those young people who don't go to university generally end up working in the agriculture, hotel management or building sectors.

Joven agricultor

Estrategia

Participating fluently in a conversation, showing a good command of repair and circumlocution strategies

Speaking fluently doesn't necessarily mean talking fast, but talking confidently to keep the conversation flowing. Of course, you may pause occasionally for a few seconds, just enough time to think about what you want to say next.

Repair strategies include:
- Asking the other speaker to repeat, clarify, explain, speak more slowly, or more loudly.
- Using gap-fillers like *pues, bueno, vamos, vamos a ver, esto, no sé, eh...*
- Using facial expression, gestures and body language to keep the conversation flowing.

Using circumlocution:
- Rephrasing (describing the word you can't think of in roundabout language) is another technique that can be used for clarification: For example, *el dinero que alguien te ha dejado* for *préstamo*.
- You can also use circumlocution to avoid using a sensitive expression, for example, *trabajo no remunerado* instead of *trabajar gratis*.

Now practise the above strategies with your partner when discussing youth unemployment in activity 6b.

6 a Con un/a compañero/a, busca en Internet información sobre el desempleo juvenil, el tipo de trabajos que se ofrecen y las oportunidades de formación de los centros educativos y las empresas. Toma notas.

6 b El/La estudiante A adopta el papel de entrevistador/a (representa a una empresa). El/La estudiante B es un/a candidato/a que asiste a una entrevista. No olvides utilizar los datos que has encontrado en 6a, y las estrategias y gramática de este apartado 2.2.

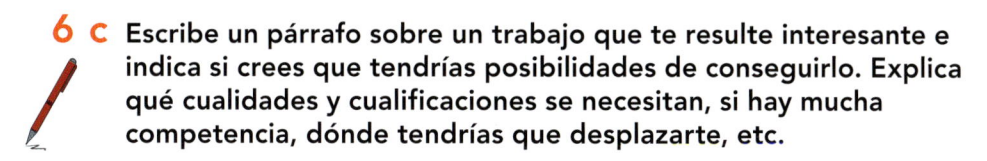

6 c Escribe un párrafo sobre un trabajo que te resulte interesante e indica si crees que tendrías posibilidades de conseguirlo. Explica qué cualidades y cualificaciones se necesitan, si hay mucha competencia, dónde tendrías que desplazarte, etc.

Unidad 2 El mundo laboral

2.3 Mujeres que hacen malabarismos

- Analizar lo positivo y lo negativo de los trabajos en España, incluida la (des)igualdad de género.
- Aprender a utilizar con soltura las construcciones comparativas.
- Traducir con exactitud del español al inglés.

¡En marcha!

1 a Piensa en los trabajos de tus familiares y amigos y en los que hayas podido hacer tú como estudiante. ¿Qué aspectos crees que la gente considera importantes a la hora de sentirse satisfecho en el trabajo? Haz una lista con tu compañero/a.

1 b Mira esta gráfica y con tu compañero/a compárala con vuestra lista. ¿Coinciden? ¿Se parecen? Añade los elementos que no figuren en vuestra lista.

1 c Ahora comenta con tu compañero/a si los hombres y las mujeres tienen las mismas prioridades e inquietudes en relación al trabajo.

Algunos factores que implican CVT:
- Satisfacción con el trabajo desempeñado
- Posibilidades de participar
- Posibilidades de futuro en la organización
- Libertad para decidir
- Reconocimiento por resultados
- Ambiente psicológico y físico
- Salario
- Relaciones humanas dentro del grupo y la organización
- Prestaciones

Calidad de vida en el trabajo (CVT)

2 a Completa los mensajes del foro con las palabras del recuadro. ¡Cuidado! Sobran cuatro palabras.

retroceder	lujo	desayunar	siguiente
digital	biológico	progresar	quemadas
simular	creer	jornada	día

Tema 1 La evolución de la sociedad española

Jornadas maratonianas

Rosalía

Oigo el despertador a las siete y media. Levantar a mis hijos, (**1** ....) a toda velocidad y salir corriendo. A las nueve llego a la oficina y a las dos nos dan dos horas para comer. Luego a aguantar hasta las siete, las ocho o... hasta que el jefe salga por la puerta. Y, al día (**2** ....), otra vez lo mismo, aún más agotada que el día anterior. Este es mi maratón laboral. Después empieza el maratón familiar...

Hace 2 días

Jorge

Más de uno deja la chaqueta en el respaldo de la silla para (**3** ....) que siguen en la oficina. ¡Y los jefes lo hacen tanto como algunos compañeros! Las mujeres no pueden permitirse ese (**4** ....); simplemente no están, porque tienen jornada reducida para cuidar a sus hijos, o porque su bajo salario no les compensa el esfuerzo de trabajar la (**5** ....) completa. Nadie ha pensado sobre el asunto tanto como ellas.

Ayer

Sofía

En España se habla mucho de conciliación laboral y familiar, pero me temo que estamos a años luz. Las mujeres seguimos haciendo malabarismos. Tenemos dos opciones: ignorar nuestro reloj (**6** ....) o tener hijos (por supuesto, menos que nuestras madres y abuelas) y soportarlo todo para poder sacar a la familia adelante.

Hace 3 horas

Hugo

Yo reconozco que tengo amigas y compañeras de trabajo más inteligentes que yo y muy competentes que están muy (**7** ....), porque cobran menos que hombres que hacen el mismo trabajo, y a menudo peor hecho. Es una cuestión de educación y mentalidad, y España aún tiene que (**8** ....) en ese sentido...

Hace 5 minutos

Texto adaptado de: 'El mejor horario de trabajo', *lavanguardia*.com, 17 de enero de 2014, actualizado 12 de noviembre de 2015

2 b Lee los mensajes del foro de nuevo. ¿Quién lo dice: Rosalía (R), Jorge (J), Sofía (S) o Hugo (H)?

1. Las mujeres hacemos muchos sacrificios al elegir tener hijos.
2. Algunas amigas mías ganan menos que yo, a pesar de hacer el mismo trabajo.
3. No puedo descansar hasta que se marche el jefe.
4. Muchos empleados y sus jefes hacen como que trabajan.
5. España está atrasada en cuanto a conciliar la vida laboral y personal de las mujeres.
6. Con relación a la remuneración equitativa de las mujeres, España avanza muy despacio.
7. Los días son muy largos: una vez terminado el trabajo comienzo mis tareas domésticas.
8. Las mujeres son las que más han reflexionado sobre el tema de las condiciones laborales.

Gramática

Las construcciones comparativas (Comparative constructions)

Study sections C9.1 and E6.1 of the grammar section. Read the forum messages and find two examples of:
a the construction *más … que*
b the construction *menos … que*
c the construction *tan(to) … como*

Copy out the phrases containing these constructions and translate them into English.

3 Completa las frases siguientes con una palabra del recuadro. Cada palabra se usa solo una vez.

como	más	menos	que
cuanto	mayores	peor	tanto

1 Muchas mujeres trabajan ………. que los hombres pero cobran menos.
2 En algunas sectores los sueldos de los hombres son ………. que los de las mujeres.
3 En cuanto a la igualdad de género, España ha hecho más progresos ………. otros muchos países.
4 No conozco a muchas mujeres con hijos que estén tan contentas con las condiciones del trabajo ………. sus maridos.
5 Dicen que ………. más avancemos como democracia más justo será el tratamiento de los obreros.
6 Es una pena que la situación de los obreros de otros países sea cada vez ………. .
7 La gente sin formación tiene ………. oportunidades de empleo que los titulados universitarios.
8 ………. los obreros como los empresarios buscan soluciones al problema de la desigualdad de género.

Yo trabajo desde casa

4 a *Mujeres y reconciliación*. Escucha la primera parte de la conversación y contesta las siguientes preguntas en español.

1 ¿Qué cambio propone Blanca para que las mujeres rindan mejor?
2 Según Blanca, ¿qué dos ventajas podrían sacar las mujeres de este cambio? (2)
3 ¿Qué remedio propone Carmen para mejorar las condiciones de trabajo de las mujeres?
4 Según Carmen, ¿qué desventaja hay con este remedio?

4 b Listen to the second part of the conversation and answer the following questions in English.

1 Summarise what Olga thinks about job satisfaction. (2)
2 Summarise Olga's idea for making progress.

Tema 1 La evolución de la sociedad española

AS STAGE

4 c Translate the following passage into English.

Una mujer organizada

Al terminar la semana, reviso mi agenda:

Trabajo: ¿He invertido mi tiempo en los lugares, reuniones y proyectos adecuados?

Casa: ¿He cenado con mis hijos al menos tres veces entre semana? ¿He leído con ellos al menos cinco veces en siete días?

Mi marido: ¿Hemos cenado juntos, solos o con buenos amigos, al menos una vez? ¿Hemos encontrado el momento para dar un paseo/salir a correr/montar en bici juntos?

Amistades: ¿He quedado con mis amigas este mes?

Estrategia

Translating accurately from Spanish into English

Grammatical structures are not often identical in different languages, so it is unwise to translate word for word. The best way to prepare yourself for the exam is to practise and practise. Here are a few tips to help you to translate texts more accurately:

- If you don't know a word, work out the meaning from the context. Perhaps you don't know the word *invertir* in the text above. If so, words like *tiempo, trabajo, reuniones, lugares y proyectos* can give you the clue that *invertir* here means 'spend'.
- Sometimes new words need to be added so that it sounds right in English. For example: *en siete días* becomes 'in/over a seven-day period'.
- Reformulation implies expressing something in a different way to make the meaning completely clear.
- Be aware that you will often have to change the order of words in your translation.
- Always check carefully the grammar, spelling and punctuation of your translation.

Follow these guidelines when attempting exercise 4c.

---

5 a Busca en Internet información sobre asuntos relacionados con el género en España y toma notas.
- ¿Quiénes trabajan menos horas, piden permisos o se retiran del trabajo para ocuparse de los hijos? ¿Por qué?
- ¿Qué consecuencias puede tener en su carrera profesional?
- ¿Es diferente en tu país?
- ¿Qué soluciones puedes proponer?

5 b Teniendo en cuenta la información que has encontrado en la actividad 5a, comenta con tu compañero/a las ventajas y desventajas de que sean los hombres o las mujeres los que se ocupen de la familia. Fíjate en estas ideas:
- Cuando los niños son bebés, es más cómodo que la madre se quede en casa para que pueda dar de mamar a los hijos.
- Es preferible que se quede en casa el miembro de la pareja que reciba un sueldo menor.
- Los padres que cuidan a la familia tienen oportunidad de establecer un vínculo más estrecho con los hijos.

5 c Escribe en un párrafo tus conclusiones sobre lo positivo y lo negativo de la situación laboral en España, haciendo referencia a la desigualdad de género.

Unidad 2 El mundo laboral 39

Vocabulario

2.1 Jóvenes con ganas de trabajar

    aprobar (*apruebo*) to pass (e.g. exams)
    apuntarse al paro to sign on (the dole)
el/la **asalariado/a** salaried employee
    asumir la responsabilidad to take responsibility
la **beca** grant
el **buen dominio** good command
    buscar alianzas look for partners
    capacitado qualified
    cobrar el paro to claim unemployment benefit
    competir (*compito*) to compete
el **consejo** advice
el **contrato basura** poorly-paid short-term contract
    crear tu propia empresa to start your own business
el/la **empresario/a** entrepreneur, businessman/woman
el **esfuerzo personal** personal commitment
    espabilar to wise up
la **formación profesional** vocational training
    formarse to train
el **fracaso escolar** dropping out of school
el/la **funcionario/a** civil servant
un **futuro digno** a worthy future
las **grandes empresas** big companies
    hacer (*hago*) **negocio con** to do business with
    hacer (*hago*) **un esfuerzo** to make an effort
el/la **niño/a mimado/a** spoilt kid
el/la **nini (ni trabaja ni estudia)** NEET
la **nota** mark, result
la **ONG (organización no gubernamental)** NGO
la **oposición** state-organised exam for state sector post
el **paro** unemployment (benefit)
un **puesto de trabajo** job, work position
    quedarse sin trabajo to be out of work
    reciclarse to retrain, to bring yourself up to date
la **reforma laboral** labour reform
el **sistema educativo** education system

2.2 Ojalá me renueven el contrato…

    ajustarse to adapt
el **comercio** trade
la **competencia** capability, skill
la **competitividad** competitiveness
el **contrato a tiempo parcial** part-time contract
el **contrato de prácticas** work placement
el **contrato de prueba/temporal** temporary contract
el **contrato no remunerado** unpaid contract
el **contrato precario** contract offering poor conditions
el **crecimiento** growth
las **demandas del mercado** market demands
    desenvolverse to cope, to handle
el/la **empleado/a** employee
la **empresa familiar** family business
la **expansión** growth
    favorecer (*favorezco*) to encourage
la **formación académica** formal/academic education
la **formación acorde con** training in tune with
el **grado** degree
la **herramienta informática** IT tool
la **hostelería** catering and hotel management
las **oportunidades laborales** work opportunities
la **pyme (pequeña y mediana empresa)** small and medium-sized enterprise (SME)
el **presupuesto** budget
la **privatización** privatisation
la **productividad** productivity
el **puesto** post
los **recursos humanos** human resources
la **salida laboral** work opportunity
el **sector público** public sector
el/la **titulado/a universitario/a** person with a university degree
el/la **trabajador/a** employee, worker

2.3 Mujeres que hacen malabarismos

    agotado exhausted
    apechugar (*fam*) to face up to
el/la **autónomo/a** self-employed person
    cansarse to get tired
    cobrar to get paid
    cogerse (*cojo*) **una excedencia** to take unpaid leave
    comprometerse to commit
el/la **delegado/a** representative
    desencantado disillusioned
    estar (*estoy*) **a años luz de** to be light years away from
    faltar al trabajo to be absent from work
    hacer (*hago*) **malabarismos** to juggle
    hacer (*hago*) **una pausa** to have a break
el **horario** working hours
la **igualdad de género** gender equality
el/la **jefe/a** boss
la **jornada completa** full working day
la **jornada laboral** working day
la **jornada reducida** shorter working day
el/la **malabarista** juggler
    mediar to mediate
    organizarse el propio horario to choose your own working hours
    pactar to agree
la **plantilla** personnel
    prorrogarse to extend
    quemarse (*fam*) to get burnt out
la **reducción de jornada** reduction of working hours
el **reloj biológico** biological clock
    rendir (*rindo*) to perform well

Unidad 3

El impacto turístico en España

3.1 **El gigante turístico se transforma... 50 años de cambios**
3.2 **Turismo, ¿todos ganamos?**
3.3 **Lo que nos ha dejado el turismo...**

Theme objectives

In this unit you will study the impact of tourism on the society, environment and economy of Spain. The following topics are covered:
- the changes in the impact of tourism on Spanish society over the last 50 years
- the relationship between tourism and the environment
- the economic benefits of tourism for Spain

The content in this unit is assessed at AS and A-level.

Grammar objectives

You will study and practise the following grammar points:
- the contrasting uses of the imperfect and preterite tenses
- the use of direct and indirect object pronouns
- the use of the conditional tense

Strategy objectives

You will develop the following strategies:
- how to translate accurately from English into Spanish
- how to summarise information successfully
- how to find and use relevant material online

3.1 El gigante turístico se transforma... 50 años de cambios

- Analizar los cambios en el impacto del turismo a lo largo de los últimos 50 años.
- Contrastar el uso del imperfecto y el pretérito indefinido.
- Traducir fielmente del inglés al español.

¡En marcha!

1 a A continuación vienen los nombres de siete costas españolas. Traduce los nombres al inglés.

   1 Costa Brava   4 Costa Blanca   7 Costa Verde
   2 Costa Dorada   5 Costa del Sol
   3 Costa del Azahar 6 Costa de la Luz

1 b Hace 60 años se empezaron a inventar estos nombres que ahora se usan cada día. ¿Por qué crees que se inventaron? ¿Qué describen? Faltan dos destinos turísticos muy populares: no están en la costa de la península... son grupos de islas. Consulta el mapa en la página 7, apunta por lo menos dos islas de cada archipiélago e intenta explicar la popularidad de las islas.

1 c A continuación hay cuatro datos importantes relacionados con España: trabajando en pareja o en grupo, intenta adivinar cuáles se refieren a los años 60 (del siglo XX) y cuáles a los primeros años del siglo XXI.
   1 11% de la economía de España depende del turismo
   2 llegada de 7 millones de vuelos europeos
   3 5.000 establecimientos hoteleros en España
   4 14 millones de visitantes anuales

¡Qué tiempos aquellos! Balance histórico para un pueblo catalán

Mi tío era como casi todos los del pueblo — tenía una pequeña parcela — e iba allí cada día muy temprano con el peón que trabajaba para él. Ellos cultivaban hortalizas para el mercado del pueblo y mi tía y la abuela las vendían. En su enorme casa guardaban el vino, las cebollas y las patatas; las vacas estaban fuera. La economía familiar se basaba en lo que ellos podían cultivar a mano (aunque luego compraron un pequeño tractor).

Con la llegada de los primeros turistas, el pueblo no tardó en reaccionar; en los 10 años a partir de 1960 la población se duplicó. Las pequeñas casas de pescadores desaparecieron y en su lugar se construyeron pisos, apartamentos turísticos y varios hoteles; el puerto cambió con la construcción de un puerto deportivo e incluso las playas se alargaron. Los cámpings se extendieron hacia el sur con la urbanización de la zona del pinar al lado del río. Luego empezaron a construir hacia el norte, en lo alto del pueblo y por la costa con chalets para los extranjeros o los señoritos de la capital.

Personalmente creo que el balance de los últimos 50 años es positivo; ahora hay más oportunidades para todos. Ha llegado mucha gente (desde Andalucía, por ejemplo), pero finalmente está más integrada. Económicamente hemos progresado y como consecuencia las comunicaciones por carretera han mejorado mucho: las autopistas hacia la capital son rápidas y se llega a dos aeropuertos en poco tiempo. La gente ya no es la típica 'gente de pueblo' y se nota una influencia internacional mucho más positiva. Desgraciadamente se observa la dificultad de controlar la porquería — gasoil en el puerto, basura en el mar y luego las molestias del ruido de bares y discotecas — pero no parece que la gente se preocupe.

Tema 1 La evolución de la sociedad española

AS STAGE

2 a Lee el texto de la página web. Rellena los huecos en cada uno de los párrafos con una de las cuatro opciones.

Antes el carácter de pueblo era (**1** ....) y la agricultura controlaba la economía (**2** ....). Las tareas en el campo eran (**3** ....) y a menudo las de hombres y mujeres eran distintas y separadas.

   1 local, formal, tradicional, normal
   2 especial, local, elemental, comarcal
   3 manuales, nuevas, compactas, complicadas

Así era el pueblo en el siglo XX

En los años 60, el efecto del turismo de (**4** ....) se empezó a notar y el pueblo creció de forma (**5** ....); uno de los sectores clave fue la (**6** ....) y el pueblo se transformó y se adaptó a la vida (**7** ....) y cosmopolita.

   4 masas, nacionales, extranjeros, internacionales
   5 frenética, auténtica, mínima, positiva
   6 educación, construcción, administración, contratación
   7 vieja, anticuada, moderna, pesada

La modernización del pueblo, y de toda la costa, ha traído problemas con (**8** ....), las dificultades de adaptación y la creciente contaminación, pero ha habido también aspectos (**9** ....) porque todos se han beneficiado de forma (**10** ....).

   8 la inmigración, la emigración, la corrupción, la anticipación
   9 relativos, definitivos, positivos, negativos
   10 política, económica, negativa, democrática

Estrategia

Translating accurately from English into Spanish

- When translating from English into Spanish, read the whole text first to understand what it is about.
- Find the vocabulary items you already know; make sure any adjectives used agree.
- Next, focus on the verbs and concentrate on getting the right tense and agreement.
- Work on a sentence at a time, making sure you translate all of its elements.
- If there is an expression you don't know how to say in Spanish, don't try to translate it literally. Change it to an expression in English that has the same meaning. Then translate that into Spanish.
- Remember to learn the vocabulary lists for each topic you study — you won't be able to look up words in the exam!
- Finally, work with word order and linkages until you are happy with the result.
- Bear in mind these points when you are translating the sentences in activity 2b.

2 b Traduce al español adaptando las expresiones y vocabulario del artículo en la página web para ayudarte. No tienes que buscar palabras nuevas — la información está en el texto. Consulta la Estrategia.

The family used to grow market garden produce and the work was done by hand. They took quite a long time to react to the modern world, but now the outcome is positive because the economy has made progress and communications are better, with new motorways to Madrid. Unfortunately, controlling pollution is a problem and people aren't worried about the rubbish and the noise.

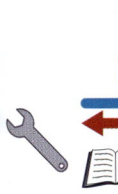

Unidad 3 El impacto turístico en España

Gramática

Contrastes en el uso del imperfecto y el pretérito (Contrasting uses of the imperfect and preterite tenses)

Study section G3.4 of the grammar section and then focus on the web page on page 42 again.

a In the first paragraph, find five examples of the imperfect.
b In the second paragraph, find five examples of the preterite.
c Copy the phrases containing the examples and translate them into English.
d Explain why the imperfect is the main tense in the first paragraph and why the preterite is the main tense in the second paragraph.

3 Elige la forma correcta del verbo en las frases siguientes.

1 En los años 60 [*íbamos/fuimos*] cada semana al mercado para vender hortalizas.
2 Hace 50 años mis padres [*se instalaban/se instalaron*] en un pueblo costero donde no [*había/hubo*] turismo.
3 El auge económico de la España del siglo XX [*atraía/atrajo*] a miles de inmigrantes.
4 El desarrollo económico de España [*estaba/estuvo*] basado en la industria de sol y playa.
5 El 'boom' del turismo [*favorecía/favoreció*] el desarrollo urbanístico en muchas regiones.
6 Durante el milagro económico el nivel de vida [*se acercaba/se acercó*] al de la Europa desarrollada.
7 Cuando [*ocurría/ocurrió*] el milagro económico no nos [*preocupaban/preocuparon*] los problemas del medio ambiente.
8 En aquellos días [*solíamos/solimos*] guardar las hortalizas en la casa, pero cuando [*llegaban/llegaron*] los primeros turistas todo esto [*cambiaba/cambió*].

4 a *Entrevista con la representante de Turismo Balear.* Escucha la entrevista sobre el turismo en Mallorca y contesta las preguntas.

1 ¿Cómo han sido los últimos resultados turísticos para Mallorca?
2 ¿Qué quieren hacer con la reputación tradicional de la isla?
3 ¿Qué opinión existe hoy de Magaluf?
4 ¿Por qué se considera positivo el cicloturismo? Da dos razones.
5 ¿Cómo ha afectado este fenómeno a la isla?
6 ¿Qué tipos de establecimientos se han adaptado al agroturismo?
7 ¿Qué ofrecen, además de la gastronomía?
8 ¿Por qué son tan positivos para la economía local? Menciona dos puntos.

Las bicicletas son para el verano... y la primavera y el otoño y el invierno

Tema 1 La evolución de la sociedad española

AS STAGE

4 b Vuelve a escuchar la entrevista. De las cuatro opciones ofrecidas, elige la terminación correcta.

1. El turismo de juerga…
   - A estará de moda en Mallorca en el futuro.
   - B es un ejemplo positivo para el turismo.
   - C no es una imagen positiva para la isla.
   - D es un modelo con muchos beneficios.

2. Magaluf es…
   - A un ejemplo de la peor imagen de la isla.
   - B el futuro para la isla.
   - C un modelo turístico de mucha importancia.
   - D la cara más moderna de Mallorca.

3. El desarrollo inteligente de las infraestructuras es…
   - A imposible a corto plazo.
   - B una opción a largo plazo.
   - C muy necesaria para la isla.
   - D algo que ya se ha hecho.

4. El cicloturismo tiene la ventaja de que…
   - A no solo se practica en verano.
   - B es una opción muy barata.
   - C interesa mucho a los conductores de la isla.
   - D es un modelo anticuado.

5. Ahora los conductores son…
   - A más conscientes de los ciclistas.
   - B más peligrosos que antes.
   - C más agresivos con los turistas.
   - D menos seguros al volante.

6. Los establecimientos que se han renovado…
   - A no han tenido éxito.
   - B normalmente no son grandes.
   - C son ruidosos y con mucha marcha.
   - D tienen fama de ser baratos.

7. El agroturismo es…
   - A para los que quieren bailar.
   - B solo para jardineros.
   - C un modelo turístico de las costas.
   - D apto para gastrónomos.

8. Los modelos turísticos modernos…
   - A dañan la economía local.
   - B combaten el paro juvenil.
   - C producen problemas de masificación.
   - D nunca serán rentables.

5 a Investiga en Internet la transformación del 'gigante turístico' y toma notas. Tu compañero podría escoger el modelo tradicional (con Magaluf como ejemplo) mientras tú eliges el cicloturismo/agroturismo. Prepara la información necesaria para dar una presentación oral a tu clase. Se podría también discutir cuál es el modelo más beneficioso a largo plazo/a corto plazo, para la población autóctona y para la isla de Mallorca.

5 b Investiga en Internet la evolución y el impacto del turismo en España. Busca información sobre dos de los puntos a continuación y escribe un párrafo sobre ellos. Para ayudarte compara los mismos datos cuando se refieren al año 1960 y al año 2014:
- PIB nacional
- aportación del turismo a la economía nacional (empleo)
- cifras de turistas extranjeros/nacionales
- número de vuelos internacionales

Unidad 3 El impacto turístico en España

3.2 Turismo, ¿todos ganamos?

- Analizar la relación entre el turismo y el medioambiente.
- Usar los pronombres de objeto directo e indirecto (1).
- Resumir información con éxito.

¡En marcha!

1 a Adivina la respuesta correcta conectando el concepto (números) con la estadística (letras):

1. población de España
2. número anual de visitantes a España
3. número anual de pasajeros de cruceros
4. el avión es utilizado por
5. Barcelona
6. importancia del sector turístico

a. 2,5 millones
b. 65 millones
c. 45 millones
d. el 80% de los turistas extranjeros
e. 10% del PIB (producción interior bruto)
f. ciudad número 1 en visitas

1 b Compara la población de España con el número de visitantes: ¿hay problemas con esto? En tu opinión, ¿qué explica la popularidad del país como destino turístico? Intenta dar tres razones.

2 a Consulta el artículo en la página 47 para encontrar la versión en español de las palabras y frases siguientes.

1. bureaucracy
2. to be right
3. locals
4. employment
5. going forward/looking ahead

2 b Ahora encuentra la versión en inglés de las frases siguientes.

1. dejar su sombra
2. hubo casos similares
3. no tardaron en llegar
4. había vulnerado la ley
5. la especulación inmobiliaria

2 c Escoge las cuatro frases correctas; después, corrige los errores.

1. Los conflictos han sido muy frecuentes en los últimos diez años.
2. Los tribunales han funcionado de forma lenta en este caso.
3. El empleo es importante para los que viven en la zona.
4. Greenpeace presentó una denuncia demasiado tarde.
5. La comunidad autónoma quiere demoler el hotel.
6. En el parque natural hay otros casos de masificación.
7. La Unión Europea ha denunciado el proyecto.
8. En el pasado era legal construir en el campo.

Tema 1 La evolución de la sociedad española

¿Fin... positivo... del turismo especulativo en las costas de España?

España ha vivido años de conflictos en la costa: edificios ilegales, burocracia y corrupción, parques naturales sin defensas, pero ahora, tras más de diez años en los tribunales, pueden tener razón los que protestaban contra el hotel Algarrobico, localizado en el parque natural del Cabo de Gata (Almería).

Este caso se remonta al año 2003 cuando un hotel de enormes dimensiones empezó a dejar su sombra en la costa. A lo largo del periodo del 'boom' del turismo, cuando construir ilegalmente en el campo fue posible, hubo casos similares en España y todos los conocían. Esta vez parecía que era diferente, pues las protestas no tardaron en llegar. Se preguntaba si la constructora no había vulnerado la ley, si tenía los permisos necesarios…

Greenpeace se dio cuenta de la situación y la hizo pública.

'El Algarrobico es uno de los símbolos más negros de la especulación inmobiliaria. Queremos una costa libre de ladrillo. Así se lo hemos hecho saber a la Unión Europea, presentando una denuncia.'

Del parque se dice que es 'uno de los pocos sitios de la costa mediterránea que quedan libres del feroz urbanismo y la masificación turística', pero a los vecinos les molestó pues necesitaban el proyecto. Mayoritariamente estaban a favor de la apertura del hotel porque el empleo que les proporcionaría era considerable.

Ahora, finalmente, el gobierno de la comunidad autónoma ha decidido comprarle el terreno a la constructora y convertirlo en dominio público para poder pasar a la demolición del complejo. Si se cumple este último acto… será positivo de cara al futuro.

¿Por fin se escuchará a los que protestan?

Gramática

Pronombres de objeto directo e indirecto (Direct and indirect object pronouns)

Study sections F2.1 and F2.2 of the grammar section and then focus on the article above to identify:

a three direct object pronouns
b three indirect object pronouns
c one combined use of a direct + indirect object pronoun
d For each pronoun, note down the phrase containing the example and translate it into English.
e Explain the different order of pronouns when compared with English.

3 Elige el pronombre correcto para completar las frases.

1 Si quieres una foto de la Mezquita, [*lo/la/le*] puedo sacar con mi móvil.
2 Los constructores siguen vulnerando la ley. ¡Hay que parar[*los/las/les*]!
3 Ellos [*me/nos/les*] contaron que había vuelos baratos a Barcelona, pero cuando intentamos reservar[*los/las/les*], no quedaba ninguno.
4 En esta zona las playas están sucias y el municipio tarda mucho tiempo en limpiar[*los/las/les*].
5 A ti, ¿qué [*me/te/le*] gustaría hacer? A mí [*me/te/le*] apetece ir al parque natural.
6 He comprado una postal del pueblo. [*Te/Le/Se*][*lo/la/le*] mandaré a mi novio hoy.
7 A mis vecinas [*los/las/les*] molestaba que hubiera tanto ruido por la noche.
8 ¿Vais a los Picos de Europa mañana? ¡Pasad[*lo/los/le*] bien!

Los cruceros, ¿positivos para todos?

4 a *Los cruceros, ¿positivos para todos?* Escucha esta entrevista de radio entre un pasajero, un científico y un habitante de Barcelona. Contesta las siguientes preguntas en español.

1 ¿Por qué ha surgido un conflicto en Barcelona?
2 ¿Cuántos pasajeros llegan a Barcelona cada año y con qué consecuencia? (2)
3 A Carmina Prados, ¿por qué el puerto le parece estupendo?
4 ¿Qué consecuencia medioambiental desconocen los pasajeros?

AS STAGE

> **Estrategia**
>
> **Summarising information successfully**
>
> - Look carefully at the **instructions/guidance** to ensure you deal with the task in the right way.
> - The **key points** you will need to work from will be listed.
> - Listen to the recording and focus on these points, making notes to help you.
> - When you have produced your summary, check that nothing has been left out.
> - Next, make sure that you have linked the key points effectively in English; **spelling, grammar and punctuation** are important parts of the task and need to be accurate.
> - Listen to the recording as many times as you need to; use the transcript if you get stuck during this stage of the course, but remember that you will not have access to a **transcript** in the exam.
> - Follow this guidance when answering exercise 4b. Summarise only the second half of the extract.

4 b Listen again to the interview with the passenger, scientist and a local resident. Answer the following questions in English.

1. Summarise the problems affecting those living near the cruise liner terminal. (2)
2. Summarise the evidence linked to pollution. (2)

5 a Trabajando en grupo o en pareja, selecciona el Cabo de Gata y otro destino turístico de esta lista de lugares. Investiga en Internet el efecto del turismo sostenible en los dos destinos y prepara tus apuntes para seleccionar y evaluar la información.
- Coto Doñana
- Parc Natural de la Zona Volcànica de la Garrotxa
- Sierra Nevada
- Picos de Europa

5 b Comenta con tu compañero/a lo que has descubierto sobre los dos lugares con referencia a los puntos siguientes:
- dónde está en España y cómo es su clima y paisaje
- cuánta gente va allí
- las actividades ofrecidas
- el impacto (positivo y negativo) que el turismo tiene en la zona

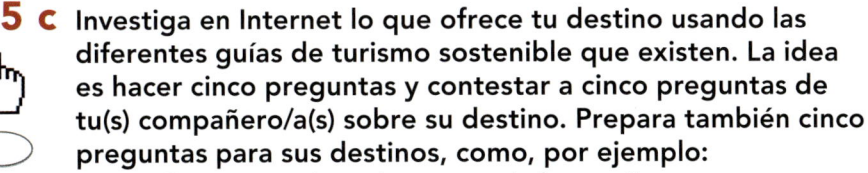

5 c Investiga en Internet lo que ofrece tu destino usando las diferentes guías de turismo sostenible que existen. La idea es hacer cinco preguntas y contestar a cinco preguntas de tu(s) compañero/a(s) sobre su destino. Prepara también cinco preguntas para sus destinos, como, por ejemplo:
- ¿En que consiste el encanto de la zona?
- ¿Es fácil llegar al destino?
- ¿Es el turismo beneficioso para la zona?

Unidad 3 El impacto turístico en España

3.3 Lo que nos ha dejado el turismo...

- Comentar el impacto económico del turismo y comprobar los beneficios para España.
- Emplear el condicional.
- Buscar y utilizar información de interés en Internet.

¡En marcha!

1 Beneficios del turismo. Con un compañero piensa en lo que el turismo aporta a tu país en cuanto a la económia, cultura, diversidad etc. Prepara una lista de las ventajas y piensa si hay elementos negativos.

¿Engaña la estadística?

¿Quién debería ganar con la subida del precio de la vivienda en Andalucía? Estamos hablando de unas cantidades elevadas, pues entre 1991 y 2002 subió un 90% y el valor del metro cuadrado de vivienda (2014) se puso por encima del 89%. Por una parte sería justo que las ganancias generadas se quedaran en la región, pero el problema para los andaluces es que en 2014 el sueldo medio español era 26.000 € mientras que en el Reino Unido era 44.000 €. Este dato significa que un extranjero tendría mucha más posibilidad que un andaluz de comprar su segunda vivienda en la zona. Aunque las más de 760 agencias inmobiliarias producen empleo, su finalidad es vender viviendas a extranjeros: si entregaran el patrimonio andaluz a extranjeros produciría un beneficio solo a corto plazo.

La inversión en campos de golf ha beneficiado a los aficionados nacionales e internacionales. Málaga (provincia) tiene unos 50. Sin embargo, el uso del agua se convierte en presión medioambiental sobre unos ecosistemas ya afectados por la sequía. El 25% de Andalucía tiene un riesgo 'alto o muy alto' de desertización, y el gobierno invierte unos 200 millones de euros anuales para intentar controlar el problema.

La fama del litoral andaluz sigue en aumento: en 2014 hubo 45 millones de pernoctaciones y solo durante el puente de mayo de 2015 Málaga registró una ocupación hotelera del 80%.

Estas cifras podrían considerarse positivas, pero también apuntan a la masificación de las costas. Sería interesante investigar por qué el número de contratos (a tiempo completo) ha bajado un 2% y el número de contratos temporales ha subido un 1,4%. Se podría decir que la estacionalidad del empleo en la hostelería afecta a todo el sector ya que el índice de paro en Andalucía en 2015 era de 33,6% cuando en toda España era de 23%.

No es oro todo lo que reluce

2 a Lee el artículo sobre el impacto del turismo en Andalucía y contesta las preguntas en español.

1. ¿La subida del precio de la vivienda favorece a los andaluces? Justifica tu opinión mencionando dos ideas: una positiva y una negativa.
2. ¿Hasta qué punto son significativas las estadísticas en el primer párrafo? (2)
3. ¿Por qué no se espera mucha ayuda de las agencias inmobiliarias?
4. ¿En qué consiste el beneficio 'a corto plazo' mencionado en el primer párrafo?
5. ¿Cuáles son las desventajas de los campos de golf? Menciona dos ideas. (2)

Tema 1 La evolución de la sociedad española

6 ¿Cómo intenta el gobierno paliar los efectos de la sequía?

7 ¿Cómo se sabe que Málaga sigue siendo un destino turístico popular?

8 ¿Qué implica la bajada del número de contratos a tiempo completo y la subida del número de contratos temporales?

2 b Translate into English.

No deberíamos intentar sacar un beneficio a corto plazo porque lo que está en juego es nuestro propio futuro. Los que podrían aprovechar la subida generalizada de los precios suelen ser clientes extranjeros, con un alto nivel de poder adquisitivo. El impacto de las nuevas urbanizaciones en el medioambiente es una realidad y nos afecta directamente. Lo bueno es que, a pesar de la crisis, la región registra resultados positivos actualmente aunque siempre se necesitará más inversión por parte del gobierno.

Gramática

Uso del condicional (Use of the conditional tense)

Study section G5.3 of the grammar section and focus on the article on page 50.

a Find seven examples of the conditional, note them down and translate them into English.

b Say why the conditional is used.

c Do you notice any pattern in the use of the conditional in the examples, particularly where two tenses are used?

3 Elige la forma verbal correcta para completar las frases.

1 ¿Te [*gustó/gustaría/gustaba*] pasar un rato en el Coto Doñana mañana?

2 Si los andaluces [*ganaran/ganarían/ganarán*] más, [*tendrían/tuvieran/tenían*] más posibilidades de comprar una segunda vivienda.

3 Le pregunté si [*vendría/viniera/vendrá*] conmigo a ver el nuevo campo de golf.

4 ¿Por qué [*irían/van/vayan*] tantos extranjeros a Salamanca a estudiar el castellano?

5 Los españoles son los que [*debieron/deberían/deban*] aprovecharse del auge del turismo, pero los extranjeros se benefician más.

6 El año que viene [*buscaré/buscaría/busqué*] otro empleo mejor pagado en el turismo.

7 [*Daría/Diera/Doy*] cualquier cosa por ir a Pamplona a ver los toros.

8 Si yo [*fuera/fui/sería*] tú, me [*mudaría/mudara/mudaré*] de casa a una región donde hubiera menos turismo.

4 a *Turismo idiomático en Salamanca.* Escucha esta entrevista y, después de consultar las palabras a continuación, busca sus sinónimos en la entrevista.

1 forasteros
2 moderados
3 fundamental
4 aumento
5 propietarios
6 desafío
7 respetada
8 haría caso a

Si buscas algo más que sol y playa…

4 b Vuelve a escuchar la entrevista. Hablamos con el director de una academia… Escucha la entrevista y escoge la terminación correcta.

1 La academia comenzó a ofrecer cursos…
  A hace más de un siglo.
  B en el siglo XX.
  C el año pasado.
  D cuando inauguraron la universidad.

2 La conexión con la Universidad de Salamanca ayudó a la empresa en el sentido que fue…
  A mínima.
  B positiva.
  C negativa.
  D leve.

3 ¿Qué ha impulsado los últimos cambios en este tipo de turismo?
  A los propietarios de pisos
  B la universidad
  C el mercado global
  D la ciudad de Salamanca

4 La clave del éxito para la empresa ha sido…
  A la historia del centro.
  B la población de la ciudad.
  C el prestigio de la Universidad.
  D el turismo de masas.

5 La importancia que ha tenido la arquitectura del centro ha sido…
  A ninguna.
  B elevada.
  C variable.
  D diferente.

6 El precio de un cursillo de verano…
  A varía según el número de semanas.
  B aumenta en verano.
  C sería muy alto.
  D desciende a menudo.

7 Para elegir un cursillo de lengua española hay que…
  A hablar con los profesores.
  B buscar información en la red.
  C acreditar el centro.
  D viajar a la ciudad.

8 Los comentarios de otros alumnos podrían ser…
  A útiles.
  B anteriores.
  C fijos.
  D complicados.

Tema 1 La evolución de la sociedad española

A-LEVEL STAGE

Estrategia

Finding and using useful material online
- Visit a reliable website.
- Limit your search words to three **Spanish** words.
- Don't limit yourself to the first few websites which your search produces.
- Check the link to evaluate the source and tailor your selection to specific requirements.
- In the web links you find, look for useful words; copy and paste sections to **review** later; copy and paste addresses to be able to return to information quickly.
- Don't copy chunks from a website directly into your written work.
- Follow this guidance when doing activity 5a.

5 a Reserva tu cursillo de verano. Compite con tu(s) compañero/a(s) para encontrar en Internet la mejor oferta. Apunta:
- el precio
- si incluye alojamiento
- en qué parte de la ciudad está
- el número de alumnos por grupo

Finalmente, explica por qué crees que el cursillo es el mejor en cuanto a la relación calidad/precio.

5 b Trabajando en grupo o en pareja, escoge los tres elementos más positivos de la lista (en lo que se refiere al impacto en España). Tu(s) compañero/a(s) escogerán los tres puntos más negativos. Podéis preparar un debate para saber si, en general, el país sale ganando o perdiendo.
- el turismo idiomático
- los cruceros
- la ocupación hotelera en las costas
- los campos de golf
- el empleo generado por la industria hotelera
- la evolución del turismo durante los últimos 50 años
- los tópicos turísticos como Magaluf
- el cicloturismo
- el número de turistas anuales
- el turismo sostenible

5 c De cara al futuro, ¿qué modelo turístico debería escoger España? Escribe dos párrafos. Posibles ideas:
- ¿los hoteles de la costa o el agroturismo?
- ¿cantidad o calidad?
- ¿el turismo de masas o el turismo sostenible?
- ¿playa o montaña?

5 d Escribe un párrafo sobre lo que has aprendido sobre el turismo en España.

Unidad 3 El impacto turístico en España

Vocabulario

3.1 El gigante turístico se transforma... 50 años de cambios

    acogedor welcoming
    a corto plazo in the short term
    a largo plazo in the long term
el **alojamiento** accommodation
la **autopista** motorway
el **balance** evaluation, balance
la **basura** rubbish
el **beneficio** benefit
la **cifra** figure, number
    conducir (*conduzco*) to drive
    cuidar to take care of
los **datos** data
el **desarrollo** development
el **empleo** employment, job
la **entrevista** interview
el **establecimiento** establishment (as in hotel)
el **éxito** success
el/la **extranjero/a** foreigner
la **gastronomía** gastronomy, cooking
la **imagen** image
    llenar to fill
la **masificación** overcrowding
    mejorar to improve
el **porcentaje** percentage
la **prensa** press, newspapers
    rentable profitable
la **temporada** season
el **terreno** land
el **tópico** cliché
    traer (*traigo*) to bring
el **turismo de juerga** binge tourism
el **turismo de masas** mass tourism
el **vuelo** flight

3.2 Turismo, ¿todos ganamos?

los **alrededores** surroundings
la **apertura** opening
el **ataque cardíaco** heart attack
el **caso** case
el **combustible** fuel
la **constructora** developer
el **crucero** cruise liner
la **demolición** demolition
    denunciar to complain about
la **dimensión** dimension, size
el **dominio público** public domain
la **especulación** speculation
la **estacionalidad** seasonal variation
    feroz aggressive
la **gama** range, series
el **gobierno** government
    inmobiliario property
la **inversión** investment
el **ladrillo** brick
la **ley** law
la **naturaleza** nature
    nocivo harmful
el **permiso** permit, permission
el **PIB (Producto Interior Bruto)** GDP (gross domestic product)
    presentar una denuncia to make a complaint
    prometedor hopeful, promising
    protestar to protest
la **salud** health
el **terreno** land
el **tribunal** court
    turismo sostenible sustainable tourism
el/la **vecino/a** local person, neighbour
    vulnerar to break (a law)

3.3 Lo que nos ha dejado el turismo...

    actualmente currently
la **agencia inmobiliaria** estate agency
el **alojamiento** accommodation
la **búsqueda** search
la **calidad** quality
la **cantidad** quantity
el **centro (acreditado)** officially recognised centre
el **desafío** challenge
la **empresa** company, firm
    engañar to trick, to deceive
la **enseñanza** teaching
las **familias anfitrionas** host families
el **índice de paro** rate of unemployment
las **instalaciones** facilities
el **litoral** coastline
el **metro cuadrado** square metre
el **oro** gold
la **pernoctación** overnight stay
el **poder adquisitivo** buying power
la **presión** pressure
el/la **propietario/a** owner
    relucir (*reluzco*) to shine
el **reto** challenge
el **riesgo** risk
la **segunda vivienda** holiday home
la **sequía** drought
el **sueldo** salary
el **sueldo medio** average salary
    temporal part-time
el **valor** value
la **venta** sale
las **ventajas** advantages
la **vivienda** housing, home

Unidad 4

La música

4.1 El papel de los cantantes y músicos

4.2 La guitarra española: música popular y clásica

4.3 'Tiene olor a vida… tiene gusto a muerte': la evolución del tango en Argentina y Uruguay

4.4 ¡A bailar!

Theme objectives

In this unit you will study music. The following topics are covered:
- the influence of singers and musicians and changes in music styles
- some aspects of Spanish guitar music
- the impact of the tango on popular culture
- some Spanish and Latin-American dances and their impact on popular culture

The content in this unit is assessed at AS and A-level.

Grammar objectives

You will study and practise the following grammar points:
- the future tense and the immediate future
- the verb *gustar* and others of a similar construction
- the infinitive
- the gerund

Strategy objectives

You will develop the following strategies:
- listening to Spanish, a summary of the most useful strategies
- comparing and contrasting viewpoints and adding your own opinion
- extending vocabulary using a variety of techniques
- dealing with A-level reading comprehension

4.1 El papel de los cantantes y músicos

- Estudiar la influencia de los cantantes y los músicos en los jóvenes, así como algunos cambios en estilos de música.
- Usar el tiempo futuro y el futuro inmediato.
- Resumir las estrategias más útiles para escuchar el español hablado.

¡En marcha!

1 Contesta las siguientes preguntas, escribiendo si quieres unas notas para ayudarte. Entonces compara tus respuestas con las de un/a compañero/a y compártelas con la clase.
- ¿Escuchas mucha música? ¿O no tienes tiempo con todo lo demás que haces?
- ¿Qué tipo de música te gusta?
- En tu opinión, ¿vale la pena ir a un concierto para escuchar música en directo?
- ¿Quiénes son tus ídolos musicales? ¿Por qué te gustan exactamente?

Los cantantes poseen gran influencia entre los adolescentes

La adolescencia es un período complejo, un tiempo intermedio cuando la persona no es ni un niño ni un adulto. Y durante esta etapa repleta de cosas que descubrir, los jóvenes adolescentes afrontarán una de las pruebas más importantes: encontrarse a sí mismos.

La música tiene una atracción especial para estos adolescentes, que la escuchan dos o tres horas diarias.

¿Pero, por qué algunos cantantes mueven a decenas de miles de adolescentes cada vez que dan un concierto? ¿Por qué suscitan tal nivel de admiración? Lo cierto es que todos hemos tenido alguna vez un ídolo o un grupo musical a quien seguir. Lo que los adolescentes generalmente buscarán en sus artistas favoritos será identificarse con la música de ellos porque ven a sus artistas como una forma de expresarse. Casi todos tendrán a un artista o una canción con la que se identificarán, incluso llegando a usar algunas veces objetos o vestimenta que los identifique con ellos.

Esto se debe a la actitud típica de los adolescentes: rechazo de la familia, normalmente por 'incomprensión'. Una vez que se sienten identificados con las letras de los músicos, los adolescentes van a intentar saber todo lo posible sobre aquel que se siente como ellos.

Y, como se dice, 'un gran poder conlleva una gran responsabilidad'. Estos cantantes no son responsables del nivel de admiración que puedan suscitar entre los 'incomprendidos' adolescentes que acudirán a ellos en busca de guía, consejo y compañía. Sin embargo, en cierto modo, se convierten en un símbolo, en alguien que debe servir de ejemplo para los demás, pues van a tener un poder de influencia sin igual en los jóvenes.

Texto adaptado de: 'Los cantantes poseen gran influencia entre los adolescentes, *Miranda21* (el periódico de la Universidad Francisco de Vitoria), 3 de octubre de 2014

TRANSITION STAGE

2 a Busca en el artículo las frases en español que corresponden a estas palabras o frases:

1. they will face up to one of the most important tests
2. move tens of thousands of young people
3. to find out everything about the person who feels like they do
4. in search of guidance, advice and company

Ahora busca palabras o frases en el artículo que significan lo mismo que estas:

5. muy llena

6. adherirse incondicionalmente a
7. las palabras de las canciones
8. extraordinario

Y para terminar, busca palabras o frases en el texto que significan lo contrario de estas:

9. sencillo
10. No se sabe con seguridad que
11. no tiene nada que ver con
12. no implica

2 b Lee el artículo de nuevo. De las siguientes declaraciones, escoge las cuatro que son correctas.

1. Los adolescentes están más cerca de la vida adulta que de la niñez.
2. Es esencial que los adolescentes encuentren un cantante favorito.
3. Durante la adolescencia, hay muchas cosas que los jóvenes tendrán que hallar y aprender.
4. La música es una cosa muy atractiva para los adolescentes.
5. Las mujeres suelen tener más ídolos que los hombres.
6. A algunos jóvenes les gusta llevar la misma ropa que sus ídolos.
7. Muchos jóvenes imitan a sus familiares.
8. Los cantantes pueden llegar a ser ejemplos simbólicos para los jóvenes.

Gramática

El tiempo futuro y el futuro inmediato (The future tense and the immediate future)

Study section G4 of the grammar section, then look closely at the article again and find:
a   two examples of the immediate future (*ir* + *a* + infinitive)
b   five examples of the future tense, including at least one example of an irregular future

For each example you find, copy out the phrase it appears in and translate it into English.

3 Rellena los espacios con la forma correcta de *ir* o del futuro del verbo entre paréntesis.

1. ¿Quién [*ser*] la próxima estrella latina de la música?
2. Todos los conciertos de Juanes se [*celebrar*] en Latinoamérica este año.
3. ¿Sabes a qué hora [*ir*] a comenzar el concierto?
4. Si no nos damos prisa no [*poder*] llegar al concierto antes de que comience.
5. Laura me [*decir*] mañana si ha conseguido el disco de Serrat.
6. Juan y yo [*ir*] a ver a Julio Iglesias en el estadio Vicente Calderón.
7. Yo [*hacer*] todo lo posible para obtener el disco de Joaquín Sabina.
8. En el futuro no [*haber*] cantantes verdaderos porque la industria musical crea artistas sin personalidad.

Unidad 4 La música

> **Estrategia**
>
> **Listening to Spanish, a summary of the most useful strategies**
>
> Remember the following points:
> - Listening is for many the most important and difficult skill. Come to terms with the fact that it will be a long time before you can expect to understand everything.
> - You will not get better at listening overnight, so accept that it will be a gradual and slow process.
> - Make sure there are no distractions — you have to concentrate really hard.
> - 'Little but often' is the advice to follow — make sure you listen to something extra as often as possible, and gradually increase the amount you listen to.
> - Listen to a passage more than once — at first for gist comprehension and later for more detail. Challenge yourself to understand, e.g. four things on first listening, and six things the second time around.
> - Try listening with a transcript and then without it — how much more can you understand each time without the transcript?
> - Listen once or twice to a passage before starting to tackle questions and exercises.
> - Guess sensibly and logically at words you do not understand (i.e. what might make sense?).
> - Use this guidance when answering exercise 4b.

Alejandro Arcos

Mar Marhuenda

4 a *Música moderna de poco valor.* Escucha lo que dicen los dos jóvenes sobre la música moderna española y busca los equivalentes a las palabras siguientes.

1 categoría
2 me imagino
3 texto de una canción
4 comprendes
5 inservibles
6 carencia
7 trivialidades
8 aspecto exterior de alguien

4 b Escucha la conversación de nuevo y escoge la terminación correcta para estas frases. Consulta la Estrategia.

1 Alejandro opina que la música española hoy en día…
  A es más normal que la música inglesa.
  B ha llegado a estar demasiado comercializada.
  C no es nada más que del estilo *reguetón*.
  D se oye cuando la gente sale de fiesta.

2 También cree que las canciones de otros cantantes como Juanes…
  A eran demasiado recientes.
  B serán muy populares en el futuro.
  C llegarán a ser históricas.
  D tenían cosas importantes que decir.

3 Mar piensa que los cambios en la música moderna reflejan el hecho de que…
  A la letra carece de estilo.
  B las canciones son inútiles.
  C los jóvenes viven en una época diferente.
  D los cantantes no pueden pensar en cosas serias.

4 Para Alejandro, en el pasado, los cantantes…
  A eran mucho más físicos.
  B cantaban de lo que pasaba en la sociedad.
  C reflejaban lo banal que era la vida.
  D se hicieron famosos por la ropa que llevaban.

Tema 2 La cultura en el mundo de habla española

5 Translate the following passage into English.

Los músicos hispanos más grandes

Latinoamérica y España tienen sus grandes cantantes y compositores. No se trata de artistas puramente comerciales. Todos empezaron desde abajo y se fueron dando a conocer, ya sea en bares, fiestas o concursos.

Son artistas que han triunfado no solo en su país de origen, sino que han llegado a otras tierras con su música, y además con acciones y mensajes dedicados a ayudar a las comunidades más necesitadas. Sus canciones tienen cosas importantes que decir, ya sea sobre la política o la sociedad humana en general.

Texto adaptado de: 'Grandes cantantes hispanos del LP', venamimundo.com

6 a Trabaja en grupos de cuatro o cinco. Busca en Internet información sobre uno de los cantantes famosos mencionados en la lista de abajo. También te damos el título de una de sus canciones más famosas.
- Joan Manuel Serrat (*Cantares*)
- Juanes (*A Dios le pido*)
- Julio Iglesias (*Un canto a Galicia*)
- Shakira (*Estoy aquí*)
- Celia Cruz (*La vida es un carnival*)
- Mercedes Sosa (*Gracias a la vida*)

En los grupos, cada estudiante tiene que escoger a un/una cantante no elegido/a por uno/a de sus compañeros/as.

Mientras estudias el/la cantante que has escogido, escribe unas notas en español para contestar las siguientes preguntas:
- ¿Dónde y cuándo nació (¿y murió?) el/la cantante que has escogido?
- ¿Qué influencias se ven en las canciones?
- ¿Las canciones tienen cosas importantes que decir? Cuáles son los mensajes más importantes?
- ¿Qué dirías del estilo de esta música?
- ¿Aparte de las canciones, el/la cantante es famoso/a por otra razón?
- ¿Te gusta la música? Explica por qué (no).
- ¿Te parece que la celebridad tiene una influencia positiva? Explica por qué.
- ¿Hay otras cosas importantes o interesantes de su vida u obra que quieres mencionar?

Shakira

6 b Trabaja con un/a compañero/a, hablándole sobre lo que has aprendido. Tenéis que haceros las preguntas mencionadas arriba, y dar vuestras opiniones sobre los/las artistas y su estilo.

6 c Escribe un párrafo sobre el/la cantante que buscaste y estudiaste e incluye tus opiniones (sean positivas o negativas).

6 d Lee en voz alta el párrafo que has escrito a tus compañeros de clase. También podrías presentarles una canción. Debes contestar a cualquier pregunta que quieran hacer tus compañeros.

Juanes

Unidad 4 La música

4.2 La guitarra española: música popular y clásica

- Estudiar algunos aspectos de la música de guitarra española.
- Usar el verbo *gustar* y otros verbos de construcción semejante.
- Comparar y contrastar distintos puntos de vista, y añadir una opinión personal.

¡En marcha!

1 Elige tres de las siguientes preguntas y contéstalas, escribiendo si quieres unas notas para ayudarte. Entonces habla de las tres con un/a compañero/a de clase.
- ¿Hay un cantante o un grupo que te gustaría ver en el futuro?
- ¿Piensas que la música es muy importante para los jóvenes?
- En tu opinión, ¿la calidad de la música hoy en día es buena?
- Aquí vamos a estudiar unos aspectos de la música de guitarra española. ¿Qué piensas tú de la guitarra como instrumento musical?

Dos figuras únicas del flamenco español

España tiene una tradición de música folclórica tan variada como lo son sus distintas regiones y la guitarra es un instrumento muy vinculado a esa tradición. La música más conocida de Andalucía es el flamenco, con sus tres formas: el cante, el baile y la guitarra. La guitarra flamenca no era originalmente más que un acompañamiento para el baile y el cante, pero poco a poco ha llegado a ser una forma de arte por derecho propio, en manos de guitarristas muy famosos como Paco de Lucía, quien hizo muchísimo para que a la gente de muchos países distintos le interesara y emocionara el flamenco. También logró combinar el flamenco con otros estilos musicales como el jazz y la música clásica. Nacido en Algeciras, de Lucía vino a ser el artista flamenco más innovador e influyente de su generación. Las palabras de otros guitarristas muy conocidos demuestran el renombre y los éxitos de este legendario artista: después de verle actuar, Mark Knopfler confesó no tener 'ni idea de tocar la guitarra' y Keith Richards (guitarrista principal de los Rolling Stones) se negó en rotundo a aceptar la calificación de *leyenda*, afirmando que 'solo hay dos o tres guitarristas que puedan considerarse leyenda. Y por encima de ellos está Paco de Lucía'.

No se puede ver mejor ejemplo de la combinación de la guitarra y el cante jondo (la forma más intensa del flamenco y que expresa lo más profundo de los sentimientos) que la de la pareja que formó de Lucía con el cantaor Camarón de la Isla. Juntos modernizaron el flamenco, dándole un estilo renovado pero sin perder su autenticidad. Considerado el mejor cantaor de todos los tiempos, Camarón fue como un dios gitano del flamenco, un artista inolvidable pero también una figura polémica, consumidor de drogas y fumador excesivo. Murió temprano a los 42 años, lo que le dolió tanto a Paco de Lucía que canceló sus actuaciones por todo el mundo durante casi un año.

Paco de Lucía, el artista flamenco más innovador e influyente de su generación

Tema 2 La cultura en el mundo de habla española

AS STAGE

2 a Lee el artículo y busca sinónimos para las siguientes palabras y expresiones.

1. diversa
2. lentamente
3. que tienen renombre
4. consiguió
5. que tiene influencia
6. mítico
7. admitió
8. controvertida

2 b Lee otra vez el artículo y luego escoge la terminación correcta para estas frases:

1. La música folclórica de España…
   - A siempre es música de guitarra.
   - B es andaluza.
   - C tiene muchas formas distintas.
   - D suele ser flamenca.

2. La guitarra flamenca…
   - A es muy original.
   - B ya no acompaña el baile y el cante.
   - C es muy artística.
   - D tiene más importancia ahora que en el pasado.

3. Gracias a Paco de Lucía…
   - A el flamenco es un arte más conocido en muchos países.
   - B hay más guitarristas estos días.
   - C la música de guitarra es más emocionante.
   - D la gente es más interesante.

4. También de Lucía…
   - A tocó con cierto estilo.
   - B combinó el flamenco con diferentes formas de música.
   - C fue un guitarrista influido por otras generaciones.
   - D escribió música clásica.

5. Según Mark Knopfler, Paco de Lucía…
   - A no tocaba muy bien.
   - B actuaba con muchas nuevas ideas.
   - C tuvo algunos éxitos.
   - D tocaba mucho mejor que él mismo.

6. Keith Richards opinó que de Lucía…
   - A fue un guitarrista más legendario que cualquier otro.
   - B no pensaba que era el mejor.
   - C fue uno de los tres mejores guitarristas de todos los tiempos.
   - D tuvo muchas ideas interesantes.

7. Con Paco de Lucía, Camarón de la Isla…
   - A fue un cantaor muy profundo.
   - B formó una pareja famosísima.
   - C ofreció un estilo mezclado.
   - D perdió un sentimiento auténtico.

8. Cuando murió Camarón de la Isla, Paco de Lucía…
   - A lo vio como un hombre muy polémico.
   - B le consideró un dios.
   - C no actuó en público durante casi 12 meses.
   - D tenía 42 años.

Gramática

El verbo *gustar* y otros verbos de semejante construcción. (The verb *gustar* and others of a similar construction)

Study section G23 of the grammar section and then look again at the article.

a Find three examples of verbs used like *gustar*.

Write down the examples containing that construction and translate them into English.

b Explain why these three constructions are similar to that used with the verb *gustar*.

Unidad 4 La música

3 Completa las frases con la forma correcta del pronombre y del verbo. ¡Cuidado! Dos verbos están en plural.

1. ¡A mí [encantar] *Soy gitano*! Es el disco más vendido de la historia del flamenco.
2. ¿No [tú molestar] el comportamiento de las estrellas del flamenco?
3. A los cantaores de flamenco, como son personas creativas, [gustar] los experimentos.
4. No podemos ir al concierto de música clásica porque hoy [nosotros tocar] cuidar de los nietos.
5. [él costar] trabajo creer que Camarón pudo seguir cantando después de ser diagnosticado de un cáncer del pulmón.
6. A vosotros, ¿[gustar] escuchar un disco de Paco de Lucía?
7. [yo interesar] mucho las formas modernas del flamenco.
8. Lo que [ella fastidiar] de los cantantes de la música pop es que los jóvenes imitan su conducta.

4 Translate the following passage into English.

Camarón: leyenda del cante flamenco

Camarón de la Isla es imprescindible para comprender el cante jondo de la segunda mitad del siglo XX. Transformó desde dentro el cante que atravesaba una grave crisis, aunque respetando sus esencias más genuinas. Su figura, así como su temprana muerte y las muestras de su arte, han creado una leyenda que se ha extendido por todo el mundo.

Camarón fue un fumador empedernido, el principal causante de su temprana muerte. Su sepelio fue multitudinario; se calcula que cincuenta mil personas se dieron cita en el cementerio de su ciudad natal.

Texto adaptado de: biografíasyvidas.com, 'Camarón de la Isla'.

El palacio real de Aranjuez y parte de sus jardines

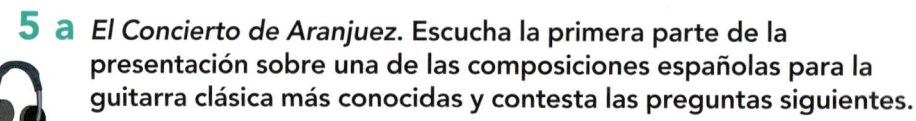

5 a *El Concierto de Aranjuez*. Escucha la primera parte de la presentación sobre una de las composiciones españolas para la guitarra clásica más conocidas y contesta las preguntas siguientes.

1. ¿Qué discapacidad tenía Rodrigo?
2. ¿Qué parte de *El Concierto de Aranjuez* es más popular?
3. ¿Adónde quiere llevarnos Rodrigo con esta composición?
4. ¿Qué ambiente específico quería Rodrigo evocar en *El Concierto de Aranjuez*?

5 b Listen to the second part of the presentation, and then summarise in English:

1. what past event the work recalls
2. why the radio presenter talks about a more negative side to the music (4)

6 Traduce al español las siguientes frases.

1. Sandra loves listening to flamenco music.
2. That guitar has two strings missing.
3. My brother is interested in going to the classical music concert.
4. I have more than enough time to practise the guitar.
5. Roberto's legs hurt.
6. He had two tickets left for that concert.
7. My friends don't like Tárrega's work.
8. We fancy hearing the song again.

Tema 2 La cultura en el mundo de habla española

AS STAGE

7 a Trabaja en grupos de tres o cuatro.
- Busca en Internet información sobre dos de los artistas mencionados en la lista de abajo.
- Escoge uno de cada lista de cuatro, sea compositor, guitarrista o cantaor(a)/bailaor(a).
- Debes intentar encontrar un ejemplo de música compuesta o tocada por el/la artista.
- Cada estudiante tiene que escoger dos artistas no elegidos por uno de sus compañeros.

Compositores	Guitarristas	Bailaores/cantaores
· Mario Castelnuovo-Tedesco	· Paco de Lucía	· Antonio Canales
· Joaquín Rodrigo	· Andrés Segovia	· Joaquín Cortés
· Fernando Sor	· Paco Peña	· Sara Baras
	· Narciso Yepes	· Camarón de la Isla

Mientras estudias los dos artistas que has escogido, escribe unas notas en español para contestar las siguientes preguntas:
- ¿Cómo se llaman y qué hacen?
- ¿Cuál es su importancia en el mundo de la música?
- ¿Qué puedes decir de la vida de cada persona? (intenta mencionar por lo menos cuatro detalles)
- ¿Puedes dar dos opiniones personales sobre la obra de cada persona?
- ¿En qué se diferencian o se parecen las dos personas y/o su obra?
- ¿Te parece música que te gustaría escuchar o ir a ver en directo? Explica por qué o por qué no.

7 b Trabaja con un/a compañero/a, hablándole sobre lo que has aprendido. Tienes que hacer las preguntas mencionadas arriba.

Estrategia

Comparing and contrasting differing viewpoints and adding one's own opinion

Remember the following points:
- Decide how you are going to present your 'compare and contrast' argument.
- Be succinct, making the point clearly and moving on having done so.
- You can deal with things subject by subject or point by point, switching back and forth between the two subjects.
- Alternatively, present all of the comparisons first, then all of the contrasts.
- Comparison studies note either similarities, or similarities and differences, whereas contrasts deal only in differences.
- Use words and expressions to emphasise comparisons (e.g. *también, en consecuencia, comparado con, además, tal como, asimismo, lo mismo que*) and words and expressions to emphasise contrasts (e.g. *sin embargo, al contrario, aunque, en contraste*).
- Adding your own point of view in an argument is often more effective when introduced by certain words and phrases e.g. *en mi experiencia, en cuanto a lo que pienso, en mi opinión, personalmente, yo opino que…, yo diría que…, tengo que decir que, no estoy tan seguro de eso, no es justificable decir que…*

Bear in mind this guidance when answering activity 7b and 7c.

7 c Escribe un párrafo sobre los artistas que elegiste e incluye tus opiniones (sean positivas o negativas). Intenta escribir frases para comparar y/o contrastar a los artistas y su obra, utilizando algunas de las estrategias mencionadas en la sección de Estrategias arriba.

7 d Lee en voz alta el párrafo que has escrito a tus compañeros de clase. Para terminar, preséntales el ejemplo de música que has encontrado.

Unidad 4 La música

4.3 'Tiene olor a vida... tiene gusto a muerte': la evolución del tango en Argentina y Uruguay

- Examinar el impacto del tango en la cultura popular.
- Usar el infinitivo.
- Ampliar el vocabulario usando una gama de técnicas.

¡En marcha!

1 a Para poder describir el tango, de las tres opciones en la primera columna, selecciona el adjetivo más adecuado. Para ayudarte, consulta las palabras de la segunda columna, que contiene dos sinónimos de la palabra que buscas.

1 apasionado, acertado, templado	caluroso, ardiente
2 tranquilo, sensual, dormido	carnal, lascivo
3 positivo, dinámico, torcido	ágil, movido
4 diario, relevante, popular	común, frecuente
5 tóxico, normal, exótico	extravagante, brillante
6 erótico, problemático, cómico	sexual, indecente

1 b Ahora que tienes seis adjetivos para describir el tango, piensa en un antónimo para cada uno.

El tango: abrazo sensual

¿Cómo explicar la atracción del tango? Esta música inventada en la segunda mitad del (**1** ....) XIX mantuvo su popularidad durante tantos años para volver a estar de moda hoy. Con sus raíces en el mundo más bajo de las (**2** ....) de las orillas del Río de la Plata (Buenos Aires y Montevideo) se transformó en emblema de estos dos países (Argentina y Uruguay); hoy esta popularidad (**3** ....) claramente conectada con sus orígenes pero también tiene fama internacional.

Empezó en los barrios humildes: una música marginal, mezcla de razas, de (**4** ....), de gauchos. Se desarrolló incorporando los aspectos más exóticos y prohibidos, y podía (**5** ....) desaparecido bajo las críticas de la 'alta sociedad' pero ¡lo prohibido también atrae! 'Las damas' de esta sociedad no bailarían esta música tan (**6** ....) de erotismo, pero a principios del siglo XX su llegada a París produjo un cambio básico en su estilo y su etapa internacional fue sensacional.

Después de (**7** ....) nuevos instrumentos el baile perdió un poco de su aire picaresco para convertirse en algo mucho más dramático, profundo e impactante, pero supo conservar su sensualidad. Carlos Gardel ayudó a confirmar la importancia de esta música: baile, sin duda, pero también canción. Este icono popularizó el tango pero actualmente sigue vivo en unos (**8** ....) dinámicos y sensuales, un estilo reconocible en seguida en cualquier país.

Tema 2 La cultura en el mundo de habla española

AS STAGE

2 a Lee esta entrada de enciclopedia y complétala eligiendo palabras del recuadro. ¡Cuidado! Sobran cuatro palabras.

haber	capitales	introducir	prohibir
inmigrantes	sigue	ser	siglo
vacía	llena	bailes	países

2 b Lee la entrada de nuevo y contesta las preguntas en español con tus propias palabras. Consulta la Estrategia.
1. ¿Cuándo empezó el tango?
2. ¿De dónde surgió?
3. ¿Qué tipo de música era al principio?
4. ¿Cuál era la opinión de la alta sociedad?
5. ¿Cuándo y dónde cambió su estilo? Menciona dos ideas. (2)
6. ¿En qué consistió este cambio?
7. ¿Cómo se puede explicar la atracción del tango? (2)
8. ¿Cómo se describe aquí a Gardel?

Gramática

Usos del infinitivo (Uses of the infinitive)

Read section G10 of the grammar section and then read the article again to find:
a three examples of an infinitive used after a conjugated verb
b one example of an infinitive used alongside another infinitive
c two examples of an infinitive used after a preposition
d one example of an infinitive used after an adverb

Write down the phrases containing the examples you find and translate them into English.

Estrategia

Extending vocabulary using a variety of techniques
- Note that having a good command of synonyms and antonyms helps your Spanish considerably.
- Make it a habit to look up a synonym and antonym for a new word.
- Group words into categories, e.g. prepositions, connectives.
- Group together words that are connected in form and meaning, e.g. *calor*, *caluroso*, *cálido*.
- Remember the ways nouns are linked to verbs; the patterns you see in this unit work throughout the language.
- Get into the habit of using an online thesaurus.
- Focus on the different verbs which are derived from *tener* as their base, e.g. *contener*, *detener*.
- Bear these points in mind while you carry out exercise 2b.

Unidad 4 La música

3 Los verbos en negrita vienen de la entrada de enciclopedia en la página 64. Apunta primero su infinitivo; después rellena los huecos numerados con el sustantivo (los primeros dos huecos se han rellenado como ejemplo).

Frase del texto	Infinitivo	Sustantivo
Cómo se **explica** el tango	1 explicar	2 explicación
Esta música **inventada**	3	4
Los aspectos exóticos y **prohibidos**	5	6
El baile se **transformó**	7	8
Se transformó y **perdió**	9	10

4 a *El baile más sensual que se ha inventado nunca.* Escucha la primera parte de la entrevista y contesta las preguntas en español utilizando tus propias palabras.
1 ¿Quién es Damián Malloti?
2 Para Damián Malloti, ¿qué continentes produjeron el tango?
3 ¿En qué siglo ocurrió esto?
4 Según Julio Sosa, ¿de qué habla el tango?

4 b Listen to the second part of the interview and answer the questions in English.
1 Summarise what Malloti says about machismo and the tango. (2)
2 Summarise why Argentina still needs the tango. (2)

4 c Escucha la entrevista otra vez. ¿Qué puede hacer el tango? De las ocho opciones selecciona las cuatro correctas, según el músico.
1 representar un encuentro
2 interesar a los jóvenes
3 engañar a todos
4 hablar de la pobreza
5 prohibir la sensualidad
6 evitar la inmigración
7 ser un símbolo de la integración
8 definir la identidad de un país

Tema 2 La cultura en el mundo de habla española

5 Elige la forma correcta del verbo de las tres opciones.

1 El primer paso para [*aprender/aprendiendo/aprendido*] este baile es [*descubrir/descubriendo/descubierto*] el mundo del tango.

2 El tango es una manifestación cultural muy fuerte, que ha [*logrado/lograr/logrando*] sobrevivir a pesar de [*ser/siendo/sido*] rechazado al comienzo.

3 La gente conservadora lo consideró vulgar por [*buscar/buscando/busca*] la sensualidad.

4 El tango comenzó [*siendo/ser/fue*] la música de las clases bajas, triunfó en Europa y llegó a las clases altas.

5 El lunfardo era una manera de [*hablar/hablando/hablada*] que tomaba palabras de varias lenguas traídas por los inmigrantes.

6 Hoy en día es muy fácil [*aprender/aprendiendo/aprende*] a bailar el tango [*viendo/ver/ve*] vídeos por Internet de los distintos bailes.

7 Las mejores danzas han llegado a ser [*bailadas/bailar/bailando*] en todo el mundo.

8 El tango no llegó a ser popular con todas las clases hasta [*haber/habiendo/habido*] entrado el siglo XX.

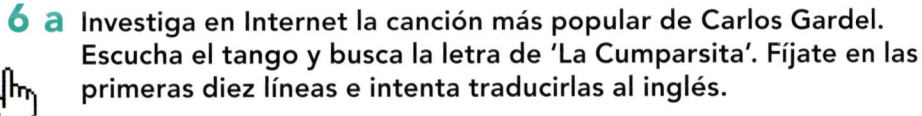

6 a Investiga en Internet la canción más popular de Carlos Gardel. Escucha el tango y busca la letra de 'La Cumparsita'. Fíjate en las primeras diez líneas e intenta traducirlas al inglés.

6 b Prepara un debate con tus compañeros/as en que una persona defiende la validez del tango hoy en día. La otra persona llevará la contraria. Se podría empezar analizando la letra de la canción arriba.

Presta atención a:
- la importancia de la letra de las canciones
- hasta dónde se ha extendido la música
- quién lo baila (en programas de televisión, por ejemplo)
- la complejidad del baile

6 c Escribe un párrafo en el que resumes lo que piensas del tango, justificando tu opinión.

4.4 ¡A bailar!

- Estudiar algunos bailes españoles y latinos y su impacto en la cultura popular.
- Usar el gerundio de los verbos.
- Establecer estrategias para la comprensión de textos escritos de los exámenes de A-level.

¡En marcha!

1 Contesta las siguientes preguntas, escribiendo si quieres unas notas para ayudarte. Entonces compara tus respuestas con las de un/a compañero/a y compártelas con la clase.
- ¿Te gusta bailar? ¿Por qué (no)?
- ¿Qué papel tiene el baile en la vida de los jóvenes ingleses? ¿Te parece importante?
- ¿Qué tipos de baile te gusta practicar/ver?
- ¿Hay bailes regionales y/o típicos de varias partes del Reino Unido? ¿Qué sabes de la historia y los aspectos de estos bailes?
- Explica lo que sabes de los bailes españoles y latinoamericanos. ¿Hay muchas variedades?

La sardana de Cataluña

Hay una enorme variedad de bailes españoles, y varían según las regiones y comunidades autónomas, siendo un reflejo en cada caso del carácter y la cultura de la zona en cuestión. Hay por ejemplo las danzas del norte con sus gaitas, las del sur como el flamenco y las sevillanas, y las del centro y el este como las jotas y las seguidillas.

En la región de Cataluña, el baile más representativo es la sardana, cuyos orígenes son muy remotos, enlazándose según dicen con las danzas circulares de la antigua Grecia.

Pero la sardana es mucho más que un simple baile tradicional: es un símbolo poderoso de la unidad e identidad de los catalanes que siempre han considerado sus costumbres y tradiciones muy distintas

La Sardana, Josep Cañas, Montjuïc, Barcelona

de las del resto de España. Este patriotismo sufrió muchísimo durante la dictadura del general Franco quien, en su deseo de hacer de España un estado unido y uniforme, prohibió que los catalanes hablaran su propio idioma y que siguieran practicando sus tradiciones, de las cuales una de las principales era la sardana.

Dado este contexto histórico y el carácter tan orgulloso y patriótico de la gente, no es difícil apreciar la importancia simbólica de esta danza donde los bailadores, que suelen ser una mezcla de hombres y mujeres, ancianos y jóvenes, se cogen de la mano, formando círculos y bailando con pasos pequeños pero precisos. Dan vueltas de derecha a izquierda y viceversa, a veces levantando las manos y otras bajándolas. Con las manos y las cabezas en alto, es como si dijeran 'somos catalanes y muy orgullosos de serlo'. Y este espíritu independiente se intensifica aun más con la música que acompaña a la sardana. Es interpretada por la 'cobla', un pequeño grupo de músicos tocando unos instrumentos tradicionales como la trompeta y el trombón pero otros con sonidos muy característicos y más típicamente catalanes, como la 'tenora' y el 'tambori'.

68 Tema 2 La cultura en el mundo de habla española

A-LEVEL STAGE

2 a Busca en el artículo las frases en español que corresponden a estas definiciones.

1. extensión de terreno
2. baile cuyo nombre deriva de una gran ciudad andaluza
3. típico
4. muy fuerte
5. conjunto de rasgos propios de una colectividad
6. que está relacionado con el amor a la patria
7. giran sobre sí mismos
8. se acrecienta

2 b Contesta en español las siguientes preguntas con tus propias palabras (no es necesario utilizar frases completas). Antes de hacer este ejercicio, consulta la Estrategia.

1. ¿Por qué es difícil hablar de un baile nacional español?
2. ¿Qué aspectos de una región son reflejados en un baile de la zona? (2)
3. Explica por qué se menciona aquí un enlace con Grecia. (2)
4. ¿En qué consiste la importancia de la sardana para los catalanes?
5. ¿Por qué se dice en el texto que el patriotismo de los catalanes 'sufrió muchísimo durante la dictadura del general Franco'? (2)
6. Explica por qué Franco tomó aquellas medidas.
7. ¿Cuáles son los aspectos de este baile que sugieran que es simbólico de la unidad e identidad de los catalanes? (2)
8. Explica cómo la música que acompaña la sardana 'intensifica' su espíritu independiente.

Estrategia

Answering A-level reading comprehension questions

Remember the following general points:
- Read questions very slowly and at least twice each.
- Some answers will require you to 'read between the lines' (that is, they are not literally stated in the passage).
- Take into account the tense and person required when answering.
- Avoid 'lifting' chunks of text verbatim from the reading passage.

For specific question types, remember:
- Completing sentences with the right endings from four choices: think carefully about whether your answer makes logical sense/ whether it fits grammatically/whether it matches what is said in the text.
- Choose four correct statements from a choice of nine: think carefully about the meaning of each — does it fit logically into the gist and sense of the passage? Five statements must be incorrect — check each carefully for sense and whether it fits.
- Questions/answers in Spanish: read the instructions carefully — sometimes you may not need to use full sentences; look at the marks for each question — do you need one, two or three pieces of information in your answer?

Bear this guidance in mind when tackling exercise 2b.

Unidad 4 La música

Gramática

El gerundio del verbo (The gerund)

Study section G11 of the grammar section and then look again at the article and find:
a eight examples of gerunds

Note down the phrases containing each of these examples and translate them into English.
b If you decided to write those phrases in another way without using the gerund at all, how would you do this?

3 Elige la forma correcta del verbo de las tres posibilidades.

1. La sardana es un espectáculo curioso, pero [*apasionante/apasionado/apasionando*].

2. La sardana se baila [*dando/dar/dada*] pasos pequeños mientras el círculo de bailadores se hace cada vez más grande.

3. La gente que baila levanta los brazos [*decir/diciendo/dichos*] que está orgullosa de [*ser/siendo/sido*] catalana.

4. [*Ve/Ver/Viendo*] la sardana con cinco círculos [*danzando/danzar/danzante*] es una experiencia maravillosa.

5. El merengue tiene un ritmo fácil de [*seguir/siguendo/siguiente*].

6. Si sigues [*practicando/practicante/practicar*] la salsa con determinación vas a dominar los pasos difíciles.

7. Cuando bailas el merengue hay que tener muchas ganas de [*disfrutar/disfrutando/disfrutas*] y ponerte una sonrisa en la boca.

8. Con la salsa hay que tener paciencia y pasarlo bien [*bailas/bailando/bailar*]: cada uno con su ritmo y sin [*estresante/estresarse/estresándote*].

4 Translate the following passage into English

Otro baile español: la jota

La jota se baila en la mayoría de las comunidades de España, entre las que ha ido variando según las costumbres de cada región. Las más populares son las jotas aragonesas, pero hay también la jota castellana, así como la de León, la valenciana, la de La Rioja y la de Navarra. Las jotas son un baile que se acompaña de voz y en el que los bailarines llevan unas castañuelas en cada mano, además de un traje regional característico. Aparte de las castañuelas, suele haber distintos instrumentos de cuerdas, o tal vez acordeones, y en las comunidades del norte de España, instrumentos típicos como las gaitas y las panderetas.

Texto adaptado de: 'Bailes típicos de España, La jota', viaje.com

El merengue

5 a *Bailes latinos: la salsa de la vida.* Escucha esta conversación sobre tres de los bailes más conocidos de América Latina, y luego completa el resumen con las palabras del recuadro. ¡Cuidado! Sobran siete palabras.

cantante	habituales	popular	rítmico
cubanas	lenta	prohibía	varía
es	mezcla	rápida	vivía
gobernaba	permitía	reina	

Tema 2 La cultura en el mundo de habla española

A-LEVEL STAGE

1 La salsa es un baile en el que el movimiento del cuerpo es muy ………. .
2 Las influencias principales en la salsa son ………. .
3 Celia Cruz era considerada la ………. de la salsa.
4 En el merengue hay una ………. de bailes africanos y europeos.
5 El merengue ………. mucho según la región.
6 A veces no se ………. bailar el merengue.
7 Rafael Trujillo ………. la República Dominicana.
8 La bachata es menos ………. que el merengue.

La bachata

5 b Escucha la conversación otra vez. Según lo que oyes, escoge la terminación correcta para estas frases.

1 La salsa es un baile conocido…
  A como un ritmo importante.
  B en muchas partes del mundo.
  C por los apasionados estilísticos.
  D porque es latino.
2 Celia Cruz decía que en la salsa había…
  A otro nombre cubano.
  B música de Puerto Rico.
  C un baile alegre.
  D una mezcla de ritmos cubanos.
3 Comparado con la salsa, el merengue…
  A es primordial.
  B es africano.
  C es menos difícil.
  D suele tener un ritmo complicado.
4 En el siglo XIX, el merengue…
  A no era aceptado en los salones de la alta sociedad.
  B parecía más respetable que la bachata.
  C fue seleccionado por el dictador del país.
  D solo era un baile de la alta sociedad.

La salsa

6 a Trabaja en grupos de tres o cuatro. Busca en Internet información sobre dos de los bailes mencionados en la lista de abajo. Escoge uno de cada lista, o sea uno español y otro latino.

Bailes españoles
· fandango
· flamenco
· pasodoble
· seguidillas
· sevillanas

Bailes latinos
· bolero
· cumbia
· mambo
· milonga
· tango

Mientras estudias los dos bailes que has escogido, escribe unas notas en español para contestar las siguientes preguntas:
● ¿Cómo se llaman y de qué país/región son?
● ¿Qué sabes de los orígenes de estos bailes?
● ¿Puedes describir algunos aspectos de los bailes escogidos, por ejemplo el ritmo, los trajes?
● ¿Son bailes simbólicos o importantes por otras razones?
● ¿Cómo es la música que acompaña a los bailes?
● ¿Te parecen bailes que te gustaría practicar o ver? Explica por qué o por qué no.

6 b Trabaja con un/a compañero/a, hablándole sobre lo que has aprendido. Tenéis que haceros las preguntas mencionadas arriba.

6 c Escribe un párrafo sobre los bailes que elegiste y estudiaste e incluye tus opiniones (sean positivas o negativas).

Unidad 4 La música

Vocabulario

4.1 El papel de los cantantes y músicos

   afrontar to face up to, to deal with
   ansiar to be anxious about, to be keen to
el/la **cantante** singer
 la **celebridad** celebrity
el/la **compositor/a** composer
 el **concierto** concert
 el **concurso** competition
   conocido por/como known for/as
   decenas de miles tens of thousands
 los **derechos humanos** human rights
 la **estrella** star
 el **físico** physical appearance
 el **género** genre (of music, literature etc.)
   identificarse con to identify with, to be identified with
 el **ídolo** idol
 la **letra** words (of song)
 el **mensaje** message
   mover (*muevo*) to move, to influence
el/la **músico/a** musician
   sacar una canción to bring out a song
   triunfar to triumph
 el **vestuario** (artist's) wardrobe, clothes

4.2 La guitarra española: música popular y clásica

 el **acompañamiento** accompaniment
 la **actuación** performance
   actuar (*actúo*) to perform
el/la **cantaor/a** singer (flamenco)
 el **cante jondo** 'deep' song (of flamenco music)
 el **chorro** gushing
   emocionar to excite
   empedernido hardened, heavy (e.g. smoker)
 el **estilo** style
 la **figura** persona, character
el/la **guitarrista** guitarist
   imprescindible essential
   influyente influential
   innovador innovative
   inolvidable unforgettable
 la **música folclórica** folk music
   no tener (*tengo*) ni idea de not to have the faintest idea about
 la **pareja** pair, partnership, couple
   por derecho propio in its own right
 el **renombre** fame
   sin lugar a dudas unquestionably
 el **sonido** sound
   vinculado a linked to

4.3 'Tiene olor a vida… tiene gusto a muerte': la evolución del tango en Argentina y Uruguay

 la **amargura** bitterness
   ardiente hot, burning, passionate
 el **bandoneón** large accordeon
   caluroso hot, sweltering
 la **canción** song
   carnal of the flesh
 el **conjunto** group, band
 el **emblema** emblem
   engañar to trick
   estar (*estoy*) de moda to be fashionable
 la **etapa** stage, period
 el **gaucho** Argentine cowboy
 el **icono** icon
 la **identidad** identity
   lascivo lecherous, lewd
   macho male, tough
 la **mezcla** mixture
 el **mito** myth
   picaresco rascally, wicked, crooked
 la **pobreza** poverty
 la **raíz** root
   reconocible recognisable
   sentirse (*me siento*) engañado to feel tricked
   tener (*tengo*) gusto a to taste of

4.4 ¡A bailar!

   apasionado passionate
   aragonés from Aragon, Aragonese
el/la **bailador/a** dancer
 las **caderas** hips
   cántabro from Cantabria, Cantabrian
 el **carácter** character
   caribeño Caribbean
 las **castañuelas** castanets
   castellano from Castile, Castilian
   cogerse (*cojo*) de la mano to hold hands
 la **comunidad autónoma** autonomous region (of Spain)
 la **danza** dance
   dar vueltas to turn (round)
   enlazarse con to be linked/to be connected with
 el **espíritu** spirit
 la **fusión** fusion, combination
la(s) **gaita(s)** bagpipes
   gallego from Galicia, Galician
 el **género** genre
 el **origen** origin
 la **pandereta** tambourine
 el **paso** step
   remontarse a to date from, to go back to
 el **ritmo** rhythm
 el **salón de baile** dance hall
 el **trombón** trombone
 la **trompeta** trumpet

Unidad 5

Los medios de comunicación

5.1 **Televisión, telebasura, telenovelas y teleadictos**
5.2 **La prensa ha muerto… ¡viva la prensa!**
5.3 **¡Sígueme en Facebook!**

Theme objectives

In this unit you will study the media. The following topics are covered:
- the impact of television in general, including soaps
- the present and future situation of the Spanish press and its impact in the digital age
- the impact of social networks on the life of Spaniards

The content in this unit is assessed at AS and A-level.

Grammar objectives

You will study and practise the following grammar points:
- the imperative
- present subjunctive
- relative pronouns

Strategy objectives

You will develop the following strategies:
- listening for the examination
- answering questions in Spanish and drawing inferences
- researching an event or series of events

5.1 Televisión, telebasura, telenovelas y teleadictos

- Estudiar el impacto de la televisión en general y de las telenovelas.
- Usar el imperativo.
- Desarrollar estrategias de audición para el examen.

¡En marcha!

1 Elige tres de las siguientes preguntas y contéstalas, escribiendo si quieres unas notas para ayudarte. Entonces habla de las tres con un/a compañero/a de clase.

- En general, ¿te parece que tener televisión en casa es bueno o malo?
- ¿Piensas que todos los efectos de la televisión en los jóvenes son negativos o hay efectos positivos?
- ¿Cuáles son los tipos de programas de televisión que te interesan a ti?
- ¿Por qué son tan populares los *reality shows*?
- ¿A ti te gustan las telenovelas? ¿Cuál prefieres?
- En tu opinión, ¿tienen las telenovelas una influencia positiva en los jóvenes?

Los españoles: líderes mundiales en telebasura

La telebasura existe desde hace muchos años y estos días ha dejado de ser la excepción en la pantalla, con las telenovelas, programas de corazón, y los *reality shows*. Y en España hay muchos que estarían de acuerdo con el crítico Javier Pérez de Albéniz que describe un panorama realmente desolador para la televisión de su país, con canales que demuestran una 'absoluta falta de respeto' por el buen gusto o la decencia, emitiendo productos no apropiados para niños a cualquier hora del día, sacando provecho del escándalo y la violencia.

Estas cadenas emiten un sinnúmero de telenovelas sudamericanas y españolas, popularísimas pero pésimas, con patéticas interpretaciones y guiones de saldo. También hay los *reality shows* como *Sálvame*, y *Gran Hermano*, que enloquecen tanto a los concursantes como a los espectadores, y esperpentos tan degradantes como el programa de citas *Mujeres y hombres y viceversa*. En total, emisiones en las que se vende la intimidad de las personas y se ven demasiados abusos de la dignidad del ser humano.

Y no se puede negar la mala influencia en los jóvenes, presentando una falsa vida de los adultos, con fuertes dosis de violencia, de amores imposibles, ambición, barreras de clases sociales, intrigas, venganzas, infidelidades y mentiras. La primera consecuencia es la pérdida de la sensibilidad. Un adolescente acostumbrado a ver escenas de violencia no tendrá la misma percepción ante un acto violento real que uno que no ha visto dichas escenas. Y también pierde el gusto por lo que no es violento.

Encerrados en sus habitaciones, aislados de los otros miembros de sus familias, los adolescentes se sumergen en el mundo virtual de los culebrones, las series y los *reality shows*. Y es por eso que hoy se ha exigido que se erradique la emisión de telebasura en horario de protección infantil, es decir, de 6:00 a 22:00 horas.

AS STAGE

2 a Lee el artículo y busca en los dos primeros párrafos sinónimos para las siguientes palabras y expresiones.

1. conforme
2. triste
3. manifiestan
4. respetabilidad
5. adecuados
6. sinfín
7. hacen perder el juicio
8. privacidad

2 b Busca en los dos últimos párrafos antónimos para las siguientes palabras.

1. niños
2. verdades
3. ganancia
4. tranquilo
5. fingido
6. liberados
7. acompañados
8. imponga

2 c Lee otra vez el texto y entonces escoge la terminación correcta para estas frases.

1. La telebasura…
   - A es un fenómeno muy reciente.
   - B significa solo programas de corazón.
   - C es más común de lo que era.
   - D le gusta mucho a Javier Pérez de Albéniz.

2. Según Javier Pérez de Albéniz, los canales televisivos…
   - A serán responsables de un futuro deprimente.
   - B respetan a los niños.
   - C transmiten programas muy apropiados.
   - D no son decentes.

3. En España, se pueden ver…
   - A solo programas muy malos.
   - B *reality shows* espectaculares.
   - C interpretaciones que valen muchísimo dinero.
   - D telenovelas de varios países.

4. En el programa *Mujeres y hombres y viceversa*…
   - A la gente es muy íntima.
   - B ayudan a los participantes a encontrar el amor
   - C las personas son muy dignas.
   - D se venden muchas cosas.

5. La influencia de estos programas sobre los jóvenes es muy mala porque…
   - A son muy fuertes.
   - B hay una falta de ambición.
   - C solo tratan de una clase social.
   - D lo que ven no es la vida real.

6. Los adolescentes son afectados por…
   - A la sensibilidad de los programas.
   - B las costumbres violentas.
   - C el impacto de las emisiones violentas.
   - D lo que les gusta de las emisiones.

7. Los jóvenes ven los programas…
   - A con sus familias.
   - B a solas.
   - C en otro mundo más serio.
   - D en series.

8. El público quiere que los responsables…
   - A dejen de emitir telebasura.
   - B protejan los niños de 6 años.
   - C cambien las horas en las que se transmite telebasura.
   - D no transmitan nada después de las 10 de la tarde.

Unidad 5 Los medios de comunicación

Estrategia

Developing listening strategies for the exam

On page 58 you were given some general strategies for listening to spoken Spanish regularly from the start of, and throughout, your course.

Remember also the following points in reference to listening to passages in an examination situation:
- Read all the questions first. They will help you to predict some of the content of the listening extract.
- Questions are always asked in sequence — information required to answer question 1 will always come before that needed for question 2 etc.
- Underline key words in questions, so that you can concentrate on those when you are listening.
- Listen once or twice to a passage before starting to tackle questions and exercises.
- First, listen for gist (the main ideas) so that you have an understanding of the extract as a whole.
- The second time you listen, focus on the points of detail that will give you some of the answers.
- Never leave gaps in listening examination papers.
- Guess sensibly and logically at words you do not understand (i.e. what might make sense?).
- Read questions carefully: make sure that you are answering in the manner requested i.e. in the correct language, in your own words, giving short phrases rather than long sentences etc.

Bear in mind this guidance when tackling exercises 3a and 3b.

Raquel Royo, directora

3 a *Telebasura y telenovelas: ¿por qué tan populares?* Escucha la primera parte de esta entrevista, en la que Raquel habla de la telebasura.
1. Según Raquel, ¿para qué sirven los *reality shows*?
2. ¿Y por qué son populares? (2)
3. Según Raquel, ¿los *reality shows* ofrecen algo positivo al telespectador? (2)

3 b Listen to the second part of the interview, and then summarise the following points in English.
1. What Raquel says about the type of television soaps that one can watch in Spain. (2)
2. What reasons she gives, to explain the popularity of television soaps. (3)

Gramática

El imperativo de los verbos (The imperative of verbs)

Study section G15 of the grammar section and obtain the transcript of the interview with Raquel.
a Find five examples of the imperative.

Note down each imperative and translate them all into English.
b How does the position of pronouns differ when imperatives are used?

4 Elige la forma correcta de las tres opciones.
1. Javier, ¡no [*pone/pon/pongas*] la tele! ¡Estoy harta de ver telenovelas!
2. Ha terminado el programa, Marisa. Por favor, [*apaga/apagues/apaguen*] la televisión.
3. Si no le gusta el noticiero de Antena3, [*cambia/cambie/cambiad*] de canal.
4. No te [*ve/vayas/vas*]. Faltan cinco minutos antes de que termine la película.

76 Tema 2 La cultura en el mundo de habla española

5   Por favor, [*mandes/mande/mandas*] un técnico; mi televisor no funciona.

6   Si no queréis ver el fútbol, ¡[*id/ve/vaya*] a otro bar!

7   'Voy a salir sin ti si sigues viendo la tele.' '¡[*Haced/ Haz/Haga*] lo que quieras!'

8   ¿Te gusta *Gran Hermano*? ¡No te [*pierdas/pierde/pierda*] ni un detalle del blog!

5 Translate the following passage into English.

Dominación de la TV

En esta sociedad dominada por la TV, existen pocos incentivos que animen al individuo a aprender a leer. Es mucho más fácil permanecer sentado, hora tras hora, viendo los importados culebrones que programan todos los días después de la comida, o los concursos que a diario incluye la programación de los distintos canales.

Si se quieren modificar los hábitos de lectura de una nación, hay que llegar a los jóvenes. Pero, por desgracia, los jóvenes están más interesados por la TV que por los libros.

Texto de: capítulo 10, *España*, de Ian Gibson, Ediciones B, S.A., 1993

6 a Trabaja con un/a compañero/a de clase. Cada uno tiene que buscar en Internet información sobre dos de los programas mencionados en la lista de abajo — uno de la lista de telenovelas y otro de la lista de *reality shows*. Todos son programas que han sido muy conocidos y populares, y/o siguen siéndolo. Tu compañero debe escoger dos programas que son distintos de los tuyos.

Telenovelas y series
- *Yo soy Betty la fea*
- *Cuéntame cómo pasó*
- *El Secreto de Puente Viejo*
- *Amar en tiempos revueltos*
- *Amar es para siempre*
- *Isabel*
- *Águila roja*
- *Acacias 38*
- *Seis hermanas*

Reality shows/Programas rosa
- *Sálvame (limón & naranja)*
- *Gran hermano*
- *Supervivientes*
- *Mujeres, hombres y viceversa*

Mientras estudias los dos programas que has escogido, escribe unas notas en español para contestar las siguientes preguntas:
- ¿Qué tipo de programa es?
- ¿De qué trata el programa?
- ¿Puedes hacer un breve resumen de la trama o de lo que ocurre durante el programa?
- ¿Te parece un programa que te gustaría ver? Explica por qué o por qué no.
- ¿Por qué opinas que ha sido o es un programa muy popular?

6 b Habla con tu compañero/a sobre lo que has aprendido. Tenéis que haceros las preguntas mencionadas arriba, y dar vuestras opiniones sobre los programas.

6 c Escribe un párrafo sobre los programas que buscaste y estudiaste e incluye tus opiniones (sean positivas o negativas).

6 d Lee en voz alta el párrafo que has escrito a todos tus compañeros de clase. Debes contestar a cualquier pregunta que quieran hacer tus compañeros. A ver si tus opiniones coinciden con las de otros estudiantes que hayan escogido los mismos programas que tú.

5.2 La prensa ha muerto… ¡viva la prensa!

- Estudiar la situación presente y futura de la prensa española y su impacto en la era digital.
- Usar el presente del subjuntivo.
- Contestar preguntas en español y hacer deducciones.

¡En marcha!

1 Contesta las siguientes preguntas, escribiendo si quieres unas notas para ayudarte. Luego compara tus respuestas con las de tu compañero/a.

- ¿Los periódicos son importantes para ti en la vida moderna?
- ¿Y para los jóvenes en general?
- ¿Opinas que hay mucha diferencia entre los varios periódicos que existen en Inglaterra?
- Y tú ¿qué prefieres? ¿Escuchar o leer noticias en el periódico, la tele, la radio, el ordenador, la tableta o tu móvil? Explica tu respuesta.

¿Una nueva edad de oro de los periódicos?

Gracias a los medios electrónicos como la (**1**..........) en el siglo XX y a la llegada más reciente de los satélites, el ordenador e Internet, los (**2**..........) de comunicación siguen teniendo enorme influencia en la vida económica, política y social de todas las personas. La información es accesible desde cualquier lugar, en cualquier momento. Pero la revolución tecnológica ha (**3**..........) muchos problemas para la prensa, alejando a lectores de los periódicos impresos al ofrecerles alternativas digitales, gratuitas y eficientes. (**4**..........) no debemos olvidar la pérdida de los ingresos de los anuncios convencionales, la dominación financiera de los grandes buscadores como Google, y el contexto de la crisis económica global.

Una posible solución a este problema parece existir con un nuevo tipo de producto digital de pago, basado en contenidos de alto valor, y también gracias a la irrupción de los (**5**..........) móviles, o sea las tabletas y los teléfonos inteligentes, con sus varias 'aplicaciones'. Hay cada vez más demanda de información de calidad. En contraste con el ordenador normal, utilizado especialmente en horas de oficina, podemos leer los periódicos en casa a través de tabletas y teléfonos inteligentes a cualquier hora. Así se

(**6**..........) enormemente el número de lectores sin que los que viajan o los que viven en otros países (**7**..........) su acceso a lo que pasa en el mundo y en su país. Y no hay que pagar nada.

Los nuevos dispositivos permiten además enriquecer la oferta informativa con vídeos o fotogalerías. Y añadir elementos complementarios de carácter promocional relacionados con la cultura y el entretenimiento, como retransmisiones en directo de óperas, películas recientes, (**8**..........) para niños, fútbol en pago por visión, etc. Todo esto para que los periódicos sigan existiendo.

2 a Lee esta entrada de enciclopedia y completa el texto con palabras del recuadro. Cuidado ¡Sobran cuatro palabras!

disminuye	televisión	traído	cuentos
además	zapatos	aumenta	ganen
rechazado	medios	pierdan	dispositivos

Tema 2 La cultura en el mundo de habla española

AS STAGE

2 b De las siguientes declaraciones, escoge las cuatro que son correctas.

1. La televisión es uno de los medios de comunicación que ha sido muy importante en cuanto a la difusión de la información.
2. Hoy en día puedes acceder a la información cuando quieras.
3. Para muchos lectores, los periódicos impresos son gratuitos.
4. Hasta ahora, el buscador Google ha dado mucha ayuda financiera a la prensa.
5. Los dispositivos móviles siempre tienen aplicaciones de mucho valor.
6. Ya no hay mucha demanda de información.
7. La gente suele utilizar las tabletas durante más tiempo diario que los ordenadores normales.
8. La nueva oferta puede incluir muchas cosas para atraer al público.

Gramática

Usos del presente de subjuntivo (Uses of the present subjunctive)

Study sections G14.1 and G14.5 of the grammar section and then look again at the encyclopedia entry.
a   Find two examples of the uses of the present subjuntive.

Write these examples down and translate them into English.
b   Explain why the subjunctive is used in each of these examples.

3 Rellena los espacios con la forma correcta del verbo entre paréntesis.

1. Paco va a comprar el periódico para que su padre [*poder*] leer la sección de deportes.
2. Cuando [*salir*] la nueva tableta será aun más fácil leer las noticias.
3. Me parece que los diarios convencionales no [*tener*] futuro.
4. Hoy en día si [*viajar*] mucho no pierdes tu acceso a las noticias.
5. Cada día, cuando Jorge [*salir*] de la oficina, busca el periódico antes de que cierre el quiosco.
6. En cuanto [*publicarse*] en línea la noticia del concierto venderán las entradas muy rápidamente.
7. Hoy día cualquier noticia es accesible sin que el lector [*tener*] que comprar un periódico.
8. Habla con tus amigos sobre los problemas de transporte antes de que ellos [*buscar*] más información sobre el evento en Internet.

Estrategia

Answering questions in Spanish and drawing inferences

Remember the following points:
- Some questions have answers that are easy to pick out of the text or passage, whereas other questions don't actually have answers in the text, but you can work out or infer the information from one or more things that are stated in the text, as in 4b, question 2.
- Question words (e.g. ¿cómo…, ¿dónde…), words to do with liking and preferring, verb tenses etc. can be helpful clues to the nature of the answer required.
- Underline key words in questions and focus on these when listening to or reading texts.
- Remember there is no need to write in full sentences, merely to give all of the requested information clearly.
- Never simply copy/transcribe word for word from texts — try to use your own language to show you have understood.
- You will often be asked for an opinion, which you must be able to justify.

Try out these strategies on the questions asked in exercise 4b below, where there are some questions where answers will require inferred information.

Unidad 5 Los medios de comunicación

4 a *Prensa impresa, digital y rosa.* Escucha la entrevista con Raquel y Emiliano sobre la situación actual de la prensa española. ¿Quién lo dice? ¿Raquel (R) o Emiliano (E)?

1. Los periódicos españoles no suelen ofrecer opiniones muy diferentes.
2. Los jóvenes no leen nunca los periódicos.
3. La televisión suele decir las mismas cosas que la gente.
4. La gente exagera la importancia de las redes sociales.
5. Cree que la prensa digital es un poco más popular que la prensa impresa.
6. La prensa rosa no se publica tanto como antes.
7. A la gente mayor le gustan las revistas de corazón.
8. La prensa rosa les interesa a los lectores que quieren leer de la vida de otros.

Emiliano Blasco, profesor de Alicante, y su esposa, Raquel Royo, directora

4 b Escucha otra vez lo que dicen Raquel y Emiliano en la entrevista. Luego contesta las siguientes preguntas, con tus propias palabras, utilizando algunas de las sugerencias mencionadas en la Estrategia.

1. ¿Por qué piensa Raquel que los periódicos españoles no tienen mucha influencia? (2)
2. ¿Cómo sabes que las redes sociales son más populares que los periódicos? (2)
3. Según Raquel, ¿qué medio de comunicación tiene más influencia hoy en día?
4. ¿Cuál es la actitud de Raquel en cuanto a la gente que no lee mucha prensa? Explica tu respuesta. (2)
5. Y Emiliano ¿tiene la misma opinión que Raquel? Explica por qué o por qué no.
6. ¿Cómo sabemos que la prensa rosa es menos popular hoy en día? (2)
7. ¿Quiénes son los lectores de la prensa rosa, en la opinión de Emiliano? (2)
8. Por lo general, ¿te parece un texto optimista o pesimista en cuanto a la situación de la prensa? Explica tu opinión. (2)

5 Traduce al español las siguientes frases.

1. When you buy that magazine, show it to me.
2. Before she goes to Madrid, they will read *El País*.
3. She always takes her iPad so that her father will be able to see the news.
4. Emiliano will download the RTVE application as soon as he gets home.
5. We usually read the magazine without our parents knowing.
6. I will not switch on the TV until he gets back.
7. He is going to buy the mobile while his wife is in London.
8. Raquel will telephone us when the newspaper is ready.

Tema 2 La cultura en el mundo de habla española

AS STAGE

6 Translate the following passage into English

Ventajas de las tabletas

En la tableta el periódico no se arruga, ni mancha los dedos de tinta. En la tableta no hay ejemplares defectuosos, ni pueblos a los que no pueda llegar por el mal estado de las carreteras durante el invierno. Y, sobre todo, en la tableta el periódico está disponible a cualquier hora en cualquier lugar del mundo. Es decir, que la compra del periódico no depende del acceso a una red de puntos de venta físicos.

Texto adaptado de: 'Hacia una nueva Edad de Oro de los periódicos', *El Mundo*, 29 de septiembre de 2012

7 a Trabaja en grupos de tres o cuatro. Busca en Internet y utiliza información sobre las revistas de corazón. Hay muchas posibilidades, de las cuales hay una lista de ejemplos abajo. En los grupos, cada estudiante tiene que escoger una revista no elegida por otro/a de sus compañeros/as. Y una revista en cada grupo debe ser de Latinoamérica.

QMD (¡Qué Me Dices!)	Sálvame	Diez Minutos	Semana	Caras (de Chile)
	Corazón	Lecturas	¡HOLA! (de México)	Quién (de México)
Pronto	¡HOLA!	Love		

Mientras estudias la revista que has escogido, escribe unas notas en español para contestar las siguientes preguntas:
- ¿De qué país es?
- ¿De qué trata la revista?
- ¿Puedes dar un ejemplo de un artículo incluido en la revista?
- ¿Te parece una revista que te gustaría comprar/leer? Explica por qué o por qué no.
- ¿Por qué opinas que ha sido o es una revista tan popular?
- ¿Hay revistas semejantes en Inglaterra? ¿Quién las lee?
- ¿Hay una versión digital de la revista? ¿Cómo es?

7 b Trabaja con un/a compañero/a, hablándole sobre lo que has aprendido. Tenéis que haceros las preguntas mencionadas arriba, y dar vuestras opiniones sobre las revistas.

7 c Escribe un párrafo sobre la revista que buscaste y estudiaste e incluye tus opiniones (sean positivas o negativas).

7 d Lee en voz alta el párrafo que has escrito a tus compañeros de clase. Debes contestar a cualquier pregunta que quieran hacer tus compañeros. A ver si tus opiniones coinciden con las de otros estudiantes que hayan escogido las mismas revistas que tú.

Unidad 5 Los medios de comunicación

5.3 ¡Sígueme en Facebook!

- Analizar la influencia de las redes sociales en la vida de los españoles.
- Usar los pronombres relativos.
- Investigar un suceso o una serie de sucesos.

Twitter	79,44%
Facebook	79,29%
LinkedIn	64,30%
Google+	51,16%
Pinterest	26,43%
Instagram	21,64%
Whatsapp	12,98%
Foursquare	12,36%
Tuenti	6,03%
Line	2,47%
Otras	5,72%

Fuente: https://www.adigital.org

¡En marcha!

1 Leed las estadísticas del recuadro sobre las redes sociales más usadas en España. Comenta con tu compañero/a:
- ¿Coinciden con las que más usáis vosotros/as?
- ¿Para qué las usáis?
- ¿Sabríais decir cómo es el icono que los representa? (3)

¿Usuarios o adictos?

'Busco trabajo. Comparto fotos. Subo vídeos. Actualizo mi perfil. Colecciono imágenes que me gustan. Envío mensajes con emoticones. Me relaciono regularmente con mis familiares y amigos por Whatsapp. Escucho música en Spotify. Me pongo al día sobre la actualidad. Sigo a mis personajes famosos favoritos. Publico contenidos en un blog de arte. Amplío el círculo de amigos. Hago contactos laborales. Promociono mi marca. Juego en grupos virtuales….'

Así, prácticamente todos los días, utilizan los españoles, según su sexo, edad y nivel de formación, las redes sociales. Y cada vez más, pues España es el país de la Unión Europea con mayor porcentaje de teléfonos inteligentes. El 82% de los internautas de 18–55 años lo utilizan.

En Facebook, 'contamos nuestra vida': que hemos hecho pan casero (foto), que hemos perdido el móvil y estamos desesperados, que nos fascina este cantante (vídeo), que no nos gusta tal político, que nos encanta esta marca… . Sin olvidar LinkedIn, Instagram y Spotify, que han experimentado el mayor crecimiento recientemente.

En el plano de la política, Twitter y Facebook han sido los grandes protagonistas a la hora de organizar manifestaciones masivas como los #indignados del 15M[1], que llegó a ser tema del momento (*trending topic*), además de transformarse en el origen del movimiento Podemos, cuyo líder es Pablo Iglesias.

Por otro lado, plataformas como 'Democracia Real ¡Ya!' han creado su propio canal en YouTube. Los activistas unen sus fuerzas para combatir los asuntos que preocupan a los españoles (desahucios, la reforma educativa, la corrupción, los recortes en sanidad…), con las redes sociales como su mayor aliado.

Muchos políticos tienen su blog y su página de fans en y las redes de moda, con ello obtienen una retroalimentación informativa inmediata. Nos enfrentamos con una política mucho más participativa en la que el lector, más acostumbrado a consumir este tipo de comunicación, es capaz de dar su opinión en seguida. Sea como fuere, estamos ante un nuevo panorama comunicativo.

[1] 15M = Movimiento ciudadano que surgió en España a partir de la manifestación del 15 mayo 2011, a favor de una democracia más participativa.

Tema 2 La cultura en el mundo de habla española

A-LEVEL STAGE

2 a Lee este artículo sobre el papel de las redes sociales en España. Decide si las siguientes afirmaciones son verdaderas (V), falsas (F) o no se mencionan (N).

1. Los españoles utilizan Pinterest para recopilar imágenes que les gustan y compartirlas.
2. Whatsapp es la aplicación que emplean con frecuencia para mantenerse en contacto con los seres más cercanos.
3. Los españoles no utilizan las redes sociales para asuntos de trabajo.
4. La gente mayor de 50 años no utiliza los *smartphones*.
5. En Facebook colgamos nuestro día a día acompañado de elementos gráficos.
6. Ha habido protestas de grandes multitudes que se han organizado por medio de las redes sociales.
7. Las redes sociales se han convertido en una herramienta clave a la hora de expresarse y de defender la democracia.
8. Aunque muchos políticos intentan usar las redes, estas no contribuyen a la participación democrática.

2 b Lee el artículo de nuevo. Contesta las preguntas con tus propias palabras.

1. ¿Qué quiere decir 'actualizo mi perfil'?
2. Nombra tres cosas para las que los españoles utilizan las redes sociales. (3)
3. ¿De qué depende cuánto utilizan las redes sociales los españoles? (3)
4. Da tres ejemplos de qué cosas de su vida cuentan los españoles en Facebook. (3)
5. Da un ejemplo de cómo se usan las redes sociales en el ámbito político.
6. ¿Por qué ayudan las redes sociales a combatir los asuntos que preocupan a los españoles?
7. ¿Qué provecho sacan muchos políticos de las redes sociales?
8. ¿Cómo ayudan las redes a que la política sea más participativa?

Gramática

Los pronombres relativos y cuyo (Relative pronouns and *cuyo*)

Study sections F5 and C15 of the grammar section.
a Find four examples of relative pronouns and one of *cuyo* in the magazine article.
Write them down and translate them into English.
b What difference do you note between the use of *cuyo* and of the relative pronouns?

3 Rellena los espacios con palabras del recuadro. Cada palabra se usa solo una vez.

los que	cuya	quien	lo que
la que	las que	el cual	que

1. En México se ha descubierto que hay robots .... intentan ocultar en una red social los mensajes de activistas radicales.
2. Luisa, con .... estaba hablando por teléfono cuando llegó nuestra amiga, vendrá a casa cuanto antes.
3. Es importante saber cuáles son las redes sociales en .... debemos centrarnos.
4. Muchos usuarios ya poseen teléfonos inteligentes en .... se pueden instalar apps.
5. Para registrarte con nuestra red social todo .... necesitas es una dirección válida de correo electrónico.
6. Cada usuario de una red social es un 'nodo', ... está ligado con sus contactos; y estos contactos están ligados con otros contactos.
7. Javier, ... foto es una de las más feas que he visto, quiere subir otra que me guste.
8. La nueva red social tiene como objetivo convertirse en una plataforma en .... conocer gente que comparta los mismos gustos musicales.

Unidad 5 Los medios de comunicación

4 a
Los seguidores de Zara defienden la marca. **Escucha este reportaje sobre los seguidores de Zara en las redes sociales. Busca las palabras que corresponden a las definiciones siguientes.**

1. relacionarse
2. puestas al día
3. simpatizantes
4. cargar
5. sin pagar
6. exceder
7. separadas
8. suprime

4 b
Escucha el reportaje de nuevo. Escoge la terminación correcta para completar estas frases.

1. Los expertos en gestión de comunidades virtuales recomiendan…
   - A cobrar IVA a los clientes.
   - B no hacer caso de la comunidad.
   - C adoptar una estrategia moderada.
   - D mantener un buen contacto con el usuario.

2. El grupo Zara es una excepción porque…
   - A está siempre pendiente de su comunidad.
   - B tiene menos de una decena de millones de seguidores.
   - C no sigue las pautas de las buenas estrategias de las redes sociales, pero tiene éxito.
   - D gana más de diez millones de euros.

3. El grupo Zara basa su publicidad en las redes en…
   - A una estrategia muy sencilla, pero que triunfa.
   - B el uso de fotos de sus empleados.
   - C el éxito que ya tiene.
   - D estudios complejos que realizan empresas de *marketing*.

4. Zara disfruta del lujo de saber si una prenda va a gustar…
   - A por lo que dicen las modelos.
   - B porque no sube fotos a su muro de Facebook.
   - C antes de colocarla en el mercado.
   - D sin mostrar más de seis fotos.

5. El grupo Zara actualiza su página de Facebook…
   - A tanto como otras empresas.
   - B más de seis veces al día.
   - C cada tres semanas.
   - D mucho menos de lo que recomiendan los expertos.

6. El grupo Zara no parece ocuparse en exceso de…
   - A su gestor de comunidades virtuales.
   - B defender a sus seguidores.
   - C sus seguidores.
   - D las fotos de las colecciones.

4 c Traduce el siguiente texto al español.

Problems with social media

Some elderly people find themselves excluded from the virtual world, whilst others hide themselves within social media and behave offensively. Furthermore, there is the risk that someone follows your movements on the web, or may bother you via the social networks. Certain people spend their day posting nonsense; some celebrities abuse their power in cyberspace. Additionally, it is difficult to erase what has been published on the internet. Watch out! You can be robbed (of your ideas, your identity, your bank details…) or someone can ruin your life and reputation. Remember: your actions on the internet may be misinterpreted.

Tema 2 La cultura en el mundo de habla española

A-LEVEL STAGE

Estrategia

Researching an event or series of events (e.g. a news item)
- Define what you are looking for and why.
- Use more than one source, to be able to contrast the information.
- Always check that the information comes from a reliable source.
- Describe the context of the event (what? where? when?).
- Take brief, concise notes using your own language.
- Organise and filter the information.
- Discard information that is not relevant or is not up to date.
- Present the information in a clear and logical order.
- Follow this guidance when researching the activity 5.

5 Search for information about the 15M movement (mentioned in the magazine article), and describe it briefly in Spanish, including:
- another name for this movement
- how it was formed
- three features of this movement
- main political impact

6 Observa esta gráfica sobre las actividades que los españoles realizan en Internet. Coméntalas con tu compañero/a, indicando qué red social utilizas tú para cada una de las actividades.

Ejemplo: *Para ver vídeos y música, yo utilizo más YouTube.*

%	Actividad
66%	Ver qué hacen sus contactos
58%	Ver vídeos, música
52%	Enviar mensajes
39%	Publicar contenidos
37%	Chatear
34%	Comentar la actualidad
29%	Para fines profesionales/estudio
27%	Jugar online (en la red social)
25%	Seguir marcas
24%	Conocer gente
24%	Participar en concursos
18%	Hablar de productos que he comprado/me gustaría comprar
14%	Comprar/vender a contactos
13%	Contactar al servicio al cliente de una marca
13%	Crear eventos
12%	Interactuar con otros según mi ubicación (geolocalización)
12%	Comprar a marcas

Actividades que los españoles realizan en Internet

7 a Elige una red social española o latinoamericana y haz una breve búsqueda en Internet sobre ella. Fíjate en estos puntos:
- Cómo empezó
- Qué características de la red tienen más éxito en España o en un país latinoamericano
- El usuario típico

7 b Presenta a tus compañeros un resumen de lo que has aprendido.

7 c Resume en un párrafo en qué consiste la red social hispánica que has elegido y para qué la utilizarías tú.

Unidad 5 Los medios de comunicación

Vocabulario

5.1 Televisión, telebasura, telenovelas y teleadictos

        aislado de cut off from
la **bazofia** pigswill, rubbish
el **canal** channel
el **comentario social** social comment
el/la **concursante** contestant
el **concurso** quiz show
    cotillear to gossip
el **cotilleo** gossip
el **culebrón** TV soap (particularly lengthy)
    demostrar (*demuestro*) to show
    desolador bleak, devastating
    emitir to broadcast
    enloquecer (*enloquezco*) to infuriate, drive crazy
    erradicar to erase, get rid of
el/la **espectador/a** spectator, viewer
el **esperpento** nonsense
el **estado de ánimo** state of mind
el **guión** script
la **interpretación** performance
la **pantalla** screen
el **programa de corazón** gossip programme
    relajante relaxing
    sacar provecho de to benefit from, to profit by
la **sensibilidad** sensitivity
    sumergirse (*me sumerjo*) to immerse, to bury oneself
la **telebasura** trash TV
la **telenovela** TV soap
las **tonterías** nonsense

5.2 La prensa ha muerto... ¡viva la prensa!

    a través de by means of, via
    accesible accessible
    ampliar (*amplío*) to extend
la **aplicación** application, app
el **buscador** search engine
la **calidad** quality
el **contenido** contents
    disponible available
el **dispositivo móvil** mobile device
    enriquecer (*enriquezco*) to enrich, to improve
el **entretenimiento** entertainment
el **estreno** premiere
la **fuente** source
las **horas de oficina** office hours
la **impresión** printing
el/la **lector/a** reader
los **medios de comunicación** media
un **montón de** lots of
la **oferta informativa** news offer
la **página** page
    par even (number)
el **periódico digital** digital/on-line newspaper
el **periódico impreso** printed newspaper
la **prensa rosa** celebrity and gossip magazines
la **prensa** the press
el **producto de pago** product to be paid for
    promocional promotional
    publicar to publish, to print
la **red social** social network
la **retransmisión en directo** live transmission/broadcast
la **revista de corazón** celebrity and gossip magazine
el **satélite** satellite
la **tableta** tablet

5.3 ¡Sígueme en Facebook!

el/la **activista** activist
    actualizar to update
    adicto addicted, hooked
    bajar to download
    borrar to erase
    colgar (*cuelgo*) to upload, to post
    compartir to share
    contar (*cuento*) **nuestra vida** to reveal our life
    dejarse influir to be influenced
    espaciar to space out
el **estudio de mercado** market research
    hacer contactos (*hago*) to network, to make contacts
la **herramienta** tool
el **icono** icon
la **interactividad** interactivity
    interactuar (*interactúo*) to interact
el/la **internauta** internet user
    mantenerse (*mantengo*) **en contacto con** to keep in touch with
    moderar una comunidad to moderate a community
el **perfil** profile
    ponerse (*pongo*) **al día** to get up to date
    promocionar una marca to promote a brand
la **puntuación** score
la **queja** complaint
el/la **seguidor/a** follower
    seguir (*sigo*) to follow
    sobrepasar to go over
    subir to upload
    unir fuerzas to join forces

Unidad 6

El papel de las costumbres y las tradiciones

6.1 **¡Qué rico! La importancia de las tradiciones gastronómicas en España**
6.2 **¡Vamos de fiesta…o de carnaval!**
6.3 **Tradiciones gastronómicas y fiestas en Hispanoamérica: ¡a chuparse los dedos!**
6.4 **Fiestas religiosas en España: ¿espectáculos sagrados o excusas para ir de marcha?**

Theme objectives

In this unit you will study the customs and traditions in Spain and Latin America. The following topics are covered:
- aspects of customs relating to food
- some non-religious festivals that are celebrated in Spain and in Latin America
- aspects of Latin-American gastronomy and one traditional fiesta in Latin America
- some religious fiestas in Spain

The content in this unit is assessed at AS and A-level.

Grammar objectives

You will study and practise the following grammar points:
- the preterite tense
- *por* and *para*
- negative words and negative forms of verbs
- constructions with verbs followed by prepositions

Strategy objectives

You will develop the following strategies:
- producing interesting sentences in spoken language, using different strategies
- checking and improving accuracy in written Spanish
- finding and using synonyms and similar expressions
- organising A-level revision notes

6.1 ¡Qué rico! La importancia de las tradiciones gastronómicas en España

- Investigar aspectos de las costumbres relacionadas con la comida.
- Usar el pretérito indefinido.
- Producir oraciones interesantes en modo hablado, usando diferentes estrategias.

¡En marcha!

1 a Mira las fotos de los platos y relaciónalas con los nombres. Menciona dos ingredientes básicos que se necesitan para cada plato.

- calamares a la romana
- pan con tomate
- churros
- fideuá
- paella
- tortilla de patatas

1 b Estas frases se refieren a las fotos. ¿De qué plato se trata?

1. Pide una ración en ese bar, que están muy ricos.
2. No comas demasiados, que con el chocolate, son muchas calorías.
3. Se prepara solo con patata, o patata con cebolla, sin otras verduras.
4. Este plato es como la paella, pero no se prepara con arroz.
5. Usa aceite de oliva para untar porque tiene más gusto.
6. No te preocupes si no tienes todos los ingredientes, podemos variar el tipo de marisco.

'España es diferente'

Esta frase se hizo popular en los años 60 del siglo XX porque, cuando vinieron los turistas, pudieron comprobar que, efectivamente, la vida era completamente distinta en muchos sentidos.

España, el país de la siesta y del tradicional paseo, está a punto de 'modernizarse' al introducir un horario más europeo: pronto desaparecerá incluso la extraordinaria jornada laboral en la cual los pequeños comercios siguen cerrados desde las dos hasta las cuatro o las cinco de la tarde y están abiertos hasta las ocho. Los bancos y las grandes superficies ya adoptaron la jornada intensiva que borró las dos horas para la comida, y la famosa siesta. Sin embargo, el país todavía resiste el cambio. Solo hay que consultar las cifras de espectadores de la televisión: la hora punta es a las 10:45, cuando hay unos 20 millones; a la medianoche quedan unos 18 millones en un día normal.

Lo más curioso para el observador acostumbrado a un horario europeo 'normal' es que la final de la versión española de 'MasterChef' termine a las 00:45. Este horario explica, en parte, por qué se decía de España que era 'un buen país para vivir pero no para trabajar'. Pero antes de aceptar este nuevo horario, será importante decidir si lo que era 'diferente' del país tenía un valor que vale la pena conservar.

De paseo y echando una siesta

2 a Lee el artículo y contesta las preguntas en español con tus propias palabras.

1. ¿Qué encontraron los turistas al llegar a España?
2. ¿Qué actividades se mencionan como tradicionalmente españolas? (2)
3. ¿Por qué se dice que la jornada laboral es 'extraordinaria'?
4. ¿Qué comercios adoptaron la jornada intensiva? (2)
5. ¿Cómo sabemos que el país resiste el cambio?
6. ¿Por qué es curioso que Masterchef termine a las 00:45?
7. ¿Por qué se considera que España es un buen país para vivir?
8. ¿Qué será importante decidir pronto?

2 b De las siguientes declaraciones cuatro son correctas. ¿Cuáles son?

1. Originalmente 'España es diferente' se refería a su clima favorable.
2. Los turistas descubrieron que visitar España era una experiencia nueva.
3. Queda poco para la llegada de un horario nuevo.
4. Los pequeños comercios han adoptado la jornada intensiva.
5. Las cifras relacionadas con el público que ve la televisión son contradictorias.
6. En España la gente se acuesta tarde en comparación con el resto de Europa.
7. Habrá que sopesar el valor de los horarios tradicionales y nuevos.
8. No se puede conservar el horario tradicional.

Unidad 6 El papel de las costumbres y las tradiciones

Gramática

El pretérito indefinido (The preterite tense)

Read section G2 of the grammar section. Remember that irregular forms of the preterite exist in very common verbs. To get used to these, look at the article and find:

a three examples of irregular preterites in the first paragraph
b two examples of regular preterites in the middle paragraph

Copy the phrases containing the examples and translate them into English.

3 Rellena los espacios con la forma correcta del pretérito indefinido del verbo entre paréntesis.

1 La semana pasada mi novia y yo [*ir*] a Gerona a cenar en el mejor restaurante del mundo.

2 Ayer mis padres [*tomar*] la siesta después de comer, por la fuerza de la costumbre.

3 Se dice que la palabra 'tapa' se [*originar*] cuando el rey Alfonso XIII se [*detener*] para comer en una venta cerca de Cádiz.

4 Un camarero [*poner*] una loncha de jamón sobre la copa de vino del Rey para evitar que la arena entrara en la copa.

5 Después de comer la loncha, el Rey [*pedir*] otro vino, con otra 'tapa' igual.

6 El viernes pasado yo [*estar*] en Madrid para la fiesta de San Isidro, donde [*comer*] algunas rosquillas típicas de la fiesta.

7 El domingo [*venir*] Tomás y Paloma; María y yo [*beber*] unas copas de cava con ellos.

8 Raquel, ¿por qué [*salir*] anoche al bar sin avisarme?

4 a *Tapas y raciones.* Escucha la entrevista y selecciona la palabra adecuada de la lista abajo, según lo que oyes. ¡Cuidado! Sobran palabras!

El premio ganado por un restaurante español no fue (**1** ....).
La importancia de las costumbres caseras y el interés por el tema existen desde hace (**2** ....). Hay muchos (**3** ....) diferentes: el (**4** ....) de oliva, los tomates, las patatas, el ajo, el jamón, etc., pero lo más importante de las tapas es la (**5** ....). En el sur de España siguen consumiéndolas (**6** ....).
A todos los españoles les (**7** ....) las tapas. Ahora se (**8** ....) en todas partes.

poco	tradición	pierden
gustan	una sorpresa	tiempo
aceite	encanta	ingredientes
una ración	conocen	gratuitamente

Para mí... unas tapas

Tema 2 La cultura en el mundo de habla española

TRANSITION STAGE

4 b Escucha la entrevista de nuevo. Escoge la terminación correcta para completar estas frases, según el sentido de la entrevista.

1. En otros países reconocen…
   - A que la gastronomía está de moda.
   - B que las tapas son buenísimas.
   - C la gran calidad de los restaurantes españoles.
   - D que las raciones merecen un premio.

2. Los restaurantes españoles están acostumbrados a…
   - A ofrecer platos vegetarianos.
   - B recibir premios.
   - C servir tapas como plato principal.
   - D suministrar alimentos humildes.

3. El premio que recibió el restaurante…
   - A no sorprendió al chef.
   - B produjo una larga tradición.
   - C le asustó al chef.
   - D le fascinó al chef.

4. El éxito de los restaurantes españoles es consecuencia…
   - A del turismo.
   - B del buen gusto de los clientes.
   - C de la poca variedad de las tapas.
   - D de sus platos únicos.

5. Los frutos del mar…
   - A no forman parte de la tradición gastronómica española.
   - B son ingredientes de las tapas.
   - C se comen siempre con tomates y aceite.
   - D son plantas marinas.

6. El tema de la comida y los restaurantes…
   - A sale todos los días en la prensa.
   - B es un tema de conversación cotidiano.
   - C no interesa a nadie.
   - D tiene raíces históricas.

7. En Andalucía los clientes de los bares…
   - A consumen las tapas al aire libre.
   - B han resuelto el misterio de las tapas.
   - C tienen costumbre de no pagar las tapas.
   - D comen tapas continuamente.

8. Las tapas han tenido mucho éxito…
   - A fuera de España.
   - B en lugares misteriosos.
   - C con los gastrónomos.
   - D con las estrellas de cine.

Estrategia

Producing interesting sentences in spoken language, using different strategies

- Ensure you have some effective connecting phrases to use, e.g. *además, sin embargo, primero*.
- Make at least two justifications for each opinion you give.
- Give examples to back up your opinions.
- Vary your vocabulary, using a range of synonyms to avoid repeating the same words.
- Make your descriptions more interesting by using at least three new adjectives.

Use the above ideas to make your discussion in activity 5b more interesting.

5 a Busca información en Internet sobre la costumbre española de ir de tapeo. Toma apuntes sobre las tapas y sus diferentes ingredientes.

5 b Comenta con tu compañero/a las distintas tapas y elige tu tapa preferida, justificando tu selección. Habla del concepto de las tapas: ¿tienen éxito en tu país? ¿Por qué (no)?

5 c Escribe un párrafo en el que resumes la tradición de ir de tapeo y tu opinión sobre las tapas en general y sobre la tapa que elegiste.

Unidad 6 El papel de las costumbres y las tradiciones

6.2 ¡Vamos de fiesta…o de carnaval!

- Estudiar unas fiestas no religiosas que se celebran tanto en España como en Latinoamérica.
- Usar *por* y *para*.
- Revisar y mejorar el español escrito.

¡En marcha!

1
- Explica generalmente lo que se hace y se ve durante una fiesta.
- ¿Ya has visto u oído hablar de algunas fiestas españolas y/o hispanoamericanas? ¿Cuáles?
- En tu país, ¿se celebran fiestas o carnavales? ¿Qué importancia tienen?
- Describe brevemente una fiesta o un carnaval que has visto, sea en el Reino Unido, sea en otro país.

La Tomatina de Buñol

En España hay mucha tradición de fiestas populares, y cada año atraen a millones de personas de distintas ciudades y países. Son de muchos tipos y muy variadas en cuanto a sus orígenes. Incluso se puede pasar más o menos todo el año (**1** ....) de pueblo en pueblo para presenciar fiestas.

La ciudad de Valencia es muy conocida por sus Fallas, pero a 30 kilómetros de allí se celebra el último miércoles de cada agosto la 'Tomatina', una de las fiestas más curiosas y que no tiene ningún (**2** ....) político ni religioso. Se trata de la mayor batalla de tomates del mundo: más de 100 toneladas de tomates (**3** ....) durante una hora por más de 40.000 personas que visitan el pueblo de Buñol simplemente para (**4** ....) tomates por el centro de la pequeña ciudad.

Fiesta de la Tomatina

Ocurrió por primera vez en 1945 y hay varias historias de cómo y por qué empezó: por una producción excesiva de tomates en los años 40; por un cantante callejero (**5** ....), bombardeado en consecuencia por la multitud que se aprovechó de un puesto de tomates que había en la calle; o por unos jóvenes que causaron una pelea durante un (**6** ....) festivo y solo encontraron a mano estas verduras. Desde entonces, la fiesta ha venido creciendo en popularidad año tras año, y en 2002 fue declarada Fiesta de Interés Turístico por La Secretaría General de Turismo.

En cierto momento durante una semana de desfiles, fuegos artificiales, comida y fiestas, unos camiones (**7** ....) por las calles empedradas y llegan a la plaza con su carga de tomates para que la gente pueda utilizarlos como munición. El baño rojo comienza a las once y dura una hora, cuando llegan otros camiones para (**8** ....) las calles. Y para la gente cubierta de semillas, pulpa y piel de tomate, hay duchas en la calle o el río cercano.

Tema 2 La cultura en el mundo de habla española

AS STAGE

2 a Lee el artículo y completa el texto con palabras del recuadro. Cuidado ¡Sobran tres palabras!

malísimo	lanzados	viajando	partido
ensuciar	arrojar	desfile	significado
limpiar	ideal	retumban	

2 b Lee el artículo de nuevo. De las siguientes declaraciones, escoge las cuatro que son correctas.

1. La Tomatina ocurre en la primavera.
2. La batalla de los tomates tiene lugar en las afueras de la ciudad.
3. No se sabe precisamente el origen de la fiesta.
4. Según algunos, la fiesta comenzó con motivo de un cantante poco popular.
5. Otros dicen que el uso de tomates originalmente fue por casualidad.
6. Hoy en día la Tomatina está moribunda.
7. Además de la batalla, hay otros muchos espectáculos.
8. Después de una hora de batalla la gente vuelve a casa para ducharse.

Gramática

Usos de *por* y *para* (Uses of *por* and *para*)

Study section H1 of the grammar section and then look closely at the article again. Find:
a five examples of the word *por*
b five examples of the word *para*

For each example you find, copy the phrase containing *por* or *para* and translate it into English.

c Can you see any rules for the use of these prepositions, for example in terms of the words that follow *para* or the meaning of the word *por* in some translations?

3 Elige la preposición adecuada.

1. En la feria de Sevilla hay una lista muy larga de actividades [*por/para*] el espectador durante toda la semana.
2. Hay tablados musicales [*por/para*] todas partes en la feria de Medellín en Colombia.
3. En una fiesta mexicana coronan a aquellos campesinos que fueron alcanzados [*por/para*] un rayo y sobrevivieron.
4. En la celebración navideña de Caracas se cierran las calles [*por/para*] que los niños puedan ir en bicicleta libremente.
5. Uruguay se caracteriza [*por/para*] tener el Carnaval más largo del mundo, de finales de enero a comienzos de marzo.
6. Los madrileños van a la Pradera de San Isidro [*por/para*] celebrar la fiesta de su patrón.
7. *Las Fallas* se celebran en diferentes calles de la ciudad; [*por/para*] eso es importante que conozcas bien la ciudad [*por/para*] no perder ninguna parte de la fiesta.
8. Los bomberos valencianos protegen los edificios de la ciudad [*por/para*] que no ardan [*por/para*] culpa de las figuras de cartón que queman los ciudadanos al final de la fiesta.

Unidad 6 El papel de las costumbres y las tradiciones

Carnaval de Barranquilla

4 a *El Carnaval de Barranquilla.* **Escucha la primera parte de lo que dicen los tres jóvenes en esta discusión y contesta las preguntas siguientes.**

1. Según Laura. ¿Por qué existe el Carnaval?
2. ¿Por qué habla Laura del Carnaval como un período de permisividad?
3. ¿Por qué hay gente de origen africano en Colombia?
4. Según Alejandro, ¿cuáles son las culturas que dieron origen al Carnaval? (3)

4 b **Listen to the second part of the interview, and then answer the following points in English.**

1. Summarise the change Mercedes says has taken place in the Carnival.
2. Summarise what characterises the modern-day Carnival, according to Mercedes. (3)

4 c **Completa el texto siguiente con palabras del recuadro. ¿Cuidado! Sobran cinco palabras.**

| **desarrolla** |
| **fusión** |
| **reflejan** |
| **melancólicas** |
| **reunión** |
| **termina** |
| **sombríos** |
| **trata** |
| **rechazan** |
| **acuerda** |

El Carnaval es la fiesta folclórica y cultural más importante de Colombia. Se (**1** ....) de una (**2** ....) de las culturas indígena, europea y africana, en la que la gente baila distintas danzas que (**3** ....) las distintas tradiciones, algunas alegres, otras (**4** ....). Se (**5** ....) durante cuatro días antes del Miércoles de Ceniza, y al final se celebra la famosa Batalla de Flores.

5 **Translate the following passage into English.**

Los orígenes del Carnaval en Hispanoamérica

Las fiestas de Carnaval, de origen europeo, fueron introducidas a América por los españoles y portugueses. Las de Barranquilla son algunas de las más animadas y conocidas. Cuando los españoles llegaron a Latinoamérica, tuvieron que adaptarse a nuevos idiomas y nuevas costumbres. Sin embargo llevaron naturalmente tradiciones de su país nativo, una de las cuales era el entusiasmo por la fiesta. Esto ha contribuido a la nueva identidad de estos pueblos, manteniendo a la vez un vínculo con sus orígenes y su historia.

Tema 2 La cultura en el mundo de habla española

AS STAGE

Estrategia

Checking and editing your writing to improve accuracy

Remember the following points:
- Check that the tense and person of each verb used are correct.
- Check that genders of all nouns are correct.
- Check that every adjective agrees properly with the noun it accompanies.
- Check that pronouns agree properly and are in the correct place in the sentence.
- Finally read through the whole piece and see if anything stands out as being incorrect — spelling of words, something missing from a sentence etc.
- Think of an alternative (maybe easier?) version of expressions you are unsure of.
- Work with a friend to check each other's work. Have a challenge to find at least three errors in each other's work.

Reread this guidance before carrying out activities 4a and 6c.

6 a Trabaja en grupos de cuatro o cinco. Busca en Internet información sobre otro festival popular y no religioso. Aquí hay una lista de posibilidades, pero hay muchas más y puedes escoger cualquier evento que te interese, sea de España o de Latinoamérica. En los grupos, cada estudiante tiene que escoger un festival no elegido por otro/a de sus compañeros/as.

- Las Fallas de Valencia
- Los Sanfermines de Pamplona
- Carnavales (de Badajoz o de Canarias)
- Las hogueras de San Juan de Alicante
- Carnavales de países latinoamericanos

Mientras estudias el evento que has escogido, escribe unas notas en español para contestar las siguientes preguntas:
- ¿Cómo se llama el evento que has escogido?
- ¿Dónde y cuándo se celebra este festival?
- ¿Puedes explicar sus orígenes?
- ¿Cuáles son las características principales?
- ¿Cómo se prepara y qué pasa durante las celebraciones?
- ¿Es algo del pasado o te parece todavía importante? Explica tu opinión.

Las Fallas de Valencia

6 b Trabaja con un/a compañero/a, hablándole sobre lo que has aprendido. Tenéis que haceros las preguntas mencionadas arriba y dar las opiniones sobre los eventos.

6 c Escribe un párrafo sobre el festival que buscaste y estudiaste e incluye tus opiniones (sean positivas o negativas). Después, revisa lo que has escrito con la ayuda de las estrategias mencionadas arriba.

Los Sanfermines en Pamplona

Unidad 6 El papel de las costumbres y las tradiciones

6.3 Tradiciones gastronómicas y fiestas en Hispanoamérica: ¡a chuparse los dedos!

- Estudiar algunos aspectos de la gastronomía y una fiesta tradicional en Latinoamérica.
- Usar palabras negativas y la forma negativa de los verbos.
- Encontrar y usar palabras sinónimas y expresiones similares.

¡En marcha!

1 Elige tres de las siguientes preguntas y contéstalas, escribiendo si quieres unas notas para ayudarte. Entonces habla de las tres con un/a compañero/a de clase.
- ¿Cuáles son los platos típicamente ingleses?
- ¿Cuáles son tus platos favoritos, y por qué?
- ¿En qué consiste una dieta sana?
- ¿Cuáles son las cosas que no son buenas en la dieta?
- ¿Qué piensas de la comida rápida o basura?
- ¿Qué se puede hacer para animar a los jóvenes a comer fruta y verduras en vez de hamburguesas y patatas fritas?

2 a Lee el artículo y busca en los dos primeros párrafos sinónimos para las siguientes palabras y expresiones.

1. así como
2. anteriores a Colón
3. inesperado
4. pobladores
5. denominados
6. típicos
7. patatas
8. puesto que

2 b Busca en los dos últimos párrafos antónimos para las siguientes palabras.

1. insignificantes
2. ningunos
3. también
4. extranjero
5. pocos
6. desconocidos
7. recordar
8. despreciar

Estrategia

Finding and using synonyms and similar expressions

Remember the following points:
- Think about words and phrases in the **context** of the sentence and/or passage in which they occur. This helps you to make intelligent guesses as to their meaning and also to arrive at sensible ideas about alternative ways of expressing them.
- A dictionary entry often includes cross-references in small capital letters that can help you find a synonymous or similar meaning.
- A dictionary definition of a word will often include a closely-related or synonymous word.
- Monolingual dictionaries are excellent sources of synonyms.
- Develop a habit of looking up words in a monolingual dictionary and noting down alternatives. Have an ongoing list to which you keep adding examples.
- Online dictionaries and thesaurus publications can also be very helpful. Have a look, for example, at Diccionarios.com
- Train yourself to find and rephrase words and phrases you may not know, rather than inventing words that may simply be incorrect.

Bear this guidance in mind when tackling exercise 2a.

Ejemplos de la gastronomía de Latinoamérica

Con su geografía, clima y cultivos variados, además de una historia dominada por civilizaciones precolombinas, guerras y mezclas culturales y sociales, no es nada sorprendente que cada país de Latinoamérica tenga su propia tradición gastronómica. Hay platos e ingredientes nativos y locales, y otros que llegaron con los conquistadores, colonizadores o emigrantes.

En la cocina de Argentina, donde hay restaurantes llamados 'parrillas' en los que se sirven platos tradicionales como la carne asada y el churrasco, hay mucha influencia de España con churros, ensaimadas y tortillas de papas, de Italia con sus milanesas, y también de Gran Bretaña, dado que se sirven 'panqueques' y 'escones'. Pero en este país nada domina como el bistec de res, claro está.

Un churrasco argentino

Colombia no tiene ningún plato emblemático en sí, pero todas las regiones tienen sus platos típicos a degustar. El arroz, el maíz y la yuca son ingredientes importantísimos en muchos platos colombianos entre los cuales algunos de los más conocidos son la bandeja paisa (frijoles, arroz, yuca, arepa y otras cosas), la arepa (tortilla) paisa, el arroz con coco y el sancocho (sopa) de pollo. Aquí tampoco falta una fusión de elementos indoamericanos, europeos y africanos.

Bandeja paisa de Colombia

En México, los chiles de todo tipo son parte de la identidad nacional y se dice con razón que casi no hay comida mexicana sin chile. El maíz y los frijoles son además protagonistas en muchos platos y la tortilla de maíz mexicana — rellena de carne, chiles, verduras y muchas otras cosas — es la base de los famosos tacos, enchiladas, fajitas y burritos, todos con sus salsas típicas como el guacamole o la salsa de mango. Y no hay que olvidar otras pequeñas tortillas de maíz triangulares — los nachos, cubiertos de queso. La gastronomía de México se conoce por su comida picante y muy colorida con cebollas moradas, aguacates verdes, chiles rojos y verdes, y pimientos amarillos, entre otras cosas. Y aquí también es fácil apreciar las influencias de Europa, África y Asia.

Platos de tortillas mexicanas — burritos, tacos, enchiladas

Unidad 6 El papel de las costumbres y las tradiciones

2 c Lee el artículo de nuevo con atención. De las siguientes declaraciones, escoge las cuatro que son correctas.

1. El plato principal latinoamericano simboliza su geografía e historia.
2. Hay diferencias comprensibles en la comida de los distintos países de Latinoamérica.
3. Los conquistadores llegaron a Latinoamérica con otros emigrantes.
4. Una parrilla es un sitio donde se pueden comer platos españoles e ingleses.
5. El ingrediente más importante de la cocina de Argentina es la carne.
6. En la cocina colombiana, la yuca es un ingrediente que simboliza el país.
7. En Colombia, hay una mezcla gastronómica de más de dos continentes.
8. Se meten muchas cosas distintas en las tortillas mexicanas.

Gramática

Palabras negativas y la forma negativa de los verbos (Negative words and the negative form of verbs)

Study section J of the grammar section and then look again at the article. Find:
a four negative constructions containing *no*
b three negative constructions that do not contain *no*.

Write down each phrase or sentence containing one of these constructions and translate them into English.
c Which of these seven examples could be written in an alternative way? What would the phrase be if you did that?

3 Rellena los espacios con la palabra negativa más apropiada del recuadro.

| tampoco | nada | no | nunca | ningún | nadie | ni |

1. Este chile es demasiado picante. ¡.......... me gusta ....!
2. La verdad es que .... hay .... plato peruano que me guste.
3. '.......... me apetece salir para cenar esta tarde.' 'A mí ....'
4. .... he degustado .... los vinos de Argentina. ¿Cómo son?
5. En Perú, el ají de gallina es una delicia tradicional que .... puede rehusar.
6. El precio de los vinos .... es .... más .... menos que escandaloso.
7. Hoy más que .... es importante escoger los platos que verdaderamente disfrutamos.
8. En México, ... se puede imaginar el Día de los Muertos sin los platillos que lo acompañan; .... se puede concebir una fiesta de quinceañera sin una mesa de platos atrayentes.

4 a *La fiesta de quinceañera.* Escucha la entrevista sobre esta celebración en Latinoamérica, luego completa cada frase con las palabras del recuadro. ¡Cuidado! Sobran siete palabras.

bailar	escolta	madura	parecida	son
criada	excesiva	más	piensa	tradicional
data	llevar	ocurrió	rechaza	varían

1. La fiesta de quinceañera .... de la época de los aztecas.
2. Hoy en día, la fiesta familiar es .... a una boda.
3. Hay gente que piensa que la celebración puede ser un poco ....
4. Las celebraciones .... un poco según el país.

Tema 2 La cultura en el mundo de habla española

5 La quinceañera suele ……… un vestido muy formal.
6 Un chambelán es un chico que sirve de ……… .
7 El padre de la chica baila el primer vals con ella, lo que significa que ……… que su hija ya es una mujer.
8 Si la chica acepta la muñeca ofrecida, sugiere que no es ……… .

4 b Escucha la entrevista otra vez y contesta las siguientes preguntas en español. Intenta usar tus propias palabras pero no es necesario escribir frases completas.

1 ¿Cómo ha cambiado esta fiesta desde los tiempos de los aztecas? (2)
2 Describe la apariencia de la quinceañera en esta fiesta. (2)
3 ¿Qué papel desempeña el chico?
4 ¿Cómo es el banquete?
5 ¿Qué hace el padre de la chica durante esta fiesta? (2)
6 ¿En qué se parecen el pastel y el vestido de la chica?

Quinceañera con su vestido formal

5 Translate the following passage into English.

Una fiesta mexicana

La fiesta de quinceañera no es igual en cada país. En México es un espectáculo. La quinceañera asiste a la Misa de Acción de Gracias con sus padres, padrinos y amigos. Deja su ramo en el altar de la iglesia como homenaje a la Virgen María. Después, hay una fiesta en casa o en algún lugar que la familia ha alquilado. Hay algunas tradiciones muy interesantes que pasan durante la fiesta, como la del cambio de los zapatos, en el cual la joven cambia sus zapatos de piso (planos) a los de tacón alto.

Texto adaptado de: 'La fiesta de quinceañera', *El Periódico en español*, blogs.ats.amherst.edu, 1 de mayo de 2012

6 Traduce al español las siguientes frases.

1 I have never eaten a taco, but Mónica loves them.
2 There was nobody there when I arrived.
3 He looked everywhere but could not find a single chilli.
4 None of my friends was at the party that Jaime threw last night.
5 Roberto doesn't want to dance and neither do I.
6 None of the dishes that we were served was hot.
7 When we went to the market yesterday we didn't buy anything.
8 The celebrations that took place in Lima were neither interesting nor traditional.

7 a Trabaja en grupos de tres o cuatro. Busca en Internet información sobre la gastronomía de un país latinoamericano no mencionado o examinado en esta unidad. En los grupos, cada estudiante tiene que escoger un país no elegido por uno de sus compañeros. Mientras estudias la gastronomía del país que has escogido, escribe unas notas en español para contestar las siguientes preguntas:

- ¿Cuáles son los ingredientes más comunes de la comida de este país?
- ¿Hay platos emblemáticos del país?
- ¿La comida varía según las regiones del país o es más o menos la misma en todas partes?
- ¿Cuál es tu opinión de la comida? ¿Te gustaría probarla? Explica por qué.

7 b Trabaja con un/a compañero/a, hablándole sobre lo que has aprendido. Tenéis que haceros las preguntas mencionadas arriba.

7 c Escribe un párrafo sobre la comida que has estudiado e incluye tus opiniones (sean positivas o negativas).

Unidad 6 El papel de las costumbres y las tradiciones

6.4 Fiestas religiosas en España: ¿espectáculos sagrados o excusas para ir de marcha?

- Estudiar algunas fiestas religiosas en España.
- Usar construcciones con verbos seguidos de preposiciones.
- Establecer estrategias para organizar los apuntes de repaso para A-level.

¡En marcha!

1 Contesta las siguientes preguntas, escribiendo si quieres unas notas para ayudarte. Entonces compara tus respuestas con las de un/a compañero/a y compártelas con la clase.
- ¿Qué tipo de celebraciones religiosas existen en tu país?
- ¿Tú participas en estas celebraciones? Explica cómo.
- ¿Opinas que la religión tiene un papel importante en semejantes celebraciones? Explica tu punto de vista.

2 a Lee el artículo y empareja las frases de la izquierda con la terminación apropiada de la lista de la derecha. ¡Cuidado! Sobran terminaciones.

1. Aunque algunas fiestas parecen ser religiosas…
2. Es curioso que la Semana Santa se celebre…
3. Para mucha gente la Semana Santa…
4. Los pasos son tan pesados…
5. Las capuchas que llevan los nazarenos…
6. Hace aproximadamente quinientos años en Alcoy…
7. Se alternan en ganar la batalla,…
8. Los grupos que pelean llevan ropa…

A. que hacen falta muchos hombres para llevarlos.
B. con pasos no religiosos.
C. que recuerda a los ciudadanos del siglo XVI.
D. en realidad se basan en una tradición pagana.
E. que evoca a los que luchaban en una época pasada.
F. ocurrieron batallas entre cristianos y moros.
G. con alegría en algunas regiones y con gravedad en otras.
H. comenzaron a celebrar el conflicto entre cristianos y moros.
I. es un pretexto para divertirse.
J. les dan un aspecto aterrador.
K. que los hombres que los llevan tropiezan con frecuencia.
L. un día los cristianos, otro los moros.

2 b Contesta estas preguntas en español con tus propias palabras.
1. ¿Por qué es difícil hablar de las fiestas religiosas como eventos puramente sagrados? (2)
2. Explica una diferencia que puede haber entre dos distintas fiestas de Semana Santa. (2)
3. ¿Cómo sabemos que los pasos de las fiestas de Semana Santa son muy pesados?
4. Aparte de los *costaleros*, ¿quiénes son los participantes en las procesiones? (2)
5. Si quieres ver fiestas de moros y cristianos, ¿por qué sería mejor ir a Alcoy para verlas?
6. En las procesiones de moros y cristianos, ¿cómo se puede reconocer quiénes son moros y quiénes cristianos? (2)
7. ¿A qué nos recuerdan los *comparsas*?
8. ¿Qué ocurre en Alcoy en los días que siguen las batallas?

Tema 2 La cultura en el mundo de habla española

A-LEVEL

Dos fiestas sagradas, ¿o no?

Las fiestas españolas se celebran en todo el país y durante todo el año. Las que se destacan son las religiosas, aunque en muchos casos son ejemplos de la confluencia de tradiciones paganas y católicas, y tienden a ser fiestas donde lo solemne, lo festivo, lo informal y lo cultural se pueden reunir en un solo día.

Semana Santa en España

Tanto para las personas religiosas como para las que no lo son, la celebración sagrada más importante del año es la de la Semana Santa, que conmemora la muerte y resurrección de Cristo. Las celebraciones varían según la región: pueden ser exultantes y llenas de alegría en algunas partes, emocionales y solemnes en otras. Mientras para muchos suponen una fiesta llena de diversión, otros se interesan más en pasar una semana de recogimiento y reflexión.

Las del sur, en Sevilla y otras localidades de Andalucía, son particularmente famosas por su contenido emocional y sus procesiones sensacionales.

Normalmente, hay dos pasos intensamente adornados, uno de la Virgen y otro con una escena de la Pasión de Cristo. Una gran cantidad de hombres, los *costaleros*, se esfuerzan por sujetar el paso sobre sus hombros para controlar su movimiento. Y luego hay las filas de nazarenos, o penitentes, que van caminando, algunos descalzos y todos con las capuchas picudas que pueden dar muchísimo miedo por su parecido con los miembros del Ku Klux Klan. Y todo acompañado de música muy solemne y el incesante *pum pum* del lento ritmo de los tambores.

Fiesta de los moros y cristianos

Uno de los mejores lugares para presenciar otro de los espectáculos más pintorescos de España es Alcoy, en Alicante. Se trata de las fiestas de los moros y cristianos, en las que se rememoran las luchas y batallas entre cristianos y musulmanes durante la Reconquista. Son unas fiestas antiquísimas que datan de los siglos XVI y XVII. Los participantes se dividen entre moros, que 'toman' la ciudad un día; y cristianos que la vuelven a conquistar al día siguiente. En cada bando hay diversas peñas o *comparsas* cuyos nombres y vestimentas suelen recordar los de guerreros que participaron en batallas históricas. Y en los siguientes días se suceden festejos que simulan desfiles, batallas, sitios y capítulos históricos de los acontecimientos que tuvieron lugar en la localidad.

Gramática

Construcciones con verbos seguidos de preposiciones (Constructions using verbs followed by prepositions)

Study section G21 of the grammar section and then look again at the article.
a Find an example of a verb + preposition + infinitive construction in each paragraph.

Note down and translate each of the phrases containing the construction into English.
b Explain which verb (infinitive) takes which preposition.

Unidad 6 El papel de las costumbres y las tradiciones

3 Elige la preposición correcta del recuadro, si hay. ¡Cuidado! Algunos verbos no llevan un complemento preposicional.

| para | con | de | a | por | en |

1 ¿Has participado .... alguna fiesta religiosa en tu país?

2 Acabo .... ver a los penitentes encapuchados caminando por la calle. ¡Eso me impresionó mucho!

3 ¿Puedes .... ayudarme? ¿Cómo empiezo .... investigar el fenómeno de las fiestas en España?

4 Prepárate .... salir .... ver la procesión esta noche.

5 Los españoles son muy festivos: ¡son capaces de convertir una reunión familiar .... una fiesta!

6 Faltan muchas cosas .... hacer antes de asistir .... la celebración.

7 Si estás planeando .... pasar las vacaciones navideñas en España es útil saber lo que va .... ocurrir.

8 Cuando era joven soñaba .... ser un moro en la batalla con los cristianos.

Panellets

4 Translate the following passage into English.

'Nadie más muerto que el olvidado'

Lo más tradicional del 1 de noviembre es comprar flores, especialmente crisantemos, y llevarlas como regalo a los fallecidos. A pesar del sentimiento de tristeza que se piensa que tiene el Día de Todos los Santos, este día no es solo para lamentarse por los seres queridos que ya no están con nosotros. También es un día para celebrar la vida.

Es muy popular tomar unos dulces tradicionales como los *buñuelos de viento* que se suelen rellenar con chocolate o nata, los que se denominan *huesos de Santo* o quizás los *panellets,* un dulce típico catalán, hecho de almendras, patata, azúcar y piñones, y disfrutado con una buena botella de vino moscatel.

Huesos de santo

Texto adaptado de: 'Día de Todos los Santos', donquijote.org

Buñuelos de viento

5 a *La religiosidad no tiene nada que ver.* Escucha la entrevista sobre las fiestas religiosas en España y busca las palabras que corresponden a las definiciones siguientes.

1 recuerda
2 leal
3 personas que por devoción van a visitar un santuario
4 ceremonia de la iglesia católica
5 desfile

6 sagrado
7 imagen de Cristo en la cruz
8 santuario situado fuera de una población
9 se hace la señal de la cruz
10 que acepta una creencia religiosa

A-LEVEL

5 b Escucha de nuevo la entrevista y luego completa el resumen con las palabras del recuadro. ¡Cuidado! Sobran palabras!

arriba	divertirse	más	rezar
caluroso	frío	menos	rostro
cara	gente	miércoles	sagradas
ciudad	importantes	región	sangre

1. Raquel opina que las fiestas religiosas son muy ....
2. La Santa Faz se trata de un paño que lleva la imagen de la .... de Cristo.
3. El día de la Santa Faz, hay muchísima .... en las calles de Alicante.
4. El santuario de la Santa Faz no está en la .... de Alicante.
5. Durante la misa, hace un tiempo ....
6. La procesión con el crucifijo enorme ocurre un ....
7. Emiliano dice que hoy en día el país es .... religioso que antes.
8. Según Alejandro, los jóvenes participan porque quieren ....

Estrategia

Organising A-level revision notes

Remember the following points:
- Write down a list of main themes or topic headings/sections.
- Organise notes into different folders — one for each topic/theme — and divide folders into appropriate sections.
- Keep a list or page index in the front of the appropriate folder to make things easy to file.
- Use a colour-coding scheme — different colours for different topics or themes helps with memorising and compartmentalising.
- Have lists of readings, references, past questions and past papers.
- When reading through notes, underline key words and highlight different themes.
- Use spider diagrams and concept maps as useful ways of summarising a lot of information on one page.
- Leave spaces between notes for later additions.
- Write out more and more concise versions of notes, aiming to reduce each topic to an index card so they become an aide-memoire.
- Put revision cards with key facts around the house, in the bathroom or on your bedroom mirror.

6 a Trabaja en grupos de tres o cuatro. Busca en Internet información sobre otras dos fiestas religiosas no mencionadas arriba. En los grupos, cada estudiante tiene que escoger de la lista dos fiestas no elegidas por otro/a de sus compañeros/as.

Santa María de la Vega (Salamanca)	San Isidro (Madrid)
La Diada de Sant Jordi (Cataluña)	El Corpus (Granada)

Toma notas en español para contestar las siguientes preguntas:
- ¿Dónde se celebran estas fiestas?
- ¿Qué sabes de los orígenes de cada una?
- ¿Puedes describir algunos aspectos de las fiestas escogidas, por ejemplo los trajes y los desfiles?
- ¿Te parece que la religión tiene un papel importante en estas fiestas?
- ¿Hay una mezcla de religión y otras cosas menos sagradas?

6 b Trabaja con un/a compañero/a, hablándole sobre lo que has aprendido. Tenéis que haceros las preguntas mencionadas arriba.

6 c Escribe un párrafo sobre las fiestas que elegiste.

Unidad 6 El papel de las costumbres y las tradiciones

Vocabulario

6.1 ¡Qué rico! La importancia de las tradiciones gastronómicas en España

- el **aceite** oil
- el **arroz** rice
- el **azúcar** sugar
- **casero** home-made
- la **cebolla** onion
- **clave** key
- la **consumición** drink, order
- **estar** (*estoy*) **buenísimo** to be really tasty
- **estar** (*estoy*) **rico** to be tasty
- el **éxito** success
- **fregar** (*friego*) to wash up
- **freír** (*frío*) to fry
- la **gran superficie** superstore
- la **harina** flour
- el **huevo** egg
- el **marisco** shellfish
- la **mezcla** mixture
- el **pescado** fish
- **picar** to chop finely
- la **ración** serving, portion
- la **sal** salt
- **tener** (*tengo*) **éxito** to be successful
- la **tortilla de patata** Spanish omelette
- **untar** to spread
- la **verdura** (green) vegetable

6.2 ¡Vamos de fiesta...o de carnaval!

- **animado** lively
- **arrojar** to throw
- la **batalla** battle
- el **cantante callejero** street singer
- la **característica** characteristic
- **caracterizarse por** to be characterised by
- el **carnaval** carnival
- **celebrarse** to take place
- **conocido por** known for, famous for
- la **costumbre** custom
- **crecer** (*crezco*) **en popularidad** to grow in popularity
- el **desfile** procession
- el **disfraz** costume, disguise
- **disfrazarse** to dress up
- **espontáneo** spontaneous
- la **fiesta folclórica** popular festival
- los **fuegos artificiales** fireworks
- el **jolgorio** fun, revelry
- la **localidad** local area
- el **origen** origin
- **participar en** to take part in
- **presenciar** to be present at
- la **tradición** tradition
- el **vínculo** link
- el/la **visitante** visitor

6.3 Tradiciones gastronómicas y fiestas en Hispanoamérica: ¡a chuparse los dedos!

- el **aguacate** avocado
- la **arepa** type of corn pancake
- **asar** to roast
- el **bistec (de res)** steak
- el **burrito** type of stuffed Mexican tortilla
- el **chile** chilli
- el **churrasco** barbecued meat
- el **coco** coconut
- **degustar** to taste, to try (food)
- la **enchilada** type of stuffed Mexican tortilla
- la **ensaimada** spiral-shaped pastry (typical of Mallorca)
- la **fajita** Mexican tortilla stuffed with strips of meat
- el **frijol** (*Lat. Am.*) kidney bean
- el **ingrediente** ingredient
- **maquillarse** to get made up
- la **mezcla** mixture
- **picante** spicy, hot
- el **pimiento** pepper
- la **quinceañera** 15-year-old girl
- el **ramo** bunch (of flowers), bouquet
- **relleno de** filled with
- la **yuca** cassava, yucca

6.4 Fiestas religiosas en España: ¿espectáculos sagrados o excusas para ir de marcha?

- **antiquísimo** very old, ancient
- la **capucha** hood
- **conmemorar** to commemorate
- el **crucifijo** crucifix
- **descalzo** barefoot
- **devoto a...** devoted to...
- el **Día de Todos los Santos** All Saints' Day
- la **ermita** shrine
- **fallecer** to pass away, to die
- el **hueso** bone
- **lamentarse por** to mourn
- el/la **musulmán/ana** Muslim
- el **nazareno** penitent (in religious procession)
- la **Pasión (de Cristo)** (Christ's) Passion
- el **paso** float (in carnival, procession)
- la **Reconquista** the Reconquest (of Spain from the Moors)
- la **Santa Faz** Holy Face (Spanish religious fiesta)
- **santiguarse** to cross oneself
- la **Semana Santa** Holy Week
- el **tambor** drum
- el **trapo** cloth, rag
- las **vestimentas** clothes, vestments
- la **Virgen (María)** the Virgin (Mary)

Literatura y cine

This section includes taster pages on some of the books and films you could study at AS and A-level. There are extra pages online that help you to explore the other works that you can choose to study. Visit **www.hoddereducation.co.uk/mfl-film-and-literature** to find out more.

You study only **one** of these books or films at AS, and **two** (either two books or a book and a film) at A-level. The main objective of this section is to introduce you to the book(s) or film you will study and to act as a springboard for further learning. However, you will find it useful to work on other tasters in the following pages in order to:

- encourage you to read more widely in Spanish and to enjoy literature and film from Spanish-speaking countries
- help you widen your vocabulary, enabling you to better answer comprehension questions based on different extracts of Hispanic literature and film
- increase your exposure to authentic Spanish in an interesting way
- develop a range of critical and analytical skills that can be used in relation to various works of literature and films

At the end of this section there are four pages devoted specifically to helping you to develop the techniques you need to write a well-argued and well-constructed essay.

1 *Bodas de sangre*

- Familiarizarse con la obra de teatro *Bodas de sangre*.
- Investigar la popularidad de una obra de teatro cuando se escribió.

Introducción a *Bodas de sangre*

Novia:

…¡Te quiero! ¡Te quiero! ¡Aparta!

Que si matarte pudiera,

te pondría una mortaja

con los filos de violetas.

¡Ay, qué lamento, qué fuego

me sube por la cabeza!

Leonardo:

¡Qué vidrios se me clavan en la lengua!

Porque yo quise olvidar

y puse un muro de piedra

entre tu casa y la mía.

Es verdad. ¿No lo recuerdas?

Y cuando te vi de lejos

me eché en los ojos arena.

Pero montaba a caballo.

y el caballo iba a tu puerta.

…

Que yo no tengo la culpa,

que la culpa es de la tierra

y de ese olor que te sale

de los pechos y las trenzas.

Novia:

¡Ay qué sinrazón! No quiero

contigo cama ni cena,

y no hay minuto del día

que estar contigo no quiera,

porque me arrastras y voy,

y me dices que me vuelva

y te sigo por el aire

como una brizna de hierba.

He dejado a un hombre duro

y a toda su descendencia

en la mitad de la boda

y con la corona puesta.

Para ti será el castigo

y no quiero que lo sea.

AS STAGE

1 Lee el extracto y contesta las preguntas en español, con tus propias palabras.

1. ¿Cómo se entiende la primera línea? (porque no parece tener sentido).
2. La primera vez que habla la Novia, ¿cómo sabemos que el sufrimiento de la Novia es físico?
3. ¿Qué hizo Leonardo para intentar olvidar a la Novia?
4. ¿De qué sensaciones físicas se queja Leonardo? Menciona dos ideas. (2)
5. ¿Cómo explicarías estas palabras de Leonardo: 'montaba a caballo y el caballo iba a tu puerta'?
6. En tu opinión, ¿a qué 'culpa' se refiere Leonardo?
7. ¿Por qué habla la Novia de 'sinrazón'?
8. Exactamente, ¿cómo dejó la Novia al Novio? (2)

2 *Entrevista a Rafael, crítico de teatro, sobre* Bodas de sangre. Listen to the interview and write a paragraph summarising its content. Pay attention to the following points:

1. the impact of Lorca's death in 1936 (2)
2. his strengths as an artist
3. the themes associated with his protagonists (3)
4. the reason why his work remains relevant today

Estrategia

Investigating the popularity of a play when it was written

- Investigate on the internet the reasons for the good/bad reception of a play when it was written
- Take into account:
  - the author's stated reasons for writing the play
  - the reception given to the first performance by the audience and the theatre critics
  - any specific aspects of the play that would appeal to the audience of the day
  - any historical or social factors affecting the reception of the play
- On the basis of your research, decide whether the play was popular or not.

3 a Investiga en Internet el estreno de la obra *Bodas de sangre* en Madrid y luego en Buenos Aires en 1933. Prepara tus apuntes haciendo referencia a:
- la opinión del público
- las razones del éxito de la producción

3 b Utiliza la información que has encontrado para discutir el valor de *Bodas de sangre*. Defiende la obra mientras un/a compañero/a la critica, argumentando que es anticuada y sin relevancia para un público moderno.

3 c Escribe un párrafo en el que resumes la recepción que tuvo *Bodas de sangre* cuando se estrenó, utilizando tus propias palabras.

4 Si es posible, lee la obra completa y escribe un párrafo para explicar la recepción positiva de *Bodas de sangre* hoy. Si te interesa el baile, podrías basar tu opinión en la película de 1981 de Carlos Saura (con Antonio Gades). Quizás te gustaría también la película *La Novia* (2015), dirigida por Paula Ortiz, una adaptación de *Bodas de sangre*.

Literatura y cine

2 *Como agua para chocolate*

- Familiarizarse con la novela *Como agua para chocolate*.
- Comparar y contrastar a dos personajes principales en una novela.

Sinopsis de Como agua para chocolate

Esta novela, escrita por la mexicana Laura Esquivel, cuenta la vida de una familia durante el período de la Revolución mexicana del siglo XX (1910–20). En la familia De la Garza hay cuatro personas: Mamá Elena y sus tres hijas, Gertrudis, Rosaura y Tita. La novela está basada principalmente en Tita, la más joven, quien está enamorada de Pedro Murquiz. Pedro pide su mano, pero desafortunadamente Tita no puede casarse por ser la hija más pequeña. Según una tradición mexicana, ella tiene que cuidar de su madre hasta que se muera.

Mamá Elena ofrece a Pedro la mano de Rosaura y este la acepta con la intención de estar más cerca de Tita. Para consolarse algo de esta injusticia Tita se convierte en la cocinera del rancho; la novela está llena de sus recetas. Tita sigue enamorada de Pedro.

Mamá Elena es viuda; había heredado el rancho de su marido cuando murió. Cría a sus tres hijas con dureza y rigidez, siguiendo las costumbres de su generación. No le gusta que Tita se muestre rebelde de vez en cuando y le obliga a renunciar a su amor. Uno de los subtemas de la novela es el amor que Mamá Elena tenía de joven con un muchacho de origen africano. Por lo tanto el padre de Mamá Elena la había obligado a casarse con un hombre de familia más honrada. Es posible que el pasado de Mamá Elena explique por qué se muestra tan severa con sus hijas.

Cuando murió el primer hijo de Rosaura y Pedro, Tita casi se volvió loca, por lo que su madre quería mandarla a un manicomio. En este momento un simpático doctor estadounidense, llamado John Brown, la ayudó, acogiéndola en su casa. Después de la muerte de mamá Elena, Tita decidió casarse con John, pero no había olvidado a Pedro. Por eso sigue la relación entre los dos amantes. Al final de la novela se entiende que el amor es tan poderoso que puede continuar más allá de la muerte.

AS STAGE

1 Contesta las preguntas siguientes en español con tus propías palabras.

1. ¿Por qué debe Tita cuidar de su madre hasta su muerte? ¿Con qué consecuencia? (2)
2. ¿Cómo se sabe que Pedro sigue enamorado de Tita?
3. ¿Por qué hay un montón de recetas en la novela?
4. ¿Qué actitud demuestra Mamá Elena ante la rebeldía de Tita?
5. ¿Por qué el padre de Mamá Elena la hizo casarse con otro hombre?
6. ¿Qué puede explicarse por el pasado de Mamá Elena?
7. ¿Por qué Tita no fue al manicomio?
8. ¿Cómo se sabe que la muerte de Mamá Elena liberó a Tita?

2 *La cocina mágica*. ¿Quién lo diría, Clara, Paco o ninguno de los dos?

1. La comida puede provocar sentimientos fuertes.
2. En la novela, la madre se lleva mal con la hija.
3. Introducir elementos mágicos en la experiencia ordinaria es un disparate.
4. Cuando la gente se sentó a comer en la boda todos vomitaron.
5. En los siglos pasados las hijas tenían más libertad de lo que parecía en la novela.
6. Tita no se opone a la voluntad de su madre.
7. Lo más triste de la novela es que pone fin a la relación entre Pedro y Tita.

Estrategia

Comparing and contrasting two main characters in a novel

- Make some notes about the main characters and their role in the novel.
- Select two characters and list what is different about them and what is similar about them.
- Think about their physical features, their emotions and their actions, as well as the way they interact with other characters.
- It is helpful to draw a Venn diagram showing visually where the characters coincide and where they differ.
- Use vocabulary that enables you to describe differences and similarities.
- Support your conclusions with specific examples from the text.

3 a En pareja, compara a dos personajes principales de *Como agua para chocolate* o de otra novela que hayas leído, y escribe notas. Organiza las notas en dos secciones:
- personaje A: características
- personaje B: características

3 b Escribe un párrafo en el que comparas a los dos personajes, poniendo de relieve las semejanzas y las diferencias. Dibuja un diagrama de Venn para ayudarte a comparar las características de los dos personajes. ¿Con cuál te identificas más?

Literatura y cine

3 El coronel no tiene quien le escriba

- Familiarizarse con la novela *El coronel no tiene quien le escriba*.
- Comentar la eficacia de la estructura de una novela.

El coronel no tiene quien le escriba: el triunfo del optimismo

El coronel no tiene quien le escriba, de Gabriel García Márquez, es una novela corta que se sitúa en un pueblo colombiano. El coronel es un anciano optimista que espera la carta con su pensión desde hace 15 años. Según él, la pensión cambiará su fortuna y la de su mujer, que está enferma. Un tema clave de la novela es la injusticia que recibe la gente humilde de un gobierno corrupto.

A Primero, el coronel no tiene éxito cuando va a ver a don Sabas pero al final este le ofrece 400 pesos, menos de lo que le ofreció primero, y un adelanto de 60 pesos.

B El coronel y su mujer se sienten bien al recibir el dinero, pero un día el coronel ve al gallo en la gallera. Cambia de decisión: coge el gallo y se va a su casa. La última palabra del coronel muestra que está resuelto a aceptar su condición de pobre. Se siente invencible.

C El coronel tiene un gallo de pelea heredado de su hijo Agustín, que fue asesinado por distribuir información clandestina. Quiere guardar el gallo para ganar una pelea y así tener lo bastante para comer; su mujer, más realista, quiere venderlo. Cada viernes el coronel baja hacia el muelle esperando recibir el correo con su carta de pensión.

D Un coronel y su mujer viven en la pobreza. La mujer sufre de asma. El coronel espera una pensión por su servicio militar pasado. El coronel va a un entierro. Está lloviendo.

E Don Sabas, un hombre rico y corrupto del pueblo, le aconseja al coronel que venda el gallo. Desesperado, el coronel dice a su mujer que ha decidido venderlo a don Sabas.

F El coronel ha escrito la carta para cambiar de abogado. Da su comida para alimentar al gallo para que pueda pelear. Luego los amigos de Agustín deciden dar de comer al gallo.

G La situación del coronel va de mal en peor pero siempre es optimista: piensa que al final le llegará la carta con la pensión. Los compañeros de Agustín hablan de la posibilidad de victoria del gallo. Cuando no llega la carta de nuevo, el coronel decide cambiar de abogado.

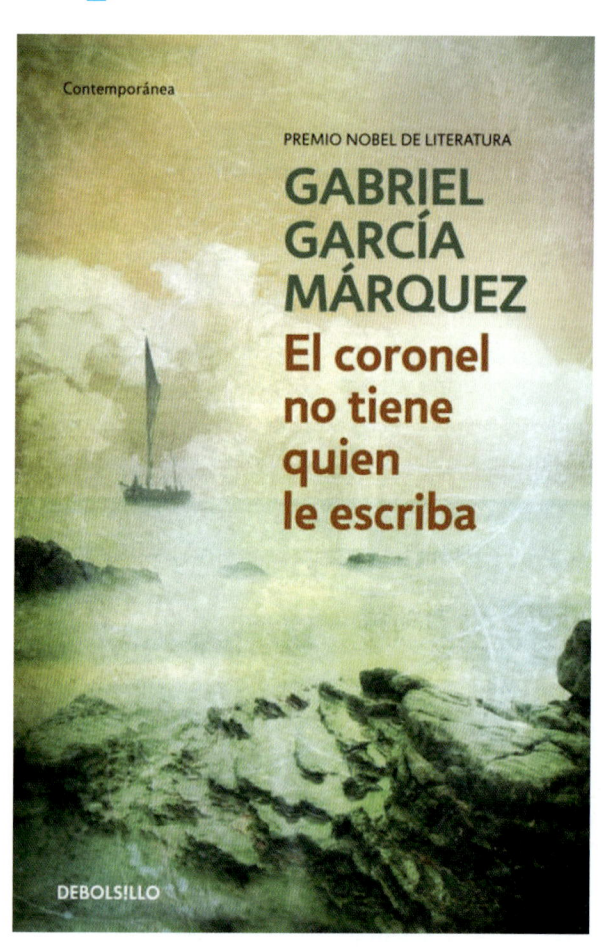

AS STAGE

1 a Coloca los siete párrafos en su orden correcto para formar un resumen de la historia.

1 b Cuando hayas terminado actividad 1a, haz un resumen de los tres primeros párrafos (¡en el orden correcto!). Escribe en frases completas y verifica el trabajo con cuidado para asegurarte de que el lenguaje es correcto.
Menciona:
- la situación del coronel y su mujer
- la importancia del gallo (2)
- por qué el coronel toma una decisión (2)

2 *El gallo, ¿venderlo o guardarlo?* Entrevista a Jaime Gómez, crítico literario. Escucha la entrevista y contesta en español las siguientes preguntas con tus propias palabras.

1 Según Jaime, ¿por qué esta novela parece diferente de otras obras del autor?
2 ¿Qué dos elementos añaden complejidad al texto? (2)
3 ¿Qué tragedia reciente golpeó a la familia del coronel?
4 Según Jaime, ¿cómo difiere esta novela en su estructura de otras muchas novelas?
5 ¿Cómo refleja la estructura de la novela el desarrollo psicológico del coronel?
6 ¿Cómo se gobernaba el país en el que vive el coronel?
7 Al comienzo de la segunda parte, ¿qué hizo el coronel para mejorar la posibilidad de recibir su pensión?
8 ¿Por qué fue triunfante el coronel al final de la novela?

Estrategia

Commenting on the effectiveness of the structure of a novel

- Think about the key events of the plot.
- Make notes about the structure of the novel, to determine what structure the author had in mind, for example:
  – Do the events follow a chronological order?
  – Does the novelist employ flashback?
  – Does the novel build up to a climax?
- Are there unexpected twists or sub-plots?
- Read a key event in a novel and determine whether the structure underscores the characters' actions or choices effectively.

3 a Comenta en grupo la estructura de una novela que todos vosotros conozcáis. Compara esa estructura con la de *El coronel no tiene quien le escriba*, tal como se describe en el texto de audición.
Incluye:
- el tipo de estructura que utiliza cada autor
- la manera en que la estructura apoya los sucesos de la novela

3 b En grupo, pensad en otras novelas que hayáis leído que tengan una estructura interesante y explicad lo que hay de atrayente en ellas.

3 c Escribe un párrafo sobre la estructura de la novela que haya elegido el grupo.

Literatura y cine

4 *La casa de Bernarda Alba*

- Familiarizarse con la obra dramática *La casa de Bernarda Alba*.
- Estudiar por qué la época y el marco son importantes para el argumento de una obra dramática.

La casa de Bernarda Alba: drama de mujeres en el sur de España

La casa de Bernarda Alba, obra de teatro en tres actos, fue escrita por el poeta y dramaturgo granadino Federico García Lorca en 1936. Se trata de la vida de la familia de Bernarda Alba, una mujer fuerte que tiraniza a sus cinco hijas. Las hijas viven en una atmósfera de represión sexual; quieren liberarse de la casa y salir. Bernarda sigue las tradiciones de la burguesía andaluza rural de la época: para ella, lo que cuenta son el honor de la familia y la propiedad.

Bernarda ejerce un dominio absoluto sobre la casa y sus ocupantes. Al comienzo de la (**1**..........), acaba de terminar el entierro del segundo marido de Bernarda; ella impone ocho años de luto en la casa y prohíbe que sus cinco hijas (**2** ....) a la calle.

La primera palabra de Bernarda es '¡Silencio!', palabra que marca el tono de una obra en la que el honor de la familia y el qué dirán son más importantes que la muerte. Así, Bernarda condena a cuatro de sus hijas a quedarse en la casa sin la posibilidad de (**3** ....). La excepción es la hija mayor, Angustias, hija del primer matrimonio y heredera de la fortuna de la familia, quien está comprometida con Pepe el Romano.

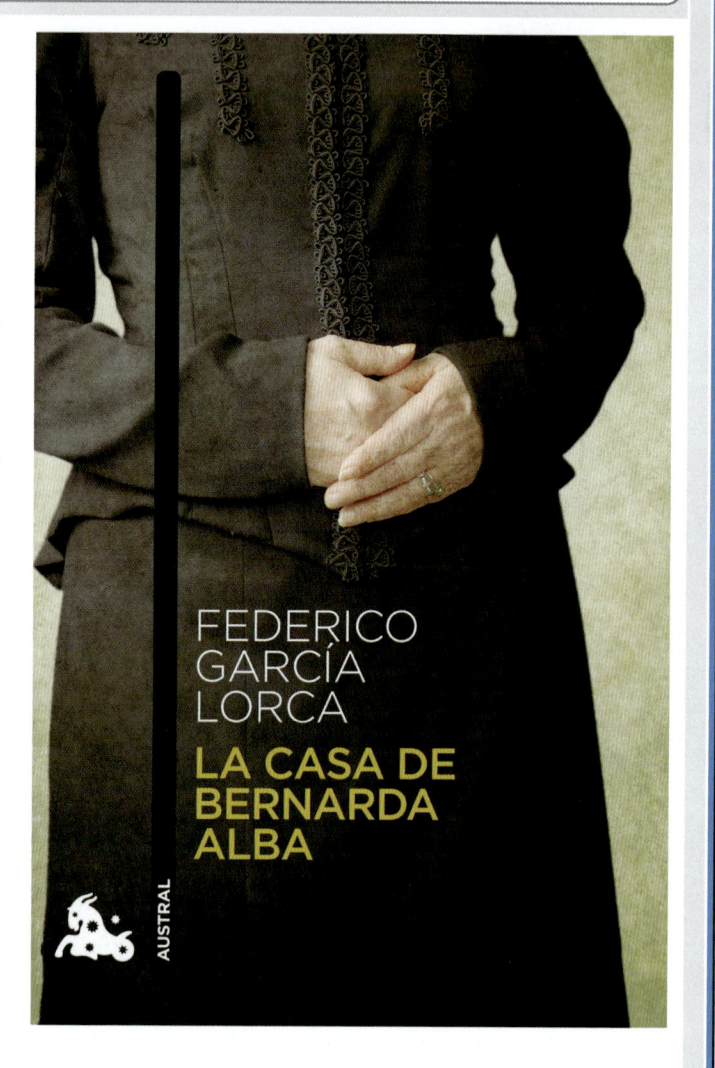

Las hijas tienen un (**4** ....) incontenible por tener relaciones amorosas con los mozos del pueblo. La criada, la Poncia, dice que las hijas 'son mujeres sin hombre, nada más'. Ella informa a Bernarda que Adela, la más joven de las hermanas, se ha enamorado de Pepe el Romano y que los dos se (**5** ....) con frecuencia en una de las ventanas de la casa. Otra hermana, Martirio, también quiere a Pepe, por lo que comienza una (**6** ....) entre las dos hermanas. Martirio, celosa, amenaza a su hermana menor con descubrir lo que pasa entre Adela y Pepe. Bernarda oye la disputa y, después de un enfrentamiento entre Bernarda y su hija más joven, (**7** ....) su escopeta contra Pepe el Romano, que está fuera, pero no consigue herirlo. Adela, creyendo que su amante está (**8** ....) se ahorca: elige la libertad de la muerte en vez de quedarse bajo la tiranía de su madre. Al final de la obra Bernarda declara '¡Silencio!' de nuevo.

AS STAGE

1 Lee esta sinopsis de la obra dramática y complétala con las palabras correctas. ¡Cuidado! Sobran cuatro palabras.

A dispara	D ven	G deseo	J muerto
B salgan	E vivo	H obra	K danza
C lucha	F novela	I acostarse	L escaparse

2 *Pepe el Romano, ¿inocente o culpable?* Adela estaba enamorada de Pepe, quien se encontraba en la calle fuera de la casa cuando Adela se suicidó. Pepe quiere exonerarse de la culpa de la muerte de Adela. Escucha esta entrevista y contesta las preguntas en español.

  1. Rosa habla de una tragedia en el pueblo. ¿Qué ocurrió?
  2. ¿Qué relación había tenido Pepe con Angustias?
  3. Según el pueblo, ¿qué promesa había hecho Pepe?
  4. ¿Por qué tuvo suerte Pepe la noche del suicidio?
  5. Según Pepe, ¿qué estaba haciendo la noche en que se murió Adela?
  6. ¿Quién le informó a Bernarda de que sus hijas la desobedecían?
  7. Según Rosa, ¿qué culpa tiene Pepe con relación al comportamiento de las hijas?
  8. ¿Cómo reacciona Pepe a las acusaciones de la gente del pueblo?

Estrategia

Studying why the era and setting are important to the plot of a play

- Research online the era and society in which the play is set.
- Find examples of attitudes and actions of characters that are representative of the era.
- Make notes on the importance of the specific setting to the development of the plot:
  - How does the setting affect the characters' actions?
  - How does the setting affect mood?
  - Could the plot exist without its particular setting?
- Assess why the era and setting are important to the plot, or whether the same plot could take place in a different era and setting.

3 a Comenta con tu compañero/a el marco de *La casa de Bernarda Alba* y compárala con otra obra dramática que tiene un marco histórico. Menciona:
- la importancia de la era para el argumento
- cómo el marco contribuye a los sucesos de las dos obras
- cómo el marco afecta al argumento

3 b Escribe un párrafo sobre el marco de *La casa de Bernarda Alba* u otra obra dramática, explicando su importancia para el argumento. Decide si la misma historia podría haber ocurrido en otro lugar, en otra cultura o en otra era.

4 Si es posible, lee *La casa de Bernarda Alba* u obtén una copia de la película para verla. En tu opinión, ¿qué escenas retratan mejor las costumbres de la época? ¿Qué te parece la relación entre la madre y sus hijas? Comenta estos temas con tu compañero/a y toma notas.

Literatura y cine

5 Nada

- Familiarizarse con la novela *Nada*.
- Evaluar la importancia de la ambientación para los temas de una novela.

Nada: temas, personajes y ambientación

1 Mujer de Juan y ex-amante de Román, bella, ingenua y sumisa con un pasado humilde. Pegada a menudo por su marido, finalmente denuncia a Román, iniciando así un desastre familiar.

2 Las calles del Barrio Gótico de Barcelona, vistas en una época de pobreza, escuálidas y feas, que no invitan al paseo de día y que de noche rezuman peligro y miedo.

3 Un callejón sin salida es lo que parece el efecto de la familia extendida. En teoría se esperaría el calor y el cariño de los seres más queridos, pero su ausencia es palpable.

4 La imposibilidad de encontrar formas positivas u optimistas en las relaciones personales: la gente nueva resulta reacia o esconde secretos violentos.

5 Pintor atormentado y violento; las palizas que le propina a su mujer forman el telón de fondo de la novela, cuyos oscuros secretos reflejan el sordo rencor de la posguerra en España.

6 Una ciudad que sufre las miserias de haberse aliado con los vencidos de una Guerra Civil sin piedad; el sufrimiento y la escasez de elementos básicos son apremiantes.

7 Un edificio dilapidado, lleno de cuartos pequeños y oscuros. Una decoración en pobre estado, con muebles que han visto mejores tiempos.

8 Músico y bohemio provocador; atraído por Gloria; denunciado a la policía por su actividad clandestina e ilegal, se suicida para burlar su detención.

9 La falta de grandes proyectos personales es patente en todos los personajes. No tratan de vivir, sino solamente de sobrevivir.

1 Lee los párrafos relacionados con tres técnicas novelísticas y decide si corresponden a:

A los personajes descritos

B la ambientación de la novela

C los temas que afectan a los protagonistas

¡Cuidado! Uno de los párrafos es ambiguo y corresponde a más de una técnica.

AS STAGE

2 a *Conversación entre Pablo y María sobre la novela* Nada. Escucha la conversación y elige las cuatro frases correctas.

1. Pablo dice que la novela es desagradable y oscura.
2. A María también le disgusta este efecto.
3. María dice que las relaciones familiares tienen su origen en una Barcelona anterior a la Guerra.
4. La Guerra Civil terminó por dejar exhausta a Barcelona.
5. Las series televisivas sensacionalistas no tienen nada que ver con el ambiente de la novela.
6. En la novela, las relaciones de los miembros de la familia son totalmente abiertas y sinceras.
7. La vida de la familia refleja la desesperación de la ciudad.
8. Lo mejor de la novela es el estilo utilizado.

2 b Corrige las frases erróneas del ejercicio 2a.

Estrategia

Evaluating the importance of the setting for the themes of a novel

- Research the setting of the novel, focusing on:
  - the historical period in which the events took place
  - the location
  - the social milieu in which the novel is set
- Make a list of the main themes which are embedded in the plot.
- Find examples of how the setting contributes to the themes.
- Decide whether the themes could be developed as effectively in a different setting.
- Decide which aspects of the setting are important for the themes and why.

3 a Habla con un/a compañero/a de una novela que hayas leído en la cual la ambientación tiene un papel importante. Compara esta novela con lo que sabes de la novela *Nada*, buscando información en Internet si hace falta.

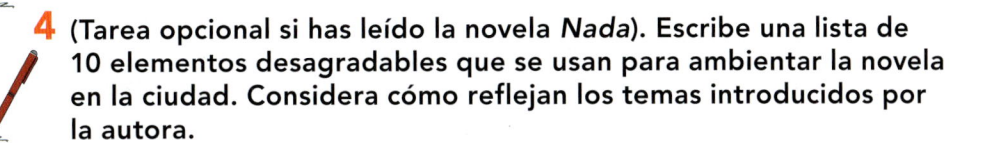

3 b Escribe un párrafo para resumir tu opinión de la importancia de la ambientación en la novela que hayas leído o en *Nada*.

4 (Tarea opcional si has leído la novela *Nada*). Escribe una lista de 10 elementos desagradables que se usan para ambientar la novela en la ciudad. Considera cómo reflejan los temas introducidos por la autora.

Literatura y cine 115

6 Réquiem por un campesino español

- Familiarizarse con la novela *Réquiem por un campesino español*.
- Estudiar la calidad de las descripciones del entorno para decidir si un libro o una obra dramática tiene un sentido de lugar.

Réquiem por un campesino español: un episodio clave en el desarrollo de Paco, el del Molino

Esta novela de Ramón Sender enfoca la vida de los campesinos de un pueblo aragonés antes de la Guerra Civil española. Se centra en la relación entre la gente de la aldea y la iglesia católica, mediante los dos protagonistas: el campesino Paco y el cura Mosén Millán. Al final de la novela estalla la guerra y unos asesinos llegan a la aldea.

Obtén un ejemplar de la novela. Lee el episodio, durante la juventud de Paco, en el que el muchacho acompaña a Mosén Millán a una cueva para llevar la extremaunción a un anciano que se está muriendo, y las dos conversaciones que ocurren después la visita:
- la conversación larga entre Paco y el cura mientras vuelven al pueblo
- la conversación corta entre Paco y su padre, de vuelta en su casa

Este episodio comienza: 'Un día, Mosén Millán…' y termina: '…se puso a hablar de otras cosas.'

1 a Contesta las preguntas siguientes con tus propias palabras.
1. ¿Por qué Mosén Millán finge no tener prisa por salir de la cueva después de dar la extremaunción?
2. Según Mosén Millán, ¿qué otra razón había para la pobreza de los dos ancianos?
3. ¿Por qué piensa Paco que el hijo de los ancianos no debe ser malo?
4. ¿Cómo quería Paco aliviar la miseria de los ancianos?
5. ¿Cómo sabes que al padre de Paco no le gustó que su hijo fuera a la cueva con Mosén Millán?
6. Escribe un párrafo dando tus razones para el cambio que ocurrió en el joven desde la visita a la cueva.

AS STAGE

1 b Translate into English the second paragraph of the extract from 'Paco llevaba colgado del hombro una bolsa de terciopelo…' to 'una expresión de fatiga y de espanto frío'.

2 a *Entrevista a Mosén Millán, realizada en 1939.* Escucha la entrevista y elige las cuatro frases correctas.

1. Mosén Millán está aliviado porque los Nacionales ganaron la guerra.
2. Según el cura, la aldea era un lugar de paz y serenidad.
3. Todos los campesinos vivían en casas.
4. Al sacerdote le aflige la muerte del joven campesino.
5. Los forasteros llegaron cuando terminó la guerra.
6. Primero los forasteros mataron a las mujeres que se reunían fuera de la aldea.
7. Paco se enfrentó con los recién llegados en la aldea.
8. Los señoritos perdonaron a Paco.
9. Mosén Millán cree que no tiene responsabilidad por la muerte de Paco.

2 b Corrige las frases erróneas.

Estrategia

Studying the quality of the descriptions of surroundings, and deciding whether a book or play has a sense of place

- Note down the principal location(s) in which the action of the novel or play takes place.
- Make a list of the features which relate to the surroundings. e.g.:
  - description of buildings
  - descriptions of landscape
  - local customs and traditions
  - typical characters
  - ways of creating an atmosphere that evoke the surroundings
- Choose an episode which features the locality and explain whether the author is successful in evoking a sense of place.

3 a Comenta con tu compañero/a cómo Sender crea un sentido del lugar en el que viven los personajes. Menciona:
- el pueblo en el que pasa la acción de la novela
- las condiciones en las que vive la gente pobre
- las costumbres de la gente

3 b Piensa en un libro que hayas leído o una obra de teatro (en inglés, español u otra lengua) que tiene un sentido de lugar. Luego escribe un párrafo en español explicando por qué existe este sentido de lugar (los edificios, el paisaje, el ambiente, etc.).

Literatura y cine

7 El laberinto del fauno

- Familiarizarse con la película *El laberinto del fauno*.
- Comentar la importancia del marco de una película para la trama.

Sinopsis de *El laberinto del fauno*

Al director mexicano Guillermo del Toro le encanta el mundo de la fantasía. En *El laberinto del fauno* crea una deidad mitológica del bosque, el fauno, como personaje principal. Sin embargo, el bosque en el que vive el fauno sirve también como telón de fondo para un conflicto fratricida entre las fuerzas de derecha e izquierda después de la Guerra Civil española.

La acción de *El laberinto del fauno* se desarrolla en la España de 1944. Las tropas nacionales persiguen a sus enemigos, los rebeldes republicanos, que se esconden en el bosque. Su jefe, el capitán Vidal, es un militar fuerte y cruel cuyo objetivo es eliminar esa resistencia matando a los rebeldes sin piedad. Su esposa Carmen, que está embarazada, tiene una hija adolescente llamada Ofelia de su matrimonio anterior. El capitán está obsesionado con tener un hijo varón; así que no le interesa nada de lo que hace Ofelia. Esta se pierde en el mundo mágico del bosque que le revela un secreto increíble sobre su identidad.

Fotograma de la película

El laberinto del fauno es un género mixto. El director logra entrelazar el mundo fantástico de Ofelia con la historia real de la caza de los republicanos. La chica sirve de puente entre las dos historias. Los sucesos que ocurren en el bosque, unas veces mágicos y otras reales, se complementan. En el reparto destacan Sergi López como el capitán Vidal, Ivana Baquero como la dulce Ofelia y Maribel Verdú como Mercedes, la criada que ayuda a los rebeldes clandestinamente.

El espectador tiene que saber que la película contiene escenas horrorosas de tortura y asesinatos, en un mundo dominado por el miedo y la violencia. No se trata de un cuento de hadas para niños.

1 Contesta las preguntas siguientes en español con tus propias palabras.

1. ¿Para qué sirve el bosque en *El laberinto del fauno*? Da dos ideas. (2)
2. ¿Por qué persigue a los rebeldes el capitán Vidal?
3. ¿Cómo se sabe que Ofelia no es hija del capitán?
4. ¿Qué es lo que le obsesiona al capitán?
5. ¿Cómo es que Ofelia podía errar en el bosque?
6. ¿Por qué le será provechoso a Ofelia vagar por el bosque?
7. Según el escritor, ¿de qué género es la película?
8. ¿Qué advertencia da el escritor al lector?

AS STAGE

2 a *Entrevista al historiador Dr Ángel López.* Escucha esta entrevista sobre la película y elige las cuatro frases correctas según lo que oyes.

1. Los rebeldes se refugiaron lejos de la sierra.
2. La guerra había partido la sociedad en dos.
3. El capitán Vidal era un hombre compasivo.
4. El doctor López explica que no todo lo que se ve en la película es historia.
5. A Ofelia le gusta leer los cuentos de hadas.
6. Al doctor López le encanta la literatura de fantasía.
7. La cartilla de racionamiento era un arma en la lucha contra los rebeldes.
8. La iglesia católica se opone a las acciones de los militares.

2 b Escucha la entrevista otra vez y haz un resumen en español con tus propias palabras. Escribe en frases completas y verifica el trabajo con cuidado para asegurarte de que el lenguaje es correcto.
Incluye:
- la imagen de la Guerra Civil que ofrece la película
- la función del bosque
- los recuerdos específicos de la época (3)

Estrategia

Commenting on the importance of the setting of a film for the plot

- Ask the following questions about the film:
  - Does the setting affect the character's actions?
  - How does the setting affect mood and event?
  - Could the plot exist without its particular setting?
- Decide whether the setting is indispensable to the plot, or whether the same plot could take place in a different location, a different era or a different culture.

---

3 a Investiga la situación histórica en España en 1944 y el lugar donde ocurrió la acción de *El laberinto del fauno* y toma apuntes.

3 b Comenta el marco histórico de *El laberinto del fauno* con tu compañero/a y compáralo con otra película que tenga un marco histórico.
Menciona:
- la importancia del marco para comprender a los personajes
- cómo el marco afecta al argumento
- cómo el marco contribuye a los sucesos de las dos películas

3 c Escribe un párrafo sobre el marco de *El laberinto del fauno*, explicando su importancia para el argumento de la película. Decide si la misma historia podría haber ocurrido en otro lugar, en otra cultura o en otra era.

Literatura y cine

8 La lengua de las mariposas

- Familiarizarse con la película *La lengua de las mariposas*.
- Comparar y contrastar personajes diferentes en una película.

Introducción a *La lengua de las mariposas*

La lengua de las mariposas (1999), dirigida por José Luis Cuerda y basada en unos cuentos cortos del escritor gallego Manuel Rivas, está ambientada en los momentos precedentes a la Guerra Civil, en 1936. Tiene como protagonista a un niño de seis años que no ha podido empezar la escuela con sus amigos. Para Moncho la escuela era una amenaza terrible y está asustado con la idea de asistir porque cree que los maestros pegan…

Pronto se da cuenta de que su maestro, Don Gregorio, es un hombre bueno y que no pega. En lugar de toparse con un siniestro y autoritario personaje, el niño se encuentra con un hombre sensible, dispuesto a saltarse las convenciones pedagógicas e inculcar en sus alumnos el amor a la naturaleza y a la poesía. Don Gregorio es un profesor republicano y liberal que inicia a Moncho en el aprendizaje de la vida y de la libertad.

Después de este primer tiempo sin conflictos, lleno de libertad, amor y felicidad, el desenlace se ve marcado por la llegada del fascismo al pequeño pueblo. Es entonces cuando los hechos se suceden rápida y dramáticamente para pasar al trágico final, donde la libertad se ve truncada por el fascismo y a Don Gregorio, que se mantiene firme y republicano, se lo llevan los nacionales para matarlo.

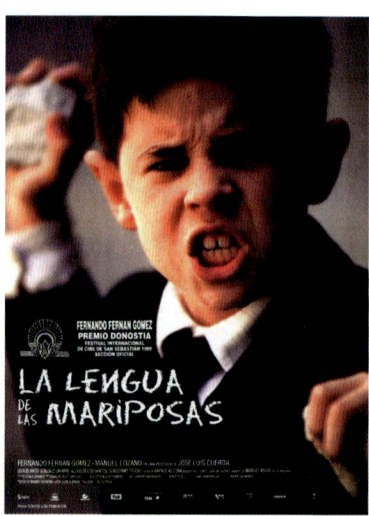

Texto adaptado de: 'La lengua de las mariposas; Manuel Rivas', rincondelvago.com

1 Lee el artículo y contesta las preguntas en español, con tus propias palabras.

1. ¿De qué época es esta película?
2. ¿Por qué tiene miedo Moncho a la escuela?
3. ¿Qué descubrimiento hace Moncho al poco tiempo de llegar a la escuela?
4. ¿Qué les enseña don Gregorio a sus alumnos? (2)
5. ¿En qué tipo de ambiente transcurre la primera parte de la película? (3)
6. ¿Qué cambia para el pueblo?
7. Describe el ritmo de la parte final de la película. (2)
8. ¿Qué le sucede a don Gregorio al final?

AS STAGE

2 a *Conversación sobre las impresiones de los personajes* principales en **La lengua de las mariposas**. Escucha la conversación y elige las cuatro frases correctas.

1. La película acaba de verse en los cines.
2. A Moncho le encantaba la idea de asistir a clase.
3. Don Gregorio era muy comprensivo con sus alumnos.
4. La representación de la relación entre los dos protagonistas es un éxito.
5. Los Nacionales respetaron la profesión de maestro.
6. No se le puede culpar a Moncho del desenlace trágico de la película.
7. La manera de actuar de don Gregorio era heroica.
8. Don Gregorio estaba tan asustado que no podía entender las órdenes de los Nacionales.

2 b Corrige las frases erróneas.

Estrategia

Comparing and contrasting different characters in a film
- Make some notes about the main characters and their role in the film.
- Select two main characters and list what is different and what is similar about them.
- Think about their physical features, their emotions and their actions.
- It is helpful to draw a Venn diagram showing visually where the characters coincide and where they differ.
- Use vocabulary that enables you to describe differences and similarities.
- Support your conclusions with specific examples from the film.

3 a Comenta con tu compañero/a si la representación de dos personajes de alguna película (preferiblemente española) que hayas visto (y conozcas bien) es un éxito, y compáralos.

Presta atención a:
- su manera de actuar en la vida cotidiana
- su reacción ante situaciones difíciles

¿Con qué personaje te identificas más?

3 b Escribe un párrafo en el que resumes las diferencias en el comportamiento de los personajes escogidos arriba.

4 Si has visto esta película, escribe un párrafo sobre tu reacción a los protagonistas, don Gregorio y Moncho. Intenta explicar hasta qué punto te identificas con ellos.

Literatura y cine

9 Diarios de motocicleta

- Familiarizarse con la película *Diarios de motocicleta*.
- Comentar el género de una película y compararlo con el de otra que hayas visto.

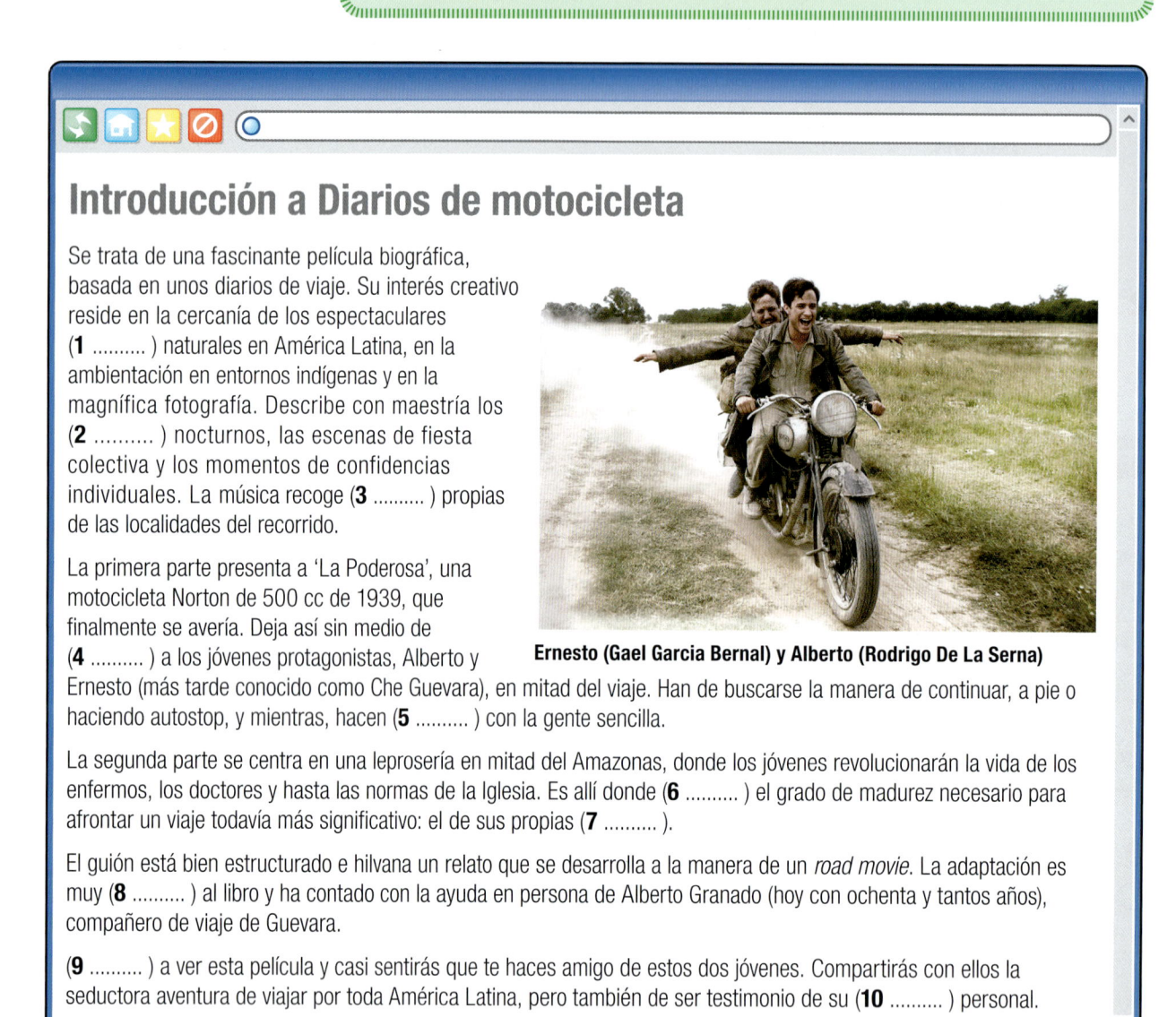

Introducción a Diarios de motocicleta

Se trata de una fascinante película biográfica, basada en unos diarios de viaje. Su interés creativo reside en la cercanía de los espectaculares (**1** ....) naturales en América Latina, en la ambientación en entornos indígenas y en la magnífica fotografía. Describe con maestría los (**2** ....) nocturnos, las escenas de fiesta colectiva y los momentos de confidencias individuales. La música recoge (**3** ....) propias de las localidades del recorrido.

La primera parte presenta a 'La Poderosa', una motocicleta Norton de 500 cc de 1939, que finalmente se avería. Deja así sin medio de (**4** ....) a los jóvenes protagonistas, Alberto y Ernesto (más tarde conocido como Che Guevara), en mitad del viaje. Han de buscarse la manera de continuar, a pie o haciendo autostop, y mientras, hacen (**5** ....) con la gente sencilla.

Ernesto (Gael Garcia Bernal) y Alberto (Rodrigo De La Serna)

La segunda parte se centra en una leprosería en mitad del Amazonas, donde los jóvenes revolucionarán la vida de los enfermos, los doctores y hasta las normas de la Iglesia. Es allí donde (**6** ....) el grado de madurez necesario para afrontar un viaje todavía más significativo: el de sus propias (**7** ....).

El guión está bien estructurado e hilvana un relato que se desarrolla a la manera de un *road movie*. La adaptación es muy (**8** ....) al libro y ha contado con la ayuda en persona de Alberto Granado (hoy con ochenta y tantos años), compañero de viaje de Guevara.

(**9** ....) a ver esta película y casi sentirás que te haces amigo de estos dos jóvenes. Compartirás con ellos la seductora aventura de viajar por toda América Latina, pero también de ser testimonio de su (**10** ....) personal.

1 Lee la crítica en la página web sobre la película *Diarios de motocicleta*. Complétala con las palabras y expresiones del recuadro. ¡Cuidado! Sobran palabras.

enfermeras	transporte	melodías	ambientes
crecimiento	anímate	paisajes	
danzas	amistad	vidas	
alcanzarán	fiel	tambores	

AS STAGE

2 *Una película inspirada en acontecimientos reales.* Escucha esta conversación sobre cómo clasificar *Diarios de motocicleta*. De las siguientes afirmaciones, escoge las cuatro correctas.

1. Daniel y Martina comparan *Diarios de motocicleta* con otros libros.
2. *Diarios de motocicleta* y *Thelma y Louise* tienen más de un punto en común.
3. Lo que se cuenta en *Diarios de motocicleta* es todo absolutamente real.
4. *Diarios de motocicleta* no se ocupa del aspecto psicológico de los personajes.
5. Los protagonistas de *Diarios de motocicleta* maduran mucho a lo largo de la película.
6. *Diarios de motocicleta* es una película circular, con un principio y final muy parecidos.
7. Los protagonistas de *Diarios de motocicleta* tuvieron un papel primordial en futuras revoluciones de América Latina.
8. Tanto Daniel como Martina tienen muy buena impresión de *Diarios de motocicleta*.

Estrategia

Discuss the genre of a film, and compare it with another film you have seen

- Think about types of films you have seen, e.g. comedy, romance, science fiction, documentary, biopics etc.
- Make notes about any features in the film that you think help you decide what genre it belongs to, e.g. identify the structure, style, choice of locations, portrayal of the characters, if it's true to an original source etc.
- Look at the film poster and decide what genre it is.
- Watch the trailer online to double-check the information you have gathered.
- Compare the film with another of the same genre and take note of similarities and differences.
- Consider what the comparison tells you about the distinctive features of the film.
- Does the film still belong to the category you first thought of, or do you now have a different impression?

3 a Busca más información sobre *Diarios de motocicleta* en Internet y trabaja con tu compañero/a para decidir a qué género pertenece. También busca información sobre otra película del mismo género que ya conozcas. Ten en cuenta preguntas como:
- ¿Se basa la historia en algún documento o acontecimiento real?
- ¿Quién(es) es/son los protagonistas de la trama? ¿Son reales o ficticios?
- ¿Te resulta auténtico el marco dónde tiene lugar el relato? ¿Por qué (no)?
- ¿Qué elementos aportan autenticidad a la historia?
- ¿Qué papel tiende a adoptar el espectador ante películas de este género?

3 b Contrasta las características de vuestra película con *Diarios de Motocicleta*. ¿En qué se parecen y diferencian?

3 c Si es posible, ve la película *Diarios de Motocicleta* y escribe un párrafo resumiendo las particularidades de ese género de película.

Literatura y cine

10 *Mar adentro*

> - Familiarizarse con la película *Mar adentro*.
> - Leer la sinopsis de una película y decir si te interesa o no, y por qué.

Introducción a *Mar adentro*

Mar adentro (2004) es una película del director Alejandro Amenábar, quien también compone la música de la película. Su protagonista, Ramón Sampedro, lleva 30 años tetrapléjico tras una caída en el mar. Siente que ha llegado el momento de luchar por su muerte, pero por una muerte digna.

Personajes

1. Ramón Sampedro, persona que lleva muchos años postrada en la cama
2. Javi, hijo de Manuela y José
3. Manuela, esposa de José
4. José, hermano de Ramón
5. Julia, abogada
6. Rosa, amiga optimista
7. Joaquín, padre de Ramón
8. Francisco, sacerdote tetrapléjico

Descripciones

A. Es vecina de Ramón. Quiere convencerle de que merece la pena seguir viviendo.

B. Con la ayuda de su profesión, quiere defender la libertad de elección de Ramón públicamente. También sufre una enfermedad degenerativa del sistema nervioso.

C. Es sobrino de Ramón. Siempre está dispuesto a pasar un rato con él y brindarle su juventud, entusiasmo y energía.

D. Es la cuñada de Ramón y se encarga generosamente de los cuidados personales de Ramón, involucrándose afectivamente.

E. Marinero gallego, tetrapléjico, cabezota, egoísta, manipulador, egocéntrico y chantajista, de personalidad fuerte y semblante risueño. Concibe la silla de ruedas como un símbolo de su limitada libertad.

F. Cambia su vida de marinero para estar físicamente cerca de Ramón. Deja clara su posición contraria respecto a la intención de su hermano de provocarse la muerte.

G. Se muestra retraído en las conversaciones ya que la decisión de que su hijo quiera morirse es errónea y dolorosa para él.

H. Entabla una discusión profunda con Ramón acerca de la posibilidad de vivir en una silla de ruedas, utilizando frases como: 'La vida no es sólo mover los brazos o correr de un lado para otro o pegarle patadas a un balón, […], la vida es otra cosa, de verdad; la vida es mucho más. No tienes más que mirarme a mí... .'

Javier Bardem en el papel de Ramón Sampedro

AS STAGE

1 Lee la introducción a la película *Mar Adentro*. Enlaza los personajes (1–8) con la descripción (A–H) que les corresponda.

2 *Entrevista a Rosa de la Torre, crítica de cine.* Listen to the interview and summarise it in English with particular reference to the following points:
- the plot and truth to life of the story
- the elements that, according to Rosa de la Torre, make *Mar adentro* a good film

Estrategia

Examining techniques used to make characters in a film realistic and believable

Take notes on the ways in which characters are presented.
- Are the settings in which the characters find themselves realistic? Take into account:
  - the credibility of the situations created by the director
  - the authenticity of the period portrayed
  - the use of photography and colour

- Are the characters believable? Take into account:
  - the use of dialogue to bring out the thoughts and emotions of characters convincingly
  - body language, including gestures
  - the appearance of characters (e.g. the way they dress)
  - conflicts/dilemmas that bring believable emotions into play
  - the plausibility of characters' actions
  - the use of camera shots (e.g. close-ups) to underline inner thoughts

3 a Busca en Internet información sobre una película que hayas visto en la que los personajes y sus entornos resulten creíbles. Luego compáralos con *Mar adentro* y toma notas.

3 b Trabaja con tu compañero/a y comparad vuestras notas. Después haz una breve presentación a la clase explicando las razones por las que los personajes y los entornos en los que aparecen resultan creíbles en una de las tres películas (*Mar adentro* o una de las dos películas que habéis elegido).

4 Si es posible, ve la película *Mar adentro*. Escribe un párrafo sobre una o dos técnicas que el director ha utilizado para dar autenticidad a los personajes y entornos.

Literatura y cine

11 Volver

- Familiarizarse con la película *Volver*.
- Aprender las técnicas para escribir una sinopsis.

Sinopsis de Volver

Volver significa 'volver al pasado'. En esta película de Pedro Almodóvar, Raimunda y Sole son dos hermanas que viven en Madrid. Raimunda es atractiva y fuerte, y sabe luchar para ganar lo que quiere; tiene una hija adolescente. Sole, la mayor, es más miedosa que Raimunda. Vive sola porque su marido la ha abandonado y se gana la vida como peluquera. Los padres de las hermanas se murieron en un incendio cuatro años antes. Volvemos con frecuencia a los sucesos de la vida pasada.

La tía de las dos hermanas, Paula, vive en el pueblo manchego donde nacieron ellas. Un domingo de primavera, Sole llama a Raimunda para decirle que la tía ha muerto. Justo antes de recibir la llamada, Raimunda ha vuelto a su apartamento, donde encuentra a su marido, Paco, asesinado. La hija de Raimunda le confiesa que ella lo mató mientras Paco la estaba acosando.

En el entierro de Paula, Sole descubre que había rumores en el pueblo de que su madre había vuelto como fantasma para cuidar a Paula durante su enfermedad.
De vuelta a Madrid, Sole encuentra al fantasma y le da trabajo en la peluquería. Siguen unas situaciones frenéticas y a veces muy cómicas en las que las dos hermanas intentan esconder la verdad de su situación, mintiendo con descaro, la una no sabiendo cómo deshacerse del cuerpo del marido, la otra con la madre fantasma en casa.

La madre le dice a Sole que tiene que hablar con Raimunda con urgencia sobre un secreto del pasado con relación a su hija menor. Raimunda, que no cree en fantasmas, la encuentra y descubre el secreto.

Volver es una película emocionante de mujeres en la que Almodóvar mezcla los recuerdos de un pasado de pueblo rural manchego con escenas de la vida contemporánea madrileña. El cineasta afirma que el tema central es la muerte: '*Volver* es un homenaje a las gentes de mi pueblo en relación con la muerte y con los muertos. Los muertos no mueren nunca.'

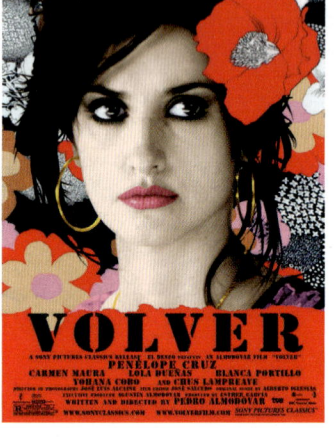

1 Empareja las frases 1–8 con su terminación correcta (A–H).

1 A diferencia de su hermana…
2 Desafortunadamente, hacía cuatro años…
3 La hija de Raimunda le confesó…
4 Los aldeanos creían que la madre de las hermanas…
5 Como consecuencia del encuentro entre Sole y el fantasma…
6 El gran problema de Raimunda fue…
7 El fantasma quiere ponerse en contacto con Raimunda…
8 Almodóvar quería rodar esta película…

A que había asesinado a Paco.
B este le ayuda con su trabajo.
C saber cómo deshacerse del cuerpo.
D para recordar el pueblo de su juventud.
E las hermanas perdieron a sus padres en un incendio.
F Raimunda es fuerte y luchadora.
G había vuelto del otro mundo.
H para revelar un secreto.

AS STAGE

2 *¿Por qué te gusta* Volver? ¿Quién lo diría? Escucha lo que nos dicen tres personas sobre *Volver*. Para cada frase elige: P si la frase corresponde a Pedro; C si la frase corresponde a Clara; S si la frase corresponde a Sebastián.

1. El lugar donde se rueda una película me parece fundamental.
2. Para Almodóvar, la vida es graciosa aun cuando se trata de los funerales.
3. Almodóvar entiende muy bien la falta de fiabilidad de los hombres.
4. Las tradiciones campestres son importantes.
5. El mundo femenino es muy atractivo.
6. La representación del entierro en el pueblo nos señala la importancia de su tema más profundo.
7. En la capital hay mucha movida.
8. El mismo director tuvo mucho éxito con otra película sobre las mujeres en el mundo urbano.

Estrategia

Learning the techniques for writing a synopsis

- Remember that a synopsis summarises the main events of the plot.
- Make a list of the key events of the film.
- Answer questions such as:
  - who did what?
  - where did they do it?
  - when did it happen?
- Leave out all peripheral details that do not contribute to the overview.
- Avoid revealing the ending, especially in the case of a thriller or a mystery that has to be solved.
- Keep your synopsis simple and clear.
- Avoid giving your opinions on the work.
- Read your synopsis out to a classmate to ascertain that it is easy to follow.

3 a Escribe la sinopsis de una película que has visto, utilizando la Estrategia. Toma en cuenta:
- los sucesos clave de la película
- el marco
- las acciones de los personajes principales

¡Ojo! Es importante que no des tus opiniones personales en una sinopsis.

3 b Lee la sinopsis de la película a tu compañero/a. Tu compañero/a debe hacer preguntas y decirte si la sinopsis le hace querer ver la película o, en el caso de que la haya visto, si está de acuerdo con la sinopsis.

Literatura y cine

12 Crónica de una muerte anunciada

- Familiarizarse con la novela *Crónica de una muerte anunciada*.
- Comentar el género de una novela y compararla con otra novela que hayas leído.

Sinopsis de *Crónica de una muerte anunciada*

Crónica de una muerte anunciada, (**1** ....) en cinco partes del colombiano Gabriel García Márquez, fue inspirada en un suceso trágico real, ocurrido en un pueblo cercano a donde vivía el autor cuando era un joven (**2** ....). El narrador de la historia lleva a cabo una investigación en los pormenores del suceso, 27 años después de que ocurrió. Un joven vecino del pueblo, Santiago Nasar, fue (**3** ....) por los hermanos Vicario, Pedro y Paco, por haber ofendido la honra familiar. El día anterior al asesinato, su hermana, Ángela Vicario, se había casado con un hombre rico, Bayardo San Román, recién llegado al pueblo. Bayardo (**4**..........) a Ángela a sus padres de madrugada al descubrir que ella no era virgen. Ángela culpa a Santiago Nasar, sin que se sepa verdaderamente que este era culpable. Según el código del honor del pueblo en estos tiempos era necesario (**5** ....) de la ofensa con sangre.

El lector sabe desde la primera página que Santiago fue asesinado por los hermanos Vicario. El (**6** ....), amigo de Santiago en su juventud, intenta descubrir la verdad del caso reconstruyendo la historia y sigue un método de periodista. Entrevista a mucha gente del pueblo para aclarar precisamente lo que sucedió. En verdad los hermanos no querían matar a Santiago, con quien habían pasado la noche de la boda bebiendo en el pueblo. Intentaron posponer el momento (**7**..........) del asesinato pero al final no tuvieron más remedio y mataron al joven, a las siete y cinco de la mañana. Es trágico que los hermanos no se pudieran librar de esta obligación. Querían que alguien se lo (**8**..........), pero parece que nadie pudo ayudarles.

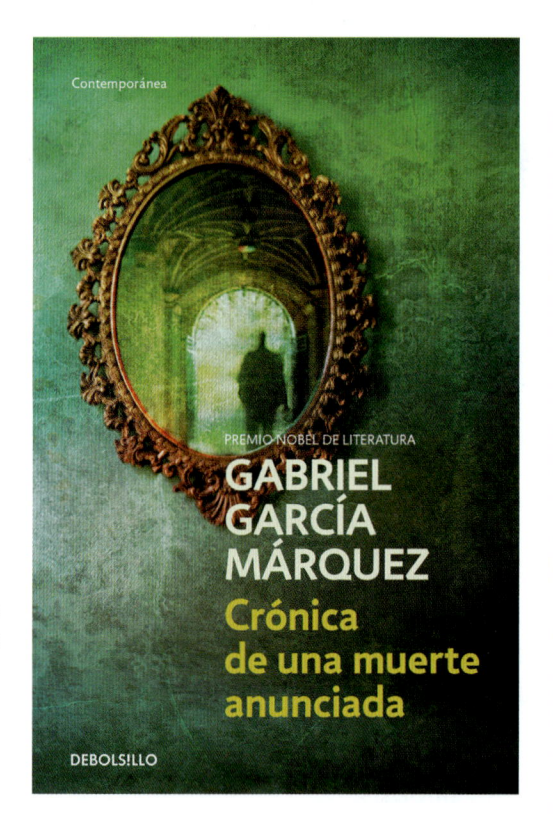

Después del incidente Bayardo huyó del pueblo. Cada día Ángela Vicario escribía a Bayardo cartas, muchas de ellas de amor. Él volvió al pueblo 17 años después sin haber abierto las dos mil cartas y en un estado físico desmejorado.

1 Lee esta sinopsis de la novela y complétala con las palabras correctas. ¡Cuidado! Hay cuatro palabras que no son necesarias.

A narrador	D fatídico	G drama	J devuelve
B asesinado	E novela	H novelista	K periodista
C herido	F vengarse	I impidiera	L ayudara

A-LEVEL STAGE

2 a *Investigación de un asesinato.* Escucha esta conversación y decide si las frases siguientes son verdaderas (V), falsas (F) o no mencionadas (N).

1. A Lucía le gusta el relato.
2. Lucía no está interesada en una novela en la que se descubre el final al comienzo.
3. Para Marcos, en este libro son más importantes las relaciones interpersonales que el argumento.
4. La novela se narra desde el punto de vista de un periodista joven.
5. Lucía piensa que los personajes de la novela odian la violencia.
6. Lucía cree que el código de honor es un anacronismo.
7. En los años 50 ocurrieron muchos incidentes de este tipo.
8. Marcos cree que el realismo es importante en una novela.

2 b Corrige las frases falsas.

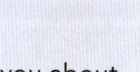

Estrategia

Discussing the genre of a novel and comparing it with another you have read

- Think about types of novels you have read. There are many genres: crime thrillers, adventure, romance, comedy etc.
- Look at the book cover and/or the back-cover blurb and decide what genre of novel it is.
- Compare the novel with a work of the same genre and take note of similarities and differences.
- Consider what the comparison tells you about the distinctive features of the novel.
- Does the novel still belong to the category you first thought of, or do you now have a different impression?

---

3 a Comenta con tu compañero/a el género de *Crónica de una muerte anunciada*. ¿Estáis de acuerdo? ¿Por qué (no)?

Para ayudarte a decidir qué género de novela es:
- habla del tema
- examina la estructura y el punto de vista del narrador
- compara esta novela con otra que tenga un tema parecido

He aquí algunas posibilidades: novela realista/ psicológica/de costumbres/ de crimen/de investigación/autobiográfica/de intriga.

3 b Escribe un párrafo en el que comparas *Crónica de una muerte anunciada* con otra novela que hayas leído, haciendo una lista de los aspectos que son similares y los que son distintos. Utiliza un diagrama Venn para ayudarte.

4 Si es posible, lee la novela y toma notas sobre el tema y la estructura. ¿La recomendarías? ¿Por qué (no)?

13 *El túnel*

> - Familiarizarse con la novela *El túnel*.
> - Comparar dos opiniones sobre el libro y decir cuál es preferible.

Blog y comentarios sobre *El Túnel*

Cuando en 1948 se publicó El túnel, obra escrita por el argentino Ernesto Sábato, tuvo un éxito inmediato. La novela trata de amor, celos y desesperanza. Es la historia de un pintor atormentado, Juan Pablo Castel, y su obsesión con la joven María Iribarne, a la que conoce en una exposición de sus pinturas y quien parece ser la única persona que ha logrado comprender su arte. Convencido de que será también la única que podría entenderle a él, comienza a seguirla en una búsqueda del amor absoluto, hasta que están involucrados en una relación desastrosa. María tiene secretos que le vuelven loco a Castel. La historia, narrada en primera persona por el pintor angustiado, solitario y frustrado, termina con la única solución que le queda cuando su búsqueda ha fracasado: asesinar a sangre fría a la única persona a la que ama.

Cinco comentarios

Francisco
Me fascina cómo el autor mantiene nuestro interés: conocemos el fin desde el principio porque Castel nos dice en las primeras líneas que ha matado a María, así que el lector se hace muchas preguntas y se convierte en detective: ¿por qué ha matado a esa mujer?, ¿quién es ella?, ¿cómo es él?

Roberto
Para mí la perspectiva narrativa es fenomenal: solo vemos el mundo y las personas a través de la mirada obsesionada del narrador, Castel, y por eso no sabemos si lo que él ve, lo que él cree ver, es real o está solo en su imaginación. Las supuestas infidelidades de María, ¿existen? ¿Están motivados los celos o el asesinato?

Amparo
Yo creo que es una obra de magnífico análisis psicológico: aquí vemos la psicología humana y su bajada hacia la locura por culpa del tema principal, los celos.

Cecilia
No me gusta el hecho de estar dentro de la mente de Castel, porque así no se pueden conocer las verdaderas intenciones de María que es para mí un personaje mucho más interesante que el protagonista.

Tomás
Aquí hay temas de aislamiento, falta de comunicación entre individuos que se encuentran atrapados en situaciones y acontecimientos que no pueden controlar ni comprender. A través de la conciencia de Castel, vemos que no hay esperanza y no hay amor absoluto.

A-LEVEL STAGE

1 Lee el blog y decide quién lo dice, Amparo (A), Tomás (T), Francisco (F) Cecilia (C) o Roberto (R).

1. Los celos y la locura son temas importantes.
2. El libro tiene una visión pesimista de la vida.
3. La clave de la novela está en su comienzo.
4. El hecho de que la historia esté escrita en primera persona es un rasgo negativo del relato.
5. El hecho de que la historia esté escrita en primera persona es un rasgo positivo del relato.
6. Se trata de la historia de un asesinato.
7. A los personajes les falta la libertad para decidir su destino.
8. No sabemos si María engaña a Castel o no.

2 *Entrevista a Fernando Latorre*: escucha la entrevista y según lo que oyes, escoge la terminación correcta para estas frases.

1. Fernando siente las mismas emociones de siempre cuando piensa en su amigo porque…
   - A Juan Pablo Castel se ha comportado bien.
   - B Castel tiene un conflicto de lealtades.
   - C el carácter de Castel no ha cambiado.
   - D ha tenido mucho éxito en la vida.

2. Mucha gente que conocía a Castel creía que era una persona…
   - A desleal.
   - B que tenía éxito.
   - C hostil.
   - D de gran inteligencia y talento.

3. Fernando cree que hay que…
   - A perdonarle a Castel el asesinato.
   - B entender la personalidad de Castel.
   - C comprender a la gente que lo critica.
   - D aceptar que Castel no era asesino.

4. Según su amigo, la búsqueda del amor de Castel fue un viaje…
   - A comprendido por los demás.
   - B hacia su infancia.
   - C que hizo también su madre.
   - D de varias etapas.

5. Para Castel, la relación con María…
   - A fue un amor platónico.
   - B fue el momento más feliz de su vida.
   - C no tenía secretos.
   - D se convirtió en una obsesión.

6. Asesinó a María porque…
   - A pensaba que ella le había engañado.
   - B fue irracional.
   - C era un adicto obsesivo.
   - D le resultó fatal.

Estrategia

Comparing two views of the book and saying which you prefer

- Reread your notes on the book so that it is fresh in your mind.
- Summarise each of the two views and test them against your own reaction.
- Check that each view contains:
  - a reference to the author's intention in writing the book
  - a statement of the main theme(s)
  - a reasoned justification of the opinion given
- Give your reasons for preferring one view over another.

3 a Piensa en un libro (en inglés, español u otra lengua) que pueda atraer a unas personas y alejar a otras. Investígalo en Internet, anota aspectos positivos y negativos y decide cuáles corresponden con tu opinión.

3 b Explica tu punto de vista a tu grupo y si los otros han leído el mismo libro, pregunta si comparten tus ideas o no.

Literatura y cine

14 *La casa de los espíritus*

- Familiarizarse con la novela *La casa de los espíritus*.
- Examinar el marco de una novela en la historia y considerar si es un producto de su tiempo.

Introducción a La casa de los espíritus

La casa de los espíritus, publicada en 1982, fue la primera novela de Isabel Allende. *En ella la autora intenta crear unos setenta años de la historia de Chile, desde principios del siglo XX hasta el golpe militar que derrocó al presidente chileno Salvador Allende (su tío) en 1973. La novela cuenta la historia de cuatro generaciones de una familia chilena, de sus ambiciones sociales y políticas, sus relaciones y sus conflictos.*

La historia comienza con una descripción del diario de Clara Del Valle explicando lo que ocurrió un Jueves Santo. En la iglesia nos encontramos con la familia: Severo y Nívea Del Valle son los padres de Rosa y Clara. Esteban Trueba, un hombre de origen humilde, busca la mano de la hermosa Rosa, y cuando esta muere envenenada, vuelve a su hermana Clara y se casa con ella. Clara tiene el don increíble de predecir el futuro y otras capacidades sobrenaturales. Ella escribe lo que pasa en su diario y sigue escribiéndolo hasta su muerte.

Esteban Trueba, habiendo tenido éxito como hombre de negocios, se dedica a la política, y se convierte en senador del partido conservador. Tiene tres hijos con Clara: Blanca y los mellizos Jaime y Nicolás. A continuación seguimos la historia de la generación siguiente: Blanca está enamorada de un campesino rebelde, Pedro Tercero, que tiene ideales políticos opuestos a los de Esteban. Luego continúa la historia con el relato de la tercera generación: Blanca da a luz a Alba, quien en el futuro encontrará el diario de su abuela, Clara, y escribirá la historia de la familia. Alba también se enamora de un hombre de izquierdas. *Con la historia de Alba llegamos al golpe militar y el triunfo de la política de derechas en Chile.*

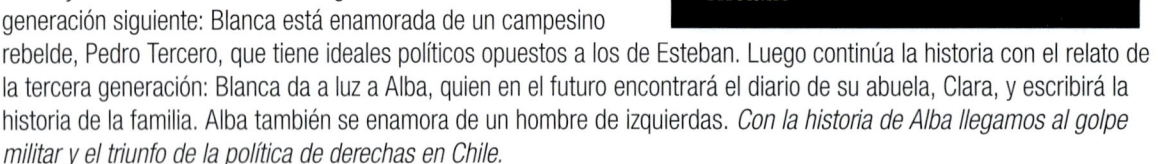

Para terminar, la autora hace resaltar sobre todo a las mujeres: a Clara, soñadora y espiritual, su hija Blanca y su nieta Alba, las dos últimas obligadas a mantener su amor en la clandestinidad. Como García Márquez en *Cien años de soledad*, Isabel Allende mezcla fantasía y realidad. *Sus personajes literarios destacan contra un telón de fondo social real, el de Chile durante el siglo XX.*

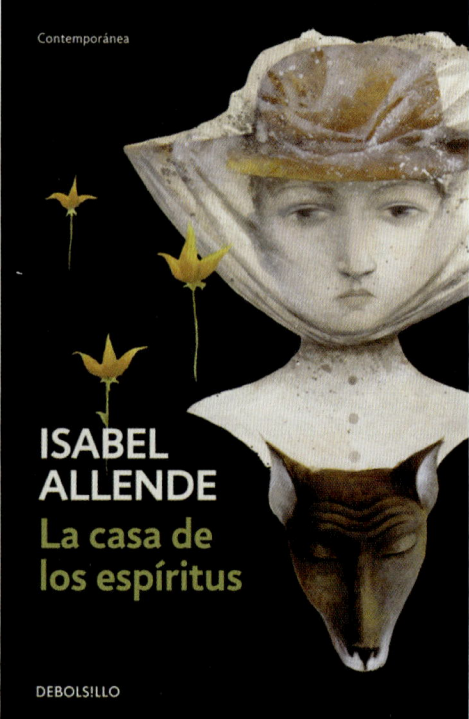

1 a Lee esta sinopsis de la novela y decide si las frases siguientes son verdaderas (V), falsas (F) o no mencionadas (N).

1. La acción se centra en el Chile de la segunda mitad del siglo XX.
2. La novia de Trueba se suicidó.
3. Trueba se hace un político de derechas.
4. Pedro Tercero y Trueba comparten las mismas ideas políticas.

A-LEVEL STAGE

   5 Esta novela no habría existido si Alba no hubiera dado con las escrituras de su abuela.
   6 La tercera generación es la que presencia el golpe de estado.
   7 Clara era muy religiosa.
   8 Madre e hija estaban obligadas a ocultar su amor.

1 b Corrige las frases falsas.

1 c Translate the phrases in italics into English.

2 *La casa de los espíritus*: novela e historia. Escucha la discusión y contesta en español las preguntas siguientes con tus propias palabras.
   1 ¿Cómo se sabe que Isabel Allende refleja la realidad chilena en la novela?
   2 ¿Por qué le parece a Jorge que Trueba es un logro como personaje?
   3 ¿Cómo trató Trueba a Clara?
   4 ¿Cuál es la opinión de Laura sobre la mayoría de los personajes masculinos?
   5 Según Laura, ¿dónde debemos buscar la verdad de la novela?
   6 Las mujeres chilenas, ¿dónde se sentían libres?
   7 ¿Por qué sufrieron Blanca y Alba?
   8 ¿Cómo se diferencian las mujeres del libro de las de siglo XXI?

> **Estrategia**
>
> **Examining the setting of a book in history and considering whether it is a product of its time**
> - Investigate the historical period on the internet.
> - Note down features of the setting that reflect the historical situation:
>   – a historical event such as a war, revolution, a financial crash
> – attitudes of characters that belong to the past era
> - Compare these features with how they would be presented today.
> - Assess how far the book is a product of its time.

3 a Escoge una novela, preferiblemente escrita en español, que se escribió durante el siglo XX y debate con tu compañero/a si los temas pueden tener vigencia hoy en día. Comenta:
   - si el tema de la novela está arraigado en su época
   - si los personajes se parecen a los de las novelas actuales
   - lo que podemos aprender de esta novela en el siglo XXI

3 b Escribe un párrafo sobre los temas de *La casa de los espíritus* que sean relevantes hoy en día.

4 Si es posible, obtén un ejemplar de la novela o de la película de la novela. Lee algunos capítulos/Ve algunas escenas y coméntalos/las con tu compañero/a. ¿Te gustan o no? ¿Qué opinas de las escenas fantásticas? Después de leerlas/verlas, ¿quieres seguir leyendo/viendo o no?

Literatura y cine

15 *Modelos de mujer*

- Familiarizarse con los relatos en *Modelos de mujer*.
- Analizar las técnicas utilizadas por un(a) autor(a) para recrear de forma efectiva el periodo en que se escribió un libro.

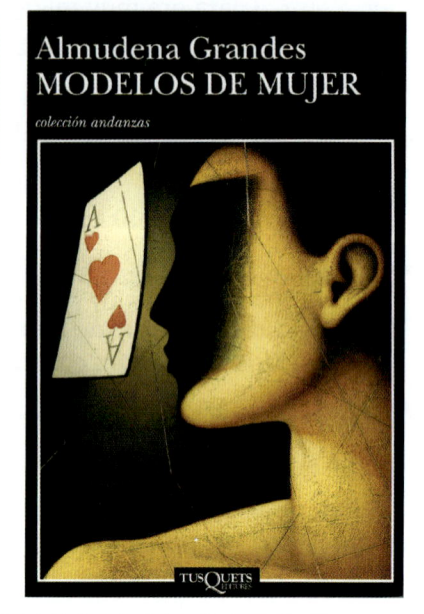

Introducción a *Modelos de mujer*

Carla

Me ha llamado mucho la atención cómo Almudena Grandes se sirve del prólogo como técnica para situarnos en un periodo determinado: cuando ella era joven a finales del siglo XX en la ciudad de Madrid; a menudo incorpora elementos autobiográficos en su obra. Escribir en primera persona facilita la indagación en las vidas de las protagonistas, todas mujeres, y su entorno. Las referencias a costumbres como el partido de fútbol del domingo en familia, u objetos como la mesa camilla, la peseta, una caja de tizas o un manual de MS-DOS, nos trasladan sutilmente a años pasados.

Alejandro

En *Modelos de Mujer* se alude tácitamente a la lucha por la liberación femenina, con respecto a los papeles asignados tradicionalmente al género femenino. La mujer tonta personifica la belleza y la fea la inteligencia, dos virtudes consideradas irreconciliables desde la perspectiva masculina dominante en la época. El objetivo es negar el canon de belleza socialmente impuesto. Otras historias nos hablan de la relación madre-hija y la distancia entre ellas, pues las criadas adoptaban un papel primordial en el día a día de las niñas. Y a mí lo que me ha encantado es cómo la autora ha dotado a todas sus protagonistas de libertad para que puedan despojarse de antiguas ideologías. Se nota que la autora desea resolver el pasado y analizar las diferencias entre las generaciones españolas. La forma de usar el lenguaje revela que Grandes pertenece a la generación de la posguerra.

Magdalena

Es curioso cómo estos relatos en realidad aluden a los siete pecados capitales (la ira, la pereza, la envidia, la lujuria, la avaricia, la gula y la soberbia). Como sabemos, los condenan rigurosamente los preceptos católicos, que debían seguirse a rajatabla. Grandes se sirve de la sensualidad y sexualidad de la mujer para rebelarse contra la represión de la dictadura franquista, embistiendo a la mujer dulce y recatada que acepta el matrimonio como meta en su vida y para la que ser madre y esposa es su único papel en la sociedad. Ese cometido les puede llevar a obsesionarse con la educación. Las hijas por su parte sienten la tensión entre vivir su propia vida y cumplir el papel de 'buenas hijas', un tema que Grandes trata en algunos cuentos.

A-LEVEL STAGE

1 Lee los comentarios de tres personas sobre *Modelos de mujer*. ¿Quién dice qué? ¿Carla (C), Alejandro (A) o Magdalena (M)?

1. La introducción me ha ayudado a situarme en el espacio y en el tiempo.
2. Ha encontrado vínculos con la religión y su papel en la época franquista.
3. Comprendo que hay que acabar con la imagen de mujer-objeto que la sociedad imponía.
4. Creo que el 'yo narrador' ayuda a conocer a los personajes en más profundidad.
5. Pienso que Grandes critica el rol de madre y esposa que la mujer tenía en tiempos de Franco.
6. Encuentro que las madres e hijas no tienen una relación muy cercana.
7. Observo que Grandes hace uso de ciertos lugares, entornos y objetos para describir una época.
8. He sabido ubicar temporalmente a Grandes por medio del vocabulario y expresiones que utiliza.

2 *Buscando una salida.* Escucha esta crítica del libro de Almudena Grande. Elige la palabra correcta.

1. El libro consta de siete cuentos y los títulos ya [*refieren/sugieren/aluden/deducen*] a los temas que se van a tratar.
2. Lo que motiva a las protagonistas es su [*desinterés/deseo/satisfacción/sumisión*] de no sentirse atadas.
3. Las tres protagonistas de alguna manera se sienten [*obsesionadas/descontentas/entusiasmadas/felices*] con sus vidas.
4. El cuerpo femenino adquiere una [*gran/insignificante/moderada/mínima*] importancia en los relatos.
5. La mujer en *Malena, una vida hervida* se pasa la vida pensando en [*triunfar/adelgazar/engordar/viajar*].
6. Se sospecha que las dos mujeres en *Modelos de mujer* se entienden pésimamente desde [*el primer momento/al final de su relación/a ratos/casi nada más conocerse*].
7. En *La buena hija* el cuerpo de la [*niña/criada/madre/tía*] adquiere una gran importancia en el plano afectivo.
8. Un aspecto común a los tres cuentos es la [*cobardía/fuerza/infancia/alegría de vivir*].

Estrategia

Analysing the techniques used by the author to recreate effectively the period in which a book was written

- Investigate on the internet to find information about the period in which a book was written. Follow these steps:
  - list some key features of the book which reflect the period
  - examine any historical events that are reflected in the book
  - analyse the presentation of the physical setting and characters
- Assess whether the period is recreated effectively:
  - analyse the language and contexts used
  - choose one story and identify key elements that reveal a particular period

3 a Lee en Internet sobre un relato de *Modelos de mujer* y compáralo con un relato que hayas leído de otro/a autor/a.

3 b Comenta en grupo las técnicas utilizadas por los dos autores/as para recrear un periodo determinado.

Presta atención a:
- el lenguaje y los temas utilizados
- la actitud de las mujeres y su relación con otros personajes
- el contexto donde se encuadran las historias

Literatura y cine

16 Machuca

- Familiarizarse con la película *Machuca*.
- Examinar la relevancia de los temas tratados en la trama de una película para la sociedad actual.

Introducción a *Machuca*

Esta película se escenifica en un periodo clave para Chile, cuando el gobierno socialista de Salvador Allende se enfrentaba a los obstáculos que finalmente derrocarían al presidente: la negativa terminante del ejército (y buena parte de la sociedad adinerada y conservadora) de permitir emprender el camino hacia la democracia. El drama de la primera parte de los años 70 en plena época golpista terminaría en episodios sangrientos y el director nos muestra el impacto a través de la relación entre dos chicos que vienen de mundos totalmente opuestos.

Gonzalo, a quien no le falta nada (excepto el cariño de la figura paterna) traba amistad con Pedro, un chico analfabeto sacado de la miseria de su chabola y llevado al colegio de élite de la capital gracias al experimento socialista del padre McEnroe, cuyos ideales coinciden con los de Allende. Al principio esta diferencia en sus pasados poco les importa a los chicos, más interesados en sus típicas travesuras de instituto, y la distancia entre sus mundos parece no existir. Gonzalo queda fascinado por la vida de la chabolas, vive los primeros momentos de una atracción física con Silvana y los dos se lo pasan en grande vendiendo banderitas a los distintos bandos durante cualquier manifestación política.

Sin embargo, en un claro reflejo de la situación política, estas aventuras se convierten en tragedia a medida que el país se empieza a perder entre los extremismos de los adultos. La reunión de los padres en el instituto refleja la discordia del país y la división social se agrava. El resultado para el idealista McEnroe nos enseña que, puesto que los militares se han hecho con el poder, van a controlar incluso los pensamientos de todo el mundo, y la amistad entre los dos chicos no se salvará de este control. Cuando el ejército desaloja violentamente las chabolas, Silvana muere tiroteada, la familia de Pedro queda destrozada y, en una escena melodramática, Gonzalo traiciona a su amigo para salvarse.

Con esto, queda clara la perspectiva del director y el mensaje de esperanza socialista/marxista sufrirá a manos de los soldados de Pinochet. Chile tardará bastante en recuperar su libertad.

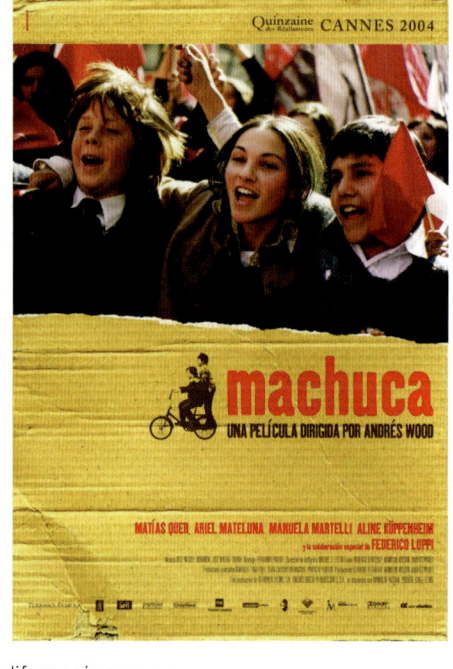

1 a Lee el artículo y elige las cuatro frases correctas.

1. El presidente de Chile fue derrocado a principios de los años 70.
2. Salvador Allende era fascista.
3. El ejército se alió a los ricos del país para combatir contra Pinochet.
4. El padre McEnroe intentó integrar a Pedro en su colegio.
5. La diferencia entre los pasados de los chicos no parece tener importancia cuando se conocen.
6. La división social del país se soluciona con el extremismo de los adultos.
7. La intención del ejército de Pinochet era operar con mano dura.
8. Gonzalo destroza a la familia de Pedro.

A-LEVEL STAGE

1 b Corrige las frases erróneas.

2 a *Entrevista al padre McEnroe, sobre la integración social en* Machuca. Escucha la entrevista y contesta las preguntas en español.

1. ¿Por qué no acepta el padre McEnroe el uso de la palabra 'experimento'?
2. Según el padre McEnroe, ¿por qué es importante integrar a los chicos de las chabolas? (2)
3. ¿Cómo le afecta personalmente la pérdida de su puesto en el colegio?
4. Para el padre McEnroe, ¿qué es más importante que las recriminaciones personales?

2 b Escucha la entrevista de nuevo y contesta las siguientes preguntas en español con tus propias palabras:

1. Resume la opinión del padre McEnroe sobre la llegada de los chicos de las chabolas. (2)
2. Resume la actitud de la sociedad chilena hacia el trabajo del padre McEnroe, y la reacción del padre. (2)

Estrategia

Examining the relevance of the issues raised by the plot of a film for today's society

- Investigate on the internet the historical background of the film.
- Decide whether the plot echoes the historical situation.
- Are the issues raised by the plot too dated to make them relevant today?
- Can you identify with the characters who live out the tensions linked to the issues?
- Decide which issues are relevant to today's society and which are not, and illustrate your opinions with examples.

3 a Escoge una película histórica que conozcas y que contenga temas relevantes incluso hoy. Presenta tu punto de vista de forma oral. Después, con un/a compañero/a prepara una comparación oral con *Machuca* para ver si hay muchas diferencias.

3 b Escribe un párrafo en el que resumes tu opinión sobre la relevancia de los temas tratados en el argumento para la sociedad de hoy, en la película que hayas elegido o en *Machuca*.

4 (Tarea opcional si has estudiado la época de la película *Machuca*). Comenta con tu compañero/a cómo la película *Machuca* describe la situación en Chile durante el golpe de estado de Pinochet.

Presta atención a:
- la división de la sociedad
- el papel del ejército y la política de 'mano dura'
- el efecto de la política sobre la vida de las personas

Literatura y cine 137

17 *Todo sobre mi madre*

- Familiarizarse con la película *Todo sobre mi madre*.
- Indagar sobre el director de cine y las técnicas cinematográficas que utiliza.

Introducción a *Todo sobre mi madre*

A   Rosa tiene sida. Manuela la cuida durante el embarazo como si fuera su hija. Admite que el teatro y *Un tranvía llamado deseo* han marcado su vida. Allí conoció al padre de su hijo y esa fue la última obra que vio con su fallecido hijo.

B   Manuela huye nuevamente hacia Madrid con el pequeño Esteban y manda una carta de despedida a Agrado y Huma. Cuando vuelve a Barcelona, Lola ha fallecido, Nina se ha casado y Huma y Agrado son pareja.

C   Manuela lleva a su hijo, Esteban, al teatro a ver la obra *Un tranvía llamado deseo* en su 17 cumpleaños. Al terminar la función Esteban espera a la actriz Huma Rojo para pedirle un autógrafo, pero ella le ignora. Esteban corre para alcanzarla, pero le arrolla un automóvil causándole la muerte.

D   Manuela va al teatro a ver *Un tranvía llamado deseo* para recordar a su hijo. Después, entra al camarín de Huma y le ayuda a encontrar a Nina, una joven actriz. Huma le ofrece el trabajo de ser su asistente personal.

E   Rosa está embarazada de Lola; Manuela acompaña a Rosa al médico. El lazo de amistad y cariño entre ambas se fortalece. En Manuela renace el sentimiento de madre y de protección, ya que ve en Rosa a una hija.

F   Rosa da a luz a Esteban, un bebé seropositivo, y durante el parto, Rosa muere. En el funeral, Manuela se encuentra con Lola y le cuenta que 18 años atrás, cuando ella huía a Madrid, iba embarazada de él. Lola está muriendo de sida y le pide ver a Esteban hijo. Manuela le cuenta que ha fallecido.

G   Manuela huye hacia Barcelona, para buscar al padre de su hijo, un travesti que se hace llamar Lola, quien no sabe que tuvo un hijo con ella. Manuela llega a un sector de prostitución callejera y se encuentra con una vieja amiga, Agrado, que le presenta a la Hermana Rosa.

H   Nina no puede asistir a una actuación de *Un tranvía llamado deseo*, y Manuela, que conoce los diálogos de la obra de memoria, la reemplaza.

Texto adaptado de: 'Todo sobre mi madre; Pedro Almodóvar', rincondelvago.com

1 Lee las descripciones A–H y emparéjalas con los resúmenes 1–8 de las escenas, según tienen lugar en la película.

1 Fallece un adolescente trágicamente.
2 Dos mujeres se encuentran en un lugar sórdido de Cataluña.
3 Una madre ve una obra teatral porque añora a su hijo.
4 Una mujer espera un hijo y acude al doctor.
5 Manuela hace de actriz.
6 Manuela se sincera con Rosa.
7 Nace un niño y fallece una madre.
8 Tres cosas han cambiado en Barcelona.

A-LEVEL STAGE

2 Escucha esta entrevista con Blanca Goicoechea, crítica de cine, sobre la película *Todo sobre mi madre*. Responde a las preguntas en español.

1. ¿Qué quiere decir aquí una 'estética muy suya'?
2. ¿En qué tipo de temáticas se basa Almodóvar para luego transformarlas?
3. ¿Qué tipo de colores tiende a utilizar Almodóvar en sus películas?
4. ¿Con qué se suele relacionar el rojo?
5. Enumera tres aspectos en relación al uso de la luz. (3)
6. ¿Cómo es y qué representa el mobiliario en el piso de Manuela en Madrid? (2)
7. ¿Qué contesta Blanca para dejar claro que el humor es crucial en Almodóvar?
8. ¿Qué propone Blanca que hagamos para mostrar que el humor es clave en el cine de Almodóvar?

Estrategia

Learning about a film director and how he/she uses cinematographic techniques

There are a number of cinematographic techniques that a director may use to make a set more authentic, enhance or enrich a story, or convey different reactions or sentiments:

- use of music, sound effects or silence
- use of lighting and colour (or lack of it)
- use of locations
- movement between close-up and distance shots, as well as medium, long and full shots
- special effects
- use of humour

---

3 a Lee con atención la Estrategia sobre las técnicas cinematográficas. Elige una película que hayas visto y busca en Internet información sobre las técnicas que utiliza. Toma notas, usando las siguientes preguntas a modo de guía:

- ¿Cómo se usa la música, el silencio y los efectos sonoros en la película? ¿Qué efecto produce?
- ¿Cómo se usa el color y los efectos especiales?
- ¿Cómo se usa el humor y el sarcasmo?
- ¿Qué influencia tienen los decorados?
- Comenta el uso de los planos cortos, largos o medios. ¿Con qué fin se usan unos u otros?
- Menciona alguna otra técnica que haga especial a esta película.

3 b Ahora trabaja con un compañero/a que haya analizado una película diferente a la tuya. Haz las preguntas de 3a sobre las técnicas usadas en cada una de las películas. ¿Se te ocurre alguna pregunta más?

4 Si es posible, ve la película *Todo sobre mi madre*. ¿Puedes identificar las técnicas cinematográficas antes mencionadas? ¿Hay algunas otras técnicas que hayas observado? ¿Qué tipo de planos es más usado en la película? Coméntalo en clase.

Literatura y cine

18 Voces inocentes

- Familiarizarse con la película *Voces inocentes*.
- Analizar cómo cambian las relaciones entre el protagonista de una película y otros personajes clave.

Reseña de *Voces inocentes*

La cinta relata algunos hechos basados en la época en que el salvadoreño Oscar Torres (guionista cinematográfico) era un niño. La trama tiene lugar a finales de los años ochenta en un pueblo de El Salvador. Chava, un niño de once años, es el protagonista; abandonado por su padre en plena guerra civil, se ve forzado a transformarse en 'el hombre de la casa'. En ese periodo las fuerzas armadas del gobierno enrolaban en el ejército a chavales de doce años sacándolos directamente de su escuela. La supervivencia se convierte en una prioridad en la vida de Chava: tiene que esquivar las balas de la guerra, además de las devastadoras consecuencias de la violencia cotidiana.

Envuelto en el pavor que supone vivir en un entorno tan hostil y descorazonador, Chava se las arregla para conseguir amigos, como un conductor de autobús o el párroco de una iglesia y, sobra decir, evitar el servicio militar, por el que varios otros niños ya han tenido que sacrificar su vida. El afecto (de su madre y de una compañera de clase) le dará fuerza para conservar su corazón abierto y su ánimo enérgico contra todo tipo de adversidades.

Se muestran las secuelas de una guerra, de la intransigencia que en ocasiones todos llevamos dentro y de los intereses económicos y políticos, que llevan a los países a prolongar una guerra donde los más indefensos siempre tienen las de perder. Hay muy pocas películas sobre guerras referidas por un niño.

El arranque de la película impacta con una voz en off, la voz acongojada de un niño, y la luz que viene de detrás durante un buen chaparrón. Vemos varios niños con las manos en la cabeza seguidos de soldados armados. Los movimientos lentos de la cámara, la lluvia, el deslumbrador resplandor y el mismo miedo dibujan una escena inicial muy intensa. El niño de la voz en off es Chava, el protagonista, que susurra: 'tengo mucho frío, me duelen los pies, tengo piedras en los zapatos, estoy muy cansado…'.

1 Lee esta síntesis de la película *Voces inocentes*. Elige la respuesta correcta.

1. Varios momentos giran en torno a experiencias reales de la niñez de una persona…
   - A que sueña con ser el 'hombre de la casa'.
   - B que vivió solo una década.
   - C que luchó en la Guerra Civil.
   - D de El Salvador.

2. Chava es un niño de once años que…
   - A es el protagonista de esta historia.
   - B se muda a un pueblo en El Salvador.
   - C tiene un amigo que se llama Óscar Torres.
   - D quiere ser guionista autobiográfico.

3. El gobierno de esa época…
   - A dictaba a qué se podía jugar.
   - B bombardeaba las escuelas.
   - C alistaba a los niños de doce años.
   - D obligaba a niños muy pequeños a ir al colegio.

4. Chava debe ser una persona fuerte porque…
   - A llega a ser cura en un ambiente hostil.
   - B se hace amigos y elude el servicio militar.
   - C salva la vida a varios niños.
   - D ayudó a un chófer a empujar un autobús.

A-LEVEL STAGE

5 En este tipo de guerras, nunca ganan…
   A los más libres de culpa.
   B los más valientes.
   C las mujeres.
   D todos los que participan.

6 Esta película es excepcional en el sentido de que…
   A trata de un conflicto bélico relatado por un niño.
   B los más débiles ganan la batalla.
   C esconde la intolerancia de la humanidad.
   D habla de lo que sentimos todos.

2 *Entrevista con Chava.* **Escucha a Chava explicando cómo se las arregló para sobrevivir a los desafíos de su vida cotidiana. Empareja cada frase con la terminación correcta. ¡Cuidado! Sobran terminacions.**

1 El entrevistador felicita a Chava por…
2 Chava hacía lo que creía que era mejor…
3 Cuando oía disparos, se ocultaba…
4 Chava tuvo que ser responsable pronto…
5 Chava escapó cuando vio…
6 Para conseguir algo de dinero, …
7 A Chava le gustaban las canciones…
8 Cuando el ejército venía, …

A trabajaba en la radio.
B su bondad y su intrepidez.
C que su amigo del colegio era el que disparaba.
D para apoyar a su madre y para sobrevivir.
E debajo de la cama con sus hermanos.
F en el armario.
G Chava trabajaba en un autobús.
H porque su padre les abandonó.
I de la emisora 'Venceremos' que le mostró su tío.
J los niños se tendían en los tejados.

Estrategia

Examining the changing relationships between the main character in a film and other key characters

- Investigate a film on the internet. Follow these steps:
  – Find out about the different characters in the film.
  – Decide who is the main character.
  – Analyse a key event that determines the relationship between that character and another character/other characters.
- Show how that/those relationship(s) change(s) as the film progresses.

3 a Elige una película que hayas visto. Comenta con tu compañero/a el personaje que has elegido y cómo un suceso de la película ha afectado su relación con otro(s) personaje(s).

Presta atención a:
- en qué momento comienza su relación
- por qué existe una relación entre ellos
- un hecho que afecta su relación
- cómo evoluciona su relación

3 b Escribe un párrafo para resumir ese acontecimiento clave que hace que cambie la relación entre los dos personajes/el protagonista y otros personajes.

Literatura y cine

Writing an AS essay

- Aprender lo que requiere la parte literaria del examen de AS.
- Aprender una variedad de estrategias útiles para escribir una redacción bien estructurada sobre una película.

Introducción

Una parte del examen de AS requiere que escribas entre 275 y 300 palabras sobre un libro o una película que hayas estudiado en clase. Mira en Internet la lista de libros y películas en página 42 del programa de estudio de Edexcel para AS. Habrá dos opciones de preguntas sobre cada libro y cada película. Tienes que elegir la opción que mejor te convenga sobre el libro o la película que has estudiado.

1 a Mira los géneros de película abajo (A–C) y decide qué grupo de preguntas (1–3) sería más pertinente en cada caso.

A
Una película de acción que tiene lugar durante la Guerra Civil española

B
Una película de intriga en la que un detective resuelve un misterio al final

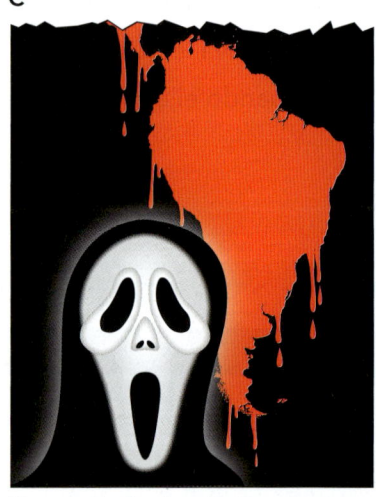

C
Una película de miedo que tiene lugar en una ciudad latinoamericana

1 ¿Hasta qué punto está la acción vinculada a un lugar específico? Utiliza los puntos siguientes:
- el lugar escogido para la película
- las escenas y los sucesos más importantes de la película
- la importancia del lugar para los personajes de la película
- el vínculo entre el lugar y el título de la película

2 Retrata al personaje principal y analiza su papel. Utiliza los puntos siguientes:
- cómo se representa a ese personaje
- su evolución durante la película
- cómo se enfrenta a los otros personajes
- sus acciones más importantes en la película

3 Analiza la importancia de las escenas y los sucesos clave de la película. Utiliza los puntos siguientes:
- las escenas más importantes y su impacto
- las actitudes de los personajes hacia estos sucesos
- el vínculo entre el título y los sucesos de la película
- cómo hacen que la historia se desarrolle

AS STAGE

2 Ahora mira el sitio web de Edexcel y encuentra otros títulos de redacción para las películas que se estudian para el examen de AS en español. Elige un título que te interese y luego ve la película. Busca también en Internet algunas reseñas de películas en español. Escribe 275 a 300 palabras, utilizando las estrategias siguientes.

Estrategia

Planning

- Make sure you understand the bullet points that you need in order to support your answer to the chosen question. Each one will become a paragraph. Initially just write brief notes for each. You can write rough notes on your exam paper but make sure that you cross them out so that they aren't marked as part of your answer.
- Find an example in the film to illustrate each point. For some of these points it might be appropriate also to find a suitable quotation and to use it in the essay.
- Before you start to write your answer, decide on the most sensible order for the points you are going to make. You do not have to use the bullet points listed in the question; if you wish, you may also decide your own points, using just some of the ones in the question. Once you have planned the sequence of your bullet points, read what you have written for each point again and double-check that it relates to the title.

Estrategia

Writing

- Write a short introduction to set the question in context. This context may be historical, or it may relate to how this work fits into the director's work as a whole, how it was received, its social setting, etc. The introduction is a chance to show that you have some background understanding and are not writing in a vacuum. You need to be concise here, so structure your sentences carefully, e.g. '*Volver*, película de intriga dirigida por Pedro Almodóvar, señala…'.
- Now refer back to your notes for the first paragraph. Construct the first sentence of your chosen first paragraph so that it carries on logically and smoothly from the introduction. See page 146 for useful possible phrases. Add the rest of the paragraph, making sure that you give your own opinion, justify it and that any points you make refer directly to the essay question.
- Be careful not to quote excessively or make quotations a substitute for your argument.
- Carry out the steps above with each of the other bullet points.
- Read through everything again and then write your conclusion. This should sum up briefly what you have said, and give your overall opinion. It is not a place to add new ideas, but one to pull together the ideas you have expressed so far.

Estrategia

Checking

- Check the length, you need to write between 275 and 300 words.
- Finally, check for accuracy and style:
  - verb endings, tenses and moods
  - adjective agreement
  - varied sentences, using connectives
  - variety of vocabulary, including some more sophisticated terms (see page 146)

Estrategia

Time management

Remember that in the exam you will have 1 hour 15 minutes to complete this task. Allocate yourself time: for example, 10 minutes for planning, 55 minutes for writing and 10 minutes for checking.

Literatura y cine

Writing an A-level essay

- Entender lo que requiere la parte literaria del examen de A-level.
- Aprender una variedad de estrategias útiles para escribir una redacción bien estructurada sobre una novela o una obra de teatro.

Introducción

Una parte del examen de A-level requiere que escribas dos redacciones de entre 300 y 350 palabras. Debes escribir una de estas sobre uno de los libros que has estudiado; puedes escribir la otra sobre una de las películas u otro libro que has estudiado. Tienes que elegir la pregunta que mejor te convenga sobre el libro o la película.

Estrategia

Planning

- Planning your essay is an important part of the process. You can write rough notes on your exam paper but make sure that you cross them out so that they are not marked as part of your answer. Get the question from the Spanish exam paper. This question becomes your title. A good way to start is to draw a diagram as follows:

Introduction — **Analiza cómo Sender realiza una alegoría de la Guerra Civil española por medio de su obra.** — **Conclusion**

- Write the title in the middle box and underline the most important words. Refer back to this frequently. Remember that in order to produce a good quality essay, you must answer the question exactly — a pre-prepared essay will not be sufficient.
- Using the important words in the title as prompts, think about points that you would like to make to answer the question. Add these in boxes around the title in your diagram in Spanish or in English. Aim for three to five main points. For example, with the title in the diagram above, you may want to look at:
  - the setting of Barcelona in the 1940s and 1950s
  - the use of fantasy by the author
  - the blending of the two components

Allegory (*Alegoría*) — **The Spanish Civil War (*La Guerra Civil española*)** — **True to history (*historia realista*)**

Introduction — **Analiza cómo Sender realiza una alegoría de la Guerra Civil española por medio de su obra.** — **Conclusion**

These will become your paragraphs. Decide on a sensible order for them, making sure they follow on logically, and write a simple sentence for each.

1 Mira el sitio web de Edexcel y encuentra las preguntas para los libros que has elegido. Elige la pregunta que más te interese. Haz un diagrama como el de arriba, utilizando la Estrategia.

A-LEVEL STAGE

Estrategia

Getting started

- Find an example in the book to illustrate each point. For some of these it might be appropriate also to find a suitable quotation. At this level you will be expected to offer different viewpoints and then to present your argument about which one you feel is correct and why. Back up your opinion with evidence from the text and with background information you have researched relating to issues and themes discussed in the book. Also discuss and evaluate the cultural and social contexts explored in the work.

  For the title above, you could look at:
  - the foreshadowing of the Spanish Civil War in the novel
  - how far the events of the book act as an allegory of the Spanish Civil War
  - the techniques used by the author to link these two components
- Use the examples, quotations and viewpoints to flesh out your paragraphs. Be careful not to quote excessively or make quotations a substitute for your argument.

Estrategia

Writing

- Now focus on the introduction. This involves stating what you are going to say and setting the question in context. This context may be historical, or it may relate to how this work fits into the author's work as a whole, how it was received, its social setting etc. The introduction is a chance to show that you have some background understanding and are not writing in a vacuum, e.g. '*Leyendo Réquiem por un campesino español, novela de Ramón Sender, escrita en 1953, uno se da cuenta de que…*'.
- Refer back to your notes for the first paragraph. Construct the first sentence of your chosen first paragraph so that it carries on logically and smoothly from the introduction. See page 146 for useful phrases. Add the rest of the paragraph and make sure that you have included differing viewpoints, given your own opinion, justified it and that you are referring directly to the essay question.
- Always look for more sophisticated ways of making statements and use the correct register for describing a literary work (see page 146).
- Read through everything again and then write your conclusion. This should sum up what you have said, and give your overall opinion. It is not a place to add new ideas, but one to pull together the ideas you have expressed so far.

Estrategia

Checking

- Check that the length is between 300 and 350 words.
- Finally, check for accuracy and style:
  - verb endings, tenses and moods
- adjective agreement
- varied sentences, using connectives
- variety of vocabulary, including some more sophisticated terms (see page 146)

Estrategia

Time management

- Remember that in the exam you will have 2 hours 10 minutes to complete both of the essays. Allocate yourself a certain amount of time for planning, writing and checking each essay, for example 10 minutes for planning, 45 minutes for writing and 10 minutes for checking.

2 Ahora que has hecho tu diagrama, escribe una redacción de aproximadamente 300 palabras.

Literatura y cine

Vocabulario y frases útiles para escribir redacciones sobre literatura y cine

General essay-writing phrases

Ahora sigamos/continuemos con… Let us now continue with…
como consecuencia (de) as a result (of)
en cambio on the other hand, instead
en estos tiempos/hoy en día these days/nowadays
En mi opinión, (no) se puede creer… In my opinion, one can(not) believe…
en realidad in fact
en resumen to sum up, in a nutshell
para comenzar/terminar… to begin/finish…
por último finally, in the end
por una parte… por otra… on the one hand… on the other…
Primero consideremos… First, let's consider…
Se suele afirmar que… It is often said/claimed that…
También debemos considerar… We must also consider…

More sophisticated essay-writing phrases

A medida que se avanza en el relato/la película… As the story/film progresses…
Como señala el/la autor/a… As the author points out/shows…
Es un telón de fondo perfecto. It is a perfect backcloth.
Incluso se puede decir que… You/One can even say that…
Lo cierto es que… The fact/truth is that…
No se puede negar que… It cannot be denied that…, There's no denying…
Pongamos por caso… For instance…
Resulta difícil creer que… It is hard to believe that…
Se podría decir incluso que… You could even say…
Se trata (del amor y del remordimiento). It's a question (of love and remorse).
sirva de ejemplo by way of example/a case in point is

Phrases for describing the plot

la **complejidad del argumento** the complexity of the plot
el **desarrollo lineal** linear development
el **desarrollo de la trama/intriga** plot development
entrelazar las historias to interweave the stories
una **escena retrospectiva** a flashback
un **giro inesperado** an unexpected twist
un **resumen del argumento** a summary of the plot
la **secuencia de los sucesos** the sequence of events

Phrases for commenting on character

el **desarrollo de un conflicto entre…** the development of a conflict between…
Destaca el personaje (x). The character (x) stands out.
la **evolución del personaje** the character's development
el **personaje principal**, el/la **protagonista** the main character
Los personajes se parecen mucho. The characters are very alike.
un **retrato del protagonista** a portrait of the main character
Se diferencian mucho en su carácter. They are very different in character.
Tiene un carácter duro/simpático/alegre. He/She has a hard/kind/cheerful character.
la **vida interior de los personajes** the characters' inner life

Phrases to describe the setting

La acción ocurre en el pasado/presente/futuro. The action takes place in the past/present/future.
el **ambiente de la aldea, del barrio, etc.** the atmosphere of the village, district etc.
describir el entorno/medio ambiente to describe the environment
la **descripción del paisaje** description of the landscape
el **marco histórico/social** the historical/social setting
recrear el período/la época to recreate the period/era
un **sentido de lugar** a sense of place
transmitir la impresión de un lugar to convey the impression of a place

Film-specific phrases

la **actuación/interpretación de un papel** performance in a role
Apareció en su primer largometraje. He/She appeared in his/her first feature film.
un/a **cineasta creativo/a** a creative film-maker
una **escena emocionante** an exciting/emotional scene
estrenarse una película to be premiered
una **imagen eficaz** an effective image
el **rodaje de la película** the shooting of the film

Unidad 7

El impacto positivo de la inmigración en la sociedad española

7.1 **España como destino migratorio**
7.2 **Nos faltan deportistas y marinos**
7.3 **¡Gracias por los deliciosos postres árabes!**

Theme objectives

In this unit you will study the impact of immigration on Spanish society. The following topics are covered:
- immigration in Spain, from its origins to the present day
- the needs of the job market in Spain and the importance of immigration
- the Moorish influence on Spain, particularly on its cuisine and the arts

The content in this unit is assessed at A-level only.

Grammar objectives

You will study and practise the following grammar points:
- the uses of *ser* and *estar*
- direct and indirect object pronouns (2)
- the passive voice, including passive *se*

Strategy objectives

You will develop the following strategies:
- dealing with the unpredictable in conversations
- listening to native speakers (teaching assistant, TV, radio, YouTube)
- drafting and redrafting written work to increase accuracy

7.1 España como destino migratorio

- Analizar la inmigración en España desde sus orígenes hasta la situación actual.
- Usar *ser* y *estar*.
- Hacer frente a elementos inesperados en una conversación.

¡En marcha!

1 a Trabaja con tu compañero/a. Mira la tabla con las nacionalidades de la población inmigrante en España y las posibles razones para emigrar a España. ¿Por qué crees que la población de cada uno de esos países ha venido a España?

País de origen	Población (%)
España	89,30
Rumanía	1,70
Marruecos	1,65
Reino Unido	0,64
Ecuador	0,47
China	0,40
Colombia	0,39
Italia	0,39
Otros	5,06

Fuente: La GISteria

- Oportunidades económicas
- Cercanía geográfica
- En busca de ocio y sol
- Misma religión
- Afinidad lingüística
- Matrimonios de conveniencia

1 b ¿Crees que los inmigrantes son en general bien recibidos? Lee y empareja estas falsas afirmaciones sobre la inmigración en España con su correspondiente justificación.

1. 'Abusan de la sanidad pública.'
2. 'Bajan el nivel educativo.'
3. 'Vienen a cometer delitos.'
4. 'Tienen muchos hijos y consiguen las ayudas oficiales.'
5. 'Nos quitan el trabajo y no tienen formación.'
6. 'Hay demasiados inmigrantes porque nuestras leyes son muy tolerantes.'

A Las bandas de delincuentes son con frecuencia mixtas.
B El art. 50 de la Ley de Extranjería impide que un extranjero ocupe un trabajo si está demandado por un ciudadano español.
C Nuestra ley es una de las más restrictivas, influida por las nuevas políticas europeas.
D Debido a su precariedad laboral, a menudo no pueden dejar de trabajar para ir al médico.
E La gran mayoría sigue el modelo de familia español.
F Se trata simplemente de un problema de gestión de recursos en las escuelas.

Tema 3: La inmigración y la sociedad multicultural española

SIGO CREYENDO EN ESPAÑA

Soy Luis Enrique Melo y llegué de Perú a España en 2007, cuando tenía 18 años, para estar con mi padre. Estaba convencido de una cosa: quería 'estudiar, estudiar, estudiar'. Pronto me metí en la formación profesional de audiovisuales y, dos años después, empecé periodismo en la Universidad Complutense. Mi padre, que llevaba toda una vida en Madrid, trabajaba en hostelería y vivía una vida tranquila.

Las cosas se fueron volviendo cada vez más difíciles y hace tres años mi padre perdió el empleo. Tras un año y medio, cuando ya casi se le acababa el dinero del paro, decidió regresar a Perú. Él había venido por un sueño, pero le desgastó la vida. Se sintió vencido, la situación le obligaba: no había trabajo.

Hace un año que volvió a Perú. Yo, en cambio, me busco la vida como puedo. Hoy, con 26 años, estoy como camarero en un restaurante peruano por la tarde, para que pueda compatibilizarlo con los estudios. Por la noche, me dedico a ensayar en un grupo de danza peruana. Mi padre tiene su vida; yo estoy empezando la mía. Tenía una idea muy clara: quedarme aquí para estudiar, empezar una carrera profesional y, quizá, regresar un día a Perú.

A pesar de que haya crecido en mi país de origen, también me siento español por el simple hecho de que me indignan los problemas que tiene el país. Y me considero un privilegiado por lo que he logrado: estudios, amigos, recuerdos, historias. Pese a la crisis, creo que sí hay oportunidades. ¡Hay que buscarlas! Los latinoamericanos estamos acostumbrados a las crisis, hay que buscarse la vida. Sigo creyendo en España y sé que este país puede dar mucho. A mí me lo está dando. Valoro su seguridad, algo que no tenemos en América.

Texto adaptado de: 'Mamá, quiero quedarme en España', elpais.com, 27 diciembre de 2014, Felipe Betim, Ediciones El País SL

2 a Lee el artículo sobre la experiencia de un ciudadano peruano en España. Fíjate en las palabras y expresiones subrayadas, y defínelas con tus palabras, según el contexto en el que aparecen.

2 b Lee el artículo de nuevo. Elige la terminación correcta para estas frases.

1. Luis Enrique Melo llegó a España para…
   A trabajar como periodista.
   B quedarse hasta el 2007.
   C ayudar en el restaurante de su padre.
   D vivir con su padre y dedicarse a estudiar.

2. El padre de Luis llevaba ya mucho tiempo…
   A estudiando periodismo.
   B viviendo en Madrid.
   C animando a Luis a que estudiara.
   D pensando en volver a Perú.

3. El padre de Luis decidió volver al Perú…
   A en cuanto se le acabó el paro.
   B cuando se sintió fracasado.
   C al perder su empleo.
   D justo cuando él se vino a Madrid.

4. Hoy en día Luis…
   A ya no estudia.
   B trabaja en una escuela de danza.
   C ni estudia ni trabaja.
   D estudia y trabaja.

5. Luis dice que regresar a su país en el futuro…
   A no está en sus planes.
   B es una posibilidad que no descarta.
   C le da terror.
   D es algo que no se plantea.

6. Luis se siente…
   A totalmente peruano.
   B totalmente español.
   C tanto peruano como español.
   D ni peruano ni español.

7. Luis piensa que hay oportunidades…
   A a pesar de la crisis.
   B para los más privilegiados.
   C sin necesidad de buscarlas.
   D para los que se sienten seguros en España.

8. Lo que Luis siente respecto a España es que…
   A le gustaría que fuera menos peligroso.
   B ya no puede esperar nada.
   C no se puede asentar aquí, porque echa de menos América.
   D no ha perdido en absoluto la fe en el país.

Unidad 7 El impacto positivo de la inmigración en la sociedad española

Gramática

Ser y estar (*Ser* and *estar*)

Study section G22 of the grammar section.

Find in the article examples of *ser* and *estar*. Write down the phrases containing the examples. Translate them into English and say why *ser* or *estar* is used in each case.

3 *¿Ser o estar?* Elige el verbo correcto.

1. En España el 40% de los inmigrantes [*está/es*] pobre.
2. Nosotros [*estamos/somos*] preocupados por el deterioro de los servicios públicos debido al uso intensivo que hacen de ellos los inmigrantes.
3. El impacto de la inmigración sobre el crecimiento de la población ha [*estado/sido*] grande en los últimos años y lo seguirá [*estando/siendo*] en el futuro.
4. [*Están/Son*] cada vez más numerosos los inmigrantes que llegan a las costas canarias.
5. Marruecos [*está/es*] a solo 14 kilómetros de la costa y por eso muchos marroquíes van a España a trabajar.
6. Muchos inmigrantes [*están/son*] sin trabajo pero algunos hablan bien el español y eso [*está/es*] importante para conseguir un empleo.
7. En 1975, cuando murió Franco la población extranjera [*estaba/era*] casi inexistente.
8. Los países europeos no [*están/son*] haciendo muchos avances para ayudar a los inmigrantes a integrarse.

4 a *Entrevista a un estudiante de doctorado en historia*. Escucha lo que dice sobre la historia de las migraciones en España. Localiza los términos equivalentes a los siguientes.

1. experimentado
2. imán
3. acentuada
4. concretando
5. vínculos
6. habituada
7. venciendo
8. temores

4 b Escucha la entrevista de nuevo. Contesta las siguientes preguntas en español con tus propias palabras.

1. ¿Qué cambio significativo ha sufrido España?
2. ¿Qué buscaban los españoles cuando emigraban?
3. Indica dos razones por las que España resultaba un país prometedor a mediados de los 80. (2)
4. ¿Eran los emigrantes personas con alto nivel social y cultural? Explica.
5. ¿De qué países o regiones provenían? (3)
6. ¿Por qué vienen de esos países y no otros? Justifica tu respuesta. (3)
7. ¿Por qué los españoles veían con recelo estas oleadas de inmigrantes?
8. ¿Qué se dice de las segundas generaciones de inmigrantes?

AS STAGE

5 Translate the following passage into English.

El efecto llamada

Igual que Nueva York tiene su barrio chino, la capital de Castellón de la Plana tiene su 'pequeña Rumanía' en el corazón de la ciudad. Y la segunda generación de rumanos ha optado por quedarse. Pese a la crisis, se calcula que hay una colonia de 50.000 rumanos en Castellón. Cada uno de ellos esconde su pequeña historia particular: huidas épicas a un país nuevo, sin conocer el idioma y arriesgándolo todo por cambiar su destino. La Plaza Bucarest, ubicada en una zona residencial de Castellón, reafirma estas historias…

Texto adaptado de: 'Castellón, la pequeña Rumanía: el 20% de la población de la provincia ya es de origen rumano, *Mediterráneo Digital*, 30 de mayo de 2013

Estrategia

Dealing with the unpredictable in conversations

- Be prepared. Remember that any new conversation may bring a word you don't know, an unfamiliar accent, an unknown expression etc. at any time.
- If you don't understand the question, ask the person to repeat.
- Use non-linguistic elements to help you understand (tone, body language, context, visual clues etc.).
- Use tags to help you 'fill the gaps' while you think of what you want to say, e.g. *bueno, mira, pues, o sea, es decir…* .
- When preparing for the exam, try to predict the kinds of questions you might be asked and practise answering these questions with a classmate.
- Don't lose confidence. Even if you cannot think of something to say because of the unexpected turn of a conversation, don't dry up!
- Take a moment to think, put together a new idea and take the risk.

When you present your findings to your partner(s) in exercise 6b, make sure you say some unexpected things to observe how they react to them.

---

6 a Elige una comunidad de inmigrantes en España (peruanos, ecuatorianos, marroquíes, rumanos, chinos, etc.) y haz una breve búsqueda en Internet sobre ella:
- ¿Por qué llegaron a España?
- ¿Qué tipo de trabajos realizan?
- ¿Se han asentado aquí o han retornado a su país?

6 b Averigua qué comunidad ha investigado tu compañero/a. Prepara una serie de preguntas e incluye algunas que tu compañero/a no se espere. Consulta la Estrategia.

7 Escribe en un párrafo lo que más te ha sorprendido de lo que has aprendido sobre la inmigración en España.

Viajeros sin rumbo

Unidad 7 El impacto positivo de la inmigración en la sociedad española

7.2 Nos faltan deportistas y marinos

- Analizar las necesidades del mercado laboral español y la importancia de la inmigración.
- Usar pronombres de objeto directo e indirecto (2).
- Escuchar a hablantes nativos (auxiliar docente, TV, radio, YouTube).

¡En marcha!

1 Trabaja con tu compañero/a. ¿En cuáles de estos sectores crees que hay más trabajadores autóctonos o emigrantes en España. ¿Por qué? Toma notas.

- Agricultura, ganadería, caza y pesca
- Industria
- Construcción
- Comercio
- Hostelería
- Transporte
- Educación
- Banca y seguros
- Administración pública
- Hogares y servicios personales
- Sanidad
- Otras actividades

Inmigración y economía

El país (**1** ....) y, sin inmigración, estaría perdiendo población. El número de habitantes creció en los veinte últimos años, pero el aumento no basta para sustentar el mercado laboral; además es irregular. Los datos nos muestran un país viejo y nuestro mercado laboral necesita (**2** ....) inmigrante.

Lo paradójico es que a la vez tenemos miedo al inmigrante. Sería posible compensar la falta de mano de obra incorporando a más mujeres al mercado laboral y prolongando la (**3** ....), pero los expertos opinan que es casi imposible que la economía pueda seguir adelante si no llegan más inmigrantes.

Por otro lado, la inmigración aporta (**4** ....) al mercado de trabajo español, resolviendo algunas de las rigideces que las empresas habían señalado tradicionalmente; por tanto, la necesitamos. Cuando se trata de cambiar de residencia o de sector, seguramente en busca de un nuevo contrato o de un contrato mejor, los inmigrantes están mucho más dispuestos que los (**5** ....) a moverse y lo hacen en mayor medida, aunque ello no suponga necesariamente un (**6** ....).

Para conseguir (**7** ....), es importante que retengamos a los estudiantes extranjeros y no los dejemos marcharse. Nos hacen falta jóvenes extranjeros, para no (**8** ....) económica y demográficamente, para mantener los (**9** ....) y la demanda interna.

En el 'Catálogo de ocupaciones de difícil cobertura' se encuentra una lista de trabajos disponibles para inmigrantes. Son trabajos que los españoles no pueden o

España necesita su contribución

no quieren hacer. Cualquier ciudadano la puede consultar. El Catálogo contiene información para el empleador sobre cómo (**10** ....) para que un inmigrante pueda residir y trabajar en España. El trabajador debe ponerse en contacto con el empleador para que este le diga en qué consiste el trabajo.

En Melilla, por ejemplo, hay vacantes para médicos especialistas en cirugía general y del aparato digestivo, así como enfermeros especialistas en enfermería del trabajo. También hay empleos permanentes en toda España para deportistas profesionales y entrenadores deportivos. Existen oportunidades en el sector de la Marina Mercante: los que quieren ser marinos tienen que escribirle una breve carta al director de la organización/administración.

Tema 3: La inmigración y la sociedad multicultural española

A-LEVEL STAGE

2 a Lee el artículo y complétalo con ocho de las palabras o expresiones del recuadro. ¡Cuidado! Sobran palabras.

apoyarse	ascenso profesional	movilidad
retroceder	autónomos	sistemas públicos de pensiones
inmigración cualificada	tramitar la autorización	
autóctonos	envejece	extranjeros
edad de jubilación	mano de obra	

2 b Lee el artículo de nuevo. Escoge la terminación correcta para estas frases.

1. El número de habitantes en España va a…
   - A aumentar gracias a la gente joven.
   - B estabilizarse en los próximos años.
   - C disminuir sin la llegada de trabajadores de fuera.
   - D inquietar a los mercados, si no crece.

2. España confía en la inmigración para…
   - A alimentar a los españoles.
   - B que su economía progrese.
   - C que cuiden a sus mayores.
   - D que vengan con su familia.

3. Resulta chocante que los españoles…
   - A busquen mano de obra.
   - B contraten a mujeres.
   - C se jubilen tan pronto.
   - D teman a los inmigrantes.

4. Una forma de remediar el que no haya suficientes trabajadores sería que…
   - A se tenga menos temor al inmigrante.
   - B los inmigrantes no traigan a sus familias.
   - C se facilite una vivienda a los inmigrantes.
   - D trabajen más mujeres y que la gente se retire más tarde.

5. Las empresas esperan que sus empleados…
   - A estén abiertos a vivir en otros lugares.
   - B no les pidan un plus de vivienda.
   - C se contenten con contratos precarios.
   - D quieran ascender profesionalmente.

6. Un posible método para obtener personas inmigrantes bien formadas sería…
   - A pagarles los estudios.
   - B que los extranjeros que vienen aquí a estudiar se queden en nuestro país.
   - C facilitarles una beca para estudiar y trabajar.
   - D que su país les pagara los estudios aquí.

7. El *Catálogo de ocupaciones de difícil cobertura* …
   - A se centra únicamente en puestos en la marina.
   - B no permite que el empleador contrate extranjeros.
   - C enumera puestos no cubiertos por los españoles.
   - D no ofrece oportunidades al emigrante.

8. Con relación a los deportistas profesionales y entrenadores deportivos…
   - A siguen quedando plazas.
   - B ya se han cubierto todas las ofertas.
   - C son puestos que no interesan a los inmigrantes.
   - D salen plazas muy de cuando en cuando.

Unidad 7 El impacto positivo de la inmigración en la sociedad española

3 Traduce el siguiente texto al español.

They will also be pensioners
Spain does not need immigrants for demographic reasons, i.e. its low birth rate, but for economic and sociological reasons. Immigrants won't be doing the jobs of the children we have not had. Just the opposite, the higher the birth rate, the more foreign labour will be required, as the demographer Anna Cabré explained. Our country would need more foreigners due to the job market and social segmentation, given that our school system is based on social advancement and that everyone expects their children to go further. It is not true that foreign workers will be paying for our pensions; they will also be old-age pensioners themselves.

Gramática

Pronombres de objeto directo e indirecto (Direct and indirect object pronouns) (2)

Study section F2 of the grammar section.

Find in the article:
a four examples of a direct object pronoun
b three examples of an indirect object pronoun

Copy out the phrases containing the examples and translate them into English. Indicate the object/idea/person that the object pronoun refers to for each example.

4 Elige el pronombre correcto para completar las frases.

1 Isabel es una inmigrante argentina. [*Lo/La/Le*] conocí el año pasado en Barcelona.
2 Como no aprendiste el castellano antes de llegar a España [*te/le/me*] [*lo/la/le*] voy a enseñar.
3 ¿Queréis crear vuestra propia empresa? Voy a explicar[*se/os/les*] cómo hacer[*lo/la/le*].
4 Este libro [*lo/la/le*] escribió una inmigrante para hablar de sus experiencias como limpiadora en España.
5 Cuando llegan algunos inmigrantes a España [*los/las/les*] dan unos papeles pero muchos de ellos no [*los/las/les*] entienden bien.
6 Querían saber la dirección del consulado colombiano. [*Les/Se/Los*] [*lo/la/le*] di ayer.
7 Para trabajar en España debes tener una oferta de empleo. No podrás solicitar[*lo/la/le*] si estás irregular en España.
8 A muchos inmigrantes [*los/las/les*] gustaría que su empresa [*los/las/les*] ofreciera una opción de teletrabajo.

Estrategia

Listening to native speakers (assistant, TV, radio, online)

- If your department has a Spanish assistant, ask him/her questions about Spanish language and culture.
- Always listen to Spanish spoken at a natural speed.
- Choose the types of TV programmes you enjoy in your own language and follow them in the target language.
- Find a short radio programme that interests you and try to follow it.
- Choose 5-minute videos that contain subtitles. Listen as often as you can.
- Listen to some Spanish every day and practise it 'little and often'.
- Notice the various accents, rhythm, registers and intonation of different speakers.
- Listen to a short piece, focusing on everything about it (grammar, vocabulary, pronunciation, etc.).

When listening to the interview *Dinámicos y emprendedores* bear in mind particularly the last two points.

A-LEVEL STAGE

5 a *Dinámicos y emprendedores.* Escucha a Ramón (R) y a Lucía (L) dando su opinión sobre la influencia de la inmigración en España. Lee estas afirmaciones e indica quién (R o L) diría cada una de estas declaraciones.

1 Hay que fijarse en las cifras para tener evidencia de la influencia de la inmigración.
2 La prosperidad de los habitantes de España no está muy vinculada a los flujos migratorios.
3 Fíjate en el tema de los impuestos.
4 Te voy a decir en qué campos hacen falta más trabajadores.
5 Las mujeres son las que más se han beneficiado de la mano de obra inmigrante.
6 Te voy a explicar las características de los inmigrantes.
7 No hay suficiente empleo para los españoles.
8 Independientemente de la economía, quien sufre es la gente.

Marino

5 b Escucha la conversación de nuevo. De las siguientes afirmaciones, escoge las cuatro correctas.

1 Muchos estudiosos concluyen que los movimientos de inmigrantes benefician a los países que los reciben.
2 Lucía utiliza Estados Unidos, Alemania y Australia como ejemplos de países que se han visto favorecidos por la inmigración.
3 Lucía no cree que dependamos de la inmigración en mucho mayor grado de lo que somos conscientes.
4 Las tareas de las que se suelen ocupar los inmigrantes son principalmente el cuidado de la casa, la supervisión de los hijos y el apoyo a los mayores.
5 Un gran número de pequeños negocios que son dirigidos por españoles podrían subsistir sin la contribución de los inmigrantes.
6 Ramón cree que los inmigrantes son más valientes que los españoles en el sentido de que son más propensos a asumir riesgos.
7 Ramón cree que los inmigrantes se marchan de su país porque son un poco cobardes.
8 Según Lucía, los inmigrantes tienden a crear empresas en los sectores de los deportes y la marina mercante.

6 Translate the following paragraph into English.

Gracias por confiar en nuestra sociedad

Sorprende que todavía haya gente joven que arriesga su vida para labrarse un futuro en nuestro país. Y eso a pesar de la corrupción que impregna España, de la mala gestión de muchos de nuestros políticos, de las altas cargas impositivas y de un sistema autonómico caro e ineficiente que echa a perder los potenciales beneficios de la unidad de mercado y dificulta la iniciativa empresarial. Por eso, agradezcamos a todas esas personas que quieran venir y confiar en nuestra sociedad, que aspiren a forjarse con dignidad un futuro próspero entre nosotros y que, de esa manera, contribuyan a que el resto de la ciudadanía también lo tenga.

Texto adaptado de: 'Derribemos los mitos contra la inmigración', *elmundo.es*, 7 de marzo de 2014

7 a Imagina que eres inmigrante. Busca en Internet un puesto que creas que se adapta a tu perfil.

7 b Explica a tu compañero/a las cualidades y experiencia con las que cuentas para el puesto elegido. Menciona lo que puedes ofrecer a la economía española.

8 Resume en un párrafo el impacto positivo de la inmigración en la economía española.

Unidad 7 El impacto positivo de la inmigración en la sociedad española

7.3 ¡Gracias por los deliciosos postres árabes!

- Indagar sobre la influencia musulmana en España, sobre todo en la gastronomía y las artes.
- Usar la voz pasiva y *se* con significado pasivo.
- Redactar borradores para revisar y mejorar la precisión en tareas escritas.

¡En marcha!

1 a Trabaja con tu compañero/a. Observa esta foto y descríbela. Luego responde a las preguntas:
1. ¿Qué crees que representa esta foto?
2. ¿En qué región de España dirías que está situado este conjunto arquitectónico? ¿Por qué?
3. ¿En qué época se pudo empezar a construir?
4. ¿Detectas influencias de alguna otra cultura?
5. ¿Has visitado este lugar? Si es así, comparte tus impresiones con tu compañero/a?

La Alhambra (Granada)

1 b ¡No hace falta que hables árabe para completar este recuadro!
Los musulmanes estuvieron en España casi 800 años, pero tú no necesitarás tanto tiempo para descifrar las palabras que faltan en este juego etimológico (o sea, sobre el origen de las palabras). Si es necesario, recurre al diccionario.

Inglés	Árabe	Pista	Lugar o palabra en español
big water	wādi al-kabīr	río importante que pasa por Sevilla	1
Tariq's mountain	Ẏabal Tāriq	en el sur de España, pero es del Reino Unido	2
dry land	Al-Manxa	Don Quijote venía de esta zona	3
saffron	za'farān	usado como condimento en la paella	4
rice	āruzz	ingrediente base de la paella	5
oil	azzáyt	zumo de aceituna	6
How I wish …	law šá lláh	si Dios quiere (invocación musulmana)	7
carrot	safunnárya	vegetal de color naranja	8

Tema 3: La inmigración y la sociedad multicultural española

La herencia de al-Ándalus en la cocina española

Es realmente imposible hablar de cocina española sin destacar la importancia del rico legado de la gastronomía de al-Ándalus. Gran parte de la cocina actual de España se ha heredado de la tradición árabe, un imperio que ocupó el 70% del país hasta el siglo X, poco más o menos. El hecho de que los musulmanes estuvieran en la península durante unos 800 años también significa que se podría hablar de una influencia duradera.

Durante los años de dominio musulmán, cerca de las costas de al-Ándalus se comía pescado en abundancia: crudo, frito o salado, aunque los más populares eran las sardinas y el atún. De hecho, una de las principales técnicas de cocina importada por los árabes fue la conserva en vinagre o escabeche, especialmente de pescados. Hoy en día, descubrirás que los boquerones en escabeche se suelen comer sobre un trozo de pan a modo de tapa.

Existen muchos productos que fueron introducidos por los árabes en la península ibérica: la berenjena, el arroz, los albaricoques y los cítricos, entre otros. El elemento que se requiere para cultivar estas frutas y verduras es el agua, y la técnica del riego que fue desarrollada por los

Naranjos

árabes les permitió la explotación sistemática de terrenos tan importantes como la Huerta de Valencia y el valle del Guadalquivir para convertirlos en verdaderos oasis.

Otra de las partes de la gastronomía española que se vio influenciada por los árabes fueron los postres. Gracias a ellos se introdujo la caña de azúcar en España, que se refinaba para elaborar los postres: ¡toda una revolución para los dulces españoles!

Texto adaptado de: 'Influencia árabe', *spanish-food.org*

2 a Lee el artículo y localiza las expresiones equivalentes a las siguientes.

1. algo que se deja o transmite a los sucesores
2. recibido como correspondiente a una situación anterior
3. mando, potestad
4. pez semejante a la sardina, pero más pequeño, con el que se preparan anchoas
5. en salsa para conservar y hacer sabrosos los pescados y otros alimentos
6. fruto morado y aovado con pulpa blanca y semillas dentro
7. frutos agrios
8. hacía más fino o más puro

2 b Lee el artículo de nuevo y contesta las preguntas en español, con tus propias palabras.

1. ¿Sin qué cultura sería inconcebible referirse a la gastronomía española?
2. ¿Qué dato explica la razón de la profunda influencia musulmana?
3. Describe las tres formas (crudo, frito o salado) en las que se preparaba el pescado. (3)
4. Describe una tapa actual que deriva claramente de métodos árabes.
5. ¿Por qué se mencionan la berenjena, el arroz, los albaricoques y los cítricos en el artículo?
6. Explica qué significa la 'explotación sistemática de terrenos'.
7. ¿Qué significa 'para convertirlos en verdaderos oasis'?
8. ¿Qué ingrediente representó un antes y un después para la repostería española?

Unidad 7 El impacto positivo de la inmigración en la sociedad española

Gramática

Usos de la voz pasiva y *se* con significado pasivo (Uses of the passive including passive *se*)

Read section G17 of the grammar section and then focus on the article on page 157 again to identify:
a at least five uses of *se* to imply the passive
b two uses of a passive (a tense of *ser* + past participle)

Copy out the examples and translate them into English.
c What does the past participle agree with in each case of the passive?

3 a Expresa en forma activa las frases pasivas siguientes:
1. La berenjena, entre otros productos, fue introducida en España por los árabes.
2. Muchas frutas y verduras nuevas fueron cultivadas por los musulmanes en la Huerta de Valencia.
3. La gastronomía española es influenciada profundamente por la tradición árabe.
4. En el futuro, ¿qué nuevas técnicas serán exportadas por los cocineros españoles?

3 b Expresa las frases siguientes de otra manera, utilizando *se* con significado pasivo.
1. El restaurante será vendido en diciembre.
2. Muchos candidatos fueron entrevistados para el puesto de guía.
3. Hablan dos lenguas, el inglés y el alemán, en ese hotel.
4. El folleto fue escrito primero en alemán y luego traducido al inglés.

Estrategia

Drafting and redrafting written work to increase accuracy

When drafting a written task, such as a summary or a translation into Spanish:
- Aim for **total accuracy** and expect to produce more than one draft at the preparatory stage.
- Pay special attention to your **verb forms**!
- Review **word order** and then check that you have used appropriate adjectives (which agree!), adverbs and connectives.
- Write your **second draft**, giving yourself time to check that genders, agreements, verb forms and any complex constructions are accurate.
- Correct any errors **systematically**.
- Always **reread** your final version to confirm that it is accurate.

Follow this guidance when tackling exercises 4 and 5b.

4 Traduce el texto siguiente al español. No te olvides de consultar la Estrategia.

Arab influence on Spanish cookery

When we are having a meal we rarely think about the origins of the food or where the recipe came from originally, but in Spain the Arab influence remains. The Spanish names of many ingredients are obviously Arabic (rice, saffron, oil) as are the cooking techniques. When we look at the amazing architectural wonders of the south, we are aware of the importance of the buildings but it is easy to forget that even the most basic of ingredients in our daily dishes has a link to this period of history. The Arabs were the first to cultivate and consume two of the key ingredients in a considerable number of Spanish desserts: almonds and honey.

Tema 3: La inmigración y la sociedad multicultural española

A-LEVEL STAGE

5 a *Con piel de gallina ante la Alhambra.* Escucha la primera parte de la entrevista y responde a las siguientes preguntas.

1. ¿Qué significa que la facturación de la Alhambra es de 500 millones anualmente?
2. ¿Por qué se celebró el milenario de este monumento en 2013?
3. Explica las razones que da la persona entrevistada para que la Alhambra impacte. (3)

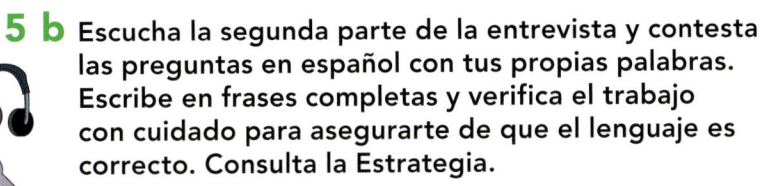

5 b Escucha la segunda parte de la entrevista y contesta las preguntas en español con tus propias palabras. Escribe en frases completas y verifica el trabajo con cuidado para asegurarte de que el lenguaje es correcto. Consulta la Estrategia.

1. Resume tres de las etapas en la historia de la Alhambra. (3)
2. Resume el efecto de los elementos decorativos del conjunto. (3)

Detalles en árabe en los arcos de la Alhambra

6 a Trabaja con tu compañero/a. Elegid uno de los siguientes espacios en la Alhambra:
- el Patio de los Leones
- la Torre de la Vela
- el Generalife
- el Patio de los Arrayanes
- el Salón de los Embajadores

Investiga sobre dicho espacio y toma notas, describiéndolo en relación a:
- el contexto histórico de la Alhambra
- la ubicación de ese espacio dentro del monumento
- la decoración de sus muros (caligrafía, poemas, motivos vegetales, frases del Corán)
- la importancia del agua

6 b Haz una breve presentación sobre el espacio elegido al resto de la clase.

7 Elige una obra de arte o una receta española que refleje influencia árabe. Escribe un párrafo sobre ella destacando los aspectos del legado árabe que más te llaman la atención, justificando por qué.

Unidad 7 El impacto positivo de la inmigración en la sociedad española

Vocabulario

7.1 España como destino migratorio

- **acabársele a alguien el dinero** to run out of money
- la **amenaza** threat
- la **banda de delincuentes** gang of criminals
- **buscarse la vida** to seek a way to survive
- **compatibilizar** to juggle
- **convertirse** (*me convierto*) **en víctima** to become a victim
- la **convivencia** coexistence
- **crecer** (*crezco*) to grow up
- la **crisis** recession
- **dedicarse a** to devote oneself to
- el **desamparo** lack of protection
- **desplazarse** to go, to travel
- la **discriminación** discrimination
- el **flujo migratorio** migratory flow
- la **fuente de ingresos** source of income
- **huir** (*huyo*) to flee
- la **inmigración clandestina** clandestine immigration
- **ir** (*voy*) **al extranjero** to go abroad
- **irregular** illegal (immigrant)
- el **lazo** link
- el **miedo a lo desconocido** fear of the unknown
- el **movimiento migratorio** migration movement
- la **oleada** large wave
- el **país fronterizo** neighbouring country
- la **patera** dinghy
- **perder** (*pierdo*) **el empleo** to lose one's job
- el **prejuicio** prejudice
- la **seguridad social** health cover
- **sentirse** (*me siento*) **vencido** to feel defeated
- el **servicio doméstico** domestic service
- el/la **'sin papeles'** illegal immigrant
- la **tolerancia** tolerance
- **valorar** to value

7.2 Nos faltan deportistas y marinos

- **ahorrar** to save
- **alimentar** to feed
- **apoyarse (en)** to rely on
- el **bienestar** welfare
- **cambiar de residencia/sector** to change abode/sector
- **confiar** (*confío*) **en la inmigración** to rely on immigration
- el **contrato precario** contract offering poor conditions
- **correr riesgos** to run risks
- **cuidar a los mayores** to look after the elderly
- la **demanda interna** domestic demand
- **desempeñar un puesto** to perform a job
- **emprendedor** entrepreneurial
- el/la **entrenador/a deportivo/a** sports coach
- **envejecer** (*envejezco*) to age
- **estar** (*estoy*) **dispuesto (a)** to be prepared to
- la **frontera** border
- el/la **habitante** inhabitant
- **hacer** (*hago*) **falta** to be needed
- **jubilarse** to retire
- la **mano de obra cualificada** qualified workforce
- la **marina mercante** merchant navy
- el **marino** sailor
- el **mercado laboral** job market
- el **miedo al inmigrante** fear of immigrants
- la **oferta de trabajo** job offer
- **pagar impuestos** to pay taxes
- el **país receptor** destination country
- **perder** (*pierdo*) **población** to lose population
- el **plan de pensiones** pension scheme
- **retroceder** to go back
- **sobrevivir** to survive
- **tramitar la autorización** to process the authorisation

7.3 ¡Gracias por los deliciosos postres árabes!

- el **aceite** oil
- la **aceituna** olive
- el **albaricoque** apricot
- la **ampliación** extension
- el **arco** arch
- **arquitectónico** architectural
- el **arroz** rice
- el **azafrán** saffron
- la **berenjena** aubergine
- el **califato** caliphate (land ruled by a caliph)
- la **caligrafía** handwriting
- la **cocina española** Spanish cookery
- el **conjunto de edificios** group of buildings
- **crudo** raw
- **descifrar** to work out, to decipher
- **destacar** to highlight
- el **dulce** sweet, dessert
- **elaborar** to make, to prepare (food)
- la **facturación** turnover
- **generar** to create
- el **legado** legacy
- la **mejora** improvement
- los **musulmanes** Muslims
- **posterior** later
- el **postre** sweet, dessert
- la **producción alimentaria** food production
- la **reforma** alterations
- la **rehabilitación** restoration
- el **riego** irrigation
- **salado** salted, salty
- la **superficie** surface
- la **ubicación** location
- la **zanahoria** carrot

Tema 3: La inmigración y la sociedad multicultural española

Unidad 8

Los desafíos de la inmigración y de la integración en España

8.1 **Aprendemos gracias a las diferencias**
8.2 **'Lo siento... Ya está alquilado'**
8.3 **Inmigrantes. ¿Por qué tratarlos así?**

Theme objectives

In this unit you will study the impact of immigration on Spanish society. The following topics are covered:
- the impact of immigration on schools in local communities
- the housing conditions of immigrants in Spain
- the marginalisation and alienation that immigrants suffer

The content in this unit is assessed at A-level only.

Grammar objectives

You will study and practise the following grammar points:
- radical and orthographic changes in verbs
- expressions of time
- more uses of the subjunctive to express concession, emotion, possibility/probability or necessity

Strategy objectives

You will develop the following strategies:
- planning regular tasks for bringing your language up to A-level standard
- developing arguments from different angles
- inferring information from listening material such as interviews or reports

8.1 Aprendemos gracias a las diferencias

- Reflexionar sobre el impacto de la inmigración en la educación a nivel local.
- Usar los cambios ortográficos y radicales de algunos verbos.
- Planificar tareas habituales para alcanzar el nivel de A-level.

¡En marcha!

Saliendo del cole

1 Lee lo que dicen dos madres que han llevado a sus hijos, ahora en la universidad, a centros públicos.
Trabaja con tu compañero/a y responde a las siguientes preguntas:
- ¿Qué opinas sobre lo que dicen estas madres?
- ¿Hay alumnos de muchas nacionalidades en las aulas de tu país? Explica si te parece algo positivo o negativo y por qué.
- Si tienes alguna experiencia o anécdota personal, o de amigos o conocidos, sobre la diversidad de culturas y nacionalidades en las aulas, compártela con tu compañero/a.

> En el colegio de mis hijos ha habido inmigrantes de todas partes. Desde que eran muy pequeños han detectado (y asumido) las diferencias.

> Claro, igual que hay niños 'de aquí' que son muy diferentes a ellos: sus papás opinan diferente que los suyos, hacen cosas diferentes, comidas diferentes y ellos lo toman con total naturalidad.

Tema 3: La inmigración y la sociedad multicultural española

AS STAGE

Un amigo de cada país

Para quien conozca el panorama escolar español, a nadie le pasa ya desapercibido que nuestras aulas no son las que eran en, por ejemplo, los años 70, muy homogéneas en todos los sentidos. En mi clase, que no es necesariamente una excepción, una décima parte la componen alumnos inmigrantes, que evidentemente traen consigo sus rasgos, lenguas y culturas.

Me resultan injustas las numerosas acusaciones que se hacen al alumnado inmigrante: muestran un nivel de educación general más bajo que el de los españoles; afectan negativamente nuestras estadísticas globales en materia de educación; el abandono escolar es mayor entre ellos; se concentran en los colegios de zonas más humildes; nuestro sistema educativo se ve obligado a amoldarse a sus necesidades… .

Busquemos soluciones, pues —en mi experiencia— todo ello es cierto, pero no rotundamente. Lo que sí es indiscutible es que la realidad de nuestras aulas es ahora otra y el sistema educativo se ha de adecuar a ella. ¿Cómo? Primeramente, partiendo de la firme convicción de que el intercambio cultural es a priori una riqueza.

Os cuento algunas de las actividades que hacemos en clase: un desayuno conjunto con comida típica de diferentes países elaborada por las familias; confeccionar la bandera de su país de origen en casa para mostrarla a los otros alumnos; compartir historias, cuentos, imágenes, canciones y música de sus distintas culturas; hacer una exposición de objetos típicos de varios países; aprender a saludar en las diversas lenguas de los alumnos; señalar en el mapa su país de procedencia o inventar una canción colectiva sobre la multiculturalidad. Y después vienen las recompensas. Ayer un alumno se despidió y luego me dijo: 'Señorita, yo prefiero tener un amigo de cada país a que sean todos españoles.'

Estas vivencias, orientadas adecuadamente, tienen un gran valor. Sin embargo, si las políticas educativas no son sensibles a las distintas costumbres, tradiciones, religiones, lenguas, etc., esta situación corre el riesgo de convertirse en un problema de catastróficas consecuencias para nuestro país, y por tanto, para nuestra aulas.

Profesora con alumnos de varios países

2 a Elena, profesora, trabaja en un colegio de Valencia. Lee el artículo sobre lo que opina sobre la inmigración en las aulas. Busca las palabras o expresiones equivalentes a las siguientes, fijándote en el contexto.

1. inadvertido
2. número de alumnos que deja los estudios
3. con menos medios
4. adaptarse, hacer cambios para satisfacer
5. categóricamente
6. incuestionable, sin lugar a dudas
7. muestran empatía
8. salas donde se imparten clases o conferencias

2 b Lee el artículo de nuevo. Contesta las preguntas con tus propias palabras. Consulta la sección de Estrategia.

1. ¿Qué traen los emigrantes (al igual que los españoles) a las aulas? (3)
2. ¿Qué porcentaje de alumnos son emigrantes en la clase de Elena?
3. ¿Qué se espera que haga el sistema educativo?
4. ¿Está Elena de acuerdo con lo que se dice sobre los emigrantes?
5. Según Elena, ¿de qué debemos estar totalmente convencidos?
6. Nombra tres de las actividades que realiza Elena con sus alumnos. (3)
7. ¿A qué crees que se refiere Elena cuando dice: 'Y después vienen las recompensas.'?
8. Resume en una frase lo que dice Elena en el último párrafo.

Unidad 8 Los desafíos de la inmigración y de la integración en España

Gramática

Cambios ortográficos y radicales de algunos verbos (Radical and orthographic changes in verbs)

Study section G19 of the grammar section. In the article find:
  a three examples of radical changes
  b two examples of orthographic changes

Copy out the phrases containing the examples and translate them into English.
  c Can you explain the reason for each radical and orthographic change?

3 Elige la forma correcta del cada verbo para completar las frases.

1 El alumno [*pidió/pedí/pido*] perdón por haber hecho un comentario racista.

2 [*Conozcan/Conozco/Conoció*] a un hombre que puede ayudarme con la campaña anti-racista.

3 Hoy en día, la colectividad de inmigrantes argentinos [*sigue/siga/seguía*] siendo una de las más grandes de España.

4 Si cree que no hay discriminación contra los inmigrantes, [*busquen/busca/busque*] en Internet y verá.

5 Cuando [*llegues/llegas/llega*] al centro educativo, verás en seguida que la mayoría de los alumnos son inmigrantes.

6 No [*sirva/sirve/servirán*] de nada vivir despreciando a la gente de otra raza.

7 Ese chico que se [*reí/ríe/rio*] ayer del acento del inmigrante es racista.

8 Mucha gente [*niegue/niega/negamos*] ser racista, pero sus comentarios lo son.

4 a *Nos ven raros.* Escucha a tres estudiantes que nos hablan de su experiencia como inmigrantes. Identifica quién diría las declaraciones siguientes: Awa (A), Fanta (F) o Moussa (M).

1 La gente no entiende que se puede ser a la vez china y española.

2 No entiendo por qué me ignoran mis compañeras.

3 La experiencia de mis padres y la mía ha sido muy diferente.

4 Me molesta que siempre me anden preguntando sobre mi origen.

5 El color negro de mi piel a veces produce asombro.

6 Yo no necesito pintarme la cara para hacer de rey negro.

7 Estoy pasando una temporada difícil en mi nuevo colegio.

8 Probablemente en otras ciudades europeas me aceptarían como soy.

4 b Escucha de nuevo. Escoge la terminación correcta para completar estas frases. Consulta la sección de Estrategia.

1 Awa lleva una temporada corta…
   A sin ir al colegio.
   B hablando más con su madre.
   C fijándose más en su piel.
   D en una escuela diferente.

2 Awa no está cómoda en clase porque sus compañeras…
   A piensan que su madre es rara.
   B no le dirigen la palabra.
   C son todas negras.
   D no juegan a lo que ella quiere.

3 Fanta está molesto en clase, porque …
   A quiere vivir en París.
   B no ha nacido en España.
   C tiene compañeros chinos.
   D siempre le preguntan de dónde es.

4 A Fanta le gustaría que la gente no pensara que…
   A es de Londres o París.
   B ella puede ser europea.
   C todos los españoles tienen que ser blancos.
   D los chinos tienen que ir a una escuela diferente.

Tema 3: La inmigración y la sociedad multicultural española

5 Según Moussa,…
  A sus padres se asentaron rápidamente en España.
  B no todos los alumnos pintan.
  C estudiar en España está fenomenal.
  D las clases son demasiado homogéneas.

6 Es cierto que…
  A Awa tiene la piel blanca.
  B Fanta no es china ni española.
  C Moussa va a hacer de Rey Mago.
  D no hay alumnos de Asia en la clase de Moussa.

AS STAGE

Estrategia

Planning regular tasks for bringing your language up to A-level standard

- Don't leave revising to the last minute — learning takes time!
- Rewrite your notes from class to help you memorise content.
- Mind maps are also a very convenient device to study in a structured way.
- Do past papers and familiarise yourself with the task types to reduce stress on the day of the exam.
- Always have a dictionary and a good grammar guide with you when you study.
- Practise grammar points.
- Learn topic vocabulary, working on synonyms to extend vocabulary.
- Listen to Spanish spoken at normal speed for a short while every day.
- Prepare a schedule to plan what you will revise and when you will do it.
- Make a note of your queries and ask your teacher about them!

Prepare for the exam, focusing on the exercise types that are used, such as 2b, 4b and 5. Follow the tips above.

5 Translate the following text into English. Remember to consult the strategy.

Educación y experiencia para la vida

A veces me pregunto qué enseñan a los niños en el colegio. Yo personalmente a mis hijos, además de a saber mucho y a ser educados, les quiero enseñar a vivir. Sí, la educación es también diversidad, aceptar y convivir con lo diferente, la riqueza cultural que aportan otros niños inmigrantes, el respeto y la consideración de esos niños para con sus padres y sus amigos. No podemos proteger siempre a nuestros hijos; debemos sopesar los beneficios educativos, frente a los beneficios de experiencias de vida, que es lo que sí les va a ayudar en el futuro y les va a hacer mejores personas.

Texto adaptado de: '¡Pero cómo voy a llevar a mi hijo a un colegio lleno de inmigrantes!', Javier Segura saludpublicayotrasdudas.wordpress.com, 13 de septiembre de 2014

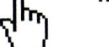

6 a Piensa en cómo puede adaptarse la población inmigrante a las escuelas españolas en relación:
  - al idioma
  - a la religión
  - a los horarios
  - a las comidas
  - a las costumbres

Elige uno de los puntos y busca en Internet información/ejemplos. Toma notas.

6 b Haz una breve presentación al resto de la clase sobre el tema elegido.

6 c Escribe un párrafo sobre el impacto de la inmigración en las aulas españolas.

Unidad 8 Los desafíos de la inmigración y de la integración en España

8.2 'Lo siento... Ya está alquilado'

- Reflexionar sobre la vivienda de la población inmigrante en España.
- Usar expresiones temporales.
- Desarrollar argumentos desde distintos puntos de vista.

¡En marcha!

1 a Piensa en los inmigrantes indigentes o con pocos medios.
- ¿Dónde suelen vivir?
- ¿Qué problemas crees que sufren respecto al alojamiento?
- ¿Varían estas dificultades según en qué país estén? ¿En qué sentido?
- ¿Qué probabilidades tienen de resolver esos problemas?

1 b Trabaja con tu compañero/a y coméntale tus reflexiones. Luego haz una lista de problemas (con relación a la vivienda) que pueden experimentar los inmigrantes indigentes o con pocos medios.

Hacinamiento en los hogares

'IDEAL PARA INMIGRANTES'

La historia de Watutu

Watutu, de Togo, después de (**1** ....) y pasar un año y medio en Cádiz, fue a parar, con otros tres 'sin papeles' como él, a Guadalajara. Hace al menos un año, llegó a Torrejón de Ardoz. Allí vive en un piso minúsculo con otros catorce compañeros. 'Vive' es un decir; solamente puede llegar a dormir. 'Antes vivía en un piso donde tenía derecho a llegar a cualquier hora y a cocinar pero el dinero ya (**2** ....) para eso,' argumenta.

Se buscó otro lugar: uno donde alquilan un espacio para dormir, lo que se conoce como (**3** ....). Uno sale del lecho, otro entra y los gastos bajan. Va por turnos. 'Desde que empezó la crisis sólo me da para alquilar una cama por turnos,' señala. El suyo es el de 23:00 a 07:00.

Viviendas deplorables para algunos inmigrantes

Watutu lleva siempre el mismo jersey gris con (**4** ....), vaqueros y zapatos gastados, guantes y gorra. Evita la (**5** ....) de los metros y huye siempre que ve un coche de la policía. Prefiere esta vida y alimentarse de yogur y cacahuetes de vez en cuando a volver a su país. Espera cumplir los tres años de estancia para regularizar su situación. Dice que 'ya le falta poco'.

La historia de Mohamed

Mohamed Saykouk es marroquí, residente en Málaga. Vive en un piso de tres dormitorios y 90 metros cuadrados con su pareja y cuatro hijos. Hace cuatro meses, cuando decidió comenzar la búsqueda del que hoy es su hogar, le dio pereza. Pensó en cuántas puertas tendría que tocar antes de encontrarlo. Sabía que su nombre, su acento y sus (**6** ....) marcarían la diferencia a la hora de encontrar buenas ofertas.

'Estuve dos meses buscando casa. No porque no encontrara una a mi gusto, sino "por (**7** ....)". Hay gente que directamente te dice que no alquila a extranjeros, sin importar los números de la cuenta bancaria. También hay gente que, por no decirte que no directamente, te pide a una persona española que te (**8** ....) el piso. Otras veces dicen que ya está alquilado, aunque no quitan el anuncio.'

Textos adaptados de: 'Desde que empezó la crisis sólo puedo alquilar una cama por horas, elmundo.es, 21 de junio de 2010 y 'Se alquila piso', eldiario.es, 29 de enero de 2014

Tema 3: La inmigración y la sociedad multicultural española

A-LEVEL STAGE

2 a Lee el folleto sobre la experiencia de Watutu y Mohamed con la búsqueda de una vivienda. Complétalo con las palabras del recuadro. ¡Cuidado! Sobran palabras.

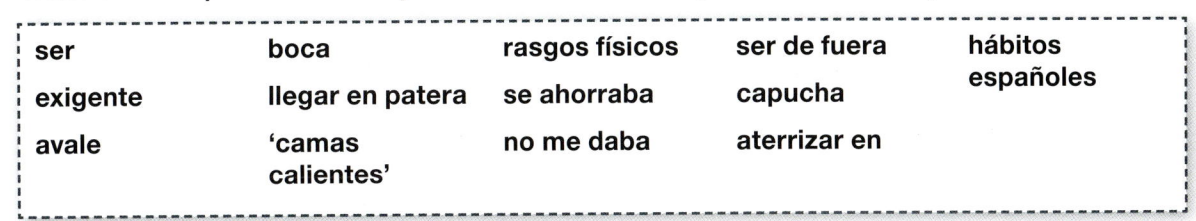

ser	boca	rasgos físicos	ser de fuera	hábitos españoles
exigente	llegar en patera	se ahorraba	capucha	
avale	'camas calientes'	no me daba	aterrizar en	

2 b Lee el folleto de nuevo. Escoge la terminación correcta para completar estas frases.

1. Watutu llegó a España en…
   - A avión.
   - B autobús.
   - C una embarcación muy precaria.
   - D coche.

2. Desde que empeoraron los tiempos, Watutu comparte con otros inmigrantes…
   - A la cocina.
   - B el sueldo.
   - C el coche.
   - D la cama.

3. El turno de Watutu para usar la cama dura…
   - A siete horas.
   - B 23 horas.
   - C ocho horas.
   - D 23 días.

4. Watutu tiene esperanza de poder…
   - A comprarse más ropa.
   - B regularizar su situación.
   - C llevarse algo a la boca.
   - D llevarse bien con la policía.

5. Mohamed Sayyouk vive en Málaga…
   - A sin pareja.
   - B con su familia.
   - C con los hijos de su pareja.
   - D en un chalet.

6. 'Pensó en cuántas puertas tendría que tocar antes de encontrarlo' quiere decir que…
   - A lo encontraría muy rápido.
   - B le costaría mucho esfuerzo obtenerlo.
   - C habría pocos alojamientos con puerta.
   - D tenía que comprobar la calidad de las puertas.

7. Mohamed es consciente de que…
   - A los españoles también buscan casa.
   - B le ofrecen viviendas mejores por su origen.
   - C no va a encontrar una casa que le guste.
   - D le discriminan por ser inmigrante.

8. Cuando tuvo que cambiar de casa, no tenía ganas de buscar porque…
   - A lo que quería era vivir en Marruecos.
   - B alquilan muy pocos pisos.
   - C si eres inmigrante, muchos no te van a dar el piso aunque tengas dinero suficiente para pagar el alquiler.
   - D siempre le hacen demasiadas preguntas.

3 Traduce el texto siguiente al español.

Living with dignity?

In cities such as Madrid, in the Lavapiés quarter in particular, there are many overcrowded flats. In the majority of these flats many immigrants live crammed into a few square metres. The owners of these flats rent them to large numbers of immigrants. They do so outside of the law, via the black market, with no contract to legalise the situation of the tenant. And what happened to the principle that we all have the right to live with dignity? It's obvious that sometimes we 'look the other way' to avoid seeing a disheartening reality. The struggle of some NGOs to identify these kinds of flats is constant, but they don't always achieve their aim.

Unidad 8 Los desafíos de la inmigración y de la integración en España

Gramática

Las expresiones temporales (Expressions of time)

Study sections E1 and N of the grammar section.
a Find in the brochure five examples of expressions of time.

Copy out the phrases containing the examples and translate them into English.
b What do you notice about the construction used in some time expressions?

4 Rellena los espacios con una de las palabras del recuadro. Cada palabra se usa solo una vez.

```
por
desde
hace
antes
durante
lleva
que
hacía
```

1 .... tres meses, Mohamed llegó a España y aún no ha encontrado trabajo.
2 .... la crisis fue casi imposible conseguir un trabajo fijo.
3 .... 2015 la situación laboral en España ha ido mejorando paulatinamente.
4 Desde .... Watutu llegó a Canarias tiene que compartir su cama con otros compañeros de su país.
5 María .... un año viviendo en una casucha con sus tres niños.
6 Se levanta .... la mañana temprano y trabaja hasta la noche.
7 Trabajaba en la empresa desde .... muchos años sin tener seguridad en el empleo.
8 .... era posible alquilar un piso sin problema; ahora no.

5 a *Una prueba muy elocuente.* Escucha a Gaya, una voluntaria de la ONG Provivienda, que apoya al inmigrante a la hora de encontrar una vivienda digna. Fíjate en el contexto e identifica los términos equivalentes a los siguientes.

1 yo puedo constatar
2 una situación muy triste
3 al detectar que no son españoles
4 revelar oficialmente las injusticias
5 vestimenta
6 igual sueldo
7 la forma de dirigirse a alguien
8 se da por hecho

Material utilizado por la ONG Provivienda

5 b Escucha de nuevo. Contesta las preguntas con tus propias palabras.

1 Describe lo que significa condiciones de 'hacinamiento'.
2 ¿Qué ocurre con los estudios si no se vive en condiciones dignas?
3 ¿Qué les hacen a los inmigrantes, además de decirles que el piso está ya alquilado?
4 ¿Qué se oculta cuando una vivienda se alquila como 'ideal para inmigrantes'? (2)
5 Describe en qué consistió la prueba que hizo *Provivienda*. (2)
6 ¿Cuál fue el resultado?
7 ¿De qué tienen injustificada fama los inmigrantes? (3)
8 ¿Por qué no se puede hablar en términos generales sobre los inmigrantes?

Tema 3: La inmigración y la sociedad multicultural española

A-LEVEL STAGE

6 Translate the following passage into English.

Van a conformarse

Nuestra asociación se asegura de que los propietarios alquilan su casa a alguien porque puede pagarla, y que no decidan en función del origen o el color de piel de quien la alquila. Ayudamos a los inmigrantes a realizar búsquedas en Internet, porque son personas que tienen un acceso muy limitado. Hacemos las llamadas a los propietarios o agencias, concertamos visitas y les acompañamos. Los propietarios se muestran así menos desconfiados y evitamos también que se les ofrezcan casas en malas condiciones o exigencias absurdas pensando que, porque son inmigrantes, van a conformarse.

Texto adaptado de: '"Se alquila piso" (abstenerse extranjeros)', eldiario.es, 29 de enero de 2014

Estrategia

Developing arguments from different angles

The ability to develop and sustain an argument is essential at A-level. You should:
- Decide what your standpoint is on the question.
- Think through what the main points of your argument should be.
- Support your points with evidence. Show that you are aware of counter-arguments and think about the answers to them.
- Say which point of view you agree with and why.
- Use specific expressions such as: *se ha afirmado que, las estadísticas demuestran que…, este planteamiento se viene abajo si…, la conclusión es que…, bajo mi punto de vista…*

Follow this guidance when tackling exercise 7b.

7 a Lee los carteles y comentarios e investiga en Internet la situación de los inmigrantes con respecto a la vivienda en España. Toma notas.

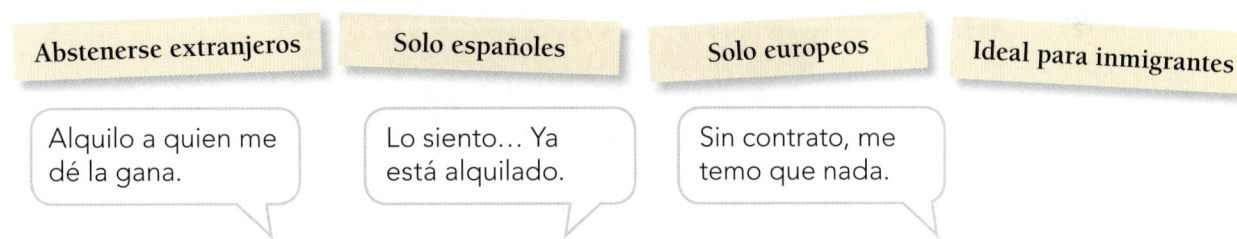

- Abstenerse extranjeros
- Solo españoles
- Solo europeos
- Ideal para inmigrantes

- Alquilo a quien me dé la gana.
- Lo siento… Ya está alquilado.
- Sin contrato, me temo que nada.

7 b Lee las siguientes preguntas y decide cuál es tu opinión. Toma notas para ayudarte a justificar tu punto de vista y coméntalo con tu compañero/a. Recuerda consultar el recuadro de Estrategia.
- ¿Qué opinas de que este tipo de frases aparezcan en los anuncios para buscar vivienda en España?
- ¿Qué se detecta en el lenguaje utilizado? ¿Por qué?
- ¿Quién crees que diría los comentarios? ¿Por qué?
- ¿A quién van dirigidos?

7 c Escribe un párrafo resumiendo la situación de la vivienda para la población inmigrante en España y tu punto de vista al respecto.

Unidad 8 Los desafíos de la inmigración y de la integración en España

8.3 Inmigrantes. ¿Por qué tratarlos así?

- Reflexionar sobre la marginación y alienación que sufren los inmigrantes.
- Aprender más usos del presente de subjuntivo para expresar concesión, emoción, posibilidad/probabilidad o necesidad.
- Deducir información de material auditivo como entrevistas o reportajes orales.

¡En marcha!

1 Observa esta foto. Trabaja con tu compañero/a y responde a las siguientes preguntas:
- ¿Qué representa?
- ¿Por qué crees que se han utilizado dos colores diferentes?
- ¿De qué países piensas que vienen los inmigrantes a España?
- ¿Qué razones sospechas que tienen para dejar su país y venir a España?

Tema 3: La inmigración y la sociedad multicultural española

Ni unos tristes guantes…

Según un estudio elaborado por la consultoría Sortzen, las empleadas domésticas 'de fuera', además de soportar precarias condiciones laborales que rozan, en algunos casos, la explotación, han de lidiar a diario con el acoso sexual de sus empleadores. Es triste que el tormento para estas mujeres emigrantes sea doble. Quizá no te sorprenda que el 64% de las que reconoció haber vivido acoso sexual crea que esta situación tiene relación con su condición de mujeres migradas.

El estudio incorpora testimonios reales. Entre las que no reconocieron ser víctimas de acoso sexual, sus relatos expresan lo contrario: 'Me alegra que el señor que me contrate para limpiar la casa, pero no que me ofrezca más si me quedo con él'; 'Me ofende que el abuelo al que cuido hable de mi cuerpo con cierto morbo'; '¿Puedes creer que el hijo de donde trabajo entre en mi habitación como si fuera la suya?'; 'Son insinuaciones a todas horas'.

Las ofensas de otra naturaleza están a la orden del día: 'No me dejan salir sola de casa a no ser que sea para bajar la basura, ni me permiten usar el baño para asearme'; 'En la casa donde trabajamos necesitamos que nos compren guantes para los quehaceres; aunque tengamos las manos estropeadas y heridas de no utilizarlos, siguen diciendo que son muy caros'; 'Tuve que trabajar después de una operación de cataratas tras la cual no vi ningún día de descanso'; 'Me acusan caprichosamente de robar dos rollos de papel higiénico y me humilla que pongan cámaras de vigilancia por la casa'. Ante esta actitud, son pocas o ninguna las que denuncian por miedo a desvelar su situación irregular.

Posiblemente las empleadas del hogar migradas sean uno de los colectivos más vulnerables y desprotegidos ante la violencia sexista. El 87% de las trabajadoras de hogar en Euskadi son extranjeras, y el 46% de ellas trabaja en régimen de internas. Más de un tercio está en la economía sumergida, el 77% de las internas tiene jornadas de más de 60 horas y varias llegan hasta las 24 horas diarias, todos los días de la semana.

Texto adaptado de: 'Empleada del hogar e inmigrante, 'candidata' a explotación laboral y sexual', eldiario.es, 11 de enero de 2015

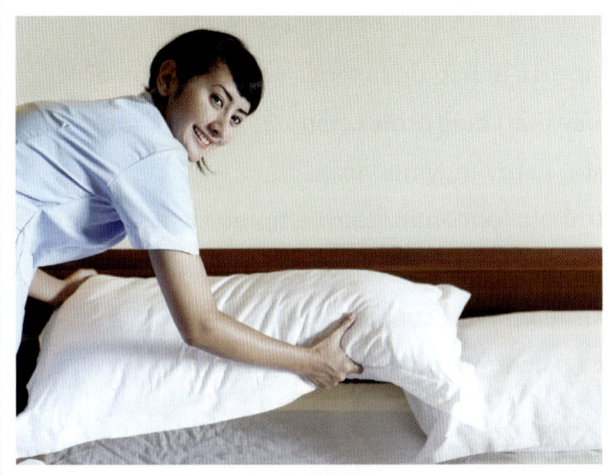

Mujer hispana trabajando en un hotel

2 a Lee el artículo sobre las lamentables vivencias de algunas empleadas domésticas emigrantes. Localiza las expresiones equivalentes a las siguientes:

1. inseguras
2. se asemejan demasiado a
3. enfrentarse
4. interés malsano
5. las tareas
6. castigadas
7. alojándose en el lugar donde las emplean
8. clandestina

2 b Lee el artículo de nuevo. Cuatro de las siguientes declaraciones son correctas. ¿Cuáles son?

1. Según la consultoría Sortzen, las empleadas domésticas españolas se sienten explotadas.
2. Las mujeres emigrantes que trabajan como empleadas domésticas tienen quejas graves.
3. Las mujeres que sufren acoso no creen que ello tenga algo que ver con su origen.
4. Algunas mujeres no aceptan haber sido acosadas, pero sus declaraciones sugieren que sí.
5. Una de las mujeres declara que se siente constantemente perseguida, aunque sea indirectamente.
6. Estas mujeres solamente se sienten ofendidas en lo que se refiere a aspectos sexuales.
7. No sienten que encontrarse en situación irregular suponga una amenaza.
8. La totalidad de las empleadas domésticas en Euskadi provienen del extranjero.
9. Hay mujeres que llegan a trabajar todas las horas del día.

Unidad 8 Los desafíos de la inmigración y de la integración en España

Gramática

Usos del subjuntivo para expresar concesión, emoción, posibilidad/probabilidad o necesidad (Uses of the subjunctive to express concession, emotion, possibility/probability or necessity)

Read section G14.5 of the grammar section and then focus on the article.

Identify five forms of the subjunctive using different verbs. Note down the phrases containing the examples and translate them into English. On each occasion, give a reason for the use of the subjunctive.

3 Rellena los espacios con la forma correcta del presente del verbo entre paréntesis.

1 No se puede negar que [*haber*] casos de acoso sexual entre los empleadores de algunas inmigrantes.

2 ¿Es necesario que te [*explicar*] cómo se comporta el hijo de la familia donde trabajo?

3 Me parece que las empleadas del hogar [*necesitar*] más protección.

4 Quiero que tú me [*acompañar*] a la entrevista. Estoy muy nerviosa.

5 Es probable que la empleada que dejó su trabajo [*encontrar*] otro empleo dentro de poco.

6 Ella sigue trabajando como empleada doméstica, a pesar de que le [*pagar*] mal.

7 No voy a seguir trabajando allí a menos que [*mejorar*] las condiciones de trabajo.

8 Me alegra que tus vecinos te [*haber*] ofrecido un contrato para limpiar su casa.

Estrategia

Inferring information from listening material such as interviews or reports

- Inference, or 'listening between the lines' is an important skill. It involves listening for information that is not directly stated.
- Read the instructions/questions carefully before you listen to the recording.
- Listen for connections in the detail of the recording.
- Remember that understanding nuances of meaning will be important in this kind of task.
- Use clues such as the speaker's tone or word choice to identify the implicit message.
- Listen out for distractors, which you may wrongly believe to be correct information.
- Listen to the recording as many times as you need to; use the transcript if you get stuck during this stage of the course, but remember that you will not have access to a transcript in the exam.

Follow this guidance when answering exercise 4a.

Tema 3: La inmigración y la sociedad multicultural española

A-LEVEL STAGE

4 a Escucha la primera parte de la entrevista. Responde a las preguntas con tus propias palabras.

1. ¿Cuáles son las claras ventajas que ha notado Yessica en España? (2)
2. ¿Cómo ha cambiado la percepción de los inmigrantes en los últimos años?
3. ¿Por qué no vuelve Yessica a Perú?

4 b Escucha la segunda parte de la entrevista y contesta las siguientes preguntas en español, con tus propias palabras. Escribe frases completas y verifica el trabajo con cuidado para asegurarte de que el lenguaje es correcto.

1. Resume por qué vino Diana a vivir a España. (2)
2. Resume lo que dice Osiris sobre la crisis. (4)

Trabajadores extranjeros recogiendo uvas

5 Traduce el texto siguiente al español.

The profile of immigrants in Spain

The immigrant population in Spain is divided into two very dissimilar categories:

- People coming from Andean countries, Africa, Eastern Europe, and Asia have all the characteristics of economic migrants. They are young, have recently arrived and take low-qualified jobs. They are more likely to be discriminated against.

- Immigrants from developed countries come with a high level of education, have arrived after retirement or belong to single-person households with jobs in sectors that require high qualifications. They tend to be more respected.

6 a Busca información en Internet sobre las condiciones en las que trabajan los inmigrantes y sobre cómo se sienten. Ten en cuenta estos puntos:
- tipos de trabajo que realizan
- número de horas que trabajan
- condiciones laborales (contratos, legalidad, trato)
- impresiones personales (qué piensan y sienten)

6 b Comenta lo que has averiguado primero con tu compañero/a. Luego haz una presentación al resto de la clase.

6 c Teniendo en cuenta lo que has aprendido sobre la marginalización y alienación de los inmigrantes en la sociedad española, escribe un párrafo sobre el trato que reciben. Incluye tu punto de vista sobre cómo se podría mejorar la situación. No te olvides de utilizar el subjuntivo.

Unidad 8 Los desafíos de la inmigración y de la integración en España

Vocabulario

8.1 Aprendemos gracias a las diferencias

- el **abandono/fracaso escolar** school failure
- **adecuarse** to adapt
- **asentarse** (*me asiento*) to settle down
- **asumir las diferencias** to accept the differences
- la **anécdota personal** personal anecdote
- el **aula (f.)** classroom
- la **campaña anti-racista** anti-racism campaign
- **confeccionar una bandera** to make a flag
- **correr el riesgo** to run the risk
- **dejar los estudios** to drop out of school
- **despreciar** to despise
- **detectar las diferencias** to spot the differences
- la **discriminación** discrimination
- **estar** (*estoy*) **discriminado** to be discriminated against
- **estar** (*estoy*) **molesto** to be ill at ease
- **fijarse en** to pay attention to
- **hacer** (*hago*) **acusaciones** to accuse
- **hacer** (*hago*) **una exposición** make a presentation
- el **intercambio cultural** intercultural exchange
- **llevar a un centro público** to take to a state school
- **pasar desapercibido** to go unnoticed
- **poder** (*puedo*) **pasar por** to be able to pass oneself off as
- la **procedencia** origin
- **reírse** (*me río*) **del acento** to make fun of the accent
- **resultar injusto** to be unfair
- la **riqueza cultural** cultural richness
- la **sensibilidad** sensitivity
- **señalar en el mapa** to point out on the map
- el **sistema educativo** education system
- **sopesar los beneficios** to weigh up the benefits
- **traer** (*traigo*) **consigo** to bring with oneself
- **ver raro** to find strange
- una **zona humilde** a poor area

8.2 'Lo siento... Ya está alquilado'

- el/la **arrendador/a** landlord/landlady
- **avalar** to act as a guarantor
- el **barrio** neighbourhood
- **cambiar de casa** to move house
- **costar** (*me cuesta*) **esfuerzo** to be an effort
- **dar** (*doy*) **fe** to vouch for
- **dar** (*doy*) **para…** to be enough to…
- **deplorable** disgraceful
- la **fianza** deposit
- **gastado** worn out
- el **hacinamiento** overcrowding
- **huir** (*huyo*) to flee
- el **inquilino** tenant
- la **indumentaria** attire
- **insalubre** insalubrious
- **ir** (*voy*) **a parar a** to end up
- **ir** (*voy*) **por turnos** to work in turns
- **llegar en patera** to arrive in a dinghy
- **marcar la diferencia** to make the difference
- la **persona indigente** destitute person
- la **pobreza energética** energy poverty
- **quitar el anuncio** to remove the ad
- el **rasgo físico** physical feature
- **regularizar su situación** to make one's situation legal
- **ser** (*soy*) **de fuera** to be foreign
- un **'sin papeles'** illegal person
- **soler** (*suelo*) **hacer algo** to usually do something
- el **suministro** supply
- **tener** (*tengo*) **derecho a** to have the right to
- **tener** (*tengo*) **esperanza** to have hope
- una **vivienda digna** respectable dwelling

8.3 Inmigrantes. ¿Por qué tratarlos así?

- el **acoso sexual** sexual harassment
- **acusar caprichosamente** to accuse randomly
- **alegrarse de** to be pleased about
- la **amenaza** threat
- la **cámara de vigilancia** surveillance camera
- el **colectivo vulnerable** a vulnerable group
- las **condiciones laborales** work conditions
- **dejar su país** to leave one's country
- el **día de descanso** day off
- la **economía sumergida** black economy
- la **empleada doméstica/del hogar** housemaid
- **humillar** to humiliate
- el **índice de criminalidad** crime rate
- la **insinuación** insinuation
- la **interna** live-in maid
- la **jornada (laboral)** working day
- la **jubilación** retirement
- **lidiar a diario** to struggle every day
- la **mano de obra barata** cheap workforce
- **no denunciar por miedo** not to report to the police out of fear
- **quedarse** (*me quedo*) to stay
- los **quehaceres** chores
- **sentirse** (*me siento*) **explotado** to feel exploited
- **ser un estorbo** to be a hindrance
- la **situación irregular** illegal situation
- **superarse** to improve oneself
- **tener** (*tengo*) **quejas** to have complaints
- el **testimonio** account, proof
- **tomárselo con tranquilidad** to take it easy
- el **tormento** suffering

Tema 3: La inmigración y la sociedad multicultural española

Unidad 9

La reacción pública y social a la inmigración

9.1 **Las vidas detrás de las políticas de inmigración**
9.2 **Y tú, ¿qué opinas de la inmigración?**
9.3 **La España plural del futuro**

Theme objectives

In this unit you will study public reaction to immigration and its social impact. The following topics are covered:
- immigration policies
- public opinion on immigration in Spain
- the future impact of immigration on Spanish society

The content in this unit is assessed at A-level only.

Grammar objectives

You will study and practise the following grammar points:
- use of the past participle
- cardinal and ordinal numbers
- subordinating conjunctions (with indicative or subjunctive)

Strategy objectives

You will develop the following strategies:
- weighing up opinions and drawing conclusions
- improving fluency in spoken Spanish
- employing a variety of complex grammatical structures

9.1 Las vidas detrás de las políticas de inmigración

- Reflexionar sobre las políticas en materia de inmigración.
- Uso del participio pasado.
- Sopesar opiniones y sacar conclusiones.

¡En marcha!

1 Lee el anuncio de la ONG ACULCO y comenta con tu compañero/a:
- ¿Piensas que lo que el gobierno ofrece a los ciudadanos latinoamericanos es suficiente? ¿Por qué sí/no?
- ¿Qué perspectivas crees que tendrán en su país de origen?
- Si te pones en su situación, ¿te interesaría acogerte a este plan? Justifica tu respuesta.

PROGRAMA DE RETORNO VOLUNTARIO

¿Quieres regresar a tu país? En ACULCO podemos ayudarte.

Si eres **ciudadano latinoamericano en situación irregular** y llevas **al menos seis (6) meses** en España, puedes acogerte a nuestro programa de retorno voluntario "Proyecto Hogares II"

TE OFRECEMOS
- Ayuda de 450 euros
- Billete de avión
- Gestión de documentos
- Asesoría jurídica
- Apoyo psicológico

INFÓRMATE en el **915 982 314**

O bien pregunta directamente en nuestras oficinas:
C/ **ALBENDIEGO 24**, locales 4 y 5. Madrid
Metro: Ventilla (L9) y Plaza de Castilla (L1, L9, L10)
PSICOLOGIA@ACULCO.ORG / SOCIAL@ACULCO.ORG

Oportunidad de regresar a tu país de origen (Imagen de ACULCO)

No bajes ni a comprar tabaco

El pasado 5 de agosto se produjo una nueva deportación con destino a Nigeria y Senegal desde Barajas. Hemos podido hablar con tres personas, entre ellas dos mujeres nigerianas que relatan que fueron detenidas junto a su casa en las 48 horas previas a la salida del avión: se encontraron al salir de su domicilio a policías secretas que estaban en ese preciso lugar para detenerlas. Una de las mujeres había sido detenida en fechas recientes por no tener papeles, pero el juzgado no decretó su internamiento y quedó en libertad. Está clara entonces la estrategia de detenerla de nuevo en las últimas horas previas a un vuelo, para deportarla sin necesidad de ir a sede judicial para solicitar su internamiento.

Es muy posible que las dos mujeres nigerianas hayan sido víctimas de trata, por lo que su deportación puede acarrearles gravísimas consecuencias. Por desgracia, la actuación policial se corresponde con lo habitual: el Estado español deporta cotidianamente a mujeres víctimas de trata.

Había además un chico senegalés detenido junto a su casa. Ya había sufrido internamiento en un Centro de Internamiento de Extranjeros (CIE). Esta vez se lo llevaron ocho policías que le interceptaron cuando bajaba a comprar tabaco y subieron a su casa en busca de su pasaporte. No lo encontraron, pero no hizo falta: la embajada de Senegal, cómplice en las deportaciones, firmó el salvoconducto necesario para practicar la expulsión.

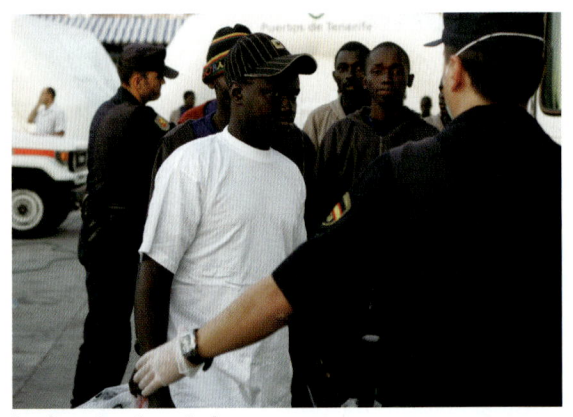

Inmigrantes deportados

Así dicen algunos que funciona la maquinaria de las deportaciones: redadas racistas para llenar vuelos, listas policiales de nacionales de los países de destino de los aviones, y empujones a la fuerza en un avión.

Al parecer, aun decretada la ley, la actuación policial en el aeropuerto y el avión se caracterizó por los insultos: 'negro de mierda, vete a tu casa'; por atar de pies y manos a las personas que se resistían o que simplemente estaban más nerviosas, y por apretar el cuello de quien alzase la voz.

Texto adaptado de: 'Frontex y los vuelos de deportación: lo que no nos enseñan', eldiario.es, 24 de septiembre de 2014

Tema 3: La inmigración y la sociedad multicultural española

A-LEVEL STAGE

2 a Lee el artículo sobre la deportación de dos nigerianas y un senegalés. Busca el equivalente a las siguientes expresiones. Fíjate en el contexto.

1. estar documentado
2. reclusión
3. prostitución
4. traer consigo
5. fue necesario
6. permiso
7. incursiones
8. empellones
9. poner una cuerda alrededor
10. presionar

2 b Escoge la terminación correcta para completar estas frases.

1. Dos mujeres de Nigeria fueron detenidas .... antes de su deportación.
   - A dos horas
   - B 24 horas
   - C ocho horas
   - D dos días

2. Las dos mujeres se encontraron con .... al salir de su casa.
   - A agentes clandestinos
   - B tres personas
   - C dos senegaleses
   - D la guardia civil

3. A una de las mujeres le había parado ya la policía…
   - A el año pasado.
   - B hacía poco.
   - C varias veces.
   - D y la habían internado.

4. Si las mujeres han estado implicadas en tráfico sexual,…
   - A las deportan a Senegal.
   - B les regularizan su situación.
   - C su vida se complica aún más.
   - D les conviene entenderse con la policía.

5. Había un chico de Senegal que…
   - A se quedó con su familia.
   - B también fue detenido.
   - C se refugió en un CIE.
   - D se lo tomaba mejor y no sufría.

6. Al chico senegalés lo detuvieron, cuando salió a…
   - A renovarse el pasaporte.
   - B casa de un amigo policía.
   - C obtener cigarrillos.
   - D comprobar que la policía no andaba por allí.

7. Se cree que la Embajada de Senegal…
   - A firma ciertos documentos para proteger a los senegaleses.
   - B ofrece permisos de forma arbitraria.
   - C discrimina a los inmigrantes no senegaleses.
   - D colabora directamente en las deportaciones.

8. Se tiene constancia de casos en los que…
   - A la policía maltrata a los deportados.
   - B no se completan los vuelos.
   - C los inmigrantes se enfrentan con la autoridad.
   - D los agentes protegen a los inmigrantes.

Unidad 9 La reacción pública y social a la inmigración

Gramática

El participio pasado (The past participle)

Study section G12 of the grammar section.
a Find in the article five examples of past participles.

Copy out the phrases containing the examples and translate them into English.
b Can you explain when the past participle agrees in number and gender and when it does not?

3 Completa las frases seleccionando del recuadro el participio más adecuado. Puede ser participio del verbo, adjetivo o sustantivo.

1 El Gobierno ha .... a seis de los participantes en el motín que tuvo lugar el .... sábado.

2 La ley prevé la expulsión de los extranjeros .... por .... delitos.

3 Los .... se produjeron en el aeropuerto de Barajas, cuando un inmigrante entró en un avión de Iberia.

4 Si miramos la política del Partido Popular sobre la inmigración, encontraremos una sección exclusivamente .... a .... tema.

5 La .... de inmigrantes a las costas españolas se ha reducido recientemente.

6 El Gobierno ha .... destinar 2,1 millones de euros para reforzar las vallas fronterizas de Ceuta y Melilla.

7 Fueron .... 42 adultos y un bebé de una patera .... en el Mediterráneo.

8 El líder del grupo que organizó un viaje de dos pateras renunció a su abogado, mientras otros dos .... no han .... ante el tribunal.

---

pasado
hechos
rescatados
acusados
reservada
aprobado
expulsado
perdida
comparecido
arrestados
dicho
supuestos
llegada

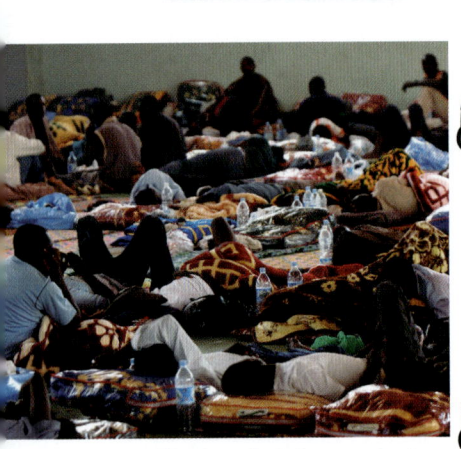

---

4 a *Su situación de indefensión impresiona.* Escucha la primera parte de la entrevista y contesta las preguntas con tus propias palabras.

1 ¿Qué significa 'por el mero hecho de estar en la calle'?
2 Describe el caso de la mujer de Ucrania, según Pau. (2)
3 Escribe tres de las características de la vida en los CIE, según Pau. (3)

4 b Ahora escucha la segunda parte de la entrevista. Contesta las preguntas con tus propias palabras. Escribe en frases completas y verifica el trabajo con cuidado para asegurarte de que el lenguaje es correcto.

1 Resume las condiciones higiénicas y sanitarias en las que viven algunos inmigrantes. (2)
2 Resume lo que se dice en relación a los malos tratos. (2)

Centro de Internamiento de Extranjeros (CIE)

Tema 3: La inmigración y la sociedad multicultural española

A-LEVEL STAGE

5 Translate the following passage into English.

El retorno voluntario

La actual situación de crisis económica que castiga a muchos inmigrantes, reduce considerablemente sus posibilidades de empleo y, como consecuencia, su capacidad de mandar dinero a las familias en los países de origen. A veces incluso llega a ser difícil mantenerse en España ellos mismos, en especial si ya no pueden cobrar ningún tipo de prestación social. En esta situación la posibilidad del retorno voluntario puede considerarse como una solución. La salida de España no siempre implica la vuelta a sus lugares de procedencia, también puede ser hacia terceros países donde los emigrantes creen que pueden continuar sus proyectos de mejora de vida.

Texto adaptado de: 'Emigración de retorno y crisis en España', ub.edu

Estrategia

Weighing up opinions and drawing conclusions

- Remember that this is a key skill in both speaking and writing.
- The key is to develop an approach which looks at arguments and evidence and which lays aside personal views and feelings.
- Do not take what you hear or read at face value.
- Assess the evidence and decide if it is valid.
- Draw conclusions from the evidence.
- Analyse and criticise the argument, noting pros and cons.
- Do the points follow through logically, or can you spot flaws?
- Are there signs of bias or persuasion?
- Think about alternative arguments and draw your conclusions.
- Use language for giving and reacting to different opinions and for summing up: *tras analizar los distintos puntos de vista…*, *no debemos olvidar que…*, *en resumen*, *para concluir*, etc.

Follow this advice when tackling exercises 6b and 6c.

6 a Trabaja con tu compañero/a. Localiza en Internet información sobre la Ley de Extranjería. Atiende a los siguientes puntos:
- en qué consiste esta ley
- desde cuándo existe

Cita entre tres y seis de los derechos y libertades que otorga (Ley Orgánica 4/2000 – Extranjería)

Ahora busca en Internet algún blog o foro con opiniones sobre la Ley de Extranjería y/o políticas de inmigración y toma notas sobre varias posturas.

6 b Trabajad con otras dos parejas para completar la información sobre qué es la Ley de Extranjería. Luego comentad con qué opiniones estáis o no de acuerdo, justificando vuestra respuesta. Recuerda consultar el recuadro de Estrategia.

6 c Escribe un párrafo resumiendo tus propias conclusiones sobre las distintas políticas de inmigración. Recuerda consultar el recuadro de Estrategia.

Unidad 9 La reacción pública y social a la inmigración

9.2 Y tú, ¿qué opinas de la inmigración?

- Analizar la opinión pública en relación a la inmigración en España.
- Usar números cardinales y ordinales.
- Adquirir mayor soltura en el español hablado.

¡En marcha!

1 a Estos son algunos de los aspectos positivos con relación a la inmigración en España, según una encuesta de opinión pública. Trabaja con tu compañero/a y ordena los aspectos en orden descendente, empezando con los que os parecen más ciertos o importantes.

Aspectos positivos
- Impacto positivo sobre la economía
- Rejuvenece la población
- Enriquecimiento cultural
- Aportan tolerancia, apertura de mente
- Es bueno para ellos

1 b Ahora piensa en los aspectos negativos que crees que debería reflejar la encuesta. Luego ordénalos también empezando con los que os parecen más ciertos o importantes.

Ante todo, respeto por las leyes

El 55% de los españoles considera que los inmigrantes '(**1**) son una carga para los servicios sociales' y que hacen que bajen los salarios en el país. Una encuesta anual sobre inmigración, que recoge 6.000 encuestas realizadas en varios países, refleja que un 36% de los españoles considera que los inmigrantes quitan el trabajo a los (**2**) autóctonos. Más de la tercera parte de los españoles cree que los inmigrantes contribuyen a ocupar puestos de trabajo donde hay escasez de trabajadores, aunque solamente el 32% considera que crean empleo porque abren negocios.

España es el quinto país europeo analizado donde más gente percibe que la inmigración es un problema y no una oportunidad (58%), y se piensa que hay demasiados inmigrantes. Además, casi la mitad de la población (49%) de España cree que la mayoría de los inmigrantes (**3**) se encuentran en situación irregular.

Un 74% de los españoles dicen estar preocupados por la inmigración ilegal, y a menos de un tercio (24%) le inquietan los (**4**) flujos legales. El 62% de los que residen en España cree que los inmigrantes en general están bien integrados.

Para el 41% de los españoles, la clave para reducir la inmigración es (**5**) apostar por la cooperación al desarrollo, mientras el 27% destaca las sanciones a quienes emplean a personas en situación irregular y un 20%, señala un refuerzo (**6**) del control fronterizo. En general, se cree que

Inmigrantes subsaharianos

es mejor una inmigración (**7**) de alto nivel de estudios que de bajo nivel. Más del 60% valora que el inmigrante tenga un origen cultural similar, al margen del nivel educativo.

En el segundo lugar tras los italianos, el 62% de los españoles cree que se debe exigir al migrante respeto por las leyes. La mayoría concuerdan en que entren personas que huyan de conflictos armados (76%), la persecución política étnica o religiosa (67%), las consecuencias de un desastre natural (85%) o la pobreza (76%).

El 58% de los españoles les dejaría instalarse en España pero de forma temporal, mientras un 33% permitiría que residieran de forma permanente. (**8**) El grueso de los encuestados europeos coincide en que la responsabilidad ante la llegada de desplazados debe ser 'compartida por todos los países de la UE'.

Texto adaptado de: 'Más de la mitad de los españoles creen que los inmigrantes son "una carga"', abc.es, 3 de abril de 2012

Tema 3: La inmigración y la sociedad multicultural española

A-LEVEL STAGE

2 a Lee las conclusiones del estudio en la página web. Fíjate en las palabras subrayadas y defínelas (o proporciona sinónimos), ayudándote del contexto.

2 b De las siguientes afirmaciones, escoge las cuatro correctas.

1. Menos de la mitad de los españoles piensa que los inmigrantes suponen un esfuerzo demasiado grande para el Estado.
2. Apenas un tercio de los españoles estima que los inmigrantes produzcan más empleo gracias a que abren empresas.
3. En otros países de Europa la inmigración se percibe más favorablemente.
4. Más de un 50% de los españoles piensa que los inmigrantes que hay son ilegales.
5. A casi tres tercios de los españoles les preocupa la situación de ilegalidad de los inmigrantes.
6. Todos los residentes en España piensan que los inmigrantes están perfectamente hechos a nuestro país.
7. Más de un cuarto de los encuestados defiende el uso de multas para los que dan trabajo a los inmigrantes ilegales.
8. Un cuarto de los españoles se niega a que los inmigrantes se instalen definitivamente en su país.

2 c Translate paragraphs 5 and 6 of the report on the web page (starting with 'En el segundo lugar') into English.

Gramática

Números cardinales y ordinales (Cardinal and ordinal numbers)

Study section D of the grammar section. Find in the report:

a six examples of cardinal numbers, including the highest and lowest numbers in the text. Write them out in words.

b three examples of ordinal numbers. Copy out the phrases containing the examples and translate them into English.

c What differences between English and Spanish numbers do you notice in the examples?

3 Completa las oraciones con el número apropiado del recuadro.

XXI	18.606.630	primera	quinto	2001
dieciocho	sesenta y cinco	10,1	VI	4,7
cuatro	sexto	cien	XX	

1. El fuerte incremento de la población española en la ………. década del siglo ………. obedeció a la entrada de extranjeros atraídos por el auge económico.
2. Ali ha perdido su trabajo después de cuatro años; piensa pasar su ………. año en España buscando empleo en el sur.
3. En 1986, el ahora rey Felipe ………. de España, que nació en 1968, cumplió ………. años.
4. La población de España del siglo ………. se duplicó, pasando de ………. habitantes en 1900 a los 40.499.791 del ………. .
5. España es el ………. país de Europa en población después de Rusia, Alemania, Reino Unido, Francia e Italia.
6. El Instituto Nacional de la Estadística nos informa que los ………. millones de extranjeros representan el ………. % de la población total de España.
7. La explosión de la población mundial durante el siglo XX – en ………. años la población casi se multiplicó por ………. – es insostenible para el futuro.
8. El envejecimiento significa que a la vez que aumenta la población mayor de ………. años, disminuye la población en edad de trabajar.

Unidad 9 La reacción pública y social a la inmigración

4 a *¡Discordia!* Escucha la conversación e identifica quién dice cada una de estas declaraciones: Juan (J), N (Natalia), Miguel (M), A (Ana), Roberto (R) o Sara (S). ¡Cuidado! Hay dos opiniones que no corresponden a lo que se oye en la grabación.

1. Los inmigrantes tienen más derechos que los españoles.
2. Hay que echar a todos los inmigrantes.
3. A los inmigrantes se les paga demasiado.
4. En su familia, la experiencia con los inmigrantes ha sido positiva.
5. Deberíamos ser comprensivos con la situación en que se encuentran los inmigrantes.
6. Está bien que el gobierno garantice los derechos de los inmigrantes.
7. No hay sitio para todos los inmigrantes.
8. La situación actual es favorable tanto para los españoles como para los inmigrantes.

¡Bronca!

4 b Escucha las opiniones de nuevo. Responde a las preguntas con tus propias palabras.

1. ¿Por qué dice Juan que la experiencia de su familia ha sido diferente?
2. ¿Cómo define Juan a las chicas que cuidan a sus tías?
3. ¿Qué dice Juan que ha quedado claro respecto a las españolas?
4. Resume en una frase lo que piensa Natalia sobre la inmigración.
5. En la opinión que da Miguel, ¿qué significa 'Aquí sobran'?
6. Según Ana, ¿qué no proporciona el estado a los españoles cuando cometen algún delito? (4)
7. Resume los tres puntos principales de lo que comenta Roberto. (3)
8. ¿Por qué opina Sara que la situación en su barrio es justa?

5 Traduce el texto siguiente al español.

I was, and am, scared

I got onto that plane wishing I could make some place in the world the backdrop for the life I want to live. With a deep sigh, I said goodbye to the beloved harbour where my mother and my past remained. I was, and still am, scared, very scared. Migration is a rough, challenging, punishing state; it makes you feel vulnerable, helpless, awkward, orphaned, and even like a criminal, but the world belongs to everyone, especially to me, and I am going to explore it. I, María Fernanda, migrant, defend with my own flesh the right of people to live in whatever country they want to. And at this point in my life I feel like living in Spain.

A-LEVEL STAGE

Estrategia

Improving fluency in spoken Spanish

- Learning a language is about communication, so you have to speak at every possible opportunity, ideally, on a daily basis.
- Find what fuels your motivation to speak Spanish (cinema, literature, hobbies, travelling, friends…). Go back to it whenever you feel stuck.
- Compile personalised lists of words and expressions that are meaningful to your life, and put them into practice at every opportunity.
- Learn expressions and connectors that help you fill the gap while you are thinking (*en resumen*, *por cierto*, *seguramente*, *en fin*, *buena pregunta*, etc.).
- Think in Spanish, and convert the thoughts that go through your head into Spanish 'oral' practice!
- Find good apps (flashcards, pronunciation, phrasebook etc.) that can support the experience of practising Spanish regularly.

Follow this guidance when tackling exercise 6b.

6 a Trabaja con tu compañero/a. Busca información para preparar vuestro punto de vista en un debate sobre las políticas de inmigración en España. Elige uno de los siguientes aspectos:
- ritmo de inmigración
- protección de fronteras
- derecho a prestaciones sociales (servicios de salud y educación)
- permiso de trabajo
- integración del inmigrante

6 b Participa en el debate de la clase y defiende el punto de vista que hayáis elegido en tu grupo, justificando vuestros argumentos. Recuerda consultar el recuadro de Estrategia.

6 c Escribe un párrafo resumiendo tu postura respecto a la inmigración si vivieras en España.

Unidad 9 La reacción pública y social a la inmigración

9.3 La España plural del futuro

- Analizar el futuro impacto de la inmigración en la sociedad española.
- Usar conjunciones subordinantes (con indicativo o subjuntivo).
- Utilizar una variedad de estructuras gramaticales complejas.

¡En marcha!

1 a Piensa en España dentro de 50 años. ¿Cómo crees que va a afectar la inmigración a la sociedad española? ¿Crees que depende de los españoles?

1 b Ahora trabaja con tu compañero/a. Describe brevemente cómo imaginas España dentro de 50 años en relación a dos de estos aspectos:
- la vivienda
- la educación
- la sanidad
- el mercado de trabajo
- el ocio
- la convivencia

Una España plural

2 a Lee la página web. De las siguientes afirmaciones, escoge las cuatro correctas.

1. José Ignacio Gras, que quiere ser alcalde de Murcia, ha tenido una reunión hoy antes de comer.
2. José Ignacio no planea tener en cuenta a la población inmigrante cuando elabore sus políticas de futuro.
3. Al candidato a alcalde no le preocupa en absoluto si los inmigrantes se integran o no.
4. José Ignacio defiende que se atienda en los hospitales a la población inmigrante en todo momento, sin cobrarles.
5. José Ignacio no considera especialmente importante incluir valores en los programas educativos.
6. José Ignacio apenas dedica interés a los aspectos relacionados con el alumnado, el profesorado y los recursos.
7. José Ignacio se propone reformar las zonas donde habitan inmigrantes, con particular atención a los que cuentan con pocos medios.
8. Sus políticas se van a centrar en reunir a todos los vecinos de Murcia en un espacio común y tratarlos por igual.

2 b Lee la página de nuevo y contesta las preguntas con tus propias palabras.

1. ¿Quién ha convocado el encuentro?
2. ¿Qué ventajas cree José Ignacio que aporta la población inmigrante? (2)
3. ¿Qué ha de ser una pieza clave en las futuras políticas?
4. ¿Qué valores desea incluir José Ignacio en sus programas educativos? (3)
5. ¿Por qué piensa que se debe apoyar a los centros docentes?
6. ¿A quién va destinado el Parque Público de Viviendas?
7. ¿Qué tipo de espacios desea fomentar?
8. ¿Qué frase indica que José Ignacio está muy comprometido con las políticas transversales?

Tema 3: La inmigración y la sociedad multicultural española

A-LEVEL STAGE

Por un futuro coherente con la España de hoy

Si oyes hablar de José Ignacio Gras, se trata del aspirante socialista a la alcaldía de Murcia. Esta mañana participó en un encuentro organizado por el movimiento ecuatoriano Alianza País. A lo largo de este, señaló que los inmigrantes de ese municipio representan un componente de la riqueza en la diversidad y de progreso económico, así que 'debemos trabajar para garantizar la integración de estas personas en nuestra sociedad'. Gras considera que esto ha de ser un eje fundamental de cualquier política con miras de futuro.

Viviendas para inmigrantes

Otra de las prioridades que recalcó es volver a proporcionar atención sanitaria a los inmigrantes 'porque este derecho debe ser universal y gratuito'. Este candidato también sitúa en primer plano la necesidad de promover un Plan Municipal que facilite la integración de la población inmigrante para definir conjuntamente medidas específicas que favorezcan la convivencia entre los vecinos de cualquier parte del municipio. Opina que es preciso elaborar programas en educación en valores, para que tengan como premisas la igualdad, la diversidad y la riqueza cultural.

Gras piensa que hay que poner especial esmero en reducir la segregación y concentración escolar de los alumnos, en proporcionar formación al profesorado en el manejo de la diversidad, y en brindar apoyo a los centros docentes para realizar el proceso de integración con los recursos humanos y materiales que procedan.

También hizo hincapié en la necesidad de confeccionar un plan de barrios exhaustivo con el fin de que el gobierno se ocupe de las zonas con alta presencia de población inmigrante. Se realizará la recuperación de viviendas, la mejora del entorno y de los servicios públicos, y la rehabilitación de distritos del municipio de Murcia en muy mal estado. Se va a abrir un Parque Público de Viviendas en régimen de alquiler y/o compra reservado a las familias con recursos insuficientes.

Según Gras, hay que tomar las medidas precisas para estimular y garantizar tanto la igualdad de trato como la creación de zonas de convivencia entre todos los vecinos que residen y trabajan en este distrito de Murcia. Es así como Gras mostró su total disposición a adquirir compromisos con el fin de desarrollar políticas transversales, ya que hay que garantizar acciones de integración que sean eficaces y coherentes.

Gramática

Las conjunciones subordinantes seguidas de indicativo o subjuntivo (Subordinating conjunctions, with indicative or subjunctive)

Study section 12 of the grammar section. Focus on the web page and find:
a four examples of subordinating conjunctions using the indicative
b two examples of subordinating conjunctions using the subjunctive

Copy out the phrases containing the examples and translate the examples into English.
c Can you say what differentiates the two types of subordinating clause in the examples?

Unidad 9 La reacción pública y social a la inmigración

3 Elige la forma correcta del verbo.

1. Hay que gestionar bien los flujos migratorios para que los efectos de unos movimientos incontrolados no nos [*abrumen/abruman*].

2. No es cierto que los extranjeros [*quiten/quitan*] el trabajo a los nacionales y, como consecuencia, [*crezca/crece*] el desempleo entre estos.

3. El año pasado, muchos inmigrantes regresaron a su país porque en España ya no [*tuvieran/tenían*] un futuro.

4. Si cada día [*haya/hay*] menos personas en edad para trabajar, será necesaria la inmigración para sostener el sistema.

5. Es posible que la natalidad [*suba/sube*] hasta que las españolas [*lleguen/llegan*] a tener una media de dos hijos; en este caso el gasto en pensiones será menor.

6. Parece que la inmigración africana en España [*sea/es*] la que tiene las mayores posibilidades de permanecer en el futuro.

7. Conseguir que los inmigrantes [*alcancen/alcanzan*] un dominio suficiente del castellano debe ser un objetivo prioritario para la sociedad española.

8. Si no [*hubiera/había*] inmigración, se pondría en entredicho la actividad económica, ya que se reduciría la mano de obra.

4 a
La gestión de la inmigración marcará el futuro de España. Escucha la entrevista e identifica las palabras o expresiones equivalentes a las siguientes:

1. when it comes to
2. in the medium term
3. negative, undesirable
4. contribute
5. bring to a standstill
6. insist on
7. uprising
8. mirror lifestyles

Hablando sobre la España del futuro

4 b
Lee las declaraciones 1–8. Escucha la entrevista de nuevo e identifica quién dice lo equivalente a cada una de ellas, Jorge López (JL) o Dolores Fernández (DF).

1. el número de habitantes baja y son cada vez más ancianos
2. tiene que subsistir la población autóctona y la inmigrante
3. manejar hábilmente las oleadas de inmigrantes supone un desafío
4. la población de España debe reconocer un par de asuntos
5. prejuicios dados por buenos por los españoles en general
6. insistir en recalcar
7. posibles revueltas en la sociedad
8. hay que detener la formación de guetos

5 Traduce el texto siguiente al español.

Economic leaders should wake up!

Given demographic predictions, the current socio-economic scheme is in danger of breaking down. With the new situation that has arisen, issues such as racism or national identity cannot be disregarded. It is urgent and absolutely essential to take a firm political decision. We need more workers to maintain the balance between the retired and working populations. However, we cannot expand the job market to take in more immigrants as it is already saturated due to unemployment. Obviously, this is a conflict that is not easy to resolve and that demands new approaches. Nonetheless, there is one policy that must not form part of the new plan, which is burying our heads in the sand!

Tema 3: La inmigración y la sociedad multicultural española

A-LEVEL STAGE

Estrategia

Employing a variety of complex grammatical structures

- Challenge yourself, whenever possible, to make your Spanish more sophisticated.
- Memorise key structures and learn model sentences by heart.
- Create a bank of grammatical structures.
- Make up sample sentences that are meaningful to you in order to retain them more easily.
- Put these structures into practice in writing and speaking.
- Create a list of the more complex grammar structures for reference. Examples are:
  - subjunctive constructions
  - the passive voice
  - conditional sentences
- Take a photo of the list with your mobile phone, so that it is always there to refer to.

In exercise 6a, pay special attention to complex grammar structures. In exercises 6b and 6c, try to include some subordinating conjunctions and complex structures.

6 a Haz una búsqueda en Internet para encontrar información sobre cómo se espera que sea la población de España del futuro. Puedes utilizar palabras clave como 'inmigración España 2050'. Toma notas. Aquí tienes algunas ideas:
- disminución de la natalidad de los españoles
- envejecimiento de la población española
- esperanza de vida de los españoles cada vez más alta
- necesidad de mantener el sistema de la Seguridad Social
- necesidad de mano de obra joven

6 b Comenta tus conclusiones con tu compañero/a, justificando tu punto de vista. Recuerda consultar el recuadro de Estrategia.

6 c Describe en un párrafo una política de inmigración que tome en cuenta la nueva realidad que España deberá afrontar en los próximos 50 años. Recuerda consultar el recuadro de Estrategia.

Unidad 9 La reacción pública y social a la inmigración

Vocabulario

9.1 Las vidas detrás de las políticas de inmigración

acarrear   to bring about
alzar la voz   to raise one's voice
apretar el cuello   to grab round the neck
arbitrario   random
atar de pies y manos   to tie hand and foot
complicarse   to become complicated
las condiciones higiénicas   hygienic conditions
la crisis   recession
el domicilio   home
la embajada   embassy
el empujón a la fuerza   forceful shove
en busca de   in search of
enfrentarse a la autoridad   to face up to the authorities
escalofriante   hair-raising
estar (*estoy*) implicado en   to be involved in
estar (*estoy*) sin noticias   to have no news
firmar un salvoconducto   to sign a safe-conduct
hacer (*hago*) sus necesidades   to relieve oneself
no tener (*tengo*) papeles   to be illegal
ofrecer (*ofrezco*) permisos   to offer permits
el país de origen   home country
ponerse en la situación de otro   to put oneself in someone's shoes
la presión psicológica   psychological pressure
quedar en libertad   to be set free
la redada racista   race-driven raid
renovar el pasaporte   to renew one's passport
retener (*retengo*)   to retain
ser (*soy*) detenido   to be arrested
tener (*tengo*) constancia   to have proof
tener (*tengo*) perspectivas   to have prospects
la trata   sexual trafficking
la valla   fence

9.2 Y tú, ¿qué opinas de la inmigración?

abrir un negocio   to start a business
apostar (*apuesto*) por   to back
¿a qué esperamos?   what are we waiting for?
el/la barrendero/a   street sweeper
la cárcel   prison
cobrar un sueldo decente   to get a decent salary
el control fronterizo   border control
cuidar ancianos   to take care of the elderly
el/la desplazado/a   displaced person
echar (*echo*)   to expel
la encuesta   survey
encontrarse (*me encuentro*) en situación irregular   to be an illegal resident
la escasez   lack

estar (*estoy*) bien integrado   to be well integrated
exigir (*exijo*)   to demand
el flujo legal de inmigrantes   flow of legal immigrants
hacerse (*me hago*) a un país   to get used to a country
huir (*huyo*)   to flee
infringir (*infrinjo*) la ley   to break the law
inquietar   to worry
la multa   fine
el nivel de estudios   level of education
no hay sitio   there's no room
no tener (*tengo*) más remedio   to have no choice
la postura   stance
¿qué tiene de malo?   what's wrong with that?
quitar el trabajo   to take away work
el respeto por la ley   respect for the law
ser (*soy*) comprensivo   to be understanding
ser (*soy*) una carga   to be a burden
sobrar   to be unnecessary
valorar   to value

9.3 La España plural del futuro

acabar con los estereotipos   to put an end to stereotypes
adquirir compromisos   to take on commitments
aportar   to bring in
apoyar   to support
la atención sanitaria   health care
el centro docente   school
colapsar la sanidad   to bring the health system to a standstill
con pocos medios   with scarce resources
la convivencia   co-habitation, coexistence
la creencia   faith, belief
de cara al futuro   with regard to the future
definir medidas   to establish mesures
el desafío   challenge
depender de   to depend on
empeñarse en   to insist on
el envejecimiento   ageing
la esperanza de vida   life expectancy
la exigencia   demand
facilitar formación   to provide training
gestionar   to manage
la igualdad de trato   equal treatment
impulsar un plan   to promote a plan
la natalidad   birth rate
la política   policy, politics
recrear el modo de vida   to mirror the lifestyle
los recursos humanos   human resources
la revuelta   riot
sin cobrar   at no charge
la supervivencia   survival
unir   to join

Tema 3: La inmigración y la sociedad multicultural española

Investigación y presentación

Most parts of A-level Spanish are concerned with subject matter that is decided by Edexcel. However, one part of your oral examination gives you the opportunity to show your individuality by selecting, researching, presenting and discussing a topic of your own choice. This section helps you to understand how to go about this task and gives you ideas to get you started, but ultimately it is up to you.

The following objectives are covered in the pages to do with getting started:
- Decide on your research topic.
- Get started on your research.
- Choose areas to focus on.

You are also given some ideas about carrying out and organising your research, and preparing the content of your presentation:
- Make notes on your research.
- Formulate the title and the introduction.
- Develop the content, right up to the conclusion.

Finally you are given some guidelines about getting ready for the oral exam:
- Practise the delivery and timing.
- Anticipate the questions that you might be asked.
- Prepare your possible responses.

1 ¡Vamos a decidir!

- Decidir tu tema de investigación.
- Comenzar la investigación.
- Elegir unas áreas en que concentrarte.

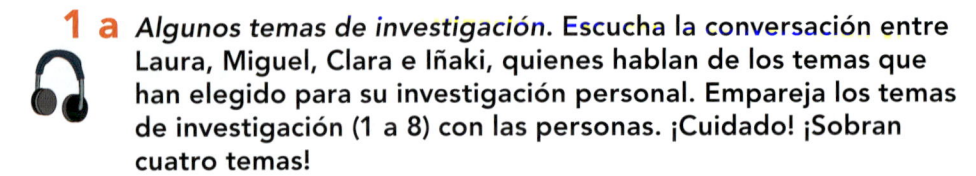

1 a *Algunos temas de investigación.* Escucha la conversación entre Laura, Miguel, Clara e Iñaki, quienes hablan de los temas que han elegido para su investigación personal. Empareja los temas de investigación (1 a 8) con las personas. ¡Cuidado! ¡Sobran cuatro temas!

1 Pablo Picasso
2 La cultura andaluza
3 Machu Picchu
4 La gastronomía española
5 El fútbol en Argentina
6 La Guerra Civil española
7 Hernán Cortés
8 Las familias reales española y británica

1 b Escucha otra vez. Mira esas fotos. ¿A quién pertenecen los dos temas de investigación?

Machu Picchu

El Palacio Real, Madrid

1 c Estudia esta lista de temas de investigación. ¿A qué tipo pertenece cada uno de los temas de investigación de Laura, Miguel, Carla e Iñaki?

1 un conflicto
2 un personaje histórico
3 un lugar antiguo
4 un tema de comparación entre España y Gran Bretaña
5 un artista
6 un fenómeno deportivo
7 la cultura de una región
8 un interés personal

¿A qué tipo pertenecen los otros temas de investigación que se mencionan en el ejercicio 1a?

AS STAGE

1 d Translate the eight types of research themes in exercise 1c into English.

1 e Translate the list of research topics below into English, and decide which of the themes in exercise 1c they belong to.

- a   El general Franco
- b   La Plaza Mayor, Madrid
- c   La música latina
- d   Joan Miró
- e   La banca en España y Gran Bretaña
- f   La guerra de las Malvinas
- g   La cultura catalana
- h   El FC Barcelona

2 a Trabajo en grupo. Mira de nuevo la lista de tipos de investigación (1c) y coméntalos. Da otro ejemplo para cada categoría de temas.

2 b Mira la lista de temas (1e) y el que has escrito en tu grupo (2a). Elige el título que te gusta más y el que te gusta menos y explica a tu grupo en inglés las razones por las cuales hayas elegido esos dos títulos. Escucha bien las razones dadas por los otros miembros de tu grupo.

2 c *Tipos de investigación.* Escucha este programa de radio con las líneas abiertas al público, entre Laura, Miguel, Carla e Iñaki, quienes nos hablan de las investigaciones que han hecho. ¿Cómo obtuvieron la información que buscaban? Elige dos respuestas para cada uno.

1. utilizando Internet
2. leyendo un libro o un artículo de periódico
3. pidiéndosela a alguien
4. consultando folletos
5. viendo la televisión
6. utilizando cuestionarios
7. escuchando la radio
8. visitando el lugar

3 a Imagina que acabas de visitar a un amigo español que vive en Granada. Has escogido 'La cultura andaluza' como el tema de tu investigación. Estudia el diagrama de araña abajo. Muestra la manera en que se puede comenzar a indagar un tema de investigación.

La Alhambra, Granada

3 b Haz un diagrama semejante al de 3a para el tema que has escogido. Comenta tu diagrama con los miembros de tu grupo. No dudes en compartir tus ideas.

Investigación y presentación

2 Nos organizamos

- Tomar notas sobre tu investigación.
- Decidir el título y la introducción.
- Desarrollar el tema hasta la conclusión.

Estrategia

Taking notes

- Once you have settled on a topic, decide which aspects of it you want to include in your presentation, and write three or four subtitles (in Spanish) e.g. initial information, wider context/background/examples/observations, follow-up/consequences/future, various viewpoints/opinions.
- For internet research, use Spanish websites. They will help you to collect the sort of phrases you will need.
- As you research, take notes on each subtitle ready to work on later. Try to make notes in Spanish, but if you have ideas in English jot them down and translate them later.
- You have to acknowledge **two** written sources in Spanish in your presentation. Note down the ideas you intend to develop and the original sources that helped you to do so.

1 a Trabaja en un grupo de tres a cinco sobre el tema 'Los indignados'. Utiliza la Estrategia de arriba. Comenta tus subtítulos con los miembros de tu grupo y escríbelos en español. Haz las investigaciones individualmente, luego habla de nuevo con el grupo para compartir la información así como las opiniones.

1 b Trabajo individual. Para el tema de investigación que has escogido escribe los subtítulos, haz investigación y toma notas.

Símbolo del movimiento de los indignados

Estrategia

Title, introduction, development, conclusion

- Choose the title with care. Everything you say during your presentation must refer back to that title.
- Your introduction must be very short. Say what you are going to talk about and give one reason (not more) why you chose that topic.
- Develop each subtitle to include the points you want to include. You can put this on cue cards and practise orally, or you can write it all down.
- The conclusion should be short. Say which of the various viewpoints or opinions you agree with and then say why.

El título

2 Trabajo de grupo. Presentación sobre 'Los indignados'. Comenta los títulos de abajo y elige el que te parece más adecuado. Da razones para tu selección.

- El impacto de los indignados en España
- Las manifestaciones de los indignados en España
- El impacto en Latinoamérica de las ideas de los indignados
- El partido político que surgió del movimiento de los indignados
- Las opiniones del público sobre los indignados

La introducción

3 a Trabajo de grupo. Escribe dos frases para introducir una presentación sobre 'Los indignados'. Utiliza la Estrategia.

3 b Trabajo de pareja. Haz el mismo ejercicio para la presentación que has elegido. Escribe las dos frases, y coméntalas con tu compañero/a.

El desarrollo

4 Para el tema que has elegido, escribe unas fichas de apuntes. Estas pueden contener un párrafo de dos o tres frases para ilustrar cada idea que quieres desarrollar. Incluye por ejemplo:
- información inicial (+ referencia a tu investigación en Internet)
- ejemplos/el marco/ el contexto más amplio /algunas observaciones
- consecuencias posibles
- puntos de vista diferentes (+ referencia a tu investigación en Internet)

Ejemplo de ficha de apuntes

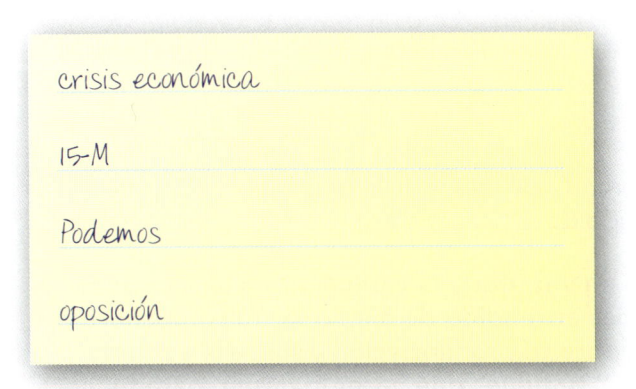

crisis económica

15-M

Podemos

oposición

Ejemplo de párrafo

España ha sufrido una profunda crisis económica. Como consecuencia, el gobierno de derechas introdujo medidas de austeridad. A raíz de estas medidas severas se alzó un grupo de personas que tenía ideas opuestas a las del gobierno. Este grupo se llegó a llamar 'los indignados'. Se manifestaron en sitios públicos y ganaron mucho apoyo entre los españoles. El movimiento se convirtió en un partido político llamado Podemos. Este partido se hizo muy popular, sobre todo entre los jóvenes, pero hay mucha gente que está en contra de él.

La conclusión

5 Comprueba que has dado unos puntos de vista variados durante tu desarrollo. Decide cuál de ellos corresponde más a tu opinión. Escribe dos conclusiones: una para afirmar tu posición personal, otra para justificar este punto de vista. Mira los dos ejemplos debajo. ¿Representa tu opinión uno de ellos?

Ejemplos de conclusión sobre 'los indignados'

Yo creo personalmente que en España necesitaban un movimiento como el de los indignados para dar esperanza al pueblo. Son los jóvenes sobre todo los que sufren los efectos de la austeridad con un porcentaje enorme de desempleo, de casi el 50%, y unos salarios muy bajos para los que tienen la suerte de trabajar.

En mi opinión, los indignados cometieron un gran error con sus protestas contra un gobierno que hacía todo lo posible para mejorar el clima económico y dar a los comercios las herramientas para aprovechar de un mercado más libre. A la larga, esto va a crear más empleo seguro.

Investigación y presentación

3 Nos preparamos para la presentación

- Practicar cómo presentar el tema y controlar el tiempo.
- Anticipar las preguntas que se pueden hacer.
- Preparar tus respuestas a las preguntas.

Estrategia

Polishing your presentation

- As you only have 2 minutes to deliver your presentation, it is essential that you don't waste time because of hesitations.
- Concentrate on pronunciation and fluency.
- Practise aloud. You could for instance deliver your presentation to another student whose comments may well be helpful to you.
- Check your pronunciation and ask for help if necessary with words that you find particularly demanding.
- Make sure you know your presentation by heart. During the presentation and discussion you are allowed access to the independent research form (RP3), which is your summary (in English) of six to ten key research findings that you will have submitted previously.
- When you feel sufficiently prepared, record your presentation and analyse what went well and what could be improved upon.
- Check that in your presentation you have referred to at least two written sources from your research.
- Finally, if your presentation is too short or too long, make amendments till it lasts 2 minutes exactly.
- Remember that in your presentation you will be judged on the quality of your summary of the written sources and your personal response to them. The ensuing discussion is marked according to your knowledge of society and culture, accuracy of language and interaction.

1 a Trabajo individual. Aprende de memoria lo que vas a decir para representar el contenido de la ficha o de un párrafo que has escrito.

1 b Trabajo de pareja. Di en voz alta a tu compañero/a la sección de la presentación que has aprendido de memoria. Tu compañero/a tiene que comentar sobre tu pronunciación y sobre la soltura con que has hablado. Y tú tienes que hacer lo mismo para tu compañero/a.

1 c Repite las actividades 1a y 1b, hasta que te sientas seguro/a de ti mismo/a, y haz lo mismo para cada una de tus fichas o párrafos. Consolida tu trabajo hasta que puedas hacer la presentación entera sin ninguna ayuda. En el examen no podrás utilizar referencias.

1 d Cuando estés listo/a para hacerlo, haz toda la presentación para tu compañero/a sin la ayuda de las fichas.

1 e Pide ayuda a tu profesor/a, para que la escuche y te ayude con la pronunciación.

2 Graba tu presentación. ¿Cuánto tiempo dura? ¿Hablas demasiado rápido? ¿Demasiado despacio? Antes de grabarla otra vez, haz los cambios necesarios para mejorar el uso del tiempo, la pronunciación y la soltura. ¡No te olvides que la presentación no debe durar más de dos minutos!

AS STAGE

Estrategia

Anticipating questions and preparing answers

- Listen to the recording that one of the members of your class has made and together, try to identify the questions that he/she might be asked after the presentation itself.
- Listen to your recorded presentation or look at the written version. Identify about five possible questions that someone could ask you on your presentation, and write them down.
- Work out how those questions might best be answered. A good answer not only answers the question asked but you can also develop it by including for instance an opinion, a justification or even a counter-argument.
- Take into account the marking criteria such as pronunciation, fluency, the use of complex ideas and grammatical structures as well as the variety of the vocabulary you use.

3 a Escribe cinco o seis preguntas que tu profesor/a (o el/la examinador/a) podría hacerte sobre la presentación que has escogido. He aquí algunos ejemplos de preguntas que se podría hacer después de una presentación sobre los indignados.

1. ¿Cuál es la razón principal de la protesta de los indignados?
2. ¿Por qué se han involucrado tantos jóvenes en este movimiento?
3. ¿Cómo reaccionó el Gobierno ante las manifestaciones? ¿Por qué?
4. ¿Cómo reaccionó el pueblo español a los indignados? ¿Por qué?
5. ¿Piensas que este movimiento es bueno para España?

3 b Estudia esta respuesta a una de las preguntas de arriba. ¿A qué pregunta responde?

Cuando un gobierno impone medidas muy severas sobre un país que ya sufre de un desempleo desbordante entre los jóvenes y donde hay mucha pobreza, es lógico que el pueblo reaccione mal. El hecho de que el movimiento de los indignados haya tenido mucho éxito y haya crecido tanto, y que incluso se haya formado un partido político con las mismas ideas, muestra que la gente tiene el poder de mejorar el país y dar más esperanza.

3 c Prepara algunas respuestas bien razonadas a las preguntas que escribiste en la actividad 3a.

3 d Trabajo de pareja. Ensaya las respuestas que has preparado para las preguntas inmediatamente después de hacer la presentación. Un poco antes del examen oral, repite este ejercicio a intervalos regulares. ¡Buena suerte!

Investigación y presentación

Vocabulario y expresiones útiles para tu presentación

Conversation fillers

Bueno, la verdad es que... Well, the truth is that...
Déjame/Déjeme pensar. Let me think.
Digamos... Let's say...
Es una pregunta un poco difícil, pero... It's a difficult question, but...
No sé, pero... I don't know, but...

Conversation tags

bueno well
de hecho in fact
de verdad really
entonces so, then
mira/mire look/listen...
o sea I mean, or rather
pues well
(vamos) a ver well, let's see....

Connectives

a la larga in the long run
antes before
aunque although
después after (that)
de todos modos anyway
en cierta manera/en cierto modo in a way
finalmente finally
luego then, next
mientras whilst
para concluir in conclusion
para empezar to begin
para que/a fin de que so that
por el contrario on the other hand
por eso so, therefore
porque because
por un lado... por otro... on the one hand... on the other hand...
primero/en primer lugar first (of all)
segundo/en segundo lugar secondly
sin embargo however
tan pronto como as soon as

Expressing and justifying opinions

(a mí) me parece que... it seems (to me) that...
considero I consider
desde mi punto de vista... the way I see it is...
en mi opinión/ a mi modo de ver/como lo veo yo in my opinion
es imprescindible/importante/útil/ interesante, etc que... it is essential/important/useful/interesting etc. that...
está claro que... it's clear that...
estoy/no estoy de acuerdo con... I agree/don't agree with ...
he leído/he oído decir que... I have read/heard that...
lo que creo yo es... what I think is...
me encanta(n) I love
me gusta(n) bastante I quite like...
me han dicho que... I have been told that...
no estoy seguro/a de que... I'm not sure that...
no me gusta... nada I don't much like/I don't like... at all
no se puede negar que... it is difficult to deny that...
odio I hate
parecería que... it would seem that...
pienso/creo que... I think/believe that...
por mi parte/en cuanto a mí as far as I am concerned, as for me

Unidad 10

La Guerra Civil y el ascenso de Franco

10.1 **Franco al mando… después de pensárselo mucho**
10.2 **La Guerra Civil: España dividida**
10.3 **Los horrores de la Guerra Civil y su resultado**

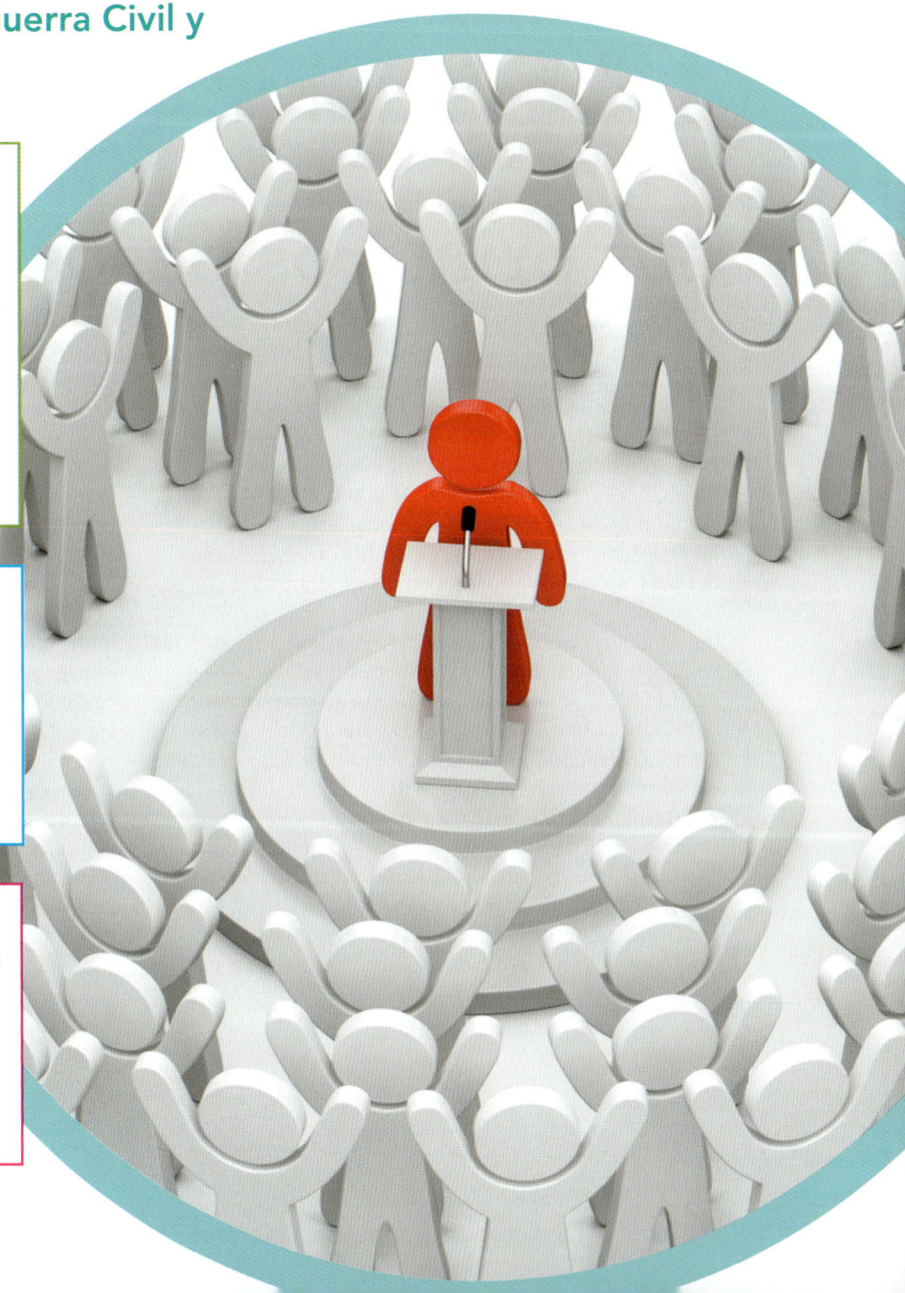

Theme objectives

In this unit you will study the Spanish Civil War and the rise of Francoism. The following topics are covered:
- the reasons for Franco's rise to power
- Franco's victory in the Civil War
- how the Civil War caused social division

The content in this unit is assessed at A-level only.

Grammar objectives

You will study and practise the following grammar points:
- the perfect tense
- a range of tenses in the subjunctive, especially the imperfect
- conditional sentences

Strategy objectives

You will develop the following strategies:
- acquiring techniques for examination reading tasks
- extracting and summarising information from longer passages
- taking the initiative in conversation

10.1 Franco al mando… después de pensárselo mucho

- Explicar las razones del ascenso de Franco al poder.
- Tratar el uso del pretérito perfecto.
- Adquirir las técnicas para tareas de comprensión escrita en el examen.

¡En marcha!

1 A la derecha hay una lista de siete problemas que afectaban de forma seria a la República entre 1931 y 1936. La República intentó solucionar primero los problemas 3, 5 y 7. Hoy en día seguramente enfocaríamos estos problemas de forma diferente.
  1. Con tus compañeros/as, decide cuáles serían los dos problemas menos urgentes (siguiendo tus criterios de hoy).
  2. ¿Cuáles serían los dos problemas más urgentes?
  3. ¿Qué conclusiones sacas de esta elección?

1. la economía nacional
2. la ocupación ilegal de propiedad agrícola
3. el papel de la Iglesia Católica
4. el deseo de autonomía por parte de algunas regiones
5. una amnistía general
6. la ola de violencia callejera con asesinatos en plena calle
7. el divorcio

Los primeros pasos del dictador

Si nos situamos en nuestra imaginación en la época justo antes de la Guerra Civil, tendremos la siguiente vista panorámica.

El recién instalado gobierno de la República, con una política claramente limitada por la influencia de la clase media, ha impuesto cambios sociales — el divorcio, el sufragio universal, la educación laica, la autonomía de las regiones — y todas estas políticas han causado consternación en las filas conservadoras del país, sin satisfacer tampoco las esperanzas de la izquierda.

Al mismo tiempo, la oposición por parte del ejército se ha ido desarrollando: los militares han visto la necesidad de combatir el giro peligroso que ha dado la República hacia la izquierda. La figura del general Francisco Franco ha cobrado importancia por sus éxitos en Marruecos; pero sus compañeros saben que vacila y todavía no se ha decidido a actuar. Es solo cuando se produce el asesinato de José Calvo Sotelo (julio de 1936) que Franco parece perder la paciencia con la creciente anarquía del país y decide actuar.

Desde marzo del mismo año, a Franco le habían destinado a Canarias, lo suficientemente lejos de la Península para poder mantener contactos secretos sin dificultades con otros miembros del ejército e incluso con el régimen nazi alemán.

La urgencia de contar con un líder único preocupaba a los generales; pero con la decisión de Franco, las cosas parecían encaminarse hacia la resolución deseada por ellos. A partir de su nombramiento como jefe del gobierno (1 de octubre de 1936), el 'Caudillo' (denominado así por la propaganda nacionalista) trabajó para que el Alzamiento Nacional derrotara la República 'marxista', 'roja' y 'atea'. Lo importante era coordinar el movimiento para 'salvar' la nación: la Iglesia Católica, demostrando su total desacuerdo con la política republicana, no dudó en apoyar a Franco, y los otros sectores antirrepublicanos como los terratenientes o la burguesía adinerada tardaron poco en sumarse a la 'Cruzada'. Las cartas estaban echadas y solo quedaba la aventura de un vuelo secreto desde Tenerife para llevar a Franco al norte de África, en donde le esperaba un ejército profesional y curtido para preparar el salto hasta la Península. ¿El resultado? El enfrentamiento sangriento, conocido como la Guerra Civil Española.

A-LEVEL STAGE

2 a Lee el texto y busca las palabras o expresiones equivalentes a las siguientes definiciones.

1. la burguesía
2. la separación legal de una pareja casada
3. la oportunidad de votar para todos, independientemente de la condición civil o el género
4. la enseñanza no religiosa
5. el derecho de gobierno propio
6. una situación caótica en aumento
7. los propietarios de terrenos o fincas
8. una lucha religiosa, históricamente contra infieles

La bandera republicana

Estrategia

Acquiring techniques for examination reading tasks

- Write the answer in your own words as far as possible.
- Learn synonyms, especially for answers in Spanish, so as to avoid lifting vocabulary from the text.
- Full sentences are not needed unless specified.
- Give all the points requested (indicated by the number in brackets at the end of the question).
- If the question is multiple choice or 'choose the correct statements', make a sensible guess if you don't know the answer.
- Answer questions in Spanish precisely, avoiding irrelevant information.
- Questions are often inferential, i.e. the answers are not literally in the text but you have to draw conclusions from clues that are given.

Follow this guidance when carrying out exercise 2b.

2 b Lee el artículo y contesta las preguntas en español.

1. ¿Cuál fue la reacción del pueblo a los cambios sociales introducidos por la República? (2)
2. ¿Cuál era la opinión del ejército sobre los cambios introducidos?
3. ¿Cuándo decidió actuar Franco? (2)
4. ¿Con qué grupos dialogó Franco en Canarias? (2)
5. ¿Qué deseaba el ejército para poder combatir la República?
6. ¿Qué significaba el uso de palabras como 'salvar' y 'Cruzada' en este conflicto? (2)
7. ¿Qué tenían en común los aliados de Franco? (3)
8. ¿Qué método de transporte utilizó Franco para llegar a África?

3 Translate the following passage into English.

Se termina la conspiración cautelosa

El golpe de estado del General Franco era el resultado de la creciente alarma experimentada por la derecha en España; con los cambios introducidos por la República cundió el pánico en la Iglesia y su alianza con Franco no resultó inesperada. Franco mostró ser un conspirador cauteloso pero, una vez tomada la decisión de sumarse a la rebelión contra el gobierno, se le consideró líder natural y en seguida recibió el apoyo de otros elementos empeñados en la sublevación. El hecho de que tenía la experiencia clave en dirigir sus tropas en combate representaba una ventaja de consideración sobre las fuerzas republicanas – sin formación y, en su mayoría, sin carrera militar.

Unidad 10 La Guerra Civil y el ascenso de Franco

Gramática

El pretérito perfecto (The perfect tense)
Read section G6 of the grammar section and then focus on the article on page 198.
a Identify seven examples of the perfect tense. For each example, note down the phrase containing the example and translate it into English.
b Which two examples have an irregular past participle?
c Explain the reason for using the perfect tense in these examples.

4 Elige la opción más adecuada entre los dos verbos.

1 Anoche [*leí/he leído*] en el periódico que van a investigar de nuevo la muerte de Lorca.
2 Nunca [*he creído/creí*] que Franco sabía cómo funcionaba la economía española.
3 Barcelona se [*ha rendido/rindió*] en enero de 1939.
4 [*He llegado/Llegué*] a Madrid el 20 de noviembre de 1975, el día que [*ha fallecido/falleció*] Franco.
5 Algunos grupos siempre se [*han esforzado/esforzaron*] para descubrir lo que pasó durante la batalla de Badajoz en 1936.
6 A pesar de la popularidad del Rey, mucha gente [*ha seguido/siguió*] pensando que España debe ser una república.
7 Ya [*hemos visto/vimos*] Raza, la película de Franco.
8 '¿[*Has oído/Oíste*] hablar de Javier Carazo?' 'Sí, claro.' 'Pues, su padre, que [*ha luchado/luchó*] en la Guerra Civil, [*ha muerto/murió*] ayer.'

5 a *Juan Ribas Vilà relata cómo empezó la Guerra Civil para él. Escucha la primera parte de la historia de Juan y contesta las preguntas en español con tus propias palabras.*
1 ¿Por qué estaba Juan Ribas en Cataluña al principio del conflicto?
2 ¿Por qué se encontraba en una situación peligrosa? (2)
3 ¿Cuál era su mayor preocupación?

5 b Escucha la segunda parte de la historia de Juan y contesta las preguntas en español con tus propias palabras. Escribe en frases completas y verifica el trabajo con cuidado para asegurarte de que el lenguaje es correcto.
1 Resume cómo sobrevivió Juan. (2)
2 Resume lo peor de su situación desde su punto de vista. (3)

Tema 4: La dictadura franquista y la transición a la democracia

A-LEVEL STAGE

6 a Investiga los siguientes puntos en Internet dividiéndolos entre los miembros de la clase para preparar cinco líneas de apuntes sobre cada uno.
- los primeros días del conflicto
- los primeros pasos de Franco en el ejército
- la carrera militar de Francisco Franco en África
- la llegada del general Franco a España

6 b Presenta el tema que has seleccionado de la lista; tus compañeros/as prepararán las preguntas sobre el tema. Luego os turnáis.

6 c Escribe un párrafo en español para resumir lo que has aprendido sobre la subida de Franco.

7 a Escoge tres de las personas clave de la lista e investígalas en Internet, preparando tres puntos para cada persona seleccionada para poder hablar de su importancia.
- Ramón Serrano Suñer
- General Sanjurjo
- José Calvo Sotelo
- General Mola
- Francisco Largo Caballero
- Federico García Lorca

General Mola

Federico García Lorca

7 b Escribe un párrafo en español para describir el impacto que tuvo uno de los personajes arriba.

Unidad 10 La Guerra Civil y el ascenso de Franco

10.2 La Guerra Civil: España dividida

- Explicar la victoria de Franco en la Guerra Civil.
- Usar varios tiempos del subjuntivo, sobre todo el imperfecto.
- Extraer y resumir información de textos más largos.

¡En marcha!

1 Empareja la descripción (indicada con números) con el nombre del personaje o acontecimiento (indicado con letras); tendrás que consultar con tus compañeros/as y leer las descripciones con cuidado para acertar (no hace falta investigar en Internet).

1. Batalla sangrienta de febrero de 1937 cuyo nombre hace referencia a un río. Lucha con presencia de italianos y rusos que no evitó el avance de las fuerzas nacionales hacia Madrid; bajas numerosas en cada lado.
2. Ofensiva masiva del verano de 1938 cuyo nombre hace referencia a un río; último intento de la República de impedir la victoria nacionalista y su avance hacia el Mediterráneo. A su fin, la rendición de la izquierda solo era cuestión de tiempo.
3. Pueblo emblemático del País Vasco; utilizado como blanco en el primer bombardeo a civiles de la historia por la aviación alemana, con la clara intención de causar un número máximo de muertes.
4. Instigador golpista con una importante carrera militar mayoritariamente en Marruecos; responsable del ejército del Norte en la Guerra Civil, muerto en un accidente de aviación.
5. Escritor socialista inglés que relató sus experiencias en la zona republicana al principio de la Guerra Civil.
6. Militar, en 1926 el general más joven de Europa, miembro fundador de los Nacionales; su vuelo a Tetuán desde Canarias impulsó el golpe de estado contra el gobierno de la República.
7. Agrupación de izquierdas cuyo fin era apoyar la ideología de la República; nació en parte como respuesta a la política de no intervención de las democracias europeas.

A Gernika
B George Orwell
C General Franco
D General Mola
E la batalla del Jarama (cerca de Madrid)
F la batalla del Ebro (cerca del Mediterráneo)
G las Brigadas Internacionales

El caudillo, Francisco Franco

España dividida

A La Guerra Civil estalló cuando los partidos y simpatizantes de la derecha creyeron que era imprescindible acabar con la República: los hechos de 1936, cuando grupos de jornaleros ocuparon ilegalmente varios latifundios, encendieron las alarmas de los terratenientes y la radicalización de la izquierda terminó por despertar los temores de la Iglesia y la derecha en general. Solo el ejército podía derrocar a la República y cuando el complot de varios generales se transformó en sublevación ya no habría vuelta atrás. Francisco Franco, que había esperado hasta el último momento para actuar de forma irrevocable, llegó a Marruecos desde Canarias (donde incomprensiblemente le había destinado la República) y al pasar a la Península el Alzamiento cobró ritmo.

Tema 4: La dictadura franquista y la transición a la democracia

A-LEVEL STAGE

B Sin embargo, los sublevados fracasaron en su empeño de hacerse con el poder inmediatamente, porque solo se sublevó una parte del ejército, con otros elementos manteniéndose fieles a la República. El fracaso de los golpistas en Madrid y Barcelona hizo que la República mantuviera el control de estas ciudades y otras zonas, que eran en general más progresistas e industriales. Franco obtuvo el control sobre extensas zonas agrícolas y España quedó partida en dos.

C No se puede subvalorar lo que Franco consiguió en octubre de 1936, al declararse Jefe de Estado, tomando el mando militar y creando incluso su propio partido político para respaldar sus pretensiones. Si la República hubiera podido hacer algo parecido para unificar su 'bando', quizás se podría haber cambiado el curso de la guerra; pero era casi imposible que las diferentes facciones anarquistas, comunistas, socialistas y marxistas se pusieran de acuerdo. Aunque en términos generales los dos bandos poseían fuerzas militares similares en cuanto a su número, al ejército nacional, liderado por oficiales curtidos en varias guerras, no le faltaba profesionalidad. La ayuda extranjera también desempeñó un papel importante a lo largo del conflicto y, aunque la Unión Soviética ayudó con su oro, y los componentes de las Brigadas Internacionales acudieron al frente, era difícil que la República con sus limitaciones pudiera igualar el poder de la aviación alemana (implicada sin reserva en el atroz bombardeo de Gernika) o el tamaño del ejército enviado por una Italia fascista.

2 a Lee la entrada. ¿A qué párrafo (A, B o C) corresponden estas afirmaciones?

1. Un ejército profesional aseguraba el control de Franco.
2. Los nacionales no tuvieron éxito en las capitales, ni de España ni de Cataluña.
3. Franco cruzó el estrecho de Gibraltar.
4. España se dividió en dos bandos.
5. La importancia de la ayuda de otros países se notó.
6. El pánico cundió en la Iglesia.
7. Franco tomó las riendas al proclamarse máximo líder de los sublevados.
8. La ocupación ilegal de fincas no pasó inadvertida.

2 b Lee la entrada de nuevo. ¿Cuáles de las siguientes declaraciones son las cuatro correctas?

1. Los incendios perpetrados por los jornaleros en 1936 significaron el comienzo de la Guerra Civil.
2. Franco tardó tiempo en tomar la decisión de sumarse al golpe militar.
3. El conflicto duró bastante más de lo que habían calculado los golpistas.
4. El papel unificador de Franco fue decisivo en el desenlace del conflicto.
5. Gracias a los anarquistas, la República se pudo unificar para luchar contra los Nacionales.
6. La ayuda extranjera no llegó al bando republicano hasta demasiado tarde.
7. El ejército republicano era mucho más débil que el nacional.
8. En el bombardeo de Gernika estuvieron implicados los nazis.

Unidad 10 La Guerra Civil y el ascenso de Franco

3 Traduce el texto siguiente al español.

Days of barbarity

The growing tension ended up terrifying the parishes: when two churches were burnt down it was already being said that the 'red' excesses had started and the murder of two nuns horrified everyone. Reprisals didn't take long to arrive but no one criticised these because they were sure that the last days of civilisation were looming. What followed was to be awful, and so it turned out, although what the people didn't know was which side would go furthest in terms of barbarity. A few months later the split between the two sides was obvious and there would be no going back.

Gramática

El subjuntivo (3) (The subjunctive mood)

Read section G14 of the grammar section and then focus on the article to identify:
a three examples of the imperfect subjunctive, explaining why the subjunctive is used in each case.
b one example of an 'if' clause using a recognisable tense sequence

For each example, note down the phrase and translate it into English.

4 Elige la forma correcta del verbo.

1 Para Franco era importante que su ejército [*derrocaba/derroque/derrocara*] las fuerzas de la República rápidamente.

2 Si Franco no [*habría/hubiera/había*] ganado la Guerra Civil la sociedad española se [*habría/ha/haya*] desarrollado de distinta manera.

3 En 1936 era necesario que Franco [*interviniese/intervenga/intervenía*] decisivamente para vencer a los republicanos.

4 Parece que el fascismo [*ejerció/ejerciera/ejercía*] mucha influencia en Franco.

5 Cuando el dictador [*murió/muere/muriese*] mucha gente no creía que la monarquía [*fue/fuera/iba*] a durar.

6 Nadie [*pueda/puede/pueden*] decir que el bando nacional no [*hubiera tenido/tuviera/ha tenido*] éxito.

7 Habría sido mejor que Franco [*perdiera/pierda/perdió*] la batalla de Madrid.

8 A lo mejor el triunfo de Franco en 1939 [*fue/ha sido/fuera*] beneficioso para la estabilidad del país.

5 a *Experiencias de la Guerra Civil.* Escucha las experiencias de Antonio y Emilio y decide a quién corresponden las siguientes afirmaciones: a Antonio (A) o a Emilio (E).

1 A pesar de la situación desesperada, decidió quedarse en el país.
2 Las condiciones en la capital eran angustiosas.
3 Su familia sobrevivió al interrogatorio al cual fueron sometidos.
4 Al final de la guerra toda la población parecía extenuada.
5 Se exilió hacia el final del conflicto.
6 Vivió de forma cautelosa, intentando no llamar la atención.
7 No creyó haberse equivocado en su decisión.
8 Se marchó de su país porque sospechaba del bando franquista.

Tema 4: La dictadura franquista y la transición a la democracia

A-LEVEL STAGE

5 b Escucha de nuevo las experiencias de Antonio y Emilio y contesta las siguientes preguntas en español con tus propias palabras.

1. ¿Por qué no se rindió Antonio al final del conflicto? (3).
2. ¿Aproximadamente qué edad tendría Antonio cuando se exilió?
3. ¿En qué bando había luchado Antonio?
4. ¿Qué le pasó a la familia de Antonio?
5. ¿Hasta qué punto apoyaba Emilio el régimen de Franco?
6. ¿Qué condiciones encontró Emilio al llegar a Madrid? (3)
7. ¿Cómo intentó pasar desapercibido Emilio en aquel entonces?

6 Traduce el texto siguiente al inglés.

Una posguerra inhóspita

Los que decidieron quedarse en el país ya sabían lo que les esperaba, que nunca llegaría la reconciliación y que en algún momento les vendrían a buscar. Vivir bajo esas condiciones y sin llamar la atención nunca resultaría cómodo pero muchos lo eligieron pensando en su familia. El que elegía el exilio se daba cuenta de lo complicada que era la decisión ya que no habría vuelta atrás, ni para él ni para sus hijos. Estos se educarían en un entorno totalmente diferente pero consiguiendo, eso sí, una educación y una libertad inexistentes en la amenazadora España de la posguerra.

Estrategia

Extracting and summarising information from longer passages

- Start by checking exactly what information you require: read the question carefully before you tackle the longer passage.
- In written passages, highlight key pieces of information; scour the text for the section containing the answers that are relevant to the question.
- In listening tasks, focus on the precise wording and replay the recording to ensure you have the required level of detail.
- Practise being succinct and ensure you use your own words to get your message across.
- Polish your answer so that it reads well if full sentences are required.

Bear in mind the above guidance when attempting exercises 7a and 7c.

7 a Investiga en Internet los momentos clave del conflicto escogiendo tres de la lista; para cada momento, siguiendo los consejos de la Estrategia, asegúrate que contestas las preguntas siguientes: ¿cuándo? ¿dónde? ¿por qué es tan importante?

- Gernika
- el anarquismo en Barcelona
- la construcción del Valle de los Caídos
- la muerte de Federico García Lorca
- la Pasionaria
- la reacción de Francia y el Reino Unido al conflicto

7 b Presenta uno de los temas investigados a tus compañeros/as y prepara preguntas detalladas para cuando ellos/as presenten su tema.

7 c Escribe un párrafo en español (siguiendo los consejos de la Estrategia) para resumir las consecuencias de la victoria de Franco.

Unidad 10 La Guerra Civil y el ascenso de Franco

10.3 Los horrores de la Guerra Civil y su resultado

- Explicar cómo la Guerra Civil causó divisiones sociales.
- Usar oraciones condicionales.
- Adquirir las técnicas para tomar la iniciativa en una conversación.

¡En marcha!

1 ¿Debería el gobierno de España pedir perdón por los horrores cometidos en la Guerra Civil? ¿A quiénes? ¿A las víctimas? Trabaja con un/a compañero/a para emparejar los números de la primera columna con las letras de la segunda. ¿Ha valido la pena pedir perdón en alguno de estos casos?

Quién
1. Alemania
2. Japón
3. La Iglesia Católica
4. el IRA
5. Reino Unido
6. el Papa Juan Pablo II

Motivo
A. actos de guerra
B. abusos sexuales
C. las cruzadas medievales contra los musulmanes
D. el Holocausto
E. la muerte de civiles
F. la hambruna de la patata en Irlanda

2 a Lee el artículo y rellena los huecos con la palabra o expresión correcta de la lista que viene a continuación. ¡Cuidado! Sobran palabras/expresiones.

despistar	símbolo de justicia
la dura represión	todavía
se caracterizó	pensamiento interesante
presos	acto de barbarie
complementos	se calculó
destituir	incluso
planteamiento previo	el creciente caos
acontecimientos	

Tema 4: La dictadura franquista y la transición a la democracia

La dura represión de ambos bandos

Uno de los rasgos característicos de la Guerra Civil fue (**1** ……….) que ambos bandos ejercieron sobre sus oponentes, pero lo que no se sabe es hasta qué punto habría sido posible evitar este triste legado.

Se podría decir que la represión de los alzados contra la República (**2** ……….) desde el principio por su brutalidad. Se produjo una ausencia total de formalismos y los (**3** ……….) eran sacados de sus lugares de detención por partidas de milicianos de Falange o requetés y asesinados. También, al igual que ocurría en la zona republicana, se produjo una correlación causa-efecto entre determinados (**4** ……….) (llegada de los restos de soldados de la localidad, hitos religiosos o políticos…) y el fusilamiento de presos. Si fuera necesario diferenciar entre los dos bandos, se diría que lo que ocurrió en la zona franquista no era violencia espontánea, ya que respondía a un (**5** ……….) de eliminación de toda posibilidad de oposición.

Como ejemplo universal de lo explicado arriba, ¿quién pensaría que el asesinato de García Lorca, poeta y dramaturgo de fama internacional, se convertiría, después de la Guerra Civil, en símbolo para los vencidos, republicanos y la oposición extranjera a la dictadura de Franco? En este (**6** ……….) se reconocen todas las muertes que ocurrieron por rencor, por venganza, por odio; pero esto no significa que no hubiera casos similares de violencia estatal o personal en el lado republicano.

Muchos de los familiares de las víctimas se preguntan: '¿Cómo habría sido mi vida si esto no hubiera pasado?' y cada vez que se han abierto más fosas para intentar apaciguar la 'memoria histórica', se reproducen estos sentimientos. En el caso del misterio de Lorca (hasta ahora no se han encontrado sus restos), (**7** ……….) se ha barajado la posibilidad de que las autoridades quisieran (**8** ……….) a los investigadores y que hicieron desaparecer su cadáver, quizás pensando que si no se podía encontrar, cesarían las investigaciones y su caso no se convertiría en un episodio de difícil explicación por parte del régimen.

El resultado de la represión…

Texto adaptado de: 'La represión en las zonas republicanas y franquistas del País Vasco durante la Guerra Civil', Historia Contemporánea 35: 653–81, Barruso Barés, P. (2007), www.ehu.eus. Reproduced with the permission of UPV/EHU Press (Bilbao, Spain)

2 b Lee el artículo y contesta las preguntas en español con tus propias palabras.

1. ¿Con qué tipo de acontecimiento solían coincidir los fusilamientos de presos?
2. ¿Hasta qué punto era diferente el bando franquista del republicano en este sentido?
3. ¿Cómo solían acabar con los presos?
4. ¿Por qué se considera que el asesinato de Lorca es simbólico?
5. ¿Cuál suele ser el efecto de abrir fosas?
6. ¿Por qué se considera que el asesinato de Lorca es un misterio?
7. ¿Quién se cree que tenía interés en que los restos de Lorca no se encontraran?
8. ¿Cuál sería el motivo de perder para siempre los restos?

Unidad 10 La Guerra Civil y el ascenso de Franco

3 Traduce el texto siguiente al español.

The mystery of Lorca's death

The arguments surrounding Lorca's murder have not faded: who would have thought that these issues would divide so many long after the death of Franco? Nevertheless, his remains have still not been found despite endless pages being written about where and by whom he was executed. One of the reasons for this is, of course, that he had become a symbol of what the Republic stood for and his disappearance allowed all those who hated right-wing methods to point to the act as symptomatic of the dictatorship. However, even if a new search begins, it is unlikely to change many views of this period of Spanish history.

Gramática

Oraciones condicionales (Conditional sentences)

Read section G16 of the grammar section and then focus on the article on page 207 to identify three examples of conditional sentences.
a For each example, note down the phrase containing the example and translate it into English.
b Identify which of the examples contain conditional expressions with open meanings (i.e. which are equally likely to be fulfilled or not fulfilled), which are unlikely or impossible or meanings which are contrary to fact.

4 Empareja las frases 1–8 con las frases más adecuadas de A–H para formar oraciones enteras.

1 ¿Qué habría ocurrido...
2 Lorca le dijo a su amigo: Si algo llega a suceder,...
3 Si fuera yo presidente del gobierno español,...
4 Si tengo tiempo,...
5 Si Lorca no hubiera vuelto a Granada de Madrid en 1936,...
6 ¿Qué contestaría...,
7 Si se hubiera encontrado el cadáver de Lorca,...
8 Si pudieras revivir el pasado,...

A investigaría la muerte de todas las víctimas de la Guerra Civil.
B los fascistas no lo hubieran matado.
C su caso no se habría convertido en un episodio de difícil explicación.
D si los republicanos hubieran ganado la Guerra Civil?
E iré a España el año que viene a ver una de las obras de Lorca.
F ¿qué sucesos de la Guerra Civil querrías presenciar?
G si alguien le preguntara qué bando prefería?
H destruye este paquete.

5 a La represión, problema de todos. Escucha los testimonios y apunta las palabras cuyos sinónimos aparecen a continuación.

1 arrestaron
2 pelaron
3 irse
4 en secreto
5 escaparse
6 dispararon
7 la prisión
8 embarazada
9 tiraron

Tema 4: La dictadura franquista y la transición a la democracia

EXTENSION STAGE

5 b Vuelve a escuchar el testimonio y de las cuatro opciones, selecciona la terminación correcta.

1. Vicenta recuerda cómo los falangistas…
   - A encarcelaron a sus amigas.
   - B le pegaban continuamente.
   - C le castigaron por ser de izquierdas.
   - D celebraron su victoria.

2. Al novio de Vicenta le…
   - A hicieron la vida difícil.
   - B arrestaron dos veces.
   - C ofrecieron trabajos manuales.
   - D destruyeron la casa.

3. El consejo del alcalde para el novio y los hermanos de Vicenta era que se…
   - A quedaran.
   - B marcharan.
   - C alistaran.
   - D rebelaran.

4. El novio de Vicenta se hizo miembro del partido comunista…
   - A enseguida, en su pueblo.
   - B en abril, en solitario.
   - C en su casa, en compañía.
   - D en secreto, en Madrid.

5. Al empezar el conflicto, la familia de Luis Antonio se encontraba en…
   - A peligro.
   - B su casa.
   - C el ejército.
   - D la cárcel.

6. Después del episodio en la playa de Gijón, la situación se…
   - A escapó.
   - B complicó.
   - C tranquilizó.
   - D desesperó.

7. El primer domingo de septiembre de 1936 Luis Antonio…
   - A salía de la cárcel.
   - B preparaba una visita.
   - C no se acordaba de su madre.
   - D no quiso ver a su madre.

8. Cuando estaba en la cárcel su madre estaba…
   - A muerta.
   - B acompañada.
   - C embarazada.
   - D discapacitada.

6 a Investiga en Internet y prepara apuntes sobre dos de los puntos siguientes:
- el asesinato de García Lorca
- la Falange
- el anarquismo

Estrategia

Taking the initiative in conversation
- Make sure you practise by actually talking with classmates and your teacher: don't just prepare 'in your own head'.
- Ask questions to invite agreement, so that the other person has to think about the answer and you can steer the conversation your way.
- Be provocative — defending an unusual point of view is something which will stand out.
- Build a range of expressions which allow you to dictate conversation, e.g. *hay que considerar…; no estoy de acuerdo porque…*.

Follow this guidance when carrying out exercise 6b.

6 b Elige uno de los temas y lee tus apuntes a un/a compañero/a que se encargará de hacerte cinco preguntas. Contéstalas usando los consejos de la Estrategia.

6 c Escribe un párrafo en español para resumir lo que has aprendido sobre la división social en España.

Unidad 10 La Guerra Civil y el ascenso de Franco

Vocabulario

10.1 Franco al mando… después de pensárselo mucho

agrícola agricultural
el alcalde mayor
alimentar to feed
el asesinato murder
el/la campesino/a peasant
la clase media middle class
coger (*cojo*) to catch
correr el peligro to run the risk
el cuartel barracks
darse (*me doy*) cuenta to realise
denunciar to report (to authorities), to turn in
desaparecer (*desaparezco*) to disappear
desertar to desert
el ejército army
el enfrentamiento confrontation
la época period, era
esconder to hide
estallar to break out (war)
la etapa period of time
fusilar to shoot
el gobierno government
el golpe de estado military coup
llevar a cabo to carry out
luchar to fight
el permiso leave, permission
el servicio militar military service
sobrevivir to survive
soñar (*sueño*) con to dream of
la sospecha suspicion
el sufragio universal votes for all
sumarse to join
tajante clear
el temor fear

10.2 La Guerra Civil: España dividida

agotado exhausted
el apego sympathy
apoyar to support
atroz awful
la baja casualty
el blanco target
el bombardeo bombing
el caudillo leader
curtido toughened
derrocar to overthrow
desapercibido unnoticed
el desenlace ending
desterrar (*destierro*) to exile

el empeño effort
fiel loyal
fracasar to fail
el frente front (war)
el golpista plotter
hacerse (*me hago*) con el poder to take power
el incendio fire
el/la instigador/a instigator
el miembro fundador founder member
militar en to be a member of
no haber vuelta atrás to be no way back
quemar to burn
la rendición surrender
la represalia reprisal
sangriento bloody
subvalorar to underestimate
sumirse to join

10.3 Los horrores de la Guerra Civil y su resultado

el alzado rebel
barajar la posibilidad to consider the possibility
el cadáver corpse
la cárcel prison
la clandestinidad secrecy
la cruzada crusade
despistar to mislead
disparar to shoot, to fire
el/la dramaturgo/a playwright
embarazada pregnant
estar (*estoy*) en estado to be pregnant
la filiación política political affiliation
la fosa grave
el fusilamiento execution (by firing squad)
la hambruna famine
el hito landmark, event
huir (*huyo*) to flee
el odio hate
la partida de milicianos band of militiamen
el planteamiento plan
el/la preso/a prisoner
rapar la cabeza shave someone's head
el registro search
el rencor bitterness, resentment
el requeté Carlist militiaman
tirotear to shoot at
el vencido loser, defeated

Tema 4: La dictadura franquista y la transición a la democracia

Unidad 11

La dictadura franquista

11.1 **Patria, religión y orden**
11.2 **Bajo el control franquista desaparece la prensa libre**
11.3 **Las 'dos Españas'**

Theme objectives

In this unit you will study the Franco dictatorship. The following topics are covered:
- the living conditions of different groups during the Franco regime and an analysis of how they affected the Spanish people
- the impact of restrictions and censorship during Franco's dictatorship
- the divisions in Spanish society during Franco's dictatorship

The content in this unit is assessed at A-level only.

Grammar objectives

You will study and practise the following grammar points:
- adverbs
- indefinite adjectives and pronouns
- Spanish word order

Strategy objectives

You will develop the following strategies:
- researching a person (author, actor, director, sports personality, musician, politician etc.)
- checking your writing for range and accuracy of language
- adding more variety to your language with idioms and synonyms

11.1 Patria, religión y orden

- Examinar las condiciones de vida de los distintos colectivos bajo el régimen franquista y analizar cómo afectaron al pueblo español.
- Aprender a usar los adverbios.
- Buscar información sobre una figura (autor, actor, director, deportista famoso, músico, político, etc.).

¡En marcha!

1 Observa la foto. Trabaja con tu compañero/a y responde a las siguientes preguntas:
1. ¿Qué son los cupones de racionamiento?
2. ¿Por qué crees que existían?
3. ¿Por qué tipos de productos crees que se podían canjear?
4. ¿Piensas que había otras maneras de conseguir los productos básicos?

Cartilla de racionamiento

Nada que llevarse a la boca...

Finalizada la guerra civil española, no solo hubo (**1**) vencedores y vencidos. También hubo hambre, escasez y miedo. Los primeros años de la posguerra fueron peores que la misma guerra. Los fascistas (**2**) ocuparon Madrid el 28 de marzo de 1939 y hasta el 8 de abril no entraron en la capital trenes con alimentos. Muchos ciudadanos se vieron obligados a cambiar monedas o joyas de oro por un chusco de pan negro, otros acudían a los (**3**) cuarteles a pedir las sobras y muchas mujeres (**4**) tuvieron que prostituirse por un poco de comida. Los alimentos se convirtieron en un bien escaso. A los españoles aún les quedaba por soportar una dura etapa, que (**5**) se vio agravada por el aislamiento internacional del régimen franquista.

La ropa se hacía a mano en cada casa, desde las medias y calcetines de lana hasta la ropa interior, jerséis de punto y los pantalones. Cuando una (**6**) prenda se dejaba por vieja, de las partes sanas se hacían nuevas prendas para los más pequeños de la familia. Los fumadores, aparte de (**7**) recoger colillas, secaban hojas de patatas que luego se fumaban. El tabaco fue también racionado y solamente estaba destinado a los hombres; las mujeres quedaban excluidas, como en tantas cosas. Los niños, los grandes perdedores de las guerras, siempre en la calle, sobrevivían malamente ejerciendo las más variopintas tareas, entre ellas la de buscar colillas para vender luego su exiguo contenido como tabaco picado.

Juana Doña, militante comunista a quien suprimieron la (**8**) cartilla de racionamiento cinco años antes, ya que (**9**) fue detenida y permaneció en la cárcel durante tres lustros, contaba: '200 gramos de azúcar por familia, medio kilo de arroz, un cuartillo de aceite, dos kilos de patatas… Y así cada quince días o un mes. Éramos ocho en casa: cinco hermanos, los padres y una tía. Casi todo mujeres, por cierto. … En las calles se ofrecía sobre todo pan y tabaco. Es igual que los negros que venden hoy discos. … Había hornos de pan ilegales. En cada portería, en cada esquina, una mujer mayor vendía con una bolsa exponiéndose a 15 días de cárcel — las tristemente célebres quincenas. Los hombres (**10**) fumaban guarrerías, así, cuando iban a trabajar a las cinco de la mañana, ya había mujeres vendiéndoles tabaco. … Las falsas embarazadas eran legión: su vientre ocultaba aceite — carísimo —, harina, judías, carbón…'

Texto adaptado de: 'Tiempos de postguerra: mucho miedo y poco pan', losojosdehipatia.com.es

Niños pobres en tiempos de postguerra

212 Tema 4: La dictadura franquista y la transición a la democracia

A-LEVEL STAGE

2 a Lee el artículo sobre las deplorables circunstancias en que vivían muchos españoles una vez terminada la Guerra Civil. Define con tus propias palabras los términos subrayados.

2 b Lee el artículo de nuevo. Contesta las preguntas en español con tus propias palabras.
1. ¿Cuánto tiempo pasó desde que los vencedores ocuparon Madrid hasta que llegó comida?
2. ¿Qué tipo de actividades tuvieron que hacer algunos para sobrevivir? (3)
3. ¿Qué circunstancia hizo que la posguerra fuera aún más dura?
4. ¿Qué se les prohibía a las mujeres?
5. ¿En qué palabras se detecta el pesar que siente el autor hacia los niños?
6. ¿Cuál era una de las tareas que hacían los niños para sobrevivir?
7. ¿Cuántos años estuvo Juana Doña en la prisión?
8. ¿Qué ocultaban las mujeres en sus vientres?

Gramática

Los adverbios (Adverbs)

Study section E of the grammar section and look at the article on page 212 again. Find:
a three examples of adverbs ending in *-mente*
b four examples of adverbs with different endings

Copy out the phrases containing the examples and translate them into English.
c Do you notice anything about the position of some adverbs?

3 Completa las frases con el adverbio más adecuado del recuadro.
1. Para la mayoría de las personas la vida cotidiana estaba marcada por la pobreza e .... la miseria.
2. El franquismo, ... entre 1939 y 1959, se caracterizó por la represión política y social.
3. Algunos artistas, cuya producción era .... contraria al fascismo, convivían con los que apoyaban al régimen.
4. La extrema dureza de la represión después de la Guerra Civil hizo .... difícil la oposición a la dictadura.
5. La legitimidad del régimen se basó siempre en la victoria en la guerra y nunca en la voluntad de los españoles expresada ....
6. Desde 1949, España fue entrando .... en diversos organismos internacionales.
7. Después de 1960, España fue dejando .... su carácter agrario y rural, para convertirse en un país industrial y de servicios.
8. Franco trató .... a los soldados republicanos que se habían opuesto a él durante la Guerra Civil, mandándoles a campos de concentración.

gradualmente
brutalmente
atrás
ideológicamente
sobre todo
muy
incluso
democráticamente

Unidad 11 La dictadura franquista

4 a *Alojamiento gratuito y parecidos sospechosos.* Escucha la entrevista con Berta sobre los recuerdos de su niñez en los años cincuenta en España. Identifica las expresiones equivalentes a las siguientes definiciones:

1. no tenía hermanos
2. fomentar el que los españoles tuvieran familia
3. daban una contraprestación
4. tuvo un poco de envidia
5. se las arregló para que no se murieran
6. daba el pecho
7. conducía a un lugar más seguro
8. se quedó con el apodo
9. ensuciaba nuestro apellido
10. era idéntica

4 b Escucha la entrevista de nuevo. Escoge la terminación correcta para completar estas frases.

1. Tomasa era la abuela de Berta y…
   A había perdido a su único hermano.
   B tenía trece hijos.
   C falleció muy joven.
   D no tenía hermanos.

2. Durante el franquismo, se ofrecía alojamiento gratis…
   A a la gente que tenía menos medios.
   B a los vecinos de Tomasa.
   C para fomentar el que los españoles tuvieran más familia.
   D a quienes se le morían los hijos.

3. La abuela de Berta…
   A resguardaba a los niños cuando había bombardeos.
   B no daba de mamar a sus hijos.
   C se ocupaba solamente de su propia familia.
   D no se preocupaba mucho si había ataques.

4. Es muy posible que el abuelo de Berta…
   A planchara y lavara sus camisas.
   B se viera con otras mujeres de vez en cuando.
   C jugara al fútbol en sus ratos libres.
   D no quisiera mucho a sus nietos.

5. La tía de Berta que fue a Madrid, seguramente…
   A tuvo también muchos hijos.
   B estaba casada por el rito católico.
   C volvía a menudo a casa de su madre.
   D tuvo una aventura con el señor de la casa en la que trabajaba.

6. La niña con la que venía la hija de Tomasa a Madrid, …
   A no se parecía nada a ella.
   B lo más seguro es que fuera su hija.
   C hacía la limpieza de la casa.
   D a veces ayudaba con el bricolaje.

5 Translate the following text into English.

La censura en los discos de pop-rock durante el franquismo

¿Hubo censura en los discos del rock? Y, si fue así, ¿quién la ejercía? ¿Contra quién? ¿Con qué criterios y por qué motivos? Xavier Valiño[1] identifica 4.343 canciones que estuvieron vetadas como no radiables hasta la llegada de la democracia, desvelando unas 150 carátulas de discos que aparecieron censurados para destripar las barbaridades cometidas. Por último, identifica las canciones publicadas con pitidos, los discos que, por suerte o por descuido, consiguieron sortear la acción del aparato censor y los editados en el extranjero y luego introducidos clandestinamente en España para ver la luz. Definitivamente, existió aquella censura. ¡Y de qué manera!

[1] Autor del libro *Veneno en dosis camufladas*

Texto adaptado de: 'Veneno en dosis camufladas', www.edmilenio.com

A-LEVEL STAGE

6 a Estas son algunas de las pautas que la censura franquista siguió para determinar si una obra debía ser vetada:

1 ¿Ataca al dogma?
2 ¿A la moral?
3 ¿A la Iglesia o a sus ministros?
4 ¿Al régimen y a sus instituciones?
5 ¿A las personas que colaboran o han colaborado con el régimen?
6 Los pasajes censurables, ¿califican el contenido total de la obra?

Adaptado de: 'La censura franquista', alquiblaweb.com

Ahora localiza en Internet cinco ejemplos (libros, textos, fotos, discos o películas) que fueron censurados.

6 b Busca en Internet ejemplos de censura en imágenes. Trabajen con tu compañero/a y trata de averiguar cuál de los criterios 1–6 se siguió para frenar la divulgación de esos materiales.

7 Escribe en un párrafo lo que más te ha sorprendido de lo que has aprendido sobre la época franquista en este apartado. Justifica tu respuesta.

Estrategia

Researching a person (author, actor, director, sports personality, musician, politician etc.)

- Ideally, choose a figure that you like, admire or identify with.
- Start your search with a broad term and gradually narrow it down to obtain the exact details you are after.
- Find information about the context to which the person belongs, as it will help you to understand the character.
- Trace their date and place of birth, physical appearance, family background, personality, preferences, occupation, activities they engage in, ideology, company they keep or kept etc.
- You will come across more information than you really need. Don't feel you have to read everything!
- Keep a record of only that information that will truly be useful and relevant. Remember you can filter it at a later stage.
- Do not trust the information from any source! Data coming from official, governmental, non-profit and academic/educational bodies is much more likely to provide you with reliable information.
- Follow the above guidance if researching a person in 8a questions 1 and 2.

8 a En parejas o pequeños grupos, elige uno de los siguientes temas. Investigad el tema en Internet y preparad una breve presentación (un máximo de diez diapositivas) para explicar lo que habéis aprendido tras vuestras indagaciones.

1 Francisco Franco: ¿quién era y que sistema político impuso?
2 Santiago Carrillo: ¿quién era y cuál fue su papel?
3 El nacionalcatolicismo: ¿qué era y cuáles eran sus principales características?
4 El NODO: ¿qué es y cuándo se utilizaba?
5 El estraperlo: ¿qué es y por qué surgió?
6 Los maquis: ¿quiénes eran y hasta cuándo existieron?
7 La Sección Femenina de la Falange: ¿qué era y cuáles eran sus principios?
8 Los rombos: ¿cuál era su función en el cine y la televisión y cuándo se utilizaban?

8 b Expón la presentación al resto de la clase. ¡No olvides hacer preguntas a los otros grupos!

11.2 Bajo el control franquista desaparece la prensa libre

- El impacto de las restricciones y la censura durante la dictadura de Franco.
- Usar adjetivos y pronombres indefinidos.
- Revisar la variedad y la precisión de tu español escrito.

¡En marcha!

1 El trabajo del censor franquista consistía en proteger la imagen del régimen y mantener la moral 'correcta' y cristiana.
  1. ¿Cómo se censura una película?
  2. ¿Qué otras actividades estarían prohibidas?
  3. ¿Cómo definía el régimen 'la moral correcta'?

¿Prensa libre?

El 23 de abril de 1938 con la promulgación de una ley de prensa (bajo la supervisión, tutela y órdenes de Serrano Suñer) que establecía un férreo control de todos sus órganos, todos pudieron ver con claridad el carácter totalitario del régimen franquista.

El principal objetivo de dicha ley era reconvertir el rico y plural periodismo español de los años treinta en un mecanismo de propaganda política a favor de la causa franquista en la guerra, para luego, cuando terminó la contienda, seguir en dicha tarea propagandística, además de censurar y controlar todas las publicaciones periódicas. Era tal la dureza de esta ley, de naturaleza claramente fascista, que algunos sectores católicos del régimen llegaron a criticarla. No olvidemos que la Iglesia y el catolicismo social y político tenían varios e importantes periódicos desde antes de la contienda, pero Serrano Suñer pretendía el control absoluto y llegó a amenazar a la prensa católica.

La ley criticaba la libertad de prensa tal como se entiende en un sistema democrático. La prensa tendría una función al servicio del nuevo Estado que estaba construyendo el franquismo, primero en la zona sublevada y conquistada, y luego en las demás regiones de España. Por eso, el Estado tenía que controlar y vigilar a cada uno de los periódicos y no solo a los de su propiedad, sino a cualquiera de los que estaban autorizados. El Estado establecía el número y extensión de las publicaciones, intervenía en la designación de los propios directores, reglamentaba la

El carácter totalitario del régimen no tardó en notarse

profesión periodística, vigilaba la actividad de la prensa y ejercía la censura.

Se establecía un exhaustivo catálogo de sanciones y multas por incumplimiento. El Estado podía incautarse de un periódico, destituir a cualquier director e inhabilitar a un periodista para ejercer la profesión. Pero, además, la cuestión de las sanciones era inquietante porque podían ser sancionados muchos ejercicios profesionales y actuaciones, y era imposible recurrir ante tales sanciones o multas. Se trató de la muerte del verdadero periodismo para convertirse en la correa de transmisión del Estado franquista.

Texto adaptado de: 'El control franquista de la prensa hasta los años sesenta', publicoscopia.com, 26 de noviembre de 2014

A-LEVEL STAGE

2 a Lee el artículo y apunta las palabras cuyos sinónimos aparecen a continuación.
1 duro
2 el conflicto
3 intentaba
4 ordenaba
5 controlaba
6 tomar posesión
7 despedir
8 preocupante
9 protestar legalmente

2 b Lee el artículo otra vez. ¿Cuáles de las siguientes declaraciones son las cuatro correctas?
1 La nueva ley de prensa delató las intenciones del régimen.
2 El régimen franquista permitió ciertas excepciones en la nueva ley de prensa.
3 El régimen pretendía que la prensa formara parte del nuevo Estado.
4 La Iglesia pudo conservar el control de sus publicaciones.
5 El nombramiento de los directores de periódicos dependía totalmente del régimen.
6 La ley de prensa comprendía elementos democráticos.
7 No se admitían protestas para con las sanciones del régimen.
8 Existían muy pocas sanciones pero estas eran muy duras.

3 Translate the following passage into English.

La censura siempre seria

Había una censura oficial y otra eclesiástica. Así, cuando el arzobispo de Burgos consideró impúdico el beso que Errol Flynn le daba a Olivia de Havilland en una película, su cartel (ya autorizado por los empleados públicos) sufrió la enmienda. El dueño del cine puso el logotipo del cine para evitar que se viera. Los censores estaban obsesionados por tapar la carne dedicándose a subir escotes, alargar faldas y a convertir los biquinis en bañadores. Destaca una escena en la que la protagonista, después de pasar por la lupa de la censura, sale de darse un baño en un lago con pantalón, camisa y chaleco.

Texto adaptado de: 'Carteles de cine, objetivo de la censura franquista', rtve.es, 11 de marzo de 2014

Gramática

Adjetivos y pronombres indefinidos (Indefinite adjectives and pronouns)

Read sections C12 and F7 of the grammar section and then focus on the article on page 216 to identify:
a four examples of indefinite adjectives
b three examples of indefinite pronouns

For each example, note down the phrase and translate it into English.
c What do you notice about the difference in position between indefinite adjectives and indefinite pronouns?

Unidad 11 La dictadura franquista

4 Completa las frases siguientes usando una palabra adecuada del recuadro. Cada palabra se usa solo una vez.

1. El franquismo se basaba en la concentración de .... los poderes, políticos y militares, en Franco.
2. La ideología franquista parte de .... de las ideas de la Falange, derivadas del fascismo italiano.
3. .... republicanos emigraron a Francia, donde fueron detenidos y entregados a las autoridades españolas. .... fueron mandados a campos de concentración.
4. Las ideas políticas de Franco fueron ...., pero claras.
5. Había .... normas acerca de la censura con libros comunistas; esas obras fueron destruidas por no tener .... valor literario.
6. Antes de que .... información fuera proyectada en el país debía pasar un control para reducir los posibles daños al prestigio de Franco.
7. .... puede justificar la metódica represión de la censura durante el régimen.
8. La Delegación de Prensa y Propaganda usaba la prensa diaria y los .... medios de comunicación para dar a conocer el carácter del régimen.

cualquier	pocas	algunos
todos	muchas	otros
ciertas	ningún	nada
demás		

5 a *Raquel hace memoria de la época de Franco.* Escucha la primera parte de la entrevista y contesta las preguntas en español.

1. ¿Cómo evolucionó la censura durante la dictadura?
2. ¿Por qué no se daba cuenta la gente de la cantidad de censura que existía?
3. ¿Cómo se enteró Raquel de la existencia de la censura en España?

5 b Escucha la segunda parte de la entrevista y contesta las preguntas en español con tus propias palabras. Escribe en frases completas y verifica el trabajo con cuidado para asegurarte de que el lenguaje es correcto.

1. Resume por qué la generación de los padres de Raquel había decidido no protestar contra la censura agobiante que les afectaba. (2)
2. Resume el papel de la Iglesia en la represión. (2)

Franco haciendo el saludo fascista

Tema 4: La dictadura franquista y la transición a la democracia

Estrategia

Checking writing for range and accuracy of language

Range:
- Practise using alternative phrasing in your writing by consulting a monolingual dictionary (paper or online).
- Refer to online material of a similar subject matter to develop more sophisticated language.

Accuracy:
- Ensure that you avoid unforced errors by careful reading of, for example, the text to be translated.
- Focus on agreements (verbs and adjectives, tenses, gender and accents) to cut out basic errors.
- Watch out for mistakes of mood with the indicative and the subjunctive.
- Be on the alert for 'false friends'.

Follow this guidance when carrying out exercises 6 and 7c.

6 Traduce el texto siguiente al español. No te olvides de consultar la Estrategia sobre la precisión de tu español.

Press freedom or propaganda?

New laws passed by Franco's regime turned Spanish journalism into a political propaganda machine which existed above all to support the dictatorship. After the war, its job was to censor and control all journalistic publications. The law was intended to be harsh, and the fact that some Catholic elements of the government criticised it was of no importance because the intention was to exert total control. The regime threatened the Catholic-controlled press that it would be banned if it did not obey. The press was now an organ of the state and the concept of press freedom was abolished.

7 a Investiga en Internet otros dos ejemplos de censura de la época franquista (por ejemplo en el teatro o el cine) y prepara tus apuntes.

7 b Presenta oralmente el ejemplo que has investigado. Contesta las preguntas de tus compañeros/as.

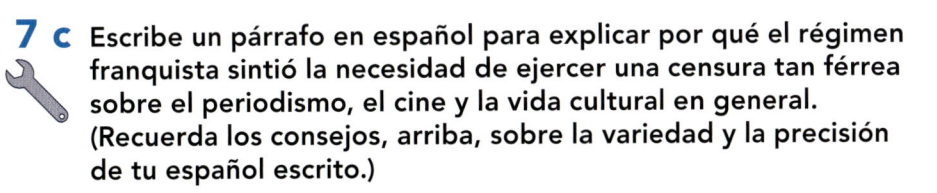

7 c Escribe un párrafo en español para explicar por qué el régimen franquista sintió la necesidad de ejercer una censura tan férrea sobre el periodismo, el cine y la vida cultural en general. (Recuerda los consejos, arriba, sobre la variedad y la precisión de tu español escrito.)

11.3 Las 'dos Españas'

- Resaltar las divisiones en la sociedad española bajo la dictadura de Franco.
- Desarrollar la apreciación del orden de palabras en español.
- Aumentar la variedad de tu español con frases hechas y sinónimos.

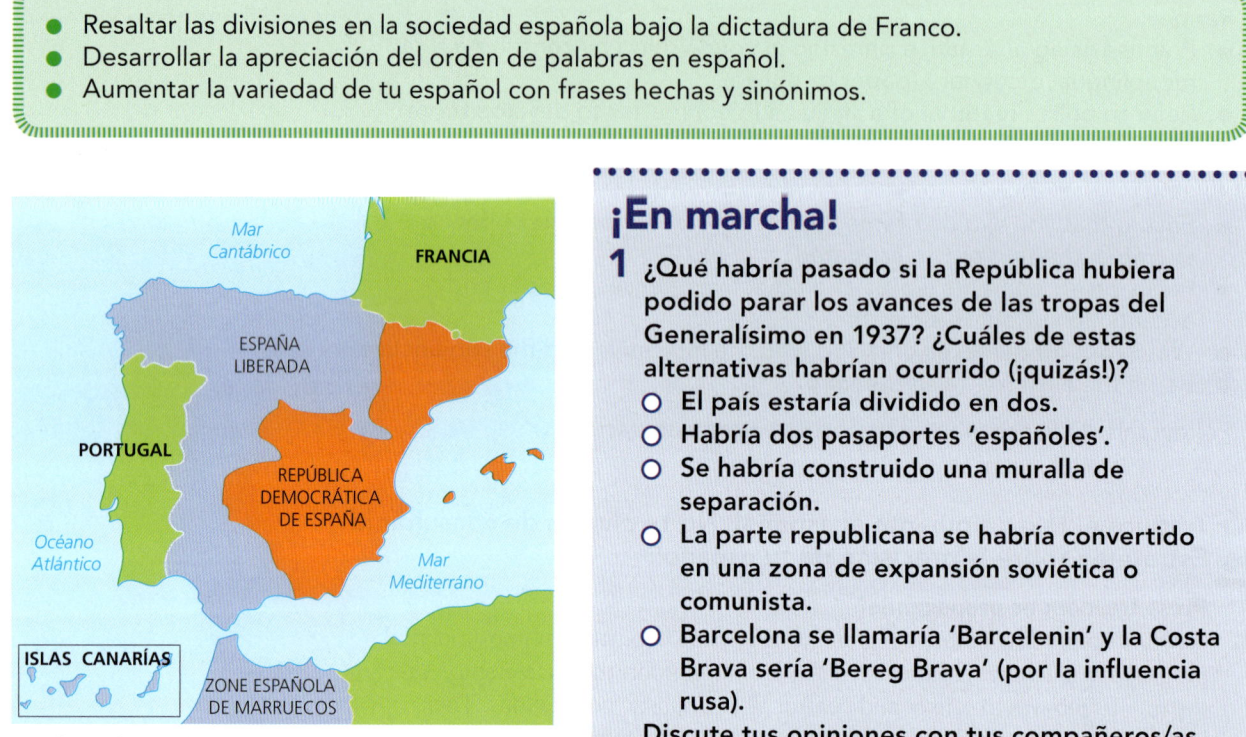

Un desenlace alternativo…

¡En marcha!

1 ¿Qué habría pasado si la República hubiera podido parar los avances de las tropas del Generalísimo en 1937? ¿Cuáles de estas alternativas habrían ocurrido (¡quizás!)?
- El país estaría dividido en dos.
- Habría dos pasaportes 'españoles'.
- Se habría construido una muralla de separación.
- La parte republicana se habría convertido en una zona de expansión soviética o comunista.
- Barcelona se llamaría 'Barcelenin' y la Costa Brava sería 'Bereg Brava' (por la influencia rusa).

Discute tus opiniones con tus compañeros/as.

Un balance de la época

Nos brinda la oportunidad de hacer un balance de esta época la distancia en el tiempo entre los acontecimientos de la era franquista y la actualidad. ¿Sigue habiendo fantasmas en la conciencia colectiva? Por supuesto que sí, porque son fáciles de encontrar las referencias a los horrores de la Guerra Civil. Es esto lo que se constata en un artículo reciente del periódico El País:

'La Generalitat valenciana creará una 'comisión interdepartamental sobre Memoria Histórica" que se ocupará de la "apertura de fosas" y de reivindicar biografías de personas con trayectorias "democráticas" poco conocidas. El anuncio es lo que ha criticado el Partido Popular, que ha acusado al Gobierno autonómico de "resucitar debates", "avivar viejos fantasmas" y "reabrir heridas"'.

Muchos españoles, sobre todo los menores de 40 años, ignoran los hechos de la Guerra Civil porque precisamente es este un tema que dejó de formar parte de los planes de educación de la posguerra. Pocos quisieron hurgar y se impuso una tácita ley del silencio. Sin embargo, para otros, el país todavía no ha liquidado sus deudas con los suyos — aunque muertos — y así se expresa la Asociación para la Recuperación de la Memoria Histórica que calcula que hay 114.226 personas de desaparición forzada reclamadas por sus familiares por toda España.

Un colaborador, Ángel Viñas, dice que tiene una hipótesis: 'el gobierno del PP tiene un miedo pavoroso a la historia'. Considera que en los archivos españoles hay serpientes venenosas: 'Ocurre que gran parte de la derecha actual española mantiene ahora mismo el temor reverencial y el acatamiento al líder de una manera vergonzosa. No sigue a Franco de una forma directa, pero sí sigue los puntos fundamentales del canon franquista.'

Siguen esperando tanto la sociedad española como la mirada internacional que se aclare una gran parte de nuestro pasado reciente. Personas desaparecidas, maniobras militares, acuerdos diplomáticos… que se deberían poder encontrar o consultar en los archivos, pero no es posible acceder a ellos.

Y ¿el balance? Pues hay que decir que sigue siendo doloroso el tema. Muchos preferirían no destapar nada de aquella época; pero tenían familia todas las víctimas y la verdad, según muchos, no hay que esconderla.

Texto adaptado de: 'Valencia creará una "comisión de la memoria" que abrirá fosas', 28 de agosto de 2015, elpais.com, Ignacio Zafra, Ediciones El País SL y 'Los investigadores denuncian que aún hay 114.000 personas en fosas franquistas', memoriahistorica.org.es

Tema 4: La dictadura franquista y la transición a la democracia

EXTENSION STAGE

2 a Lee el editorial y escoge las terminaciones de las declaraciones que vienen a continuación.

1. La distancia en el tiempo de la dictadura permite…
   - A desconectar con el problema.
   - B descubrir fantasmas.
   - C enfocar el tema.
   - D investigar la prensa.

2. La conciencia colectiva…
   - A todavía guarda secretos.
   - B elude las referencias a la guerra.
   - C se encuentra tranquila.
   - D no tiene miedo a los fantasmas.

3. Las críticas del Partido Popular se refieren a…
   - A perturbar innecesariamente el tema.
   - B cerrar tumbas obligatoriamente.
   - C manipular descaradamente la democracia.
   - D suprimir el debate en seguida.

4. Los planes de educación de la posguerra…
   - A alabaron los hechos.
   - B dejaron de mencionar el tema.
   - C informaron a los menores de 40 años.
   - D resucitaron los acontecimientos de la Guerra Civil.

5. El tema del pasado despertó…
   - A deseos de venganza.
   - B un gran escándalo.
   - C muy poco interés.
   - D la memoria de los combatientes.

6. El problema de los archivos, según Ángel Viñas, es que contienen…
   - A reptiles vivos.
   - B secretos peligrosos.
   - C poca información nueva.
   - D nada de interés.

7. La hipótesis de Ángel Viñas…
   - A es una crítica del régimen actual.
   - B indica el temor suscitado por Franco.
   - C demuestra que las cosas han cambiado.
   - D está llena de mentiras.

8. El tema debería investigarse porque…
   - A reabrir fosas cuesta mucho.
   - B hay que destapar los secretos por muy difícil que sea.
   - C las víctimas merecen descansar en paz.
   - D el tema es doloroso.

2 b Lee el editorial de nuevo y contesta las preguntas en español con tus propias palabras.

1. ¿Por qué es más fácil hacer un balance de esa época ahora?
2. ¿Cómo sabemos que sigue habiendo fantasmas del franquismo?
3. ¿Qué aspectos de la Memoria Histórica estudiará la comisión interdepartamental valenciana?
4. ¿Cuál ha sido la reacción del Partido Popular?
5. ¿Por qué opina el Partido Popular que esta comisión no será útil?
6. ¿Por qué hay una falta de información entre la gente joven en cuanto a la Guerra Civil?
7. ¿Por qué no intentó más gente descubrir lo que en realidad pasó durante la guerra?
8. ¿Por qué otra gente no está de acuerdo con esta 'ley de silencio'?

Unidad 11 La dictadura franquista

3 Traduce el texto siguiente al español.

A difficult process

'A terrible fear of the past' is a reference to the 'poisonous snakes' which might be lying in wait in the Spanish archives going back to the Civil War period. By not allowing access to these files, today's government is behaving in a Francoist way, or at least that is the criticism levelled at it by some commentators. It is certainly the case that allowing access would be a painful process, but the need to reveal the truth about what happened would seem to take priority and it is to be hoped that a change in government may allow this.

> ### Gramática
>
> ### El orden de palabras (Word order)
> Read sections L and M of the grammar section and then focus on the editorial again to identify:
> **a** five examples of the use of 'unusual' word order
> **b** one example of a cleft sentence
>
> For each example, note down the phrase and translate it into English.
> **c** In what particular respects does Spanish word order differ from English word order in these examples?

4 Aquí hay una lista de respuestas. Escribe preguntas adecuadas, prestando atención al orden de las palabras.

1 Porque muchas personas no quieren olvidar lo que pasó durante la Guerra Civil.
2 Fue en 1939 cuando terminó la guerra civil española.
3 Lo que cambió el rumbo de la historia de España fue la invasión de Franco en 1936.
4 Sí, se llama la 'Comisión Interdepartamental sobre Memoria Histórica'.
5 No, no me interesa nada investigar a las víctimas de la Guerra Civil.
6 Sí, los jóvenes ignoran los hechos del pasado.
7 Me acuerdo de esto porque mi abuelo participó en aquella batalla.
8 El PP es el partido político que más se opone a la 'memoria histórica'.

EXTENSION STAGE

5 a *Se impone el centralismo.* Escucha esta entrevista y apunta las palabras cuyos sinónimos aparecen a continuación.

1. terribles
2. arresto
3. compañía
4. demoler
5. sancionaron
6. destituyeron
7. profesores
8. exige

5 b Vuelve a escuchar la entrevista. Cuatro de las siguientes declaraciones son correctas. ¿Cuáles son?

1. Dos primos tuvieron que emprender el camino del exilio.
2. Su padre fue ejecutado.
3. El presidente de la República eludió a los que le perseguían.
4. Nunca escasearon la luz y el petróleo.
5. Lo normal en aquella época era fijar la sede social de una empresa en la capital.
6. El catalán no se podía usar en actuaciones públicas.
7. No se podía enseñar la historia de Cataluña en esta época.
8. Es extraño que el gobierno actual no vea la conexión entre las restricciones del pasado y los deseos de independencia hoy.

¿El legado de Franco?

Estrategia

Adding more variety to your language with idioms and synonyms

- Practise using synonyms in your writing and speaking by consulting a monolingual dictionary (paper or online).
- Use common synonyms regularly in your writing.
- Search for higher-level synonyms and reuse those that work well.
- Refer to online material of a similar subject matter to acquire current phrases.
- Select your idioms appropriately when writing and speaking: don't overdo it!

Follow this guidance when carrying out activities 6b and 6c.

6 a Investiga en Internet otros dos ejemplos de represión de la época franquista (por ejemplo, en el País Vasco o cómo se llegó a construir el Valle de los Caídos) y prepara tus apuntes.

6 b Presenta oralmente el ejemplo que has investigado. Contesta las preguntas de tus compañeros/as.

6 c Escribe un párrafo en español para resumir lo que has aprendido sobre las 'dos Españas'.

Unidad 11 La dictadura franquista

Vocabulario

11.1 Patria, religión y orden

- el **aislamiento** isolation
- los **artículos de primera necesidad** basic necessities
- el **bando nacional** nationalists
- un **bien** commodity
- el **bombardeo** bombing
- las **Brigadas Internacionales** International Brigades
- el **cabeza de familia** head of household
- la **carátula** (record) sleeve
- la **cartilla de racionamiento** ration book
- **censurar** to censor
- la **dictadura** dictatorship
- la **escasez de recursos** lack of resources
- el **estraperlo** black market
- la **hambruna** famine
- **indecoroso** unseemly
- los **maquis** resistance movement
- el/la **militante** activist
- el **NODO** newsreel (run by Franco)
- **pasar hambre** suffer from hunger
- el **pitido** beep
- el **preso** prisoner
- **prestar apoyo** to provide support
- **radiable** suitable for broadcasting
- el **refugio** shelter
- el **régimen franquista** the Franco regime
- **requisar** to confiscate
- la **retaguardia republicana** Republican rearguard
- los **rojos** Republicans, 'reds'
- el **rombo** diamond (used to warn of scenes with adult content)
- la **Sección Femenina** women's section of the Falange
- **vetar** to forbid
- **vigilar** to watch, to monitor

11.2 Bajo el control franquista desaparece la prensa libre

- **abuchear** to boo
- al **actuación** behaviour
- el **acuerdo tácito** tacit agreement
- **a favor de** in favour of
- **agobiante** suffocating
- la **contienda** conflict
- la **correa de transmisión** conveyor belt
- la **designación** appointment
- **destituir** (*destituyo*) to dismiss, to sack
- **difundir** to pass on (information)
- la **dureza** harshness
- **férreo** strict
- **incautarse** to confiscate
- el **incumplimiento** failure to fulfill
- **inhabilitar** to ban
- la **ley de prensa** press law
- **pretender** to expect, to try
- la **propiedad** ownership
- la **promulgación** passing (law)
- **reclamar** to demand
- **recurrir** to appeal
- **reglamentar** to regulate
- el **sacerdote** priest
- **sublevado** rebel
- la **tutela** supervision

11.3 Las 'dos Españas'

- el **acontecimiento** compliance
- el **acontecimiento** event
- el **archivo** file, archive
- **avivar** to intensify
- **brindar la oportunidad** to offer the chance
- **castigar** to punish
- **constatar** to confirm, to establish
- la **derrota** defeat
- **desmantelar** to dismantle
- **destapar** to uncover
- la **detención** arrest
- la **deuda** debt
- el/la **docente** teacher
- **esconder** to hide
- **funesto** disastrous
- **fusilar** to execute (firing squad)
- **hacer balance** (*hago*) to weigh up
- **hurgar** to search, to rummage
- **ignorar** to be unaware of
- la **materia prima** raw material
- **pavoroso** frightening
- **reivindicar** to claim responsibility for
- la **sede social** head office
- la **trayectoria** career

Tema 4: La dictadura franquista y la transición a la democracia

Unidad 12

El paso de la dictadura a la democracia

12.1 **Se acerca la democracia... ¡y también el peligro!**
12.2 **Adolfo Suárez: de la dictadura a la democracia en un par de saltos**
12.3 **Año 1977: primeras elecciones democráticas desde 1936**
12.4 **A tiro de piedra de la sociedad española de hoy**

Theme objectives

In this unit you will study the the transition from dictatorship to democracy. The following topics are covered:
- key moments of the transition to democracy
- the role of Adolfo Suárez in creating a liberal democracy in Spain
- the circumstances surrounding the Spanish transition and the role of King Juan Carlos I
- the impact of the transition on Spanish society and the evolution of democracy

The content in this unit is assessed at A-level only.

Grammar objectives

You will study and practise the following grammar points:
- the active and passive voice
- impersonal verbs
- the compound tenses (pluperfect, future perfect, conditional perfect)
- the subjunctive in main clauses

Strategy objectives

You will develop the following strategies:
- making useful notes as you research
- translating from Spanish into authentic English
- translating accurately from English into Spanish
- learning oral techniques to hold the interest of your audience

12.1 Se acerca la democracia… ¡y también el peligro!

- Informarse sobre los momentos clave de la Transición hacia la democracia.
- Desarrollar el uso de las voces activa y pasiva.
- Tomar apuntes útiles cuando investigas.

¡En marcha!

1 Selecciona los dos países que han vivido un golpe de estado en el siglo XXI.
- ○ Reino Unido
- ○ Egipto
- ○ Estados Unidos
- ○ Haití

¿Qué tienen en común los países que han vivido un golpe de estado recientemente? Selecciona dos elementos de la lista
- ○ estabilidad económica
- ○ una monarquía
- ○ una larga historia colonial
- ○ estabilidad política
- ○ democracia
- ○ presencia de las fuerzas armadas en la política

El Parlamento español

Según algunos, lo que pasó en 1939 fue que el ejército, vencedor de la guerra 'incivil', secuestró la soberanía nacional y el país tuvo que soportar este peso hasta 1975, cuando murió Franco. Se prolongó bastante el efecto de aquellas tres décadas y media, pero se confiaba en la monarquía parlamentaria esperando que su papel consistiría en devolver al pueblo esta soberanía con la intuición de que el papel de Juan Carlos sería clave. Mirando atrás, desde la perspectiva del siglo XXI, se puede decir que este fue el milagro de la democracia española.

Franco había educado al príncipe Juan Carlos, formándolo para continuar su 'reinado', cosa que se temía bastante y cuando el nuevo rey demostró ser capaz de aprender rápidamente, el alivio del pueblo fue tangible. El cambio de rumbo no fue aplaudido por todos, pero empezaba una nueva época y ya no había marcha atrás. La necesidad de crear una nueva democracia no dependía solamente del rey, obviamente; la decisión de ascender a Suárez fue criticada en su momento por algunos, pero posteriormente se ha comprobado el éxito que tuvo.

El Parlamento español

Al mismo tiempo, había que evitar una vuelta a los horrores de la Guerra Civil, y por lo tanto no se podía excluir al ejército, pues había sido gracias a su poder que el general Franco pudo gobernar durante casi medio siglo. Las fuerzas de la izquierda iban a chocar de pleno contra los conservadores de la derecha pero España tuvo suerte, porque cuando se llegó al momento clave (23-F), el rey optó por la democracia en vez de la contrarrevolución y el país fue catapultado hacia la libertad.

Tema 4: La dictadura franquista y la transición a la democracia

A-LEVEL STAGE

2 a Lee la entrada de enciclopedia online y apunta las palabras cuyos sinónimos aparecen a continuación.

1. se apropió de
2. aguantar
3. duró
4. el presentimiento
5. evidente
6. dirección
7. mandar
8. enfrentarse con

2 b Lee la entrada de nuevo y de las cuatro terminaciones ofrecidas, escoge la correcta.

1. El ejército español ayudó a ganar la Guerra Civil y luego…
   - A inmediatamente devolvió la soberanía al país.
   - B mantuvo a Franco en el poder.
   - C se opuso a la presión de los franquistas.
   - D secuestró a muchos ciudadanos.

2. El hombre clave de la Transición sería…
   - A Franco.
   - B un general del ejército.
   - C el anterior rey de España.
   - D Juan Carlos.

3. 'El milagro de la democracia española' consistió en…
   - A la acción de Juan Carlos.
   - B la muerte de Franco.
   - C los debates del Parlamento.
   - D el papel del ejército.

4. El Rey Juan Carlos pronto dio indicios de…
   - A volver atrás.
   - B poder aplaudir.
   - C optar por la democracia.
   - D ignorar la situación.

5. El papel de Suárez…
   - A produjo resultados positivos.
   - B gustó a todos.
   - C fue de una importancia leve.
   - D afectó sobre todo al ejército.

6. Nadie en España quería…
   - A dar las gracias al general Franco.
   - B olvidar al ejército.
   - C ofrecer el trono a Juan Carlos.
   - D regresar a la barbarie de la Guerra Civil.

7. El momento clave del 23-F…
   - A produjo una contrarrevolución.
   - B reforzó la democracia.
   - C terminó con la libertad.
   - D prolongó la dictadura.

8. El rey se puso a favor de…
   - A Tejero.
   - B la dictadura.
   - C la contrarrevolución.
   - D la democracia.

3 Traduce el texto siguiente al español.

A democratic king

Looking back from our current perspective, it can be seen that there was overall trust in the role of Franco's successor. Although Juan Carlos had been groomed to continue the dictatorship, he showed he could learn quickly – to the relief of the majority of Spaniards. This change of direction towards a new democratic process might have been criticised by some but, in the long term, its success was huge. Almost everyone wanted no return to the horrors of war and that danger was later averted when Tejero's attempted coup received no support from the monarchy. Democracy was saved by the new king's actions.

Unidad 12 El paso de la dictadura a la democracia

Gramática

La voz activa/pasiva y el uso de *se* (Active/passive and the use of *se*)

Read section G17 of the grammar section and then focus on the online encyclopaedia entry on page 226 to identify:
a seven examples of the use of *se* to avoid the passive
b three examples of sentences where the passive is used

For each example, note down the phrase and translate it into English.
c What differences do you note between these two types of sentences?

4 Convierte las frases siguientes de activa en pasiva.

1 En 1939 el ejército español secuestró la soberanía nacional.
2 Franco había educado al futuro rey Juan Carlos.
3 Hoy en día no critica nadie la decisión del rey de nombrar a Suárez.
4 Los seguidores de Franco no aplaudieron el nuevo rumbo después de la muerte del Caudillo.
5 Los sucesivos gobiernos españoles de la democracia han evitado una vuelta a los horrores de la Guerra Civil.
6 Las fuerzas de la derecha en España no destruirán nunca la democracia.
7 No excluyeron del poder a los políticos de la izquierda.
8 Construyeron la democracia después de tres décadas y media del régimen de Franco.

5 a ¿*Otro golpe de estado?* Escucha este reportaje de radio y escribe los números que corresponden a las frases siguientes en el orden correcto.

1 Los tanques salieron a las calles de Valencia.
2 El Rey ordenó a los golpistas que se retiraran.
3 Dieron la orden de tirarse al suelo.
4 Se anunció que la llegada de refuerzos no tardaría.
5 Los asaltantes del Parlamento se entregaron.
6 Liberaron a los diputados retenidos.
7 Unos guardias civiles asaltaron las Cortes.
8 Amenazaron con pegar un tiro al director general de la Guardia Civil.
9 Unos guardias civiles dispararon al aire.

La Guardia Civil

A-LEVEL STAGE

5 b Escucha el reportaje de nuevo. Cuatro de las siguientes declaraciones son correctas. ¿Cuáles son?

1. El 23-F fue un golpe perpetrado por comunistas.
2. Los golpistas irrumpieron en la sede de RTVE.
3. Se oyeron tiros en el Parlamento.
4. Los golpistas avisaron que llegarían refuerzos del ejército.
5. Tejero no obedeció al director general de la Guardia Civil.
6. Los tanques pasaron de Valencia a Madrid.
7. Las palabras del Rey en la televisión fueron decisivas para el golpe.
8. Los sublevados anunciaron sus demandas de madrugada.
9. Los golpistas mataron a los diputados retenidos.

Estrategia

Making useful notes as you research
- Focus on relevant information.
- Practise listing key words and main points.
- To rework your notes, select the key phrases and manipulate tenses or agreements to suit.
- Use key topic vocabulary and connectives.
- Avoid simple 'copy and paste' and make sure you understand the text fully.
- Practise the skill of redrafting texts to make them your own.

Follow these steps when researching for exercise 6a.

6 a Investiga en Internet y prepara apuntes para cubrir las fechas clave de la Transición. Selecciona tres de las fechas a continuación. Consulta la Estrategia.

Presta atención a lo que pasó y a los protagonistas.
- noviembre de 1975, muerte de Franco
- diciembre de 1978, ratificación de la Constitución
- febrero de 1981, intento de golpe de estado
- octubre de 1982, elecciones generales

6 b En pareja, elige una de las fechas arriba y presenta la información que habéis encontrado al resto del grupo, que formularán sus preguntas sobre el tema.

6 c Escribe un párrafo en español sobre la información que has encontrado sobre la fecha clave elegida.

Unidad 12 El paso de la dictadura a la democracia

12.2 Adolfo Suárez: de la dictadura a la democracia en un par de saltos

- Explicar el papel de Adolfo Suárez en la creación de una democracia liberal en España.
- Usar los verbos impersonales.
- Traducir del español y conseguir un inglés auténtico.

¡En marcha!

1 ¿Quién era quién?

Atribuye la información de la primera columna al personaje importante de la Transición en la segunda columna y luego ordena esta información según el grupo a quien pertenecía el personaje (tercera columna).

1 Futuro presidente del gobierno; izquierdista	**A** Adolfo Suárez, democrático	**a** PCE (Partido Comunista Español)
2 Policía militar y golpista del fallido intento del 23-F	**B** Santiago Carrillo, comunista	**b** UCD (Unión de Centro Democrático)
3 Sucesor de Franco cuyo papel como rey durante la Transición fue fundamental	**C** Felipe González, socialista	**c** Guardia Civil
4 Dirigente del Partido Comunista Español y enemigo histórico de Franco	**D** Antonio Tejero, conspirador	**d** PSOE (Partido Socialista Obrero Español)
5 Encargado de encarrilar el país a la democracia liberal	**E** Juan Carlos, futuro monarca de España	**e** Familia Real

Las Cortes y la autodestrucción

Había que construir el camino de la democracia con urgencia y esto se demostró en un referéndum (diciembre de 1976) con el que se ratificó la Ley para la Reforma Política. Luego se aprobó en las Cortes, un año escaso después de la muerte de Franco, con casi todos los votos a favor y una participación abrumadora del 75%. Con este resultado sabía Suárez que se podía proceder a desmantelar las instituciones franquistas.

Hacía falta impulsar las primeras elecciones democráticas; pero para esto Suárez necesitaba que las Cortes aprobaran una ley que, en la práctica, significaba que se anulaba el régimen. Al mismo tiempo se exigía desde la oposición la legalización

La importancia de las banderas

Tema 4: La dictadura franquista y la transición a la democracia

A-LEVEL STAGE

de todos los partidos políticos, incluido el Partido Comunista. El hecho de que lo consiguiera sería de gran importancia personal, y todo el país le quedaría agradecido para siempre. Se consiguió después de una reunión larguísima con el secretario general del Partido Comunista, Santiago Carrillo, en febrero de 1977. Esta reunión secreta fue clave porque a Suárez ya no le quedaba ninguna duda de que la legitimidad de las elecciones dependería de la participación de todos los partidos.

En un discurso televisado el propio Suárez dijo: 'Yo no solo no soy comunista, sino que rechazo firmemente su ideología .. Pero sí soy demócrata, y sinceramente demócrata, y por ello pienso que nuestro pueblo es suficientemente maduro... como para asimilar su propio pluralismo'.

El resultado de estos esfuerzos fue que en marzo ya había una amnistía política, en abril llegó la legalización del Partido Comunista y antes de mayo también se legalizaron los sindicatos.

En las primeras elecciones democráticas tras la dictadura (junio de 1977), el partido de Adolfo Suárez (UCD) ganaría el 34,44% de los votos y los 165 escaños le darían la razón al presidente del Gobierno.

2 a Lee el artículo y rellena los huecos con la palabra correcta.

1 Era .... diseñar la ruta hacia la democracia.
   A difícil
   B urgente
   C innovador
   D irresponsable

2 La reforma política se aprobó con una .... mayoría.
   A clara
   B pequeña
   C diminuta
   D nueva

3 Para llegar a las primeras elecciones democráticas era necesario .... con la dictadura.
   A contar
   B tratar
   C dialogar
   D acabar

4 El pueblo español .... el trabajo de Suárez.
   A criticaría
   B comprendería
   C valoraría
   D olvidaría

5 Suárez estaba convencido de la .... de incluir a la gama de partidos políticos en la Transición.
   A necesidad
   B imposibilidad
   C complejidad
   D capacidad

6 Suárez no .... la ideología comunista.
   A comprendía
   B criticaba
   C apoyaba
   D cambiaba

7 Suárez .... que España podía comprender los cambios de la Transición.
   A ordenaba
   B consideraba
   C dudaba
   D disimulaba

8 En la primeras elecciones Suárez .... el respaldo rotundo de los españoles.
   A perdió
   B deshizo
   C despreció
   D obtuvo

Unidad 12 El paso de la dictadura a la democracia

2 b Lee el artículo de nuevo y contesta las preguntas en español con tus propias palabras.

1. ¿Cómo se sabe que España quería dejar atrás la época de Franco?
2. ¿Por qué tenía Adolfo Suárez la autoridad para efectuar tantos cambios importantes?
3. ¿Cómo consiguió Suárez el apoyo del Parlamento español para efectuar los cambios políticos?
4. ¿Por qué se consideraba necesaria la participación de todos los partidos en esta época?
5. ¿Qué dijo Suárez en su discurso en la televisión sobre el comunismo? (2)
6. ¿Qué quería decir Suárez al utilizar la palabra 'pluralismo' en este contexto?
7. ¿Cuál fue la reacción del pueblo español a la propuesta de Suárez?
8. ¿Qué relevancia tuvieron los resultados de las elecciones de junio para Suárez?

Estrategia

Translating from Spanish into authentic English

- Start by reading the passage through to get an idea of the style.
- Speak a translation in your head and note down the words you stumble over.
- Focus on synonyms for these words.
- Write out a draft translation and then check that the difficult words and constructions have been dealt with.
- Check that you have been accurate by comparing your translation with the original.
- Focus only on your English and be critical of your own phrasing, revising and polishing so that it reads well in its own right.

Practise these points as you work on exercise 3.

3 Translate the following passage into English, referring to the guidance in the strategy.

El momento clave

Uno de los momentos decisivos de este periodo, dada su peligrosidad y las posibilidades de fracaso, fue cuando se legalizó el Partido Comunista. Una vez tomada la decisión, ya no había vuelta atrás y una de sus consecuencias fue que el ejército vio desaparecer la opción de vetar cualquier cambio político de consideración. El hecho de que Suárez trabajara con ahínco para llegar a este punto fue clave porque, aunque rechazaba la doctrina del PCE, se dio cuenta de la necesidad de consolidar el proceso democrático. A partir de este momento España formaba parte de un sistema político moderno de verdad.

Gramática

Los verbos impersonales (Impersonal verbs)

Read section G24 of the grammar section and then focus on the article on page 230 to identify five examples of the use of impersonal verbs.

For each example, note down the phrase and translate it into English.

Tema 4: La dictadura franquista y la transición a la democracia

A-LEVEL STAGE

4 Construye frases impersonales con los verbos entre paréntesis.

1 En el futuro [*hacer*] falta tomar medidas para consolidar la democracia.
2 [*Bastar*] saber que han comenzado a tomar medidas para mejorar la situación de la gente pobre.
3 En la era de Franco se [*decir*] que el gobierno imponía leyes muy duras con respecto a las regiones.
4 [*Hacer*] mucho tiempo que el Gobierno promete enfrentarse al problema de los militares desafectos.
5 En mi sociedad ideal [*haber*] más responsabilidad ciudadana y menos corrupción.
6 En mi opinión, en el futuro [*ser*] importante ejercer más control sobre el ejército.
7 En los años 40 se [*vivir*] mal en España; hoy en día, gracias a la democracia, se [*vivir*] mejor.
8 Es una pena que, cada vez que [*nevar*], las autoridades no sepan cómo hacer frente a las consecuencias.

5 a *Un protagonista poco conocido*. Escucha la primera parte de la entrevista y contesta las preguntas en español con tus propias palabras.

1 ¿Cuál fue la importancia de Fernández-Miranda para España?
2 ¿Por qué confió plenamente Fernández-Miranda en Adolfo Suárez? (3)
3 ¿Qué elemento de la personalidad de Adolfo Suárez resultó clave?

5 b Escucha la segunda parte de la entrevista y contesta las siguientes preguntas en español con tus propias palabras. Escribe en frases completas y verifica el trabajo con cuidado para asegurarte de que el lenguaje es correcto.

1 Resume cómo consiguió Juan Carlos interpretar su papel clave. (2)
2 Resume la relación de Suárez con el ejército. (3)

¿Llega la democracia?

6 a Investiga en Internet para organizar el orden cronológico en que aparecieron los personajes de la Transición (los del ejercicio 1). Confecciona tus apuntes añadiendo detalles de su carrera política.

6 b Juego de roles: decide a cuál de los personajes/grupos siguientes vas a representar, investigando en Internet y anotando tres elementos clave que representen su punto de vista. Tus compañeros/as prepararán tres preguntas que tendrás que contestar. Os turnáis haciendo preguntas/presentaciones.

- ETA
- un alto mando/general de las Fuerzas Armadas
- Antonio Tejero
- Santiago Carrillo

6 c Escribe un párrafo en español sobre los protagonistas de la Transición tratados aquí.

Unidad 12 El paso de la dictadura a la democracia

12.3 Año 1977: primeras elecciones democráticas desde 1936

- Comprender las circunstancias que se dieron en la transición española y valorar el papel del rey Don Juan Carlos I.
- Usar los tiempos compuestos (pluscuamperfecto, futuro perfecto y condicional perfecto).
- Traducir con precisión del inglés al español.

¡En marcha!

1 a ¿Qué sabes del anterior rey de España, Don Juan Carlos I? Dile a tu compañero/a todo lo que sepas de él.

1 b Ahora elige la respuesta correcta para completar las siguientes afirmaciones:
El anterior rey de España, Don Juan Carlos I …

1. nació en 1938 en [*Madrid/Roma/Estoril*].
2. se casó con la entonces Princesa Sofía, que es [*andaluza/griega/holandesa*].
3. tuvo dos hijas y un hijo, [*Felipe II/Felipe VI/Felipe V*], que es hoy rey de España.
4. es muy aficionado a los deportes, sobre todo [*el tenis y el boxeo/el fútbol/el esquí y la vela*].
5. jugó un papel primordial en España durante la [*Transición/Dictadura/República*].

'Rey de todos los españoles'

Tras el fallecimiento del general Francisco Franco, el Rey se enfrentaba a un dilema terrible. Había muchos factores en favor de la democratización, aunque nadie habrá pensado que fuera una situación cómoda. Juan Carlos no podía ignorar que importantes sectores del capitalismo español estaban ansiosos por abandonar los mecanismos políticos del franquismo. Optar (**1** ………) por esta solución significaba obtener un amplio apoyo popular. Tampoco ignoraba que el búnker[1] seguía teniendo fuerza y que él mismo (**2** ………) por los mecanismos de la constitución franquista, así que en los primeros momentos de su reinado avanzó con (**3** ………). Seguramente habría sido imprudente reaccionar de otra manera.

Los izquierdistas estaban controlados y el búnker se sentía optimista. Después de todo, según el búnker, el que Juan Carlos pudiera presidir la restauración de la democracia en España significaría (**4** ………) de su herencia y de su educación. Como Blas Piñar[2] voceó esperanzado, 'no se trata de una restauración monárquica, sino del establecimiento de una monarquía franquista nueva que no tiene tras de sí otro pensamiento que no sea el de la victoria nacional en la Guerra Civil'. Al excluir de España a la monarquía durante cuarenta años, y por su arrogancia al nombrar a su propio sucesor, pareció que Franco había acabado con cualquier neutralidad política que Juan Carlos pudiera haber (**5** ………), y que había (**6** ………) los otros dos atributos de la monarquía, la continuidad y la legitimidad. No fue sorprendente que la izquierda recibiese la noticia de la Transición con titulares, en sus publicaciones clandestinas, como: '¡No a un rey impuesto!' o '¡No a un rey franquista!' En cierto modo, se habrán sentido traicionados.

Ceremonia de proclamación de del Rey Juan Carlos I, 22 de noviembre de 1975

La supervivencia (**7** ………) de Juan Carlos dependía de que pudiese llegar a un compromiso con el cada vez más fuerte deseo de los españoles de vivir en democracia, pero Franco había (**8** ………) las cartas constitucionales con que las posibilidades de acción del Rey eran extremadamente difíciles. Además, existía aún apoyo internacional en favor de un proceso de democratización. En la misa de la coronación, el cardenal Enrique y Tarancón había hecho partícipe al Rey de las esperanzas populares, cuando le había exhortado a convertirse en 'Rey de todos los españoles'. ¿Y qué habría ocurrido si Juan Carlos no hubiera sido rey?

[1] búnker: grupo de extrema derecha, partidario del ideario franquista y que se oponía a cualquier cambio político
[2] Blas Piñar: icono de la ultraderecha española

Texto adaptado de: 'La transición española', salman-psl.com

Tema 4: La dictadura franquista y la transición a la democracia

A-LEVEL STAGE

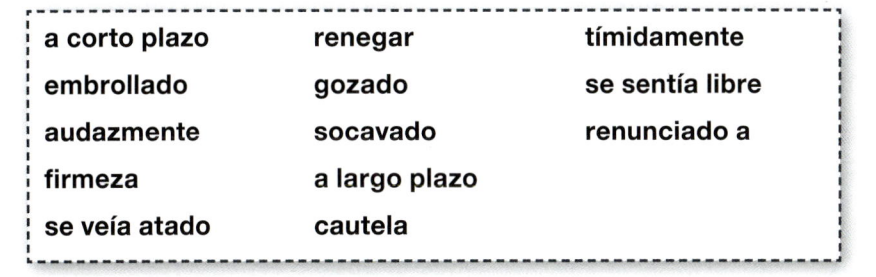

2 a Lee el artículo y complétalo con ocho de las palabras o frases del recuadro. ¡Cuidado! Sobran palabras/frases.

a corto plazo	renegar	tímidamente
embrollado	gozado	se sentía libre
audazmente	socavado	renunciado a
firmeza	a largo plazo	
se veía atado	cautela	

2 b Lee el artículo de nuevo. Cuatro de las siguientes declaraciones son correctas. ¿Cuáles son?

1. A Don Juan Carlos I le pareció sencillo manejar la situación política de España tras la muerte de Franco.
2. Había colectivos muy interesados en alejarse del enfoque político de la época franquista.
3. Nadie hubiera aprobado que Don Juan Carlos I rechazara el ideario franquista.
4. Según el búnker, que Don Juan Carlos I instaurara la democracia sería actuar de forma acorde a la formación que había recibido.
5. Blas Piñar estaba convencido de que Don Juan Carlos I representaría la continuación del bando nacionalista en forma de monarquía.
6. El hecho de que Franco eligiera a su sucesor redujo las posibilidades de que Juan Carlos I pudiera presentarse como un monarca neutro.
7. Los izquierdistas estaban a favor de Don Juan Carlos I y apoyaban su estrecho vínculo con Franco.
8. Los españoles estaban cada vez más convencidos de que deseaban vivir en democracia.

Gramática

Los tiempos compuestos (Compound tenses)

Study sections G7, G8 and G9 of the grammar section. Find in the article examples of the following compound tenses:
a five pluperfect **b** two future perfect **c** two conditional perfect

Copy out the phrases containing the examples and translate them into English.
d Describe the sort of situation that would make you decide to use each one of these three tenses.

Unidad 12 El paso de la dictadura a la democracia

3 Elige el tiempo correcto del verbo.

1. El Rey tuvo que cambiar la decisión que [*habría/había*] tomado media hora antes.
2. No sé por qué los guardias no están. Algún incidente los [*habrá/había*] retrasado.
3. Al congregarse frente al Parlamento, los manifestantes mostraron las pancartas que [*habían/habrían*] traído.
4. Si [*hubieran/habrían*] llevado a cabo la encuesta hace dos años, el resultado no [*habría/habrá*] sido tan optimista.
5. Dentro de dos años el mapa político de España [*habrá/había*] cambiado completamente.
6. ¿[*Habréis/Habíais*] pensado en las posibles consecuencias de vuestras acciones clandestinas antes de realizarlas?
7. En las elecciones recientes dieron su voto a los socialistas; antes [*habrían/habían*] votado por el PP.
8. Si Franco [*hubiera/habría*] sido más inteligente [*hubiera/habría*] comprendido que el pueblo español rechazaba la dictadura.

4 a *Yo, Juan Carlos I*. Escucha esta entrevista con don Juan Carlos I y completa las frases con la palabra adecuada de la lista, según el sentido de la entrevista. ¡Cuidado! Sobran palabras.

niño	acuerdo	príncipe	ratón
excusarse	muertos	familiar	humillarse
paciente	pasado	corrupción	
amigo	futuro	crímenes	

Entrevista al rey Don Juan Carlos I

1. Según el Rey, los peores momentos de su reinado fueron durante los .... cometidos por los terroristas.
2. Hay un .... cercano al que el Rey añora con frecuencia.
3. Hablando del ...., recordó la abdicación del rey Alfonso XIII, su padre, que renunció a todo por España.
4. Cuando Franco le hablaba, el Rey no le escuchaba con atención porque era solo un ....
5. Había un .... correteando por la oficina del caudillo, y eso interesaba más al Rey.
6. Juan Carlos tuvo que ser .... y tolerante, para que la democracia y la monarquía pudieran salir adelante.
7. El .... entre el Rey y Santiago Carrillo fue decisivo para la instauración de la democracia.
8. Santiago Carrillo tuvo que .... ante el Rey.

4 b Escucha la entrevista de nuevo. Contesta las siguientes preguntas en español, con tus propias palabras.

1. ¿Qué ha dirigido Miguel Courtois?
2. ¿En qué consistía el formato especial de la entrevista? (2)
3. ¿Qué son 'la llegada a España, su primera visita a Franco, el matrimonio con doña Sofía, la relación con su padre, don Juan, y los hitos de sus 39 años de reinado' en el contexto de la entrevista?

Tema 4: La dictadura franquista y la transición a la democracia

A-LEVEL STAGE

4 ¿Qué representan las '800 personas muertas' a las que se hace referencia?

5 ¿Qué frase pronuncia el monarca sobre un familiar muy cercano?

6 ¿Con qué estaba entretenido Don Juan Carlos I cuando hablaba con Franco en su despacho?

7 ¿Con qué frase expresa Don Juan Carlos I que fueron años difíciles?

8 ¿Por qué se excusó Santiago Carrillo ante Don Juan Carlos I?

Estrategia

Translate accurately from English into Spanish

- Read through the English text to be translated carefully, being aware of the range of tenses to be used and any specific grammatical structures that may be needed in Spanish, such as subjunctives.
- Avoid translating too literally, e.g. time expressions involving 'since' or 'for'.
- Check your writing regularly for mistakes with:
  - adjectival agreements
  - verb forms
  - word order
- Learn vocabulary regularly and develop your grammatical knowledge throughout the course.
- Develop the habit of reading Spanish news to get a feel for what sounds right.
- Check at the end to make sure you have translated every piece of information.

Follow these guidelines when translating the text in exercise 5.

5 Consulta la Estrategia. Después, traduce el texto siguiente al español.

1976, a key year

Juan Carlos I was head of the Spanish State for 39 years. '1976 was the key year. He took a number of very important decisions in the middle of an atmosphere of obvious conflict', Julián Casanova, the historian, explains. Paul Preston, author of one of the most complete biographies of the King one can get, sees eye to eye with him: '1976 is definitely the most important moment, because Juan Carlos I starts the year as Franco's successor, proclaimed by the dictator himself, and ends it as king with institutional legitimacy, and later, popular legitimacy.' 1976 was the year when the non-official anthem *Freedom without wrath* was first heard.

'El tejerazo' en la portada de *El País*

6 a ¿Sabes qué es 'el tejerazo'? Busca información sobre ello en Internet y haz breves notas sobre los siguientes puntos:
- Qué fue y cuándo se produjo.
- Quiénes fueron los protagonistas.
- En qué consistió el 'incidente'.
- Consecuencias para la política del momento.
- Enigmas actuales sobre el 23-F.

6 b Trabaja con tu compañero/a y hazle un resumen de los datos que has encontrado. Prepárate para responder a sus preguntas.

6 c Escribe un párrafo resumiendo lo que has aprendido en este apartado. Expón tu opinión sobre los acontecimientos decisivos (incluyendo las fechas clave) de la Transición española.

Unidad 12 El paso de la dictadura a la democracia

12.4 A tiro de piedra de la sociedad española de hoy

- El impacto de la Transición en la sociedad española y la evolución de la democracia.
- Usar el subjuntivo en cláusulas principales.
- Aprender las técnicas orales necesarias para mantener el interés de quien te escucha.

¡En marcha!

1 Consulta la lista de características de estas dos épocas históricas y a continuación decide si los siguientes momentos pertenecen a:

A: la dictadura de Franco o
B: después de la muerte de Franco

- Algunas de las características de la dictadura (A): mantener un contacto frío con el resto de Europa; cooperar con otros regímenes si existían beneficios económicos; impulsar productos de masa.
- Algunas de las características de la época después de la muerte de Franco (B): facilitar la apertura con Europa en sentidos económicos y militares; impulsar la democracia.

1. ingreso en la Comunidad Europea
2. la reinvención de Benidorm como complejo turístico
3. instalación de bases militares estadounidenses en España
4. la aparición del SEAT 600
5. ingreso en la OTAN
6. el golpe de estado de 23-F

2 a Lee el artículo y decide a qué párrafo corresponde cada frase, identificándolos con las letras A–D.

1. Las tácticas explícitas del Presidente del Gobierno
2. Una rotunda victoria parlamentaria
3. Las dudas entre la población acerca de la democracia
4. Las razones del éxito del partido de Felipe González
5. Una serie de problemas económicos
6. La rivalidad excesiva en el partido del centro
7. La necesidad de alejar al ejército de la política
8. La baza de la política exterior

2 b Lee el artículo de nuevo y contesta las preguntas en español. Intenta utilizar tus propias palabras.

1. Menciona dos de los problemas que afrontaba España en la época de la Transición. (2)
2. ¿Qué opinión tenían los españoles sobre la democracia en los años 80? Da dos ideas. (2)
3. Según el artículo, ¿por qué perdió UCD las elecciones de 1982? Da dos ideas. (2)
4. ¿Cuál fue el efecto de las elecciones sobre UCD?
5. Identifica dos metas económicas que Felipe González pretendía conseguir durante su mandato. (2)
6. ¿Qué quería conseguir Felipe González en términos internacionales? (2)
7. Identifica un elemento clave (aparte de la entrada en la Comunidad Europea) que ayudó a Felipe González a consolidar su posición en el poder. (2)
8. ¿Por qué fue importante la entrada de España en la Comunidad Europea?

Tema 4: La dictadura franquista y la transición a la democracia

Felipe González toma las riendas

A Los españoles de la Transición convivían con las amenazas golpistas, las agresiones del terrorismo (37 asesinatos de ETA en 1982) y una crisis económica muy mal resuelta, producto de la crisis petrolera del decenio anterior. El prestigio de la democracia recién recuperada distaba mucho de ser unánime: a principios de los años ochenta, apenas la mitad de los españoles prefería la democracia a cualquier otra forma de gobierno. El resto dudaba, le daba igual o no sabía qué decir. Incluso uno de cada diez se mostraba de acuerdo en que 'en algunas circunstancias un régimen autoritario, una dictadura, puede ser preferible al sistema democrático', según una encuesta de la época.

B La sociedad de 1982 necesitaba estar más segura de la firmeza del terreno que pisaba. El partido centrista en el poder prácticamente se había deshecho en querellas y conspiraciones internas. Felipe González y los suyos prometieron 'cambiar' ese panorama y obtuvieron 202 escaños, la mayoría parlamentaria más aplastante que ha habido en España. Eso implicó una barrida de UCD, que llevaba algo más de cuatro años en el poder, y quizás en ese vaciamiento del espacio político del centro se pueda encontrar el origen del proceso de polarización política vivido por el país, que no ha dejado de acentuarse desde entonces en términos cada vez más agrios.

C Ojalá todos hubieran visto la situación de forma tan clara como Felipe González, que en sus memorias se refirió a la situación de esta forma contundente: 'Yo estaría totalmente satisfecho si logramos cuatro éxitos claros: la consolidación de la democracia, que los españoles no sigan pendientes de que un militar pueda asaltar el Estado; enderezar la economía, reducir la brutal inflación y el galopante paro; frenar el terrorismo en la perspectiva de su desaparición a largo plazo; y colocar a España en la senda europea y en la realidad internacional.'

D Entre luces y sombras, en la opinión pública se fue instalando una sensación de mayor estabilidad. La entrada de España en la Comunidad Europea fue el espaldarazo. ¿Por qué era tan fuerte aquel PSOE? Claramente, porque llenó un vacío real cuando la sociedad estaba sedienta de respuestas políticas a necesidades serias y graves problemas de fondo.

Texto adaptado de: 'La revolución felipista', elpais.com, 2 de diciembre de 2012, Joaquín Prieto/Ediciones El País SL

De la dictadura a la democracia

2 c Translate paragraph B ('La sociedad de 1982…') of the article into English.

3 a *El papel de las Comunidades Autónomas.* Escucha la entrevista para encontrar las palabras cuyos sinónimos vienen a continuación.

1. fácil
2. cambio
3. idioma
4. jurisdicciones
5. incluyen
6. temas
7. realizará
8. recientemente

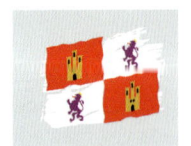

3 b Escucha la entrevista otra vez. Escoge la terminación correcta para estas frases.

1. El funcionamiento de las Comunidades Autónomas (las CC. AA.) es…
   A sencillo.
   B complicado.
   C anticuado.
   D franquista.

2. Durante de la época franquista España era un estado…
   A centralizado.
   B moderno.
   C notable.
   D constitucional.

3. El cambio en el sistema de gobierno se produjo…
   A gracias a Franco.
   B por motivos lingüísticos.
   C para evitar conflictos.
   D sin consultas previas.

4. Las CC. AA. funcionan…
   A en exclusiva.
   B de forma irresponsable.
   C independientemente del Gobierno central.
   D con el Estado o de forma independiente.

5. Ha habido roces entre el Estado y las CC. AA…
   A siempre.
   B solo hace poco.
   C en varias ocasiones.
   D por un solo motivo.

6. Un asunto que hay que resolver es…
   A la financiación de las CC. AA.
   B las asignaturas de los institutos de las CC. AA.
   C la independencia de una comunidad.
   D todas las sentencias de los tribunales.

Gramática

El subjuntivo en oraciones principales (The subjunctive in main clauses)

Read section G14.5 of the grammar section and then focus on the magazine article on page 239 to identify:
a one example of the subjunctive in a main clause after *quizás*
b one example of the subjunctive in a main clause after *ojalá*

Now focus on the interview *El papel de las Comunidades Autónomas* (using the transcript to help) and identify:

c two examples of the subjunctive in a main clause after *quizás*
d two examples of the subjunctive in a main clause after *ojalá*

For each example, note down the phrase and translate it into English.
e Explain why the subjunctive is used in these main clauses.

Tema 4: La dictadura franquista y la transición a la democracia

TRANSITION STAGE

4 Elige la forma del verbo más adecuada.

1. ¡[*Haya/Ha*] muerto el dictador! ¡[*Viva/Vive*] el Rey!
2. ¡Ojalá Franco no [*hubiera ganado/había ganado*] la Guerra Civil!
3. [*Diga/Di*] lo que diga, España no habría hecho tantos progresos si el Rey no hubiera apoyado la democracia.
4. Quizás [*resulte/resulta*] imposible descubrir cuánta gente murió durante la Guerra Civil.
5. No [*olvidemos/olvidamos*] que España se incorporó a la zona euro mientras gobernaba el PP.
6. ¿[*Vayas/Vas*] a Benidorm a veranear? ¡Que [*tengas/tienes*] buen viaje!
7. ¿Tal vez [*puedas/puedes*] explicarme por qué España no entró en la Comunidad Europea antes de 1986?
8. ¡[*Hablemos/hablamos*] de los dictadores! En tu opinión, ¿quién [*ha/haya*] sido el peor de todos?

Estrategia

Learning techniques to hold the interest of your audience when speaking
- Compose an interesting introduction to ensure the attention of the audience.
- Make eye contact.
- Speak with enthusiasm about your topic.
- Use connectives to link your argument logically; refer to exercise 5b.
- Employ the right register for your presentation; refer to exercise 5b.
- Vary your tone during your presentation, using pauses and rhetorical questions effectively.

5 a Investiga en Internet el orden cronológico de los momentos mencionados en el ejercicio 1. Descubre tres elementos nuevos para cada momento y apúntalos.

5 b Túrnate con tu compañero/a para hacer y contestar preguntas sobre lo que has aprendido. Intenta utilizar el registro correcto y unos conectores adecuados, que podrían incluir:

Para preparar argumentos:
- *por una parte… por otra…*
- *no solo… sino también…*
- *a corto plazo, a largo plazo*

Para contestar de forma positiva:
- *por supuesto que sí*
- *desde luego*
- *naturalmente*

Para contestar de forma negativa:
- *en absoluto*
- *por supuesto que no*
- *de ninguna manera*

Para dar opiniones:
- *me parece (absurdo, lógico, increíble, razonable, extraño) que se piense así / que se diga eso*
- *desde mi punto de vista*
- *lo que yo creo es*
- *si tuviera que (juzgar, contestar, decidir, añadir algo…)*

5 c Escribe un párrafo en español para resumir los momentos clave de la Transición.

Unidad 12 El paso de la dictadura a la democracia

Vocabulario

12.1 Se acerca la democracia… ¡y también el peligro!

	amenazar	to threaten
e/la	**asaltante**	attacker
	chocar de pleno	to meet head on
el	**cuartel**	barracks
	desafiar (*desafío*)	to challenge
el/la	**dirigente**	leader
el	**disparo**	shot
	enfrentarse	to oppose
	entregarse	to surrender
el	**golpe de estado**	military coup
el/la	**golpista**	conspirator
	irrumpir	to rush in
la	**pancarta**	banner
	pegarle un tiro	to shoot
el	**presentimiento**	inkling
el	**reinado**	reign
la	**rendición**	surrender
	rezar	to carry a message
	secuestrar	to kidnap, hijack
la	**sede**	seat, base
la	**soberanía nacional**	national sovereignty
el	**sublevado**	rebel
la	**suerte está echada**	the die is cast
	tirarse	to thrown oneself down
el/la	**vencedor/a**	winner

12.2 Adolfo Suárez: de la dictadura a la democracia en un par de saltos

el	**acierto**	success
	apostar (*apuesto*) **por**	to back
el	**apoyo**	support
	aprobar (*apruebo*)	to approve, to pass (law)
la	**autodestrucción**	self-destruction
el/la	**consejero/a**	adviser
las	**Cortes**	Spanish Parliament
	desafecto	disaffected
el	**discurso**	speech
el	**escaño**	(parliamentary) seat
	exigir (*exijo*)	to demand
	fallido	failed
el/la	**historiador/a**	historian
	impulsar	to push
el	**legado**	legacy
el	**papel clave**	key role
el	**pluralismo**	pluralism, multiparty
	promulgar	to pass (law)
la	**propuesta**	proposal
el	**pueblo español**	Spain, Spanish people
el	**punto de no retorno**	point of no return
el	**riesgo**	risk
el	**sindicato**	(trade) union

12.3 Año 1977: primeras elecciones democráticas desde 1936

	aguantar	to put up with
	a largo plazo	in the long run
el	**apoyo popular**	public support
	atender (*atiendo*) **órdenes**	to obey orders
el	**bando nacionalista**	nationalists
la	**cautela**	caution, prudence
la	**dictadura**	dictatorship
	embrollar	to complicate
	esperanzado	hopeful
	heredar	to inherit
el	**hito**	milestone
el	**impulso**	boost
	instaurar	to establish
la	**magistratura**	judiciary
la	**matanza**	slaughter
la	**monarquía parlamentaria**	parliamentary monarchy
	pedir (*pido*) **disculpas**	to apologise
la	**prensa**	press
	redactar	to draw up
	renegar (*reniego*)	to reject
	señalar	to point to
el	**trato**	deal, agreement
	verse atado	to have your hands tied
el	**vínculo**	link

12.4 A tiro de piedra de la sociedad española de hoy

la	**abdicación**	abdication
	aclararse	to sort things out
	a corto plazo	in the short term
la	**asignatura pendiente**	unresolved matter
la	**barrida**	sweeping aside, wiping out
la	**competencia**	responsibility
	convivir	to live with
la	**encuesta**	survey, opinion poll
	enderezar	to put right
	entre luces y sombras	in fits and starts
la	**ertzaintza**	Basque police force
	estar (*estoy*) **pendiente**	to be worried
el	**ingreso**	entry
el	**mandato**	term, mandate
la	**meta**	goal, aim
los	**Mossos (d'Escuadra)**	Catalan police force
la	**OTAN (Organización del Tratado del Atlántico Norte)**	NATO
el	**paro**	unemployment
el	**poder**	power
los	**problemas de fondo**	background problems
la	**querella**	dispute
el	**roce**	clash
	tomar las riendas	take the reins (of power)
el	**Tribunal Supremo**	Supreme Court

Tema 4: La dictadura franquista y la transición a la democracia

Unidad 13

Profundicemos en los temas 1 y 2

13.1 **Día del Orgullo Gay**
13.2 **El mundo del trabajo: dos extremos**
13.3 **¿Volver a empezar?: el reto para el turismo español**
13.4 **Los espacios virtuales son de los jóvenes**

Theme objectives

In this unit you will study Themes 1 and 2 in more depth. The following topics are covered:
- the attitudes that Spaniards have to gay marriage, homosexual people and their legal situation
- work culture and the attitude of the Spanish to work
- the challenge facing the Spanish tourist industry moving forward
- the impact of social networks in Latin America

The content in this unit is assessed at AS and A-level.

Grammar objectives

You will study and practise the following grammar points:
- comparative and superlative constructions
- revision of *ser* and *estar*
- the use of the subjunctive including the indefinite antecedent
- indirect speech

Strategy objectives

You will develop the following strategies:
- planning and carrying out A-level revision
- managing the time available when attempting exam tasks
- learning and using more sophisticated vocabulary
- appreciating different registers and recognising when to use them

13.1 Día del Orgullo Gay

- Estudiar las actitudes que tienen los españoles hacia el matrimonio homosexual, las personas homosexuales y su situación legal.
- Aprender a utilizar estructuras comparativas y superlativas.
- Planificar y llevar a cabo un repaso de A-level.

¡En marcha!

1 Lee estas dos preguntas de una encuesta sobre actitudes hacia la homosexualidad y heterosexualidad en España, y las respuestas obtenidas. Coméntalas con tu compañero/a y tomad nota de las distintas actitudes de las que habléis.

A ¿Cree que, en España, las personas heterosexuales son, en general, muy, bastante, poco o nada tolerantes hacia las personas homosexuales?

Muy tolerantes	6,3%
Bastante tolerantes	47,6%
Poco tolerantes	33,5%
Nada tolerantes	5,2%
No saben	6,7%
No contestan	0,6%
(Número)	(2.485)

B ¿Y las personas homosexuales hacia las personas heterosexuales?

Muy tolerantes	14,8%
Bastante tolerantes	61,0%
Poco tolerantes	13,0%
Nada tolerantes	2,1%
No saben	8,6%
No contestan	0,6%
(Número)	(2.485)

Fuente: Encuesta del CIS (Centro de Investigaciones Sociológicas)

Veto al partido del gobierno

La celebración más política del Orgullo Gay en toda la historia de la reivindicación de los derechos de los homosexuales ha sido también la más polémica de todos los tiempos. Las entidades organizadoras de la multitudinaria manifestación que hoy ha recorrido el centro de la capital no han dejado que los dirigentes del PP estuvieran a la cabeza, pero han estado los líderes del PSOE, Podemos, e IU.

El argumento del veto al partido del Gobierno, que ha estado representado por el número dos en la Comunidad de Madrid, ha sido que 'no se dan las circunstancias' para que se sume a la causa porque 'es necesario que muestre, a través de medidas concretas, su compromiso'. El diputado regional simplemente expresó, más solícito de lo que le corresponde, su confianza en que las relaciones institucionales con este colectivo 'se vayan normalizando más rápido que hasta ahora'.

Bandera del Orgullo Gay

Desde el escenario instalado en la plaza de Colón, declaró nada menos que la alcaldesa de la ciudad, que se ha sumado a la 'fiesta reivindicativa por los derechos sociales': 'Voy a hacer todo lo posible para salvaguardar y engrandecer este pilar absolutamente imprescindible para Madrid.' Por primera vez en la historia de la democracia, El Palacio de Cibeles, sede del Ayuntamiento de la capital, se ha engalanado con la bandera LGTB*, con más aprobación de lo que se esperaba.

* LGTB: Federación Estatal de Lesbianas, Gays, Transexuales y Bisexuales

Texto adaptado de: 'Veto al PP en el Orgullo más político', elmundo.es, 4 de julio de 2015

Repaso de los temas 1 y 2

A-LEVEL STAGE

2 a Lee el artículo y busca en los dos primeros párrafos sinónimos para las siguientes palabras y expresiones.

1. reclamación
2. controvertida
3. han permitido
4. llevaran la delantera
5. jefes
6. hace falta
7. sencillamente
8. grupo
9. deprisa

2 b Busca en el último párrafo antónimos para las siguientes palabras.

1. algo
2. imposible
3. desproteger
4. empequeñecer
5. innecesario
6. última
7. dictadura
8. disconformidad

2 c Lee el artículo de nuevo. Contesta las preguntas con tus propias palabras.

1. ¿Qué dos calificativos después de 'la más…' se utilizan para describir la celebración del Orgullo Gay?
2. ¿Cómo sabemos que ha acudido mucho público a la manifestación?
3. ¿Qué partido no estaba representado en el lugar preferente en la manifestación del Orgullo Gay?
4. ¿Qué otros partidos estaban presentes? (3)
5. ¿Por qué no se les ha permitido acudir?
6. ¿Cómo reaccionó el diputado regional?
7. ¿De qué lado está la alcaldesa de Madrid? Justifica tu respuesta.
8. ¿Qué diferencia se ha observado en el Ayuntamiento respecto a otros años?

Gramática

Estructuras comparativas y superlativas (Comparative and superlative constructions)

Study section C9 of the grammar section for information about comparative and superlative constructions. Find in the reading passage examples of:
a two comparative constructions
b two examples of the *más de (lo) que* construction
c one superlative construction

Copy them out and translate the examples into English.
d In what circumstances is the construction *más/menos… de (lo) que* used?

Unidad 13 Profundicemos en los temas 1 y 2 245

3 Rellena los espacios con palabras adecuadas del recuadro. Cada palabra se utiliza solo una vez.

menor	peores
lo que	que
del	mayor
más	mejor

1 Según un informe reciente, España es el país del mundo donde hay ………. aceptación de la homosexualidad (88%).

2 La comunidad LGBT constituye más ………. 10% de los viajeros que se desplazan por el mundo.

3 Al turista gay lo que ………. le interesa es que haya libertad, y que pueda desplazarse sin tener que esconderse.

4 En televisión, no hemos pasado del homosexual estereotipado: es raro ver que el ………. amigo de un hombre heterosexual sea gay en cualquier pantalla.

5 En España el movimiento gay es mucho más fuerte de ………. creía yo.

6 En ciertos países los políticos se refieren a los gays como '………. que los perros'.

7 El argumento contra el matrimonio gay es un prejuicio que no resiste el ………. análisis.

8 Un estudio reciente señala que los heterosexuales son más conflictivos ………. los gays a la hora de enfrentarse a una situación difícil.

4 a *¿Lo tienen más difícil las mujeres homosexuales?* Escucha la opinión de cinco mujeres que hablan de las circunstancias de las lesbianas y busca las palabras y expresiones que corresponden a las definiciones siguientes.

1 situación que se realiza de manera secreta
2 modelos
3 se degrada
4 lo que rodea a alguien
5 persona que siente atracción por el sexo opuesto
6 moderadas
7 vistosos
8 actitud de superioridad de los hombres respecto a las mujeres

Pareja homosexual

4 b Escucha la conversación de nuevo. ¿Quién lo dice? Laura (L), Carmen (C), Dolores (D), Eugenia (E) o Amparo (A)?

1 Si la mujer revela que es homosexual, el hombre la considera menos atractiva.

2 Hoy en día una lesbiana no tiene por qué esconder su homosexualidad.

3 El que no acepta la homosexualidad suele tratar a las lesbianas con más dureza.

4 Las lesbianas tienen el mismo deseo de ser madres que cualquier otra mujer.

5 En cuanto a hablar abiertamente de su homosexualidad, las mujeres son más reticentes que los hombres.

6 Hace mucho tiempo que solemos hablar de la homosexualidad de los hombres.

7 Los que aceptan la homosexualidad tratan de igual manera a los hombres y a las mujeres.

8 Personalmente conozco a más hombres que mujeres homosexuales.

Repaso de los temas 1 y 2

A-LEVEL STAGE

5 Traduce el siguiente texto al inglés.

Doble rasero

Este sábado hay una concentración cuyo slogan es 'Por la familia tradicional, contra el matrimonio homosexual'. El acto va a celebrarse cerca del barrio de Chueca, donde pasarán miles de turistas y ciudadanos para celebrar el día del Orgullo Gay la semana que viene. Sin embargo, resulta curioso que el Partido Popular no autorice la manifestación que los colectivos ateos pretenden realizar cada Jueves Santo en Madrid, y argumentan, 'La fecha, lugar y hora elegidos revelan que pretenden realizar la manifestación en un día importante para los católicos. Ese comportamiento denota un claro deseo de provocar'.

Texto adaptado de: 'Homofobia y banderas franquistas: el bochornoso espectáculo que el PP permite el día del Orgullo', *elplural.com*, 4 de julio de 2015

Estrategia

Planning and carrying out A-level revision

When revising for A-level it is important to give special attention to the following:
- Make a revision timetable, covering all parts of the course.
- Avoid distractions when revising and build a routine.
- Prepare carefully all materials for your speaking exam presentation and discussion.
- Listen daily to Spanish from a range of sources.
- Revise thoroughly any areas of grammatical weakness, paying particular attention to the subjunctive.
- Prepare a list of words and phrases, including connectives, for use in your essays on books and films.
- Prepare for your oral exam by writing a revision paragraph to summarise your views on the themes of each sub-unit.
- Time yourself when answering exam-type questions.
- Discuss exam strategies with your classmates and teacher.

6 a Elige uno de los siguientes temas en relación con la homosexualidad y busca información en Internet:
- Situación legal de los homosexuales en España
- Derecho de los homosexuales a adoptar un hijo
- Diferencia entre matrimonio y pareja de hecho
- Oposición de algunos colectivos a que se utilice el término 'matrimonio'

6 b Toma notas de los puntos que consideres más importantes. Haz una breve presentación al resto de la clase.

6 c Escribe en dos párrafos tu punto de vista sobre la situación de los homosexuales en España, comparándola con tu país.

Pareja homosexual con su bebé

13.2 El mundo del trabajo: dos extremos

- Comentar la cultura del trabajo y la actitud de los españoles hacia el trabajo.
- Repasar el uso de *ser* y *estar* incluyendo su uso con la voz pasiva.
- Aprender a dosificar el tiempo disponible contestando las preguntas del/durante el examen.

¡En marcha!

1 a Ahora tú ya vas camino del mundo del trabajo y es de suponer que vas a sacar unos resultados fabulosos en tus próximos exámenes y accederás a una carrera universitaria.
Y ¿después? ¿Cómo será el proceso para encontrar trabajo, en detalle? Con tus compañeros/as prepara una lista de lo que tendrás que hacer para conseguir tu primer trabajo: ¿dónde se publican las ofertas? ¿Qué títulos necesitarás?

1 b Los estudiantes españoles de tu edad se estarán preparando de una forma similar, pero las condiciones no son iguales. Prepara cinco preguntas que le podrías hacer a un/a español/a de tu edad para saber cómo funciona el sistema en su país y comprobar las diferencias.

2 a Lee el artículo y encuentra sinónimos de las palabras y frases siguientes.

1. empieza la jornada
2. teñirá el pelo
3. en dinero 'negro'
4. se mueven inadvertidos
5. varía
6. no es de extrañar
7. extendida
8. produce la sensación

2 b Lee el artículo de nuevo. De las afirmaciones a continuación elige las cuatro correctas.

1. Hacienda no recauda los impuestos de María y Fátima, pero sí de Félix y Carlos.
2. Según el primer párrafo, no declarar ganancias parece cosa de cada día.
3. El Estado no tiene ni idea de cuánto dinero queda sin declarar.
4. La Comisión Europea sitúa a España en una posición baja en cuanto a los efectos del fraude.
5. La corrupción afecta la vida diaria de un número elevado de españoles: más del doble de la media europea.
6. Al 10% de los que cometen fraudes se les concede una amnistía.
7. Los efectos de la crisis en el sector de la vivienda han influido en estos problemas fiscales.
8. El Estado no tiene la culpa de que se recaude tan poco.

Repaso de los temas 1 y 2

El dinero negro o la economía sumergida

Ocho de la mañana. Arranca el día en una urbanización de las afueras de Madrid. María se pone la bata y prepara la camilla y las cremas de masaje. Está pendiente de su primer paciente que llega dentro de 15 minutos. A esa misma hora, a unos 100 metros, Fátima visita a una de sus clientas, una vecina a la que peinará y dará mechas. Ninguna declarará su trabajo a Hacienda. Tampoco lo hará el jefe de Félix, transportista, que le paga 800 euros en nómina y 400 en un sobre. E intentará evitarlo Carlos, el propietario del bar al que va a desayunar, que escatima con las facturas y hace 'desaparecer' barriles de cerveza. 35 euros la hora de María, 25 por el trabajo de Fátima, 3,50 del desayuno, miles de millones de grandes empresas… Así hasta sumar los 253.000 millones de euros que circulan bajo el radar en España, según el último informe de la Asociación de Técnicos del Ministerio de Hacienda.

Los datos son relativos ya que no existe un método oficial para medir la economía sumergida, que oscila entre en el 18% y el 24,6% del PIB[1]. Con esta premisa no sorprende que el país sea el noveno del mundo que más defrauda. Esto lleva a que los españoles seamos los europeos que más afectados nos sentimos por el fraude, según la Comisión Europea. El 63% considera que la corrupción le afecta en su vida diaria — en la UE la media es del 25% — y el 95% afirma que es generalizada en el país, frente al 76% europeo. Esto, unido a que solo ha sido recaudado por Hacienda[2] el 10% del fraude y a que han sido concedidas varias amnistías a los defraudadores, crea la percepción de que todo vale. ¿Si lo hacen ellos por qué no voy a hacerlo yo?

Entre las causas que barajan los expertos para justificar tanto dinero negro están una burbuja inmobiliaria que lo atraía como un imán; el incremento del paro hasta un 26% de la población activa; el aumento de impuestos que no ha ido acompañado de un control tributario efectivo…

[1] PIB (producto interior bruto) = GDP (gross domestic product)

[2] 'Hacienda' is equivalent to the Inland Revenue

Texto adaptado de: '253.000 millones bajo cuerda', *elmundo.es/especiales*

¡No todos los sobres van a correos!

2 c Traduce las frases siguiente al español.

1. There is no reliable measure of the black economy in Spain, which accounts for over 20% of GDP.
2. It is not surprising that the government is seriously concerned about the amount of fraud in Spain.
3. Most Spaniards believe that there is too much corruption in their country.
4. Because there have been several amnesties, few fraudsters have been apprehended.
5. Many Spaniards think that if it is so easy to avoid punishment, why not commit fraud as well?
6. According to the experts, the current housing bubble is one of the main reasons why fraud occurs.
7. The rate of unemployment among young people has tripled since the recession began.
8. Some people refuse to pay taxes because they are opposed to the policies of the government.

Gramática

***Ser* y *estar* incluyendo su uso con la voz pasiva (*Ser* and *estar* including its use with the passive voice)**

Read section G22 of the grammar section and then focus on the article on page 249 to identify:
a seven examples of the two verbs (not including the passive)
b two examples of passives

For each example, note down the phrase and translate it into English.
c Note which verb is used for the passive and note the agreement/form of the past participle.

3 Completa las frases siguientes con la forma apropiada de *ser* o *estar*.

1 El gobierno español .... impulsando un plan de estímulo económico y apoyo a los jóvenes para ayudarlos a encontrar trabajo.

2 En los años 90, veinte años después de que comenzara la primera crisis del petróleo, ya .... evidente que nuestros gobiernos no .... capaces de aplicar una política económica.

3 La crisis del mundo laboral empezó en 1974. Y no .... hasta 1985 cuando se recuperó la misma cantidad de empleo.

4 Hoy en día, los mercados exteriores no .... abiertos a los jóvenes, a menos que .... ingenieros, médicos u otros profesionales.

5 A pesar de que la Formación Profesional tiene un nivel superior de empleo que los estudios universitarios, sigue .... considerada como inferior.

6 Te advierto que.......... mejor decir que tú.......... 'en búsqueda activa de empleo' y no 'en paro'.

7 Los motivos para que muchas ofertas de empleo .... ocultas tienen que ver con la estrategia de las empresas.

8 Para que una red de contactos .... efectiva, ... necesario saber utilizarla correctamente.

4 a *Las oposiciones, un sistema único.* Escucha la primera parte de la entrevista sobre los exámenes del Estado. Contesta las siguientes preguntas en español con tus propias palabras.

1 ¿Qué proceso siguió Beatriz para ser profesora?
2 ¿Por qué son importantes las oposiciones?
3 ¿En qué consiste el examen?
4 ¿Cómo se preparó Beatriz para los exámenes?

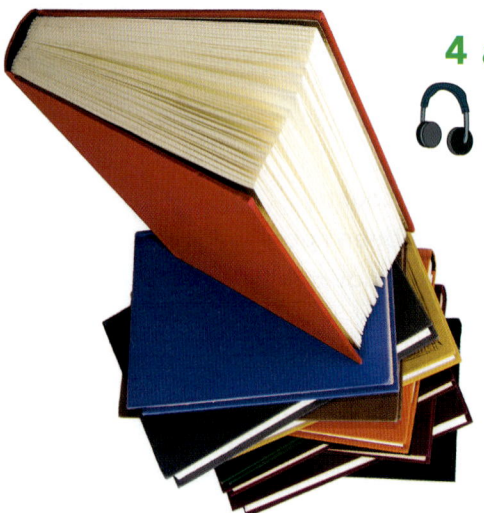

'Empollar'

A-LEVEL STAGE

4 b Ahora escucha la segunda parte de la entrevista. Contesta las preguntas en español. Escribe en frases completas y verifica el trabajo con cuidado para asegurarte de que el lenguaje es correcto.

1 Resume lo que pasa después de presentarte a los exámenes, según Beatriz. (3)
2 Resume lo que pasa con los otros opositores. (2)

Estrategia

Managing your time when completing exam tasks
- Get to know the demands of the exam: which skills do you find easier/more taxing?
- Decide in which order you will attempt tasks to improve your performance: psychologically, it is helpful if you start with an 'easy' question and then move on to one which requires more planning/thought.
- Deal with different skills in different ways: for comprehension tasks, go to the questions before you read or listen to the task; for translation tasks, develop your technique of drafting.
- Allocate enough time to write a clear plan for your answer to an essay question on literature or film.
- Make a note of how long you can afford to spend on each section. If you spend too long on one section, your performance will suffer.
- Pace yourself carefully and avoid distractions.
- If you finish early, use the time to check your work carefully.

5 a Investiga en Internet y compara la manera de conseguir un primer empleo en el sector público español con el sistema en el Reino Unido. Apunta los detalles más destacados.

5 b Trabaja en pareja y decide cuál de los sistemas vas a describir y defender, mencionando dos ventajas y un punto negativo. Tu compañero/a hará lo mismo con el otro sistema. Se trata de preparar un debate sobre el tema.

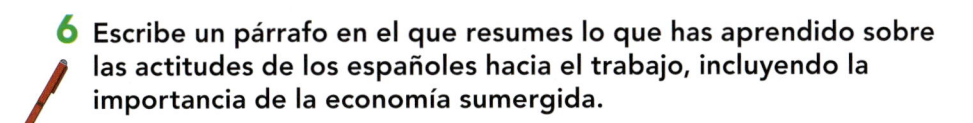

6 Escribe un párrafo en el que resumes lo que has aprendido sobre las actitudes de los españoles hacia el trabajo, incluyendo la importancia de la economía sumergida.

Unidad 13 Profundicemos en los temas 1 y 2

13.3 ¿Volver a empezar?: el reto para el turismo español

- Comentar el reto para el sector turístico español cara al futuro.
- Repasar el uso del subjuntivo incluyendo el antecedente indefinido.
- Aprender y emplear vocabulario más sofisticado.

¡En marcha!

1 ¿Cuáles son los pilares del turismo de tu país? ¿Depende del clima o de una oferta cultural concreta? ¿Cómo se pueden ingeniar las cosas para que vengan más turistas y el país se beneficie más? ¿Existe un desafío en particular para este sector de la economía?

2 a Lee el artículo y contesta las preguntas en español con tus propias palabras.

1. ¿Qué ha impulsado la popularidad de España en los últimos meses? Menciona dos ideas. (2)
2. A pesar de esta popularidad, ¿por qué sigue estando preocupada España?
3. ¿Por qué no sube España los precios turísticos?
4. ¿Qué hay que hacer para poder ofrecer el turismo de calidad? Menciona dos ideas. (2)
5. ¿En qué consiste el problema de la estacionalidad?
6. Para no limitar el crecimiento del sector ¿qué hay que hacer? Menciona dos ideas. (2)
7. ¿Qué tiene que hacer España con su vieja imagen?
8. ¿Qué resultado se espera de la oferta nueva?

2 b Translate into English paragraph 3 of the article on page 253 from 'España es un destino maduro' to 'Creando otra que resulte más cara y competitiva'.

Gramática

Usos del subjuntivo incluyendo el antecedente indefinido (Use of the subjunctive, including the indefinite antecedent)

Study section G14.5 of the grammar section and then focus on the article on page 253 again. Find:
a three uses of the subjunctive associated with the indefinite antecedent
b three other uses of the subjunctive

For each use, note down the phrase containing the example and translate it into English
c Explain why the subjunctive is used in each case.

Repaso de los temas 1 y 2

¿España seguirá vendiendo su imagen de país barato?

El actual *boom* de llegadas de viajeros se desató, y se sigue alimentando, por la inestabilidad en destinos rivales del norte de África y por el desvío de turistas que dejaron de ir a esa región. Y el sector teme que, cuando esos destinos competidores recuperen la estabilidad, España se encuentre con la incertidumbre de si conseguirá retener y fidelizar a esos viajeros prestados.

'Históricamente el español ha sido un turismo barato. Nuestro modelo ha sido el de atraer un público masivo con precios bajos. Y eso no ha cambiado,' apunta Josep

'Necesitamos una oferta que tenga calidad'

Francesc Valls, catedrático de ESADE. 'El problema es que muchos no se atreven a subir sus tarifas por temor a que el turista deje de venir. No es que el cliente busque el producto más barato, sino valor a un precio ajustado. Démosles valor y lograremos ingresar más por cada turista.'

España es un destino maduro, con una planta hotelera que en muchos otros destinos de sol y playa ha quedado envejecida. Y sin su renovación y la renovación integral de los destinos, no parece que se pueda apostar por un turismo de mayor calidad. 'El modelo se ha quedado oxidado por la no renovación. Seguiremos teniendo turismo masivo y a precios económicos, pero necesitamos una oferta que tenga calidad para ir ganando más competitividad. Hay que ir destruyendo oferta obsoleta y creando otra que resulte más cara y competitiva,' apunta David Samu, responsable de Turismo, Transporte y Servicios de PwC.

Con un sector tan concentrado en el sol y playa, España también se encuentra con el problema de la enorme estacionalidad. Año tras año, casi la mitad de todas las llegadas de turistas extranjeros se concentran entre junio y septiembre.

'Ese segmento vacacional está muy concentrado en Cataluña, Baleares, Andalucía y Canarias. Quedan otras trece comunidades autónomas para fomentar otros tipos de turismo,' indica Tomás López, de una empresa del gremio. "O apostamos por la desestacionalización y por la diversificación geográfica, o el crecimiento será limitado. Hay que apostar por la calidad".

'Hay que prepararse para el turismo urbano, para el turismo que busque cultura, para el turismo que quiera descubrir la España verde,' subraya Simón Barceló, copresidente del grupo turístico Barteló Corporación. 'Intentemos apartarnos de la imagen de que somos un país barato que vende buen tiempo. Brindemos experiencias gastronómicas, experiencias culturales para poder ir mejorando el ingreso medio de cada uno de los turistas que recibamos.'

Texto adaptado de: 'Una nueva fórmula para el turismo del futuro', sabemosdigital.com

3 Elige la forma correcta del verbo.

1. Es un error escribir la publicidad turística en inglés porque un alemán, un francés o un ruso no [*busque/busca*] esta información en una lengua que no [*sea/es*] la suya.

2. Es evidente que las empresas turísticas [*necesiten/necesitan*] nuevos modos de conectar con sus clientes.

3. El reto de los destinos turísticos españoles será desarrollar estrategias adecuadas que le [*puedan/pueden*] convencer al turista para que [*elija/elige*] el destino como meta de sus vacaciones.

4. En España necesitamos que [*venga/viene*] cada vez más gente para mejorar los ingresos del turismo y que [*siga/sigue*] creciendo este número.

5. Es importante ofrecer algo más que [*haga/hace*] que el turista extranjero no [*vaya/va*] a Turquía solo porque [*sea/es*] más barato.

6. España es un destino maduro, con una planta hotelera que en muchos destinos de sol y playa [*haya/ha*] quedado envejecida.

7. Hay que trabajar para mostrar al mundo aquellas cualidades que [*hagan/hacen*] que la cultura española se [*diferencie/diferencia*] y no solo centrarse en un turismo de playa y sol.

8. Los operadores turísticos deben trabajar la recomendación y lograr que los turistas que [*hayan/han*] estado en el destino [*cuenten/cuentan*] su experiencia.

Estrategia

Learning and using more sophisticated vocabulary

- Compile your own bank of synonyms and antonyms.
- Vary your vocabulary by finding and using synonyms for words you already know.
- Note down new vocabulary and make it your intention to reuse more sophisticated words and expressions.
- Learn words with the same root in families e.g. *juntar >junto(s)> junta> juntamente> juntura*. Make word families that link them.
- Read as widely as possible: work from on-line newspapers in Spanish and focus on different styles which accompany a variety of content.
- Practise with exercises like 4a to develop your range.

4 a *Impresiones de mis estudios.* Escucha lo que dicen Pedro y Teresa y, después de consultar las palabras a continuación, busca sus sinónimos usados en la conversación.

1. ¡atención!
2. descubrí
3. notábamos la ausencia de
4. apañarme
5. gracias a
6. conseguí
7. compañías
8. destacadas
9. fama
10. me ofrecerá

Repaso de los temas 1 y 2

EXTENSION STAGE

4 b Vuelve a escuchar la conversación y escoge la terminación correcta de las cuatro opciones.

1. Pedro cursó estudios…
   - A hace un par de años.
   - B hace bastante.
   - C a principios de este siglo.
   - D muy rápidamente.

2. Se dio cuenta de su verdadero nivel de inglés…
   - A en España.
   - B en la escuela.
   - C después de viajar.
   - D gracias a su profesor.

3. La Escuela de Turismo enseñaba…
   - A tres idiomas.
   - B *marketing*.
   - C experiencia laboral.
   - D asignaturas teóricas.

4. Pedro encontró trabajo…
   - A porque se molestó en buscarlo.
   - B gracias a su experiencia laboral.
   - C porque tenía muchos contactos.
   - D incluso antes de terminar los estudios.

5. A Teresa, de su curso, le gusta…
   - A la parte teórica.
   - B la relación entre sus compañeros.
   - C la contabilidad y los idiomas.
   - D el contenido.

6. En cuanto a la experiencia laboral, Teresa…
   - A solo va a trabajar en el sector hotelero.
   - B no se basará en solo un establecimiento.
   - C no considera útil esta experiencia.
   - D no tiene suerte con las instituciones punteras.

7. Para Teresa, la experiencia laboral…
   - A es de poca importancia.
   - B facilitará el contacto directo con las empresas.
   - C es la parte menos interesante de la carrera.
   - D solo se consigue si sacas buenas notas.

8. La gran diferencia entre las experiencias de Pedro y Teresa en su formación es que…
   - A antes era más teórica.
   - B ahora es más individual.
   - C antes incluía asignaturas como *marketing*.
   - D ahora solo acceden los mejores profesionales.

5 a Investiga en Internet uno de los aspectos de la lista relacionados con el turismo en España.
- la importancia de la carrera de Turismo hoy en día
- la posibilidad de diversificación geográfica
- cómo ofrecer más turismo de calidad
- cómo atraer nuevos mercados

5 b Prepara una presentación sobre el aspecto elegido para darla a la clase. Sigue las normas del examen y habla durante un máximo de dos minutos. Tus compañeros podrán hacer de examinador al hacerte tres preguntas cuando termines, y después te pueden hacer preguntas más generales sobre el tema.

5 c Escribe un párrafo en español sobre tu presentación para resumir la información más destacada.

13.4 Los espacios virtuales son de los jóvenes

- Analizar el impacto (positivo y negativo) que tienen las redes sociales en América Latina.
- Aplicar las reglas del estilo indirecto.
- Diferenciar los distintos registros y reconocer cuándo usarlos.

¡En marcha!

1 a Ordena las siguientes ideas, empezando por la actividad para la que más usas las redes sociales. Luego compara tu lista con la de tu compañero/a.
- ○ comunicación con amigos y familiares
- ○ estudio
- ○ trabajo
- ○ ocio y pasatiempos
- ○ conocer gente nueva
- ○ juegos en línea

1 b Ahora observa cómo se utilizan las redes sociales en América Latina. ¿Cómo difiere esta gráfica de vuestras listas?

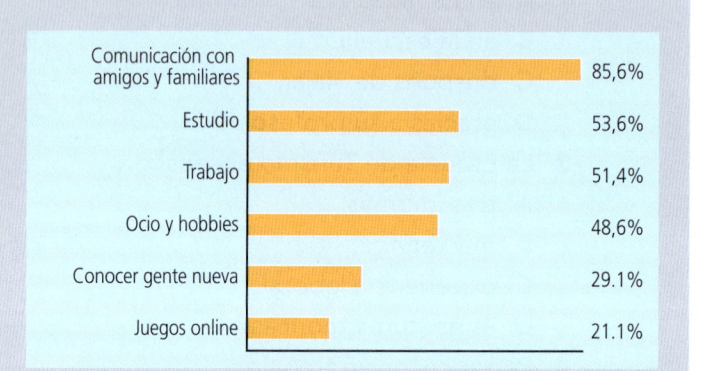

Actividad	Porcentaje
Comunicación con amigos y familiares	85,6%
Estudio	53,6%
Trabajo	51,4%
Ocio y hobbies	48,6%
Conocer gente nueva	29,1%
Juegos online	21,1%

Uso de las redes sociales en América Latina

A los pies de ese monumento, ¡no!

Llama la atención que en Bolivia haya 3 millones de cuentas en Facebook, que se den debates entre líderes de opinión en las redes sociales, que la posición de autoridades públicas sea *vox populi* y que hasta se generen acciones que terminan en protestas sociales. Conclusión: los jóvenes se han adueñado de este espacio (**1** ....), y lo utilizan como una plataforma para expresarse, además de para estimular cambios.

Leonor Ramírez, comunicadora y ciberactivista, nos explicaba que la verdadera participación política de los jóvenes se daba en las redes sociales cuando no estaban (**2** ....) con asuntos relacionados con la moda o los chismes. Parece que es por medio de ese canal como declaraban desde sus preferencias políticas, su anarquismo y hasta su disgusto. Y que lo hacían a través de observaciones y desahogos que resultaban de la catarsis de verse, o no, (**3** ....) en la sociedad.

La identidad de una ciudad y de (**4** ....) allí residen puede verse alterada por esta oleada cibernética. Analizando esta cuestión por medio de hechos

El Cristo de Santa Cruz

256 Repaso de los temas 1 y 2

concretos, Ramírez decía que el más reciente ejemplo del 'ser cruceño' en redes sociales se había podido ver reflejado en las (**5** ....) de Facebook: 'SePrendióElMechero' o 'SiVivísAquíInformate' y numerosos otros similares que habían surgido a partir del cierre de campaña del MAS (Movimiento Al Socialismo) en Santa Cruz, cuando se disponía a realizar su cierre electoral a los pies de la estatua de El Cristo. Luego (**6** ....) que el efecto de esa movida había terminado concentrando a cientos de jóvenes en esa zona, negándose a que los políticos usaran ese estandarte de las luchas entre autonomías como plataforma electoral.

Ramírez declaró que los jóvenes habían tomado sus muros (en el Facebook), habían hecho memes, habían hecho circular comentarios e (**7** ....) vía WhatsApp y habían alterado los videos en YouTube para transformarlos en caricaturas y así circular un discurso que les fuera útil para los fines que buscaban. Néstor Delgado, escritor guaraní y usuario de Internet, dijo que las redes sociales se habían convertido en el nuevo espacio de socialización de la información, en el que los jóvenes formulaban sus argumentos a favor o en contra del orden establecido y que establecían el límite entre generaciones, haciendo que estos espacios (**8** ....) reconocidos por los jóvenes y válidos para la declaración de sus derechos y obligaciones.

2 a Lee el artículo y completa el texto con palabras del recuadro. ¡Cuidado! Sobran cuatro palabras.

hizo	reflejados	amigas	imágenes
distraídos	fueran	etiquetas	aburridas
eran	quienes	virtual	añadió

2 b Lee el artículo de nuevo y elige la respuesta correcta.

1. Se hace referencia a los 3 millones de cuentas en Facebook para…
   A confirmar que hay mucha población en Santa Cruz.
   B demostrar la importancia de las redes sociales en la política cruceña.
   C señalar que muchos líderes tienen presencia en las redes sociales.
   D evitar que haya una protesta social.

2. Según Leonor Ramírez, los jóvenes usan las redes para…
   A estudiar periodismo y ciberactivismo.
   B organizar eventos anarquistas.
   C expresar sus sentimientos sobre lo que ocurre en sus vidas y en la sociedad.
   D evitar participar en la política.

3. El exceso de euforia en línea puede llegar a influir en…
   A las etiquetas de Facebook.
   B los que son cruceños.
   C cómo se percibe una urbe y sus habitantes.
   D las campañas electorales.

4. Los jóvenes de Santa Cruz se oponían a…
   A añadir etiquetas en Facebook.
   B concentrarse por razones políticas.
   C que se cerrara la campaña del MAS.
   D que se utilizara el Cristo como plataforma electoral.

5. A los jóvenes les gusta alterar los vídeos de YouTube para…
   A imitar a personajes de forma cómica.
   B mandarlos por Whatsapp.
   C pasárselos a sus contactos.
   D alterar el orden público.

6. Según Néstor Delgado, las redes sociales…
   A marcan la diferencia entre generaciones.
   B delatan a quien no está de acuerdo con la ley.
   C deben estar en guaraní.
   D son desconocidas para los jóvenes.

Unidad 13 Profundicemos en los temas 1 y 2

Gramática

Estilo indirecto (Indirect speech)

Study section O of the grammar section. Reread the article.
a Find three examples of indirect speech.

Write down the examples and translate them into English.
b Convert the examples you have found into direct speech.

3 Convierte las frases siguientes en estilo indirecto. Comienza cada frase con un verbo en el pretérito indefinido, por ejemplo 'Dijo/Dijeron que…'.

1 Mi mayor preocupación en Internet es insertar mis datos personales y bancarios.
2 A los jóvenes latinoamericanos nos gusta mucho comunicarnos mediante las redes sociales.
3 Esta tarde iré a tu casa para ver si puedo arreglar tu ordenador.
4 Utilizamos las redes sociales sobre todo para expresar nuestro desacuerdo con la política del gobierno.
5 Manda un mensaje para que te ayude a denunciar al hombre.
6 Mañana veremos si va a responder a nuestra invitación por correo.
7 Cuando vuelvas esta tarde habré respondido a tu mensaje.
8 Quiero que venga el técnico para revisar los ajustes de privacidad de mi acceso a Internet.

4 a *Total, por un piropo.* Escucha esta entrevista sobre una experiencia desagradable que tuvo una argentina y sobre cómo usó YouTube para tratar de protegerse. Luego busca en el texto los equivalentes de las palabras y expresiones siguientes.

1 inadvertidos
2 persecución molesta de alguien por razón de su sexo
3 cumplido que dirige un hombre a una mujer
4 vulgaridades
5 me di cuenta
6 salpiqué
7 notificación de una violación de la ley
8 ignoraron

4 b Escucha la entrevista de nuevo. Responde las preguntas con tus propias palabras.

1 ¿Qué problema señala el presentador del programa? (2)
2 ¿Cuántas personas saben del caso de Aixa?
3 ¿Cuál era el lugar donde los operarios acosaban a Aixa?
4 ¿Cómo se sentía Aixa cuando los operarios le gritaban groserías?
5 ¿Con qué frecuencia lo hacían?
6 ¿Qué hizo Aixa para contar lo que estaba pasando? ¿Por qué? (2)
7 ¿Por qué tenía Aixa ya preparado el gas pimienta?
8 Nombra dos desventajas de esta experiencia que Aixa menciona. (2)

Repaso de los temas 1 y 2

EXTENSION STAGE

5 Traduce el siguiente texto al español.

A space for freedom
A whole family can be seen having dinner at a restaurant, so busy with their smartphones that they don't talk to each other. Outside, a couple spend their time together their eyes glued to their smartphones. No time to kiss or hug. Various testimonies reveal that this kind of behaviour has fed a stigma against social networks and against their users. It is considered that the use of these devices is a waste of valuable time that can never be regained. Still, there is research that points to the importance of social networks as a key space for the participation, leisure and freedom of young people.

Estrategia

Appreciating different registers and when to use them

You need to vary the register of the language you use in the speaking component of the exam, and to recognise the register of listening and reading texts.

A formal register is used:
- For professional/official writing and speaking.
- To address people you don't know. Remember that *usted/es* is the form that is used in Spanish for formal situations.

When speaking or writing in a formal register:
- Use impersonal constructions, e.g. *Se puede observar que…*
- Avoid the use of exaggerations, clichés or rude words.
- Try to express yourself in very clear and objective terms.
- Connect your sentences with formal linking words e.g. *no obstante, en cuanto a, en lo que se refiere a…*
- Write in full sentences and with correct punctuation.

An informal register is used:
- For notes, diaries, quick messages, blogs, text messages etc.
- To address people you know well, like family and friends. Remember that *tú/vosotros/as* is the form that is used in Spanish (Spain) for informal situations.

Ensure that you recognise the register of a text by:
- Varying the sources of authentic material you read and listen to in Spanish.
- Building a bank of expressions that you can use for formal and informal discussion.

Practise the spoken register in exercise 6b.

6 a Trabaja con tu compañero/a. Elige un país de América Latina (ver el mapa en la página 6) y un tipo de red social. Investiga y toma notas sobre los siguientes puntos.
- quién usa ese tipo de red social
- con qué fin
- con qué frecuencia
- a quién(es) va dirigida la información compartida
- qué registro se usa en esa red

6 b Ahora cada uno/a de vosotros/as elige un registro (formal/informal). Prepara una breve presentación sobre la red social que elegiste, de acuerdo al registro acordado. Tus compañeros/as deben adivinar qué registro has usado, justificando cómo lo han sabido.

6 c Escribe un párrafo para resumir el impacto que tienen las redes sociales en América Latina.

Unidad 13 Profundicemos en los temas 1 y 2

Vocabulario

13.1 Día del Orgullo Gay

- la **aprobación** approval
- la **clandestinidad** secrecy
- el **colectivo** group
- el **compromiso** engagement
- el **Día del Orgullo Gay** Gay Pride Day
- el/la **diputado/a** deputy, member of parliament
- el/la **dirigente** leader
- **engalanarse** to be adorned
- **engrandecer** (*engrandezco*) to ennoble, to glorify
- la **entidad** organisation
- el **entorno** environment
- **hoy por hoy** at the present time
- **imprescindible** essential
- **lícito** legal
- **llamativo** showy, flashy
- la **manifestación** demonstration
- la **medida** measure
- **normalizar** to normalise
- el **patrón** pattern
- **polémico** controversial
- **recorrer** to go through
- la **reivindicación** recognition
- **salvaguardar** to safeguard
- la **sede** headquarters, seat
- **solícito** attentive
- **sumarse a** to adhere to
- **surgir** (*surjo*) to arise

13.2 El mundo del trabajo: dos extremos

- **acceder a** to have access to
- **aprobar** (*apruebo*) to pass (exam)
- **arrancar** to start (often cars)
- **bajo del radar** beneath the radar
- la **burbuja inmobiliaria** housing bubble
- la **carrera universitaria** degree course
- la **economía sumergida** black economy
- **empollar** to swot
- **estar** (*estoy*) **pendiente de** to expect, to wait for
- el/la **funcionario/a** civil servant
- **Hacienda** Treasury, Inland Revenue
- el **impuesto** tax
- el/la **interino/a** supply teacher
- el **magisterio** teacher training
- la **nómina** salary
- la **oposición** competitive civil service exam
- **opositar** to take civil service exam
- el **paro** unemployment
- el **PIB** (Producto Interior Bruto) GDP (Gross Domestic Product)
- la **puntuación** marks
- **recaudar** to collect
- **rehusar** (*rehúso*) to reject, to turn down
- el **temario** syllabus, list of topics
- el/la **transportista** haulier
- la **urbanización** housing estate

13.3 ¿Volver a empezar?: el reto para el turismo español

- **apartarse** to distance oneself
- **apostar** (*apuesto*) **por** to opt for
- **brindar** to offer
- la **cadena** chain
- la **calidad** quality
- la **contabilidad** accountancy
- el **contenido** content
- **cursar estudios** to take a course of study
- el **derecho laboral** labour law
- el **desafío** challenge
- **espabilarse** to get one's act together
- **fidelizar** to keep faithful
- **fomentar** to promote
- el **gremio** sector
- la **incertidumbre** uncertainty
- la **inestabilidad** instability
- **ingresar** to collect (money)
- la **oferta** offer
- **oxidado** rusty
- el **precio ajustado** competitive price
- el **prestigio** prestige, fame
- la **promoción** year group
- **puntero** leading
- la **tarifa** rate, price

13.4 Los espacios virtuales son de los jóvenes

- **acosado** harassed
- el **acuerdo** agreement
- **a raíz de** as a result of
- el **chisme** gossip
- **convertirse en** to turn into
- **cruceño** from Santa Cruz, Bolivia
- la **cuenta** account
- **darse en las redes** to figure on (social) networks
- **de ese estilo** of that kind
- la **denuncia** report, complaint
- el **desahogo** relief
- **distraído** distracted
- el **enojo** anger
- **en resumen** to sum up
- la **etiqueta** label
- la **grosería** rude word
- **hacer** (*hago*) **caso omiso** to ignore
- **hacer** (*hago*) **circular** to circulate
- **hacer** (*hago*) **memes** to create memes
- la **impunidad** impunity
- **oponerse a** to oppose
- **pasar desapercibido** to go unnoticed
- **percatarse (de)** to notice, to realise
- el **piropo** flirtatious remark
- el **propósito** intention
- **rociar** to spray
- el/la **usuario/a** user

Repaso de los temas 1 y 2

Grammar

The following summary is not a complete grammar. Students should also consult an up-to-date grammar, such as:
- Butt, J. and Benjamin, C. (2011) *A New Reference Grammar of Modern Spanish* (5th edition), Hodder Education
- Muñoz, P. and Thacker, M. (2012) *A Spanish Learning Grammar* (3rd edition), Routledge
- Turk, P. and Zollo M. (2006) *Acción Gramática* (3rd edition), Hodder Education

Index of grammar points

A Nouns
- A1 Gender of nouns
- A2 Gender of professions
- A3 Male/female groups
- A4 Singular and plural forms
- A5 Plurals of compound nouns
- A6 Affective suffixes

B Articles
- B1 The definite article
- B2 The indefinite article
- B3 The article with feminine nouns beginning with a stressed *a*
- B4 The neuter article *lo*

C Adjectives
- C1 Formation of adjectives
- C2 Agreement
- C3 Adjectives that go before nouns
- C4 Apocopation
- C5 Adjectives which change their meaning according to their position
- C6 Plural noun/singular adjectives
- C7 *Otro*
- C8 Adjectives denoting geographical origin
- C9 Comparative and superlative adjectives
- C10 Use of adjectives as nouns
- C11 Demonstrative adjectives
- C12 Indefinite adjectives
- C13 Possessive adjectives
- C14 Interrogative and exclamatory adjectives
- C15 Relative adjective, *cuyo*

D Numerals
- D1 Cardinal numbers
- D2 Ordinal numbers
- D3 Expression of time, date, percentages and fractions

E Adverbs
- E1 Adverbs of time (When?)
- E2 Adverbs of manner (How?)
- E3 Adverbs of place (Where?)
- E4 Adverbs of degree (How much?)
- E5 Position of adverbs
- E6 Comparative and superlative adverbs
- E7 Adverbs that look like adjectives
- E8 Adjectives as equivalents of English adverbs
- E9 Interrogative adverbs
- E10 Quantifiers/intensifiers

F Pronouns
- F1 Subject pronouns
- F2 Object pronouns
- F3 Reflexive pronouns
- F4 Pronouns used after prepositions
- F5 Relative pronouns
- F6 Demonstrative pronouns
- F7 Indefinite pronouns
- F8 Possessive pronouns
- F9 Interrogative pronouns

G Verbs
- G1 Present tense
- G2 Preterite tense
- G3 Imperfect tense
- G4 Future tense
- G5 Conditional tense
- G6 Perfect tense
- G7 Future perfect tense
- G8 Conditional perfect tense
- G9 Pluperfect tense
- G10 The infinitive
- G11 The gerund
- G12 The past participle
- G13 Continuous forms of the verb
- G14 The subjunctive
- G15 The imperative
- G16 Conditional sentences
- G17 The passive voice
- G18 Reflexive verbs
- G19 Spelling changes in verbs
- G20 Modes of address
- G21 Constructions with verbs
- G22 *Ser* and *estar*
- G23 *Gustar* and similar verbs
- G24 Impersonal verbs

H Prepositions
- H1 Specific prepositions

I Conjunctions
- I1 Coordinating conjunctions
- I2 Subordinating conjunctions

J Negation

K Questions
- K1 Direct questions
- K2 Indirect questions

L Word order
- L1 Subject-verb word order
- L2 Adjectives and word order
- L3 Prepositions and word order
- L4 Adverbs and word order

M Cleft sentences

N Time expressions
- N1 'Ago'
- N2 'For' with a period of time
- N3 'For' referring to duration

O Indirect speech

P Discourse markers

Q Fillers

A Nouns

Nouns are words used for naming people, animals, things or ideas. All nouns in Spanish, without exception, are of either masculine or feminine gender, and almost all nouns have a singular and a plural form.

A1 Gender of nouns

The gender of some nouns is 'biological', e.g.:

el hijo	son	*la hija*	daughter
el gallo	cockerel	*la gallina*	hen

Nouns ending in *-o* are normally masculine and nouns ending in *-a* are normally feminine, but there are important exceptions, including some common words:

el día	day	*la foto*	photo
la mano	hand	*el mapa*	map
la modelo	(fashion) model	*la moto*	motorbike
el planeta	planet	*la radio*	radio

The gender of a large group of nouns ending in *-e* cannot be predicted:

la carne	meat	*el informe*	report
la noche	night	*el tomate*	tomato

Nouns ending in *-ista* are invariable. They are differentiated only by the masculine or feminine article:

el/la artista	artist	*el/la deportista*	sportsman/sportswoman
el/la consumista	consumer	*el/la egoísta*	egoist

The endings of words provide useful rules for determining gender.

Many common nouns ending in *-ma* are masculine:

el clima	climate	*el diploma*	diploma
el fantasma	ghost	*el pijama*	pyjamas
el poema	poem	*el problema*	problem
el programa	program(me)	*el sistema*	system
el tema	theme, topic		

Exceptions:

la cama	bed	*la forma*	form
la goma	rubber	*la rama*	branch

The following groups of nouns are normally masculine:
- nouns ending in *-aje*, *-or* and a stressed vowel

el garaje	garage	*el paisaje*	landscape
el calor	heat	*el olor*	smell
el menú	menu		

Exceptions:

la flor	flower	*la coliflor*	cauliflower

- rivers, seas, lakes, mountains, fruit trees

el Manzanares, el Mediterráneo, el (lago) Titicaca, los Pirineos

el naranjo	orange tree	*el ciruelo*	plum tree

- cars, colours, days of the week and points of the compass

un Peugeot nuevo	a new Peugeot
el lunes, el martes etc.	on Monday, on Tuesday etc.
El rojo me gusta más que el azul.	I like red better than blue.
el norte, el sur, el este, el oeste	north, south, east, west

The following groups of nouns are normally feminine:
- nouns ending in *-ión, -dad, -tad, -triz, -(t)ud, -umbre, -nza, -cia, -ie*

la solución	solution	*la universidad*	university
la dificultad	difficulty	*la actriz*	actress
la salud	health	*la legumbre*	pulse
la mudanza	change	*la diferencia*	difference
la serie	series		

- letters of the alphabet, islands and roads

la ene	the letter *n*	*las Islas Baleares*	the Balearic Islands
la M40	the M40		

A2 Gender of professions

Most professions have masculine and feminine forms, e.g. *el profesor/la profesora* (teacher). In the past most professions were of masculine gender, whether the person was a man or woman. Thus *el médico* was used for either a male or a female doctor. This situation is changing, largely as a result of the improved status of women, and feminine versions of words for which there was once only a masculine form are increasingly acceptable. The following are examples of words that have been subject to change in recent times:

el abogado	*la abogada*	lawyer
el médico	*la médica*	doctor
el ingeniero	*la ingeniera*	engineer
el jefe	*la jefa*	boss
el ministro	*la ministra*	minister

A3 Male/female groups

A number of nouns are used in the masculine plural but can refer to both genders:

los españoles	the Spanish
los hermanos	brother(s) and sister(s)
los hijos	son(s) and daughter(s)
los niños	the children
los reyes	the king and queen

A4 Singular and plural forms

Most nouns in Spanish form their plurals by adding:

- -s if they end in a vowel or stressed -é or -á

la manzana	las manzanas	apple(s)
el estudiante	los estudiantes	student(s)
el té	los tés	tea(s)
el papá	los papás	father(s)
el sofá	los sofás	sofa(s)

- -es if they end in a consonant:

la flor	las flores	flower(s)
la red	las redes	net(s), networks(s)

- nouns ending in -z change the ending to -ces in the plural

la voz	las voces	voice(s)

- nouns ending in an accented vowel followed by a consonant lose the accent in the plural

el inglés	los ingleses	English person, people
la opinión	las opiniones	opinion(s)

Exceptions:

el país	los países	country, countries
la raíz	las raíces	root(s)

- nouns ending in stressed -í and -ú add -es

el marroquí	los marroquíes	Moroccan(s)
el tabú	los tabúes	taboo(s)

Exceptions:

el menú	los menús	menu(s)
el champú	los champús	shampoo(s)

- nouns ending in -en which are stressed on the penultimate syllable add an accent in the plural in order to keep the stress

el examen	los exámenes	examination(s)
la imagen	las imágenes	image(s)

> **Note**
>
> Proper names do not have a separate plural form:
>
> | | |
> |---|---|
> | los Gómez | the Gómez family |
> | las ONG (Organizaciones no gubernamentales) | NGOs |
>
> Nouns ending in an unstressed vowel and -s do not change in the plural. These words include those days of the week which end in s:
>
> | | | |
> |---|---|---|
> | la crisis | las crisis | crisis, crises |
> | el lunes | los lunes | Monday(s) |

A5 Plurals of compound nouns

Compound nouns which are made up of a verb plus a plural noun have the same form in the singular and the plural:

el/los friegaplatos	dishwasher(s)
el/los limpiaparabrisas	windscreen wiper(s)
el/los portadiscos	record rack(s)

Where a compound noun is made up of two nouns only, the first one is made plural:

la hora punta	las horas punta	rush hour(s)
el hombre rana	los hombres rana	frogman, -men

A6 Affective suffixes

(Receptive use at AS, productive use at A-level)

The most common diminutive suffixes are: -ito/a, -illo/a, -uelo/a:

la casa	house	la cas**ita**	little house
el coche	car	el coche**cito**	small car
el pan	bread	el pan**ecillo**	roll
la mujer	woman	la mujer**zuela**	prostitute

The most common augmentative suffixes are: -ón/ona, -azo/a, -ote/a:

la calle (f)	street	el callej**ón** (m)	alley
el éxito	success	el exit**azo**	big success
el golpe	blow	el golpe**azo**	hard blow
la oferta (f)	offer	el ofert**ón** (m)	a big offer
el libro	book	el libr**ote**	great big book

Note that it is often necessary to insert a consonant before the suffix, and that -c before -e and -i becomes -qu:

el/la chico/a	boy/girl	el/la chi**qui**llo/a	little boy/girl

Diminutive and augmentative suffixes are used widely in Spanish. While they often indicate size, they are also used 'affectively', that is, with emotional associations; in the case of diminutives they often convey the warmth that is felt towards a person:

la abuelita	grandma
'Algo pequeñito' [song title]	'Something tiny'
un momentito	just a moment

Augmentatives carry the idea of unpleasantness, clumsiness or heaviness:

el codo	elbow	*el codazo*	jab with an elbow

la palabra	word	*la palabrota*	swearword
rico	rich	*ricachón*	filthy rich

Nouns carrying a suffix frequently evolve in their meaning from the root word and become words in their own right:

la bolsa	bag	*el bolsillo*	pocket
la sombra	shade, shadow	*la sombrilla*	umbrella
la tela	fabric	*el telón*	theatre curtain
la ventana	window	*la ventanilla*	ticket or vehicle window

B Articles

B1 The definite article

B1.1 The definite article 'the'

The definite article 'the' is translated by four words:

	Singular	Plural
Masculine	*el*	*los*
Feminine	*la*	*las*

When *el* is preceded by the preposition *a* or *de*, a single word is formed, i.e. *a + el = al* and *de + el = del*:

Las ondas del mar.   The waves of the sea.

Vayamos al cine.   Let's go to the cinema.

B1.2 Uses

The definite article is used:
- before nouns used in a general sense, abstract nouns and nouns indicating a unique person or thing

No me gustan las tortillas.   I don't like omelettes.

La democracia es una forma de gobernar la sociedad.

Democracy is a way of governing society.

Los buenos van al cielo.   Good people go to heaven.
- with the names of languages, except when they follow *hablar*, *saber* and *aprender* directly

El inglés es una lengua mundial.   English is a world language.

María habla japonés y ahora está aprendiendo chino.

Maria speaks Japanese, and now she's learning Chinese.
- before titles except when you are addressing the person directly

Conocí al doctor López en Oviedo.   I met Dr Lopez in Oviedo.

Buenos días, señora Sánchez.   Good morning, Mrs Sanchez.
- to translate 'on' with days of the week

*La galería cierra **los** domingos pero está abierta **los** lunes.*

The gallery closes on Sundays but is open on Mondays.
- before the names of a few countries, cities and regions

La India, El Reino Unido, El Salvador, La Coruña, La Mancha, La Pampa

Note that the names of most countries, *España*, *Inglaterra* etc. are not preceded by the definite article unless the country is qualified by a phrase or an adjective:

España tiene un sector agrícola muy fuerte.

Spain has a very strong agricultural sector.

But

la España del siglo XX   twentieth-century Spain
- with parts of the body

*Tiene **los** ojos azules.*   She has blue eyes./Her eyes are blue.

Me duele la cabeza.   I've got a headache./My head aches.

The definite article is **not** used:
- with roman numbers after the names of monarchs and popes, when spoken

Felipe IV (cuarto) de España   Philip IV (the fourth) of Spain
- when in apposition (i.e. giving more information about a person or thing)

Rodríguez Zapatero, antiguo presidente de España,…

Rodríguez Zapatero, the former prime minister of Spain,…

B2 The indefinite article

B2.1 The indefinite article 'a/an'
The indefinite article meaning, in the singular 'a/an', and in the plural 'some', has masculine and feminine forms:

	Singular	Plural
Masculine	un	unos
Feminine	una	unas

B2.2 Uses
When the indefinite article is used in its plural form, *unos/unas*, it is often either not translated at all, or translated more satisfactorily by 'a few' or 'approximately':

unas vacaciones especiales — special holidays

Entregó unos 3.000 euros. — He handed over about 3,000 euros.

El pueblo está a unos kilómetros de distancia.

The village is a few kilometres away.

The indefinite article is **not** used:
- with professions or occupations after the verb *ser*, unless the noun is qualified

Mi padre fue ingeniero. — My father was an engineer.

But

Laura es una profesora excelente.

Laura is an excellent teacher.
- with *otro, tal, medio, qué* and *mil*

No tiene otro remedio. — There isn't another solution.

No habría hecho tal cosa. — He wouldn't have done such a thing.

media hora — half an hour

¡Qué chica tan rara! — What an odd girl!

mil euros — a thousand euros

B3 The article with feminine nouns beginning with a stressed *a*
The masculine definite article *el* and the indefinite article *un* are used before feminine nouns in the singular which begin with stressed *a* or *ha*. These nouns remain feminine in gender:

Singular	Plural
el ave (the bird)	las aves (the birds)
el águila (the eagle)	las águilas (the eagles)
el hacha (the axe)	las hachas (the axes)
un arma (a weapon)	unas armas (weapons)

*En nuestra región **el** agua es bland**a**.*

The water is soft in our region.

B4 The neuter article *lo*
The neuter article *lo* may be followed by an adjective in the masculine singular form in order to make an abstract noun. In English this idea may be translated by 'the (adjective) thing':

La imagen es lo fundamental.

Image is the fundamental thing.

Lo bueno es que no se opone a nuestro plan.

The good thing is that she isn't opposed to our plan.

Has dicho la verdad y eso es lo principal.

You've told the truth and that's the main thing.

Lo may also be followed by an adverb:

Termina el trabajo lo antes posible. — Finish the job as quickly as possible.

C Adjectives

Adjectives are words used to describe nouns.

C1 Formation of adjectives
Many adjectives in Spanish end in *-o* (masculine) or *-a* (feminine); the plural forms end in *-os* and *-as*:

Masc. sing.	Fem. sing.	Masc. pl.	Fem. pl.	
barato	barata	baratos	baratas	cheap

Most adjectives which do not end in *-o* or *-a* have the same form for masculine and feminine in the singular and plural:

Masc. sing.	Fem. sing.	Masc. pl.	Fem. pl.	
dulce	dulce	dulces	dulces	sweet
real	real	reales	reales	real, royal

- adjectives ending in *-z*, change *-z* to *-c* in the plural

Masc. sing.	Fem. sing.	Masc. pl.	Fem. pl.	
capaz	capaz	capaces	capaces	capable
feliz	feliz	felices	felices	happy

- adjectives ending in *-or* add *-a* and *-as* to make the feminine

Masc. sing.	Fem. sing.	Masc. pl.	Fem. pl.	
trabajador	trabajadora	trabajadores	trabajadoras	hard-working

> **Note**
>
> Comparative adjectives do not have a separate feminine form:
>
> *mayor* (masc/fem sing.)   *mayores* (masc/fem pl.)   bigger

- adjectives ending in *-án*, *-ón*, *-ín* add *-a* and *-as* to make the feminine, and lose the accent on the last syllable of the feminine singular and plural forms

Masc. sing.	Fem. sing.	Masc. pl.	Fem. pl.	
bonachón	bonachona	bonachones	bonachonas	good-natured

- adjectives denoting region or country which end in *-és* add *-a* and *-as* to make the feminine, and lose the accent on the last syllable of the feminine singular and plural forms

Masc. sing.	Fem. sing.	Masc. pl.	Fem. pl.	
escocés	escocesa	escoceses	escocesas	Scottish

C2 Agreement

Adjectives agree in gender and number with the nouns they describe, and are usually placed after the noun:

una mano amiga	a helping hand
unos días hermosos	beautiful days
unas mujeres felices	happy women

C3 Adjectives that go before nouns

Adjectives are normally placed after nouns:

unas estrellas lejanas y centelleantes   distant, twinkling stars

But adjectives are sometimes placed before nouns to indicate a special emphasis on the adjective, such as an emotional reaction:

Al evocar aquel fugaz verano…   When remembering that fleeting summer…

The following adjectives are usually placed *before* the noun:
- cardinal and ordinal numbers, and *último* (last/latest)

mi segundo viaje a Sudamérica	my second journey to South America
los últimos días	the last few days

- a few other common adjectives, such as *ambos* (both), *llamado* (so-called), *otro* ((an)other), *mucho(s)* (much/many), *poco(s)* (little/few), *tanto(s)* (so much/many)

Vinieron ambos padres.	Both parents came.
Estos llamados expertos no saben nada.	Those so-called experts don't know anything.
mucho ruido y pocas nueces	much ado about nothing

C4 Apocopation

A number of common adjectives which are usually placed before the noun lose the final *-o* when the following noun is masculine singular; this is called **apocopation**:

algún/alguno/a	some, any	*un(o)/una*	a, one
mal(o)/mala	bad	*primer(o)/primera*	first
ningún/ninguno/a	no	*tercer(o)/tercera*	third
buen(o)/buena	good		

el primer hijo de la familia	the first son of the family
Volverá algún día.	He'll come back some day.
una mala experiencia	a bad experience

grande (great, big), loses the final *-de* before a singular noun:

un gran número	a great number
una gran familia	a big family

C5 Adjectives which change their meaning according to their position

	Before the noun	After the noun
antiguo	former	old
gran(de)	great, big	big
mismo	same	-self, very
nuevo	new (another, more)	brand-new
pobre	poor (unfortunate)	poor (not rich)
viejo	old (long-standing)	old (not young)

mi antigua novia   my former girlfriend

En ese pueblo el centro es muy antiguo.

In this town the centre is very old.

Siempre cuenta la misma historia.

He always tells the same story.

El Rey mismo le dio la medalla.

The King himself gave him the medal.

Nuevos avances en la ciencia.

New (i.e. more) scientific progress.

Compró un coche nuevo para ir de vacaciones.

He bought a new car to go on holiday

Somos viejos amigos.

We are old friends.

Una mujer vieja, pero todavía hermosa.

An old, but still beautiful, woman.

C6 Plural noun/singular adjectives

When a plural noun is qualified by two or more adjectives, each one referring to a single person or thing, both adjectives are singular:

las reinas española y británica — the Spanish and British queens

C7 Otro

Otro, meaning 'another' is **not** preceded by the indefinite article:

otro día — another day

Por favor, tráigame otra cerveza. — Bring me another beer, please.

> **Note**
> Adjectives frequently follow *otro(s)*. *Mucho* can appear either before or after *otro*:
>
> *otros muchos/muchos otros números* — many other numbers

C8 Adjectives denoting geographical origin

Adjectives formed from countries, regions, towns and cities and which denote geographical origin, known as *gentilicios*, have to be learned, since there are no general rules for their formation. Note that the adjective is always written in lower case.

The following adjectives refer to:
- Hispanic countries and regions

Argentina	argentino/a	Galicia	gallego/a
Andalucía	andaluz/a	la Mancha	manchego/a
Canarias	canario/a	Nicaragua	nicaragüense
Cataluña	catalán/ana	el País Vasco	vasco/a
Chile	chileno/a	(el) Perú	peruano/a
Costa Rica	costarricense	Puerto Rico	puertorriqueño/a
Ecuador	ecuatoriano/a	Uruguay	uruguayo/a

- towns and cities

Barcelona	barcelonés/esa	Santiago de Compostela	compostelano/a
Buenos Aires	porteño/a	Tenerife	tinerfeño/a
Madrid	madrileño/a	Valencia	valenciano/a

C9 Comparative and superlative adjectives

(See also Comparative and superlative adverbs, section E6)

C9.1 Comparative adjectives

Adjectives are often employed to compare one person or thing with another:
- *más* + adjective + *que* (more… than) and *menos* + adjective + *que* (less… than) are used for comparisons of superiority and inferiority respectively

*Javier es **más/menos** trabajador **que** Jaime.*

Javier is more/less hard-working than Jaime.

- *tan* + adjective + *como* (as … as) is used when comparing people or things of equal or similar value

*En las Palmas la temperatura es **tan** alta en invierno **como** en verano.*

In Las Palmas the temperature is as high in winter as in summer.

Some very common adjectives have irregular comparative forms:

Adjective	Comparative form
bueno (good)	mejor (better)
malo (bad)	peor (worse)
mucho (much)	más (more)
poco (little)	menos (less)
grande (big)	mayor (bigger)
pequeño (small)	menor (smaller)

Ana ha sacado mejores notas que Nacho.

Ana has got better marks than Nacho.

Sí, pero las mías son aún peores que las de Nacho.

Yes, but mine are even worse than Nacho's.

más/menos de
When *más* or *menos* is followed by a number the preposition *de* is used:

*un cuestionario con **más de** 100 preguntas*

a questionnaire with more than 100 questions

When comparing quantities, if *más* or *menos* is followed by a clause containing a verb, *más/menos del que/ de la que/ de lo que*, etc. must be used. (Receptive use at AS, productive use at A-level)

*Tiene **menos** dinero **del que** pensábamos.*

He has less money than we thought.

*Se oye mucho **más de lo que** uno se cree.*

One hears much more than one thinks.

C9.2 Superlative adjectives

The superlative adjective conveys the idea of 'most' or 'least'. It is formed:
- by placing *más* or *menos* plus the adjective after the noun

la torre **más** alta de España	the highest tower in Spain
el chico **menos** inteligente de la clase	the least intelligent boy in the class

> **Notes**
> Unlike in French, the definite article is not repeated after the noun.
> After a superlative, 'in' is expressed by *de* in Spanish:

- by placing the definite article before *más* or *menos*, plus the adjective, when the noun follows the adjective:

Sevilla es la más vieja de las grandes ciudades de España.

Seville is the oldest of the great cities of Spain.
- by adding *-ísimo/a* to the adjective

When *-ísimo/a* is added, the final vowel is removed:

contento	happy	*contentísimo*	extremely happy
interesante	interesting	*interesantísimo*	very interesting

> **Note**
> With certain endings spelling changes occur. Adjectives ending in *-co/-ca* become *-quísimo/a*, *-go/-ga* become *-guísimo/a* and *-z* become *-císimo/a*:
>
> | | | | |
> |---|---|---|---|
> | *rico* | rich, tasty | *riquísimo* | very rich, tasty |
> | *largo* | long | *larguísimo* | very long |
> | *feliz* | happy | *felicísimo* | very happy |

C10 Use of adjectives as nouns

Adjectives can be nouns in their own right:

un anciano	an old person
un joven	a young person
un pequeño (or *peque* [coll.])	a kid
un pobre	a poor person
un enfermo	a sick person
un ciego	a blind person
un rojo	a 'red' (left-winger)
los Verdes	the Greens (political party)

> **Note**
> In the question and answer '*¿Qué casa prefieres?*' '*La blanca*', *blanca* remains an adjective, the noun being understood, i.e. *Prefiero la casa blanca*. (See also The neuter article *lo*, section B4.)

C11 Demonstrative adjectives

Demonstrative adjectives indicate where something or somebody is. They agree in number and gender with the noun they refer to:

Singular	Plural
este/esta (this)	estos/estas (these)
ese/esa (that)	esos/esas (those)
aquel/aquella (that)	aquellos/aquellas (those)

Este is normally the equivalent of 'this' in English.

Ese and *aquel* both mean 'that'.

But

Ese refers to something which is near to the listener.

Aquel refers to something which is distant from the speaker and the listener:

Este bolígrafo está roto; pásame ese lápiz.

This biro doesn't work; pass me that pencil (i.e. the one nearer the person being addressed).

Mira aquellas nubes. Va a llover dentro de poco.

Look at those clouds. It's going to rain soon.

C12 Indefinite adjectives

(See also Quantifiers/intensifiers, section E10)

Indefinite adjectives refer to people, places or things that are not specific. In this respect they are unlike numbers. The following adjectives are indefinite:

- *uno/una/unos/unas* — a/some
- *alguno (algún)/a/os/as* — some, any
- *cada* — each, every
- *cualquiera/cualesquiera* — any
- *demás* — other(s)
- *otro/a/os/as* — other
- *varios/as* — several
- *mucho/a/os/as* — much, many
- *ninguno (ningún)/a/os/as* — no, not any (See also Negation, section J)
- *poco/a/os/as* — small, few, little
- *bastante(s)* — enough
- *demasiado/a/os/as* — too much, too many
- *todo/a/os/as* — all, any, every

268

Algún día iré a Buenos Aires.

Some day I'll go to Buenos Aires.

Vamos a ver a la abuelita cada semana.

We go to see Granny every week.

Les quedan pocas entradas.

They've few tickets left.

Volveré otro día a buscar mi bici.

I'll come back another day to get my bike.

C13 Possessive adjectives

C13.1 Possessive adjectives

Possessive adjectives are used to indicate 'belonging' and relationships between people and things:

Singular	Plural
mi (my)	mis (my)
tu (your)	tus (your)
su (his, her, its, your (formal))	sus (his, her, its, your (formal))
nuestro/a (our)	nuestros/as (our)
vuestro/a (your (Spain*))	vuestros/as (your (Spain*))
su (their, your (formal))	sus (their, your (formal))

* In Latin-American Spanish *vuestros* is not used; *su(s) is* used for the second person plural form of the possessive. (*See also* Modes of address, section G20)

Possessive adjectives agree in number and gender with the person or thing possessed:

*A los alumnos no les gustaba **su** profesor.*

The pupils did not like their teacher.

*Los fines de semana voy con **mis** dos hermanas a ver a **nuestros** abuelos.*

At weekends I go with my two sisters to see our grandparents.

Tu(s), vuestro/a/os/as and su(s)
'Your' can be conveyed by *tu(s), vuestro/a/os/as* (Spain) or *su(s)* depending on whether you are referring to the other person(s) using the familiar or the formal mode of address. Thus the question 'Have you got your ticket(s)?' could be any of the following:

Familiar: *¿Tienes tu entrada?* (to a single friend)

¿Tenéis vuestras entradas? (to two or more friends)

Formal: *¿Tiene su entrada?* (to a stranger)

¿Tienen sus entradas? (addressing two or more strangers)

Spanish often expresses possession by the use of the definite article rather than the possessive adjective. This happens when referring to personal possessions, e.g. clothes and parts of the body and is often accompanied by an indirect object pronoun. (*See also* Indirect object pronouns, section F2.2)

Tengo las manos heladas. My hands are frozen.

Le dio la mano. He gave him his hand.

Me duelen los dientes. My teeth ache.

C13.2 Second, 'strong' form of the possessive adjective

There is a second, 'strong' form of the possessive adjective. This form translates 'of mine', 'of yours' etc.:

Singular	Plural
mío/a (mine)	míos/as (mine)
tuyo/a (yours)	tuyos/as (yours)
suyo/a (his, hers, its, yours (formal))	suyos/as (his, hers, its, yours (formal))
nuestro/a (ours)	nuestros/as (ours)
vuestro/a (yours (Spain))	vuestros/as ((yours (Spain))
suyo (theirs, yours (formal))	suyos (theirs, yours (formal))

un amigo nuestro   a friend of ours

¡ese maldito perro mío!   that blessed dog of mine!

> **Note**
> The strong form of the possessive adjective has the same form as the possessive pronoun. (*See* Possessive pronouns, section F8)

C14 Interrogative and exclamatory adjectives

(*See also* Interrogative adverbs, section E9, Interrogative pronouns, section F9 and Questions, section K)

Two words (*Qué* and *Cuánto*) used to introduce questions and exclamations can function as adjectives:

¿Qué?   What?   *¡Qué!*   What (a)!

¿Cuánto/a/os/as? How much/many?

¡Cuánto/a/os/as! How much/many!

¿Qué hora es?   What time is it?

¿Cuántas películas de Almodóvar has visto?

How many Almodóvar films have you seen?

¡Qué pena!   What a shame!

¡Cuántas veces me has dicho eso!

How many times have you told me that!

> **Note**
>
> An adjective which follows *qué* + noun is preceded by *tan* or *más*:
>
> *¡Qué muchacho más listo!*   What a bright boy!
>
> *¡Qué fiesta tan aburrida!*   What a boring party!
>
> (See also Questions, section K)

C15 Relative adjective, *cuyo*
(Receptive use at AS, productive use at A-level)

Relatives are words used to connect two clauses in a sentence. *Cuyo* (whose/of which) functions as an adjective, agreeing in number and gender with the noun that follows. (See also Relative pronouns, section F5)

Su abuela, cuyo marido había sido capitán de barco, murió a los 98 años.

Her grandmother, whose husband had been a ship's captain, died when she was 98.

Nos acercamos al edificio, cuya fachada no podía ser más sombría.

We went up to the building, whose facade/the facade of which could not have been gloomier.

D Numerals

The main types of number are cardinal, for counting, and ordinal, for ordering.

D1 Cardinal numbers

0	cero	18	dieciocho	102	ciento dos
1	uno/una	19	diecinueve	120	ciento veinte
2	dos	20	veinte	200	doscientos/as
3	tres	21	veintiuno/una	300	trescientos/as
4	cuatro	22	veintidós	400	cuatrocientos/as
5	cinco	23	veintitrés	500	quinientos/as
6	seis	24	veinticuatro	600	seiscientos/as
7	siete	30	treinta	700	setecientos/as
8	ocho	31	treinta y uno	800	ochocientos/as
9	nueve	40	cuarenta	900	novecientos/as
10	diez	50	cincuenta	1000	mil
11	once	60	sesenta	1001	mil uno/una
12	doce	70	setenta	100,000	cien mil
13	trece	80	ochenta	1,000,000	un millón
14	catorce	90	noventa	3,000,000	tres millones
15	quince	100	cien(to)		
16	dieciséis	101	ciento uno/una		
17	diecisiete				

> **Notes**
>
> - Be careful with the spelling of 5, 15, 50 and 500, 6 and 60, 7 and 70, 9 and 90.
> - Numbers up to 30 are written as one word.
> - *y* is placed between tens and units: 41 = *cuarenta y uno*, but not between hundreds or thousands and units or tens: 104 = *ciento cuatro*; 110 = *ciento diez*; 1006 = *mil seis*; 1152 = *mil ciento cincuenta y dos*.

D1.1 Uses

Agreement of numbers

Uno/una: *uno* and all numbers ending in *uno* become *un* before a masculine noun. *Una* does not change before a feminine noun:

una clase de veintiuna chicas   a class of twenty-one girls

una clase de treinta y un chicos   a class of thirty-one boys

Numbers from *doscientos* to *novecientos* agree in gender with a following noun:

quinientas libras esterlinas   five hundred pounds sterling

trescientos mil turistas   three hundred thousand tourists

doscientas mil personas   two hundred thousand people

Ciento, mil, un millón

Ciento has two forms. It is shortened to *cien* before a noun or an adjective but not before another number, with the exception of *mil*:

cien kilómetros   a hundred kilometres

las cien mayores empresas del mundo   the hundred biggest companies in the world

ciento veinte   a hundred and twenty

cien mil habitantes   a hundred thousand inhabitants

Cien and *mil* are not preceded by the indefinite article. Note that the plural noun *miles* meaning 'thousands' is followed by *de* plus a noun:

mil pesos   a thousand pesos

miles de argentinos   thousands of Argentinians

Un millón (plural *millones*) must be followed by *de*. In the singular it is preceded by the indefinite article:

5 millones de participantes   5 million participants

un millón de dólares   a million dollars

Numbers over 1,000

For figures of 1,000 or more, the English comma after the thousand is a full stop in Spanish: *300.000* (Spanish) = 300,000 (English).

D2 Ordinal numbers

1st	1.º/ª	*primero/a*
2nd	2.º/ª	*segundo/a*
3rd	3.º/ª	*tercero/a*
4th	4.º/ª	*cuarto/a*
5th	5.º/ª	*quinto/a*
6th	6.º/ª	*sexto/a*
7th	7.º/ª	*séptimo/a*
8th	8.º/ª	*octavo/a*
9th	9.º/ª	*noveno/a*
10th	10.º/ª	*décimo/a*
20th	20.º/ª	*vigésimo/a*
100th	100.º/ª	*centésimo/a*
1,000th	1.000.º/ª	*milésimo/a*

Ordinal numbers are adjectives and so they agree with the noun in number and gender.

Note that *primero* and *tercero* drop the final *o* before a masculine singular noun:

el primer paso   the first step

el tercer día   the third day

las primeras experiencias de la infancia

the first experiences of childhood

D2.1 Uses

Ordinal numbers are used up to ten; subsequently cardinal numbers normally replace them:

el siglo sexto   the sixth century

el siglo diecinueve the nineteenth century

Ordinal numbers are used for kings and queens up to the tenth, when spoken, but they are written using a roman numeral:

Carlos I (Carlos primero)   Charles I

Isabel II (Isabel segunda)   Isabel/Elizabeth II

Alfonso XIII (Alfonso trece)   Alfonso XIII

D3 Expression of time, date, percentages and fractions

D3.1 Time

In travel timetables the 24-hour clock is used, but when speaking it is normal to use the 12-hour clock and refer to the part of the day:

El tren sale a las 22:45.   The train departs at 22.45.

Llegaron a las 10:45 de la noche. They arrived at 10.45 p.m.

D3.2 Dates

Cardinal numbers are used for dates except for the first of the month, where the ordinal number is normally used:

el 9 de junio   9th June

el primero (or el (día) 1) de diciembre 1st December

> **Notes**
> - When writing the date, *de* must be inserted between the day and the month and the month and the year:
>
> *el 24 de diciembre de 2018*   24th December 2018
> - Decades are normally written as follows:
>
> *los años noventa*   the 1990s

D3.3 Percentages

'Per cent' is either *por cien* or *por ciento*, and is preceded by either *el* or *un*. Normally a singular verb is used with a percentage, but occasionally the plural is found:

El 32% (treinta y dos por ciento) de la basura es vertido cerca de los ríos.

32% of rubbish is dumped near rivers.

Un 40% (cuarenta por ciento) de la población se negó a votar.

40% of the population declined to vote.

In Spanish a comma is used for the decimal point: *44,5 por ciento* = 44.5 per cent.

D3.4 Fractions

'Half' is normally *la mitad*:

La mitad de la manzana está podrida.

Half of the apple is rotten.

The adjective *medio* is used for specific phrases and for expressing time:

medio millón   half a million

las tres y media   half past three

Fractions are expressed either by the use of the ordinal number by itself or by the addition of *parte* to the ordinal, preceded by the definite article:

tres cuartos de hora   three-quarters of an hour

la quinta parte de la población   a fifth of the population

E Adverbs

Adverbs and adverbial expressions are words or phrases used to modify a verb. An adverb can give more information about when, how, where or to what degree the action of the verb takes place. An adverb can also modify the meaning of another adverb or an adjective.

E1 Adverbs of time (When?)

This group includes many of the most common adverbs and adverbial expressions, such as *ahora, a menudo, antes, a veces, ayer, cada día, con frecuencia, después, de vez en cuando, entonces, hoy, luego, mañana, siempre, tarde, temprano, todavía, ya*:

Volvió tarde.   He came back late.

Hablaremos después.   We'll speak afterwards.

E2 Adverbs of manner (How?)

Many adverbs in this group are formed from the feminine of the adjective plus the suffix *-mente*, e.g. *súbita +mente = súbitamente* (suddenly):

Hablaba demasiado rápidamente.

He spoke too quickly.

Vivían felizmente en aquel pueblo antiguo.

They lived happily in that ancient town.

If two adverbs ending in *-mente* are joined by a conjunction, the first adverb loses the suffix:

Las nuevas medidas van a mejorar la situación del país social y económicamente.

The new measures are going to improve the situation of the country socially and economically.

The following common adverbs are adverbs of manner: *así, bien, de repente, despacio, mal*:

Volvió de repente.   He came back suddenly.

Lo has escrito bien/mal.   You've written it well/badly.

E3 Adverbs of place (Where?)

This group includes *abajo, adelante, allí, aquí, arriba, atrás, cerca, debajo, delante, dentro, detrás, encima, fuera, lejos*:

Volvió aquí, ¿no?   He came back here, didn't he?

La iglesia está cerca.   The church is nearby.

E4 Adverbs of degree (How much?)

This group includes: *bastante, casi, demasiado, más, menos, mucho, muy, tanto, (un) poco*:

Las manzanas son bastante baratas.

Apples are quite cheap.

Habla mucho y no hay manera de pararle.

He speaks a lot and there's no way of stopping him.

E5 Position of adverbs

In general adverbs are placed just after the verb that they modify:

Jorge está arriba, en su dormitorio.   Jorge is upstairs in his bedroom.

Salió mal.   It turned out badly.

Me acosté temprano.   I went to bed early.

E6 Comparative and superlative adverbs

E6.1 Comparative adverbs

Adverbs of comparison are made by placing *más* or *menos* before the adverb:

más eficazmente   more effectively

menos despacio   less slowly

Some very common adverbs have special comparative forms:

Adverb	Comparative
bien (well)	mejor (better)
mal (badly)	peor (worse)
mucho (a lot)	más (more)
poco (little)	menos (less)

Mi hermano conduce peor desde el accidente.

My brother drives worse since the accident.

No sé quién cocina mejor, mi madre o mi padre.

I don't know who cooks better, my mother or my father.

Cuanto más... más

The ideas of 'the more… the more' and 'the less… the less' are expressed by *cuanto más/menos… más/menos*:

Cuanto más pienso en el universo, más maravilloso parece.

The more I think about the universe, the more marvellous is seems.

Cuanto menos gastas en alimentos menos comes.

The less you spend on food, the less you eat.

Cada vez más/menos

The ideas of 'more and more' and 'less and less' are expressed by *cada vez más/menos*:

Paula está cada vez más triste estos días.

Paula is sadder and sadder these days.

Es cada vez menos probable que llegue a tiempo.

It's less and less likely that he'll get here on time.

E6.2 Superlative adverbs

The superlative of adverbs is formed by using *más* or *menos*. Note that there is no difference in form between the comparative and the superlative adverb:

Carlos es el que trabaja más duro.

Carlos is the one who works harder/hardest.

Eva era la que más insistió en que nos mudáramos de casa.

Eva was the one who insisted more/most that we moved house.

E7 Adverbs that look like adjectives

Some adverbs have the same form as masculine singular adjectives:

Por favor, ¡habla más alto!

Speak up (i.e. more loudly), please!

Lo pasamos fatal.	We had a terrible time.
Ana estudió duro.	Ana studied hard.

E8 Adjectives as equivalents of English adverbs

Adjectives can be the equivalent of adverbs or adverbial expressions. In this case the adjective agrees with the subject:

Salió contenta.	She went out happily.
La miró espantado.	He looked at her in terror.

E9 Interrogative adverbs

(See also Interrogative adjectives, section C14, Interrogative pronouns, section F9 and Questions, section K)

The following interrogatives function as adverbs:
- *¿cómo?* (how?/what?/why?)

¿Cómo sabías que venía yo?	How did you know I was coming?
¿Cómo fue la fiesta?	What was the party like?

- *¿cuándo?* (when?)

¿Cuando vas a volver?	When are you coming back?
Te echo de menos.	I miss you.

- *¿(a)dónde?/¿(de) dónde?* (where to/from)?

'¿Dónde vives?' 'En el barrio de Salamanca.'

'Where do you live?' 'In the Salamanca district.'

¿Adónde vamos esta noche? Where shall we go tonight?

'¿De dónde eres?' 'De Guadalajara, en México. ¿Y tú?

'Where are you from?' 'Guadalajara, in Mexico. And you?'
- *¿por qué?* (why?)

¿Por qué no nos acompañas al cine?

Why don't you come with us to the cinema?

E10 Quantifiers/intensifiers

(See also Indefinite adjectives, section C12)

Intensifiers are words which give an additional intensity to verbs, adjectives and other parts of speech. Quantifiers are intensifiers that refer to an imprecise number or quantity of something (whereas numbers refer to a precise quantity).

Common intensifiers and quantifiers are: *bastante, demasiado, más, menos, mucho, muy, poco* and *sí (que)*.

A large number of adverbs and adverbial expressions also act as intensifiers, such as: *la mayoría de, sumamente, increíblemente*; colloquially, the prefix *super* acts as an intensifier:

Hablamos francés bastante bien.

We speak French quite well.

Paula es una chica muy simpática.

Paula is a very nice girl.

Eso sí que es difícil.

That's really difficult.

No voy a quedarme aquí. Hace demasiado frío.

I'm not going to stay here. It's too cold.

Es un chico sumamente inteligente.

He's a highly intelligent boy.

Lo pasamos superbién.

We had a really good time.

F Pronouns

There are four groups of personal pronouns: subject pronouns, object (direct and indirect) pronouns, reflexive pronouns and pronouns used after prepositions (or 'stressed' pronouns).

F1 Subject pronouns

yo	I
tú	you (familiar, sing.)
usted	you (formal, sing.)
él	he/it
ella	she/it
nosotros/as	we
vosotros/as (Spain)	you (familiar, plural)
ustedes	you (formal, plural)
ellos (m), *ellas* (f)	they

It is not normal to use subject pronouns in Spanish other than for clarity, emphasis or contrast:

Soy yo. It's me (e.g. on the telephone).

*Cuando comemos fuera, **ella** escoge siempre helado y **yo** fruta.*

When we eat out, she always chooses ice-cream and I have fruit.

In the second person, the two different forms of address used to express 'you', familiar and formal, require different subject pronouns:
- *tú* and *vosotros* (Spain) for the familiar, which uses the second-person form of the verb
- *usted* and *ustedes* for the formal, which uses the third-person form of the verb

familiar singular: *¿Vienes [tú] conmigo al concierto esta noche?*

familiar plural: *¿Venís [vosotros] conmigo al concierto esta noche?*

Are you coming with me to the concert tonight?

formal singular: *¿Sabe usted dónde está la Oficina de Turismo?*

formal plural: *¿Saben ustedes dónde está la Oficina de Turismo?*

Do you know where the Tourist Office is?

> **Note**
>
> In Spanish America *vosotros* is replaced by *ustedes* for the familiar second-person plural. Thus the second example above (*vosotros*), in a Spanish-American context, would be: *¿Vienen [ustedes] conmigo al concierto esta noche?* (See also Modes of address, section G20)

F2 Object pronouns

Object pronouns stand in the place of a noun as the object of the verb and they can be direct or indirect, depending on how they are affected by the action of the verb. The noun that is replaced can be a person, thing or idea. Spanish personal pronouns agree in gender and number with the nouns that they replace.

F2.1 Direct object pronouns

me	me
te	you (familiar, sing.)
le/lo	him/it; you (formal, sing. masc.)
la	her/it; you (formal, sing. fem.)
nos	us
os (Spain)	you (familiar, plural)
les/los	them (m); you (formal, plural, masc.)
las	them (f); you (formal, plural, fem.)

*'¿**Te** ayuda contar esa triste historia?' 'No, no **me** ayuda nada contar**la**.'*

'Does it help you to tell that sad story?' 'No, telling it doesn't help me at all.'

F2.2 Indirect object pronouns

me	(to) me
te	(to) you (familiar, sing.)
le	(to) him/her; (to) you (formal, sing.)
nos	(to) us
os (Spain)	(to) you (familiar, plural)
le	(to) them (masc./fem.); (to) you (formal, plural)

*Su padre **le** enseñaba los nombres de las flores silvestres.*

Her father taught her the names of the wild flowers (lit. 'taught to her').

*Dedicaba dos horas al día a enseñar**les** el ruso.*

He devoted two hours a day to teaching them Russian (lit. 'to teach Russian to them').

F2.3 Position

Object pronouns are normally placed before a finite verb:

*La vi ayer pero no **me** dio la noticia.*

I saw her yesterday but she didn't give me the news.

Object pronouns are normally added to the end of:
- the affirmative imperative

*Déja**me**. Estoy bien.*

Leave me alone. I'm all right.

*Da**le** los libros en seguida.*

Give him/her the books at once.
- an infinitive

*Solo quiero decir**te** una cosa…*

I only want to tell you one thing…

*Voy a llevar**los/les** al colegio.*

I'm going to take them to school.

Alternatively, in the above sentences the pronoun may be placed before the auxiliary verb:

*Solo **te** quiero decir una cosa…*

***Los/Les** voy a llevar al colegio.*
- a gerund

*Estamos esperándo**lo/le** desde las 5.*

We've been waiting for him since 5 o'clock.

Alternatively, in the above sentence the pronoun may be placed before the auxiliary verb:

***Le/Lo** estamos esperando desde las 5.*

F2.4 The order of object pronouns

Where a direct and an indirect object pronoun depend on the same verb, the indirect one is always placed first:

Me los entregó ayer.

He handed them over to me yesterday.

(*Me* is the indirect object and *los* the direct object.)

- third-person direct object pronouns

Lo/los, *la/las* and *le/les* ('him', 'her', 'it', 'them') are also used for second-person formal address ('you').

Lo/Los and *le/les* are interchangeable in the masculine for people.

La/Las must be used for the feminine direct object:

¿Lo/Le conoció en Vigo?

Did she meet him/you in Vigo?

Los/Les/Las dejamos en el pueblo.

We left them/you in the village.

La vi en la calle.

I saw her/you in the street.

- indirect object pronoun replaced by *se*

Where a direct and indirect object depend on the same verb and are both in the third person, the indirect object pronoun becomes *se* in the singular and the plural. This is done in order to avoid two 'l' sounds coming together (e.g. **le lo**, **les lo** etc.):

¿Se lo preguntaste?

Did you ask her/him/them [it]?

No voy a dárselas.

I'm not going to give them to her/him/them/you.

F2.5 Duplication of the direct object

The direct object may be placed before the verb in order to give it special emphasis. In this case it is usually duplicated as a 'redundant' pronoun before the verb. The verb is best translated by the English passive: (*See also The passive voice, section G17*)

Esas novelas las escribió Isabel Allende.

Those novels were written by Isabel Allende.

…un idioma que solo lo hablan las tribus indígenas.

… a language that is spoken only by the native tribes.

(*For use of the indirect object pronoun to express possession see Possessive adjectives, section C13.1*)

F3 Reflexive pronouns

Reflexive pronouns are part of reflexive (or pronominal) verbs and refer back to the subject of the sentence (the equivalent of 'myself', 'yourself' etc. in English). (*See Reflexive verbs, section G18*)

The reflexive pronouns are the same as the object pronouns, with the exception of the third person, where the pronoun used is *se* (himself, herself, itself, yourself, yourselves, themselves), or *sí* after a preposition:

Se levanta todos los días a la misma hora.

He gets up at the same time every day.

Ella quiere todo el dinero para sí misma.

She wants all the money for herself.

The stressed pronoun *sí* combines with *con* to make *consigo* (with himself/herself/yourself/oneself (singular) and with themselves/yourselves (plural)):

A menudo habla consigo mismo.

He often talks to himself.

Like other object pronouns, the reflexive pronoun is added to the end of gerunds, infinitives and imperatives:

¿Por qué están riéndose de mi hermano?

Why are they laughing at my brother?

No puedo despertarme antes de las 8.

I can't wake up before 8 o'clock.

¡Márchate enseguida!

Go away at once!

F4 Pronouns used after prepositions

Stressed (or disjunctive) pronouns are those used after prepositions:

mí	me
ti	you (familiar, sing.)
usted	you (formal, sing.)
él	him
ella	her
sí	himself/herself/yourself (formal)/oneself
nosotros/as	us
vosotros/as (Spain)	you (familiar plural)
ustedes	you (formal, plural)
ellos/as	them
sí	themselves/yourselves (formal)

These pronouns are, with the exception of *mí*, *ti* and *sí* (reflexive), the same as the subject pronouns.

Mí, *ti* and *sí* combine with *con* to make *conmigo* (with me), *contigo* (with you) and *consigo* (with himself/herself/yourself (and themselves/yourselves)):

A mí no me gusta que me mires así.

I don't like you looking at me like that.

*Entré después de **ella**.*   I went in after her.

*Quedamos con **ellos** a las 9:00.*

We arranged to meet them at 9.00.

*¿Va tu amiga **contigo** a Valencia?*

Is your friend going to Valencia with you?

After certain prepositions, notably *entre* and *según*, the normal subject pronoun is used rather than the stressed pronoun:

*Entre **tú** y **yo**… Between you and me…*

*Según **tú**, el Real Madrid va a ganar, pero yo no estoy seguro.*

According to you, Real Madrid is going to win, but I'm not sure.

> **Note**
>
> The relative pronoun is regularly omitted in English but not in Spanish:
>
> *La fiesta **que** celebramos ayer terminó tarde.*
>
> The party (that) we held yesterday finished late.
>
> A preposition used with a relative pronoun cannot be separated from it, as happens in English:
>
> *Las montañas por encima de **las cuales** volamos son los Pirineos.*
>
> The mountains (that) we are flying over are the Pyrenees.

F5 Relative pronouns

Relatives are words used to connect two clauses in a sentence. They correspond to English 'which', 'who', 'that', etc.

The relative pronouns are as follows:
- que — who, whom, which, that
- el/la/los/las que — whom, which, that
- quien(es) — who, whom
- el/la cual; los/las cuales — whom, which, that
- lo que; lo cual — what, which

cuyo/a/os/as (whose, of which) is a relative adjective (See *Relative adjective, cuyo*, section C15)

Que

Que is the most common of the relatives. It is used:
- as subject pronoun

*Ese señor **que** dejó su cartera en el mostrador…*

That man who left his wallet on the counter…
- as an object pronoun

*El avión **que** cogió ayer llegó con dos horas de retraso.*

The plane (that) he caught yesterday arrived two hours late.

*La chica **que** conociste en Roma va a casarse con Pablo.*

The girl you met in Rome is going to marry Pablo.

El que, la que, los que, las que

The forms of this pronoun are used most frequently after prepositions:

*La chica de **la que** se enamoró…*

The girl he fell in love with…

*El día en **el que** ocurrió el terremoto mis padres estaban en el extranjero.*

The day (on which) the earthquake happened my parents were abroad.

Quien(es)

Quien has a plural form *quienes*. It is used for human antecedents only, usually after prepositions:

*El chico a **quien** viste en el mercado es mi hermano.*

The boy [whom] you saw in the market is my brother.

*A **quien** corresponda…*

To whom it may concern…

*Las personas con **quienes** hablé ayer no sabían nada del atraco.*

The people I spoke to [with whom I spoke] yesterday knew nothing about the robbery.

El cual, la cual, los cuales, las cuales

The forms of this pronoun are used mostly after prepositions. It is more formal than *el que* etc.:

*La iglesia delante de **la cual** hay una plaza…*

The church in front of which there is a square…

Lo que, lo cual

Lo que/Lo cual, meaning 'what' or 'which' is a neuter relative pronoun which refers back to a whole idea rather than to a specific noun:

*Estamos defendiendo **lo que** nos dejaron nuestros antepasados.*

We are defending what our ancestors left us.

*Se negó a ayudarme, **lo cual** no me gustó nada.*

He refused to help me, which I didn't like at all.

Cuyo

(See *Relative adjective, cuyo*, section C15)

F6 Demonstrative pronouns

Demonstratives pronouns are the equivalent of 'this one' and 'that one'. They agree in gender and number with the noun they stand for:

Singular	Plural
este/esta (this (one))	estos/estas (these (ones))
ese/esa (that (one))	esos/esas (those (ones))
aquel/aquella (that (one))	aquellos/aquellas (those (ones))

Both *ese* and *aquel* mean 'that (one)'.

> **Note**
>
> The demonstrative pronouns have the same form as the demonstrative adjectives. In order to avoid ambiguity, the demonstrative pronoun and the demonstrative adjective are sometimes differentiated by placing an accent on the first *e* of the pronoun: *éste, ése, aquél*, etc.

Ese refers to something which is near to the listener; *aquel* refers to something which is distant from both the speaker and the listener:

'Por favor, quisiera probarme un vestido.'

'I'd like to try on a dress, please.'

'¿Te gusta este?'

'Do you like this one?'

'No, prefiero ese.'

'No, I prefer that one.'

'¿Por qué no te pruebas aquel al mismo tiempo?'

'Why don't you try that one (i.e. over there) at the same time?'

The neuter form of the demonstrative pronoun is as follows:

esto this   *eso* that   *aquello* that

This form is not a masculine form. It does not refer to a specific noun but to an idea.

Esto me gusta mucho.   I like this a lot.

When followed by the preposition *de*, the neuter demonstrative is translated by 'that matter/question/business of':

Esto de la crisis económica me preocupa.

This business of the economic recession has got me worried.

F7 Indefinite pronouns

(See also Indefinite adjectives, section C12)

Indefinite pronouns are words that refer to non-specific persons or things. In 'You can ask anyone you like; they are all helpful here', 'anyone' and 'all' are indefinite pronouns.

The main indefinite pronouns in Spanish are:
- *algo* — something
- *alguien* — someone
- *alguno(algún)/a/os/as* — some
- *cada uno* — each one
- *cualquiera* — anyone
- *mucho/a/os/as* — much, many, a lot
- *nada** — nothing
- *nadie** — no one
- *ninguno(ningún)/a** — none, nobody
- *otro/a/os/as* — (an)other (one)
- *poco/a/os/as* — few, little
- *un poco* — a little
- *todo/a, todos/as* — all, everyone
- *uno/a/os/as* — one
- *varios/as* — several

(*See also Negation, section J)

'¿Compraste algo en las rebajas?' 'No no compré nada.'

'Did you buy anything in the sales?' 'No, I didn't buy anything.'

Alguien llamó a la puerta.

Someone knocked at the door.

Conocer bien nuestra cultura es importante para cada uno de nosotros.

Knowing our culture well is important for each one of us.

Mi coche es viejo. Tengo que buscar otro.

My car is old. I must look for another (one).

Muchos dicen que la selección española ganará la Copa Mundial.

Many people say that the Spanish team will win the World Cup.

Se lo bebió todo.

He drank it all down.

Uno de los estudiantes suspendió el examen.

One of the students failed the exam.

F8 Possessive pronouns

Possessive pronouns are used to indicate 'belonging' and relationships between people and things. They agree in number and gender with the noun they stand for:

Singular	Plural
(el/la) mío/a (mine)	(los/las) míos/as (mine)
(el/la) tuyo/a (yours)	(los/las) tuyos/as (yours)
(el/la) suyo/a (his, hers, its, yours (formal))	(los/las) suyos/as (his, hers, its, yours (formal))
(el/la) nuestro/a (ours)	(los/las) nuestros/as (ours)
(el/la) vuestro/a (yours (Spain))	(los/las) vuestros/as (yours (Spain))
(el/la) suyo/a (theirs, yours (formal))	(los/las) suyos/as (theirs, yours (formal))

Possessive pronouns are normally preceded by the definite article, but this is usually omitted after the verb *ser*:

*Este vídeo es **tuyo/mío**.*

This video is yours/mine.

*Sus abuelos viven en Guadalajara; **los míos** viven en Alcalá de Henares.*

Her grandparents live in Guadalajara; mine live in Alcalá de Henares.

(El) suyo can mean 'his', 'hers', 'yours' or 'theirs'. In order to be explicit about who the possessor is, the possessive pronoun, *(el) suyo* etc. is frequently replaced by *de él/ella/usted* etc. or the name of the person. Thus the ambiguity in *Aquella carpeta es suya* ('That folder is his, hers, yours or theirs') is avoided by changing the construction:

Esa carpeta es de usted/de Miguel.

That folder is yours/Miguel's.

Ese perro es de ella.   That dog is hers.

F9 Interrogative pronouns

(See also Interrogative adjectives, section C14, Interrogative adverbs, section E9 and Questions, section K)

The following interrogatives are pronouns:
- *¿Qué?* (What?)

¿Qué dijeron?   What did they say?
- *¿Cuál(es)?* (What? Which?)

¿Cuál? is the usual way of translating 'What..?' with the verb 'to be'

¿Cuál es tu opinión sobre la eutanasia?

What is your view on euthanasia?

¿Cuál? also means 'Which…?', in the sense of a choice between alternatives.

¿Cuál prefieres, la pizza de carne o la de pescado?

Which do you prefer, the meat or the fish pizza?
- *¿Quién(es)?* (Who) and *¿(De) quién(es)* (Whose?)

¿Quién sabe?   Who knows?

G Verbs

The verb is the key part of a sentence. Verbal actions take place, typically, in present, past or future time, and are indicated by the **tense**.

Verbs also vary according to their **mood.** For direct, factual statements, the mood which is used is the **indicative**, e.g. *Hablamos español* (We speak Spanish). In order to express more nuanced language relating to, for example, wishes, future ideas or possibility, the **subjunctive** mood is used, e.g. *Quiero que **hables** español* (I want you to speak Spanish). For commands and requests, the **imperative** mood is used, e.g. *Por favor, **habla** más despacio.* (Speak more slowly, please.).

A set of inflected forms (i.e. forms of the verb in a number of tenses and moods, with different endings) is called a **conjugation.** In Spanish there are three conjugations:
- *First conjugation*: verbs whose infinitive ends in *-ar*.
- *Second conjugation*: verbs whose infinitive ends in *-er*.
- *Third conjugation*: verbs whose infinitive ends in *-ir*.

Verbs are either **regular**, when they follow a predictable pattern, or **irregular**, when they deviate from the pattern. A thorough knowledge of irregular verbs is essential at A-level. (Tables of irregular verbs may be found on pages 303–10.)

G1 Present tense

G1.1 Regular verbs

The present tense of regular verbs in the indicative is formed by adding the endings highlighted below to the stem of the verb:

	hablar	comer	vivir
	(to speak)	(to eat)	(to live)
yo	habl**o**	com**o**	viv**o**
tú	habl**as**	com**es**	viv**es**
él/ella/usted	habl**a**	com**e**	viv**e**
nosotros/as	habl**amos**	com**emos**	viv**imos**
vosotros/as	habl**áis**	com**éis**	viv**ís**
ellos/ellas/ustedes	habl**an**	com**en**	viv**en**

G1.2 Irregular verbs

(For radical-changing and orthographic-changing verbs see Spelling changes in verbs, section G19)

There are many irregular verbs which, in the present tense, are irregular only in the first person singular: e.g.:

estar (to be): *esto**y**, estás, está, estamos, estáis, están*

poner (to put): *pon**g**o, pones, pone, ponemos, ponéis, ponen*

G1.3 Uses

The present tense is used:
- to state what is happening at the time of speaking

Estamos listos.   We are ready.
- to describe a habitual action or state of affairs

Hace mucho frío en Soria en invierno.

In winter it's very cold in Soria.
- to refer to inherent characteristics

Mario es listo.   Mario is clever.

- to make statements generally held to be true

El tabaco daña la salud.

Tobacco damages your health.
- to give information

Los supermercados abren a las 9:00.

The supermarkets open at 9.00.
- to express the future (See also Future tense, section G4)

Mis primos llegan a las 3:00 de la tarde.

My cousins are arriving at 3 p.m.

G2 Preterite tense

G2.1 Regular verbs

The preterite tense of regular verbs is formed by adding the endings highlighted below to the stem of the verb:

	-ar verbs	-er verbs	-ir verbs
yo	habl**é**	com**í**	viv**í**
tú	habl**aste**	com**iste**	viv**iste**
él/ella/usted	habl**ó**	com**ió**	viv**ió**
nosotros/as	habl**amos**	com**imos**	viv**imos**
vosotros/as	habl**asteis**	com**isteis**	viv**isteis**
ellos/ellas/ustedes	habl**aron**	com**ieron**	viv**ieron**

G2.2 Irregular verbs

Irregular preterite forms should be learned. Twelve of the most common irregular preterites are as follows:

	dar	*estar*	*decir*
	(to give)	(to be)	(to say)
yo	di	estuve	dije
tú	diste	estuviste	dijiste
él/ella/usted	dio	estuvo	dijo
nosotros/as	dimos	estuvimos	dijimos
vosotros/as	disteis	estuvisteis	dijisteis
ellos/ellas/ustedes	dieron	estuvieron	dijeron

	hacer	*ir*	*poder*
	(to do/make)	(to go)	(to be able)
yo	hice	fui	pude
tú	hiciste	fuiste	pudiste
él/ella/usted	hizo	fue	pudo
nosotros/as	hicimos	fuimos	pudimos
vosotros/as	hicisteis	fuisteis	pudisteis
ellos/ellas/ustedes	hicieron	fueron	pudieron

	poner	*querer*	*saber*
	(to put)	(to wish/want)	(to know)
yo	puse	quise	supe
tú	pusiste	quisiste	supiste
él/ella/usted	puso	quiso	supo
nosotros/as	pusimos	quisimos	supimos
vosotros/as	pusisteis	quisisteis	supisteis
ellos/ellas/ustedes	pusieron	quisieron	supieron

	ser	*venir*	*ver*
	(to be)	(to come)	(to see)
yo	fui	vine	vi
tú	fuiste	viniste	viste
él/ella/usted	fue	vino	vio
nosotros/as	fuimos	vinimos	vimos
vosotros/as	fuisteis	vinisteis	visteis
ellos/ellas/ustedes	fueron	vinieron	vieron

> **Notes**
> - *ir* and *ser* have the same form in the preterite.
> - The first- and third-person singular forms of these irregular verbs do not carry an accent.

G2.3 Uses

The preterite is used:
- to relate an action in the past which is completely finished

El año pasado fui de vacaciones a Cuba.

Last year I went to Cuba on holiday.
- to narrate a sequence of events which happened in the past

Llegué al cine a las 10 de la noche. Luego vino Olga con su prima. Antes de ver la película fuimos al bar de enfrente para tomar una copa.

I arrived at the cinema at 10 p.m. Then Olga came with her cousin. Before watching the film we went to have a drink in the bar opposite.
- for actions which happened over a long period of time in the past, provided that the period is clearly defined

Fidel Castro fue mandatario de Cuba entre 1959 y 2008.

Fidel Castro was the leader of Cuba from 1959 to 2008.

G3 Imperfect tense

G3.1 Regular verbs

For regular verbs the imperfect tense is formed as follows:

	-ar verbs	-er verbs	-ir verbs
yo	habl**aba**	com**ía**	viv**ía**
tú	habl**abas**	com**ías**	viv**ías**
él/ella/usted	habl**aba**	com**ía**	viv**ía**
nosotros/as	habl**ábamos**	com**íamos**	viv**íamos**
vosotros/as	habl**abais**	com**íais**	viv**íais**
ellos/ellas/ustedes	habl**aban**	com**ían**	viv**ían**

G3.2 Irregular verbs

Only three verbs have irregular forms:

	ir	ser	ver
	(to go)	(to be)	(to see)
yo	iba	era	veía
tú	ibas	eras	veías
él/ella/usted	iba	era	veía
nosotros/as	íbamos	éramos	veíamos
vosotros/as	ibais	erais	veíais
ellos/ellas/ustedes	iban	eran	veían

G3.3 Uses

The imperfect tense is used:
- for habitual or repeated actions in the past

Los fines de semana íbamos a la discoteca.

At weekends we used to go to the disco.

Salíamos sobre las tres de la mañana.

We usually left around 3 a.m.
- for setting the scene and descriptions in the past

Era un día muy lluvioso y desafortunadamente, llevaba mis nuevos zapatos.

It was a very rainy day and unfortunately I was wearing my new shoes.

Mi abuela era una persona muy despabilada.

My grandmother was a very alert person.

Su amigo llevaba una chaqueta azul y zapatos blancos.

Her friend wore a blue jacket and white shoes.
- for past actions which refer to a period which is not clearly specified

Estaban en el bar, charlando con el vecino de enfrente.

They were in the bar, talking to their neighbour who lived opposite.

- for polite requests, especially with *querer*

Por favor, quería una mesa para dos.

I'd like a table for two, please.
- in time expressions, when the pluperfect tense would be used in English

Esperaba la carta desde hacía una semana.

He'd been waiting for the letter for a week.

G3.4 Contrastive use of the preterite and imperfect tenses

In Spanish you often come across two past tenses, the preterite (*el pretérito indefinido*) and the imperfect (*el pretérito imperfecto*), used in the same context: in these cases the preterite is used to state that something happened in the past at a specific time, which is considered to be completed, while the imperfect tense describes what was going on when the thing happened, a habitual action or a description. You often have to choose which of these two tenses to use when referring to the past:

Estaba esperando a mi hermano cuando sonó el teléfono.

I was waiting for my brother when the telephone rang.

Entonces me di cuenta de que tenía los ojos muy azules.

Then I realised that his eyes were very blue.

El presidente dimitió mientras estábamos de vacaciones.

The president resigned while we were on holiday.

G4 Future tense

G4.1 Regular verbs

The future tense of regular verbs is formed by adding the endings highlighted below to the infinitive:

	-ar verbs	-er verbs	-ir verbs
yo	hablar**é**	comer**é**	vivir**é**
tú	hablar**ás**	comer**ás**	vivir**ás**
él/ella/usted	hablar**á**	comer**á**	vivir**á**
nosotros/as	hablar**emos**	comer**emos**	vivir**emos**
vosotros/as	hablar**éis**	comer**éis**	vivir**éis**
ellos/ellas/ustedes	hablar**án**	comer**án**	vivir**án**

G4.2 Irregular verbs

Twelve verbs have an irregular future stem; they have the same endings as the regular verbs:

caber (to fit)	cabré etc.	poder (to be able)	podré
decir (to say)	diré	poner (to put)	pondré

haber (to have/there is)	habré	querer (to wish/want)	querré
hacer (to do/make)	haré	saber (to know)	sabré
salir (to go out)	saldré	tener (to have)	tendré
valer (to be worth)	valdré	venir (to come)	vendré

Verbs that derive from the above verbs also have an irregular stem, for example:

deshacer (to undo)	desharé
intervenir (to intervene)	intervendré
maldecir (to curse)	maldiré
mantener (to maintain)	mantendré

G4.3 Uses

The future tense is used:
- to state probability, future plans and intentions

El concierto tendrá lugar el 5 de noviembre.

The concert will take place on 5 November.

En invierno iré a los Pirineos para esquiar.

I'll go skiing in the Pyrenees in the winter.

Seremos los responsables de hacer las fotografías y filmar los videos que se pondrán en línea.

We will be responsible for taking the photos and for filming the videos that will be put online.
- to express a supposition

Serán las siete.

It must be/I guess it's around 7 o'clock.

G4.4 Future intention

Future intention is often expressed:
- by using *ir + a* followed by the infinitive, especially in speech

En verano vamos a ver a nuestros amigos en Lorca.

In the summer we'll go to see our friends in Lorca.

El jefe va a volver mañana.

The boss is coming back tomorrow.
- by using the present tense

En verano vamos a Venezuela.

We are going to Venezuela in the summer.

Nos vemos mañana.

We will meet (see each other) tomorrow.

G5 Conditional tense

The conditional tense ('should', 'would' in English) is mainly used to describe events which would happen if certain conditions were met.

G5.1 Regular verbs

The conditional tense of regular verbs is formed by adding the endings highlighted below to the infinitive:

	-ar verbs	-er verbs	-ir verbs
yo	hablar**ía**	comer**ía**	vivir**ía**
tú	hablar**ías**	comer**ías**	vivir**ías**
él/ella/usted	hablar**ía**	comer**ía**	vivir**ía**
nosotros/as	hablar**íamos**	comer**íamos**	vivir**íamos**
vosotros/as	hablar**íais**	comer**íais**	vivir**íais**
ellos/ellas/ustedes	hablar**ían**	comer**ían**	vivir**ían**

G5.2 Irregular verbs

The same 12 verbs have an irregular stem as in the future tense (*see Future tense, section G4*). They have the same endings as the regular verbs, e.g.:

decir: *diría* etc.

hacer: *haría* etc.

poder: *podría* etc.

G5.3 Uses

The conditional tense is used:
- to describe events which could happen, often in 'if' clauses

Me encantaría volver a Madrid para ver a mi familia.

I would love to return to Madrid to see my family.

¿Qué deberíamos hacer para resolver el problema del cambio climático?

What should we do to solve the problem of climate change?

Sería un escándalo si se destrozaran pueblos para construir un nuevo aeropuerto.

It would be a scandal if towns were destroyed to build a new airport.
- when expressing oneself politely

¿A ti te gustaría acompañarnos al parque?

Would you like to go with us to the park?

¿Qué preferirías, ver la televisión o ir de paseo?

Which would you rather do, watch television or go for a walk?
- to express supposition in the past

Sería mediodía cuando vinieron.

It must have been mid-day when they came.

G6 Perfect tense

G6.1 Forming the perfect tense

The perfect tense is a compound tense which is formed from the auxiliary verb *haber* plus the past participle:

	-ar verbs	-er verbs	-ir verbs
yo	he hablado	he comido	he vivido
tú	has hablado	has comido	has vivido
él/ella/usted	ha hablado	ha comido	ha vivido
nosotros/as	hemos hablado	hemos comido	hemos vivido
vosotros/as	habéis hablado	habéis comido	habéis vivido
ellos/ellas/ustedes	han hablado	han comido	han vivido

Note

The following verbs have irregular past participles:

abrir (to open)	abierto (opened)
cubrir (to cover)	cubierto (covered)
decir (to say)	dicho (said)
escribir (to write)	escrito (written)
freír (to fry)	frito (fried)
hacer (to do/make)	hecho (done/made)
imprimir (to print)	impreso (printed)
morir (to die)	muerto (dead)
poner (to put)	puesto (put)
prender (to catch)	prendido/preso (caught)
resolver (to resolve)	resuelto resolved)
romper (to break)	roto (broken)
satisfacer (to satisfy)	satisfecho (satisfied)
ver (to see)	visto (seen)
volver (to return)	vuelto (returned)

When used as part of the perfect tense, the past When When used as part of the perfect tense, the participle is invariable in number and gender:

*Los niños se han **marchado** ya porque estaban cansados.*

The children have already left, because they were tired.

*La abuela se ha **quedado** porque estaba muy a gusto.*

Grandma stayed, because she felt very comfortable.

G6.2 Uses

In general, the perfect tense in Spanish is used in a similar way to its counterpart in English. It describes an action that began in the past and is continuing now:

Juan no ha venido todavía.

Juan hasn't come yet (i.e. he is not here now).

He tenido una buena idea.   I've had a good idea.

The perfect tense is normally used for events that took place on the same day:

Esta mañana he ido al trabajo temprano..

This morning I went to work early.

¡Ha sido Alex!

It was Alex (who did it)!

In much of Latin America the preterite tense is used instead of the perfect tense, especially in informal language.

G6.3 Comparing the perfect and the preterite

The use of the perfect is different from that of the preterite, which describes actions that have been completed in the past. Compare:

He visto esa película tres veces.

I've seen that film three times (calling attention to the fact that this is the situation now).

Vi esa película anoche.

I saw that film last night (the event is over and done with).

The perfect tense differs in its use from the perfect tense in French. The French perfect is used like the preterite in Spanish, for actions that were completed in the past. Students of both languages, influenced by French usage, often use the perfect tense wrongly for a completed past action: in general, *vi* should be used for 'I saw' and not *he visto*; *vine* should be used for 'I came', and not *he venido*.

G7 Future perfect tense

The future perfect tense is formed from the future tense of the auxiliary verb *haber* plus the past participle:

	-ar verbs	-er verbs	-ir verbs
yo	habré hablado	habré comido	habré vivido
tú	habrás hablado	habrás comido	habrás vivido
él/ella/usted	habrá hablado	habrá comido	habrá vivido
nosotros/as	habremos hablado	habremos comido	habremos vivido
vosotros/as	habréis hablado	habréis comido	habréis vivido
ellos/ellas/ustedes	habrán hablado	habrán comido	habrán vivido

The future perfect indicates a future action which will have happened:

*Cuando llegues al aeropuerto el avión ya **habrá despegado**.*

When you get to the airport the plane will have taken off already.

G8 Conditional perfect tense

The conditional perfect tense is formed from the conditional tense of *haber* plus the past participle:

	-ar verbs	-er verbs	-ir verbs
yo	habría hablado	habría comido	habría vivido
tú	habrías hablado	habrías comido	habrías vivido
él/ella/usted	habría hablado	habría comido	habría vivido
nosotros/as	habríamos hablado	habríamos comido	habríamos vivido
vosotros/as	habríais hablado	habríais comido	habríais vivido
ellos/ellas/ustedes	habrían hablado	habrían comido	habrían vivido

The conditional perfect indicates a past action which would have happened:

*Si no me hubieras dado las entradas no **habría ido** al concierto.*

If you hadn't given me the tickets I wouldn't have gone to the concert.

G9 Pluperfect tense

The pluperfect tense is formed from the imperfect tense of *haber* plus the past participle:

	-ar verbs	-er verbs	-ir verbs
yo	había hablado	había comido	había vivido
tú	habías hablado	habías comido	habías vivido
él/ella/usted	había hablado	había comido	había vivido
nosotros/as	habíamos hablado	habíamos comido	habíamos vivido
vosotros/as	habíais hablado	habíais comido	habíais vivido
ellos/ellas/ustedes	habían hablado	habían comido	habían vivido

The pluperfect is used, as in English, for an action which occurred before another action in the past:

*Cuando llegamos al cine los otros ya **habían entrado**.*

When we got to the cinema the others had already gone in.

G10 The infinitive

G10.1 The infinitive and the perfect infinitive

The infinitive is the form of the verb that you find when you look up a verb in a dictionary. The infinitives of the conjugations of the verb end in either *-ar*, *-er* or *-ir*, e.g. *hablar*, *comer*, *vivir*.

The perfect infinitive is formed from the infinitive of *haber* plus the past participle: *haber hablado* (to have spoken), *haber comido* (to have eaten) etc.

G10.2 Uses

The infinitive can stand on its own, having the value of a noun. In this case it may be preceded by the masculine definite article:

El vivir en Cantabria es muy agradable.

Living in Cantabria is very pleasant.

The infinitive frequently follows:
- modal verbs, denoting obligation, permission and possibility, e.g. *tener que*, *hay que*, *deber*, *poder* (See also Constructions with verbs, section G21)

Tienes que mandarle un mensaje.

You have to send her a message.

¿Puedo ayudarle?

Can I help you?
- *acabar de*, meaning 'to have just'

Acaba de llegar.

She has just arrived.
- *volver a*, meaning 'to do something again'

He vuelto a copiar el vídeo.

I've copied the video again.
- verbs of perception, e.g. *ver*, *oír* and *mirar*

La vi entrar en la discoteca.

I saw her go(ing) into the disco.

Les oyó cantar en la calle.

She heard them singing in the street.

The infinitive is sometimes used for the imperative, e.g. in notices:

No pisar el césped.

Don't walk on the grass.

No fumar.

No smoking.

Al followed by the infinitive means 'when…', referring to an action that happens at the same time as that of the main verb:

Al entrar en la habitación saludó a su hermano.

When he went into the room he greeted his brother.

G11 The gerund

G11.1 Formation
The gerund is formed by adding *-ando* to the stem of *-ar* verbs and *-iendo* (or in some cases *-yendo*) to the stem of *-er* and *-ir* verbs. The gerund is invariable in form:

hablar → *hablando*; *comer* → *comiendo*; *vivir* → *viviendo*

G11.2 Uses
The gerund is used for actions that occur at the same time as the main verb. The gerund normally acts as an adverb, giving more information about the action of the verb.

*Estaba sentada en la plaza, **mirando** los pájaros.*

She was sitting in the square, looking at the birds.

*Nos fuimos **andando**.*

We walked away (lit. We went away walking).

The gerund often indicates the way in which an action is performed (by + *-ing* in English):

*Se ganaba la vida **vendiendo** ordenadores a países del tercer mundo.*

He earned his living by selling computers to third-world countries.

The gerund, preceded by the verb *estar*, is used to make the continuous form of the verb (see *Continuous forms of the verb, section G13*) This form indicates that an action is in progress:

Me estoy preguntando por qué no fuiste con él a la fiesta.

I'm wondering why you didn't go to the fiesta with him.

No sabía que Alberto estaba hablando con ella.

He didn't know that Alberto was talking to her.

A number of common verbs, especially *ir, venir, continuar, seguir* and *andar* are followed by the gerund to emphasise the duration of an action:
- *seguir* and *continuar* must be followed by the gerund in the sense of 'to continue to do':

Las condiciones de vida siguen siendo difíciles para los inmigrantes.

Living conditions continue to be difficult for immigrants.

Todos mis amigos continuaban viviendo en la ciudad donde nací.

All my friends were still living in the town where I was born.

Siguieron comiendo hasta medianoche.

They continued to eat/eating until midnight.
- *ir* and *venir* with the gerund stress the gradualness of the verbal action (*Receptive use at AS, productive use at A-level*)

El número de inmigrantes va aumentando cada año.

The number of immigrants is growing yearly.

Poco a poco me fui tranquilizando.

I was gradually getting calmer.

Que no nos vengan imponiendo sus costumbres.

They mustn't come over here forcing their customs on us [literally: Let them not come…].
- *llevar* with the gerund emphasises the continuity of the verbal action up to now

Mis abuelos llevan 55 años viviendo en el mismo barrio.

My grandparents have lived in the same district for 55 years.

It is very important not to confuse the Spanish gerund with the English present participle, ending in *-ing*. The gerund is **never** used after prepositions in Spanish; the *-ing* form is used after prepositions in English. The following examples show this difference:

Antes de subir al coche se despidió de su familia.

Before getting into the car he said goodbye to his family.

Sin saber qué hacía…

Without knowing what he was doing…

The *-ing* form in English is often adjectival and cannot be translated by a gerund in Spanish:

| a hard-working boy | *un chico trabajador* |
| running water | *agua corriente* |

G12 The past participle

G12.1 Forming the past participle
The past participle is formed by substituting:
- the ending of *-ar* infinitives by *-ado*: *hablar* → *hablado*
- the ending of *-er* and *-ir* infinitives by *-ido*: *comer* → *comido*; *vivir* → *vivido*

(For a full list of irregular past participles, e.g. *ver* → *visto*, see *Perfect tense, section G6*.)

G12.2 Uses
The past participle is used:
- after the verb *haber* as part of compound tenses, e.g. the perfect tense, the pluperfect tense. In this case the past participle is invariable

Todavía no hemos visto El Escorial.

We haven't yet seen the Escorial.

- as an adjective, where it agrees with the noun

*unos pantalones **rotos***   a torn pair of trousers

- after the verbs *ser* and *estar*. In these cases the past participle agrees in number and gender with the noun, or the subject of the verb. (See also *The passive voice*, section G17)

*Ayer en Madrid 10 personas fueron **arrestadas** por un fraude.*

Ten people were arrested in Madrid yesterday for fraud.

*Esa chica está mal **educada**.*

That girl is badly behaved.

- preceded by *lo*, meaning 'the thing which' or 'what'

Lo divertido es jugar con los videojuegos.

Playing with video games is the enjoyable thing.

G13 Continuous forms of the verb

Continuous tenses are formed from the verb *estar* followed by the gerund:

estoy etc. *hablando*; *estoy* etc. *comiendo*; *estoy* etc. *escribiendo*

The continuous forms of the verb are used to indicate actions that are in progress at the time of speaking. They may be used with all tenses but are most commonly found in the present and imperfect:

En este momento está hablando con su vecino.

At the moment he's talking to his neighbour.

Las muchachas estaban jugando en la calle.

The girls were playing in the street.

ir, venir, seguir, continuar, andar and *llevar* may also be followed by the gerund to indicate the idea of duration. (See also *The gerund*, section G11)

G14 The subjunctive

The subjunctive mood, which expresses uncertainty and unreality (see beginning of verb section for 'mood'), is used in four tenses: present, perfect, imperfect and pluperfect.

G14.1 Present subjunctive

The present tense of regular verbs in the subjunctive is formed by adding the endings highlighted below to the stem of the verb:

	-ar verbs	-er verbs	-ir verbs
yo	habl**e**	com**a**	viv**a**
tú	habl**es**	com**as**	viv**as**
él/ella/usted	habl**e**	com**a**	viv**a**
nosotros/as	habl**emos**	com**amos**	viv**amos**
vosotros/as	habl**éis**	com**áis**	viv**áis**
ellos/ellas/ustedes	habl**en**	com**an**	viv**an**

> **Note**
> For most irregular verbs, the present subjunctive is formed by removing **o** from the end of the first person singular of the present indicative and adding the endings for regular verbs. For example:
> - *hacer*: *haga, hagas, haga, hagamos, hagáis, hagan*
> - *poner*: *ponga, pongas, ponga* etc.
>
> The following verbs are exceptions to the above rule *dar* (*dé, des* etc.), *estar* (*esté, estés* etc.), *haber* (*haya, hayas* etc.), *ir* (*vaya, vayas* etc.), *saber* (*sepa, sepas* etc.) and *ser* (*sea, seas* etc.).
>
> A number of otherwise regular verbs change their spelling in the present subjunctive, e.g.:
> - *llegar*: *llegue, llegues* etc.
> - *coger*: *coja, cojas* etc.
> - *pedir*: *pida, pidas, pida* etc.
>
> (See also *Spelling changes in verbs*, section G19)

G14.2 Perfect subjunctive

The perfect subjunctive is formed from the present subjunctive of *haber* plus the past participle:

	-ar verbs	-er verbs	-ir verbs
yo	haya hablado	haya comido	haya vivido
tú	hayas hablado	hayas comido	hayas vivido
él/ella/usted	haya hablado	haya comido	haya vivido
nosotros/as	hayamos hablado	hayamos comido	hayamos vivido
vosotros/as	hayáis hablado	hayáis comido	hayáis vivido
ellos/ellas/ustedes	hayan hablado	hayan comido	hayan vivido

G14.3 Imperfect subjunctive

The imperfect subjunctive is formed by adding the endings below after removing the ending of the third person plural of the preterite tense:

	-ar verbs	-er verbs	-ir verbs
yo	habl**ara/ase**	com**iera/ese**	viv**iera/ese**
tú	habl**aras/ases**	com**ieras/eses**	viv**ieras/eses**
él/ella/usted	habl**ara/ase**	com**iera/ese**	viv**iera/ese**
nosotros/as	habl**áramos/ásemos**	com**iéramos/ésemos**	viv**iéramos/ésemos**
vosotros/as	habl**arais/aseis**	com**ierais/eseis**	viv**ierais/eseis**
ellos/ellas/ustedes	habl**aran/asen**	com**ieran/esen**	viv**ieran/esen**

> **Note**
>
> There are alternative endings for the imperfect subjunctive, *-ara/-ase* and *-era/-ese* etc., which are interchangeable.
>
> Irregular verbs also follow the above rule:
> - *tener*: *tuviera/ese, tuvieras/eses, tuviera/ese, tuviéramos/ésemos, tuvierais/eseis, tuvieran/esen*.
> - *hacer*: *hiciera/ese* etc.
> - *poner*: *pusiera/ese* etc.

The verbs *ser, decir, traer,* and verbs ending in *-ucir* (*traducir, producir* etc.) add *-era/ese* etc. to, the stem of the preterite tense for these verbs: *fuera/ese, dijera/ese, tradujera/ese* etc.

The imperfect subjunctive is frequently used for two types of conditions: those that are **unlikely to be fulfilled** and those that are **contrary to fact**. (See Conditional sentences, section G16)

G14.4 Pluperfect subjunctive

The pluperfect subjunctive is formed from the imperfect subjunctive of *haber* plus the past participle:

	-ar verbs	-er verbs	-ir verbs
yo	hubiera hablado	hubiera comido	hubiera vivido
tú	hubieras hablado	hubieras comido	hubieras vivido
él/ella/usted	hubiera hablado	hubiera comido	hubiera vivido
nosotros/as	hubiéramos hablado	hubiéramos comido	hubiéramos vivido
vosotros/as	hubierais hablado	hubierais comido	hubierais vivido
ellos/ellas/ustedes	hubieran hablado	hubieran comido	hubieran vivido

As well as *hubiera* etc. the form *hubiese* etc. can be used to form this tense.

Note that the pluperfect subjunctive is frequently used in conditional sentences that are contrary to fact. (See Conditional sentences, section G16)

G14.5 Uses of the subjunctive

The subjunctive is used in three main ways: in subordinate clauses, in main clauses and in conditional sentences. (See Conditional sentences, section G16)

The subjunctive in subordinate clauses
These clauses frequently begin with *que* and communicate meanings that are often subtly differentiated from those of the indicative mood.

The subjunctive must be used after verbs and expressions indicating:
- possibility, probability and doubt: *es posible/probable que, puede que, dudar que* etc.

(Receptive use at AS, productive use at A-level)

Puede (ser) que no lleguen hasta la noche.

Maybe they won't get here until tonight.

Es probable que algunos alumnos reaccionen mal a ciertos profesores.

It's likely that some pupils react badly to certain teachers.
- 'emotion': *querer que* (to wish, want that), *esperar que* (to hope that), *[me] gusta que* (to like), *alegrarse de que* (to be pleased that), *temer que* (to fear that) etc. (Receptive use at AS, productive use at A-level)

Espero que te recuperes pronto.

I hope that you get better soon.

Paco quiere que sus padres lo dejen ir a la festividad.

Paco wants his parents to let him go to the festival.
- influence, commanding: *hacer que* (to make someone do something), *obligar que* (to make, force), *conseguir que* (to succeed in doing), *evitar que* (to avoid), *impedir que* (to prevent), *decir que* (to tell someone to do something) and *insistir que* (to insist) etc. (Receptive use at AS, productive use at A-level)

Consiguió que le dejaran entrar.

He got them to let him in.

Los agentes protegían la fuente para evitar que alguien se subiese a ella.

The police protected the fountain to prevent anyone climbing up it.
- judgement: *es importante que* (it is important that), *sería mejor que* (it would be better to) etc.

Sería mejor que vinieras conmigo.

It would be better for you to come with me.

No me parece correcto que los jóvenes se emborrachen los fines de semana.

It doesn't seem right to me that young people get drunk at the weekend.
- necessity: *es necesario que* (it is necessary to), *hace falta que* (it is necessary to) etc.

Hace falta que devuelvan los DVDs en seguida.

They have to return the DVDs straight away.

No es necesario que nadie sepa lo que pasó.

It's not necessary for anyone to know what happened.
- permission and prohibition: *dejar que* (to let), *permitir* (to allow), *prohibir* (to forbid) etc.

Le prohibieron que saliera después de las 10 de la noche.

They forbade him to go out after 10.00 p.m.

- concession: *sin que* (without), *aunque* (although) (*Productive use at AS*); *a menos que* (unless), *a no ser que* (unless), *a pesar de que* (despite) etc. (*Receptive use at AS, productive use at A-level*)

No podremos abrir la puerta a menos que encontremos la llave.

We won't be able to open the door unless we find the key.

Entró en la casa por la ventana sin que nadie lo supiera.

He got into the house through the window without anyone knowing.
- condition: *con tal que* (provided that), *a condición de que* (on condition that) etc.

Puedes coger el diccionario con tal que me lo devuelvas mañana.

You can take the dictionary provided you give it back to me tomorrow.
- requesting: *pedir* (to ask for, to beg), *rogar* (to beg, plead) etc.

Le pedí que me diera la dirección de su amiga.

I asked her to give me her friend's address.

The subjunctive must also be used in the following circumstances:
- after verbs of thinking such as *creer* (to think, believe), *pensar* (to think), *considerar* (to consider), *parecer* (to seem) when used in the negative. (*Receptive use at AS, productive use at A-level.*)

No pienso que la función del móvil cambie mucho en el futuro.

I don't think that that the role of mobiles will change much in future.

No cree que merezca la pena gastar energía en los alumnos problemáticos.

He doesn't think it is worth wasting energy on problem pupils.
- *el (hecho) de que* (the fact that) is normally followed by the subjunctive in statements of emotion or judgement

Me molesta mucho el que me interrumpan cuando estoy trabajando.

It really annoys me to be interrupted when I'm working (literally: the fact that people interrupt me).
- after *no es que, no (es) porque*

Le di dinero, pero no porque me lo pidiera.

I gave him money, but not because he asked for it.

No es que fuera mala; se separó porque no la quería.

It's not that she was a bad person; he separated because he didn't love her.

- after conjunctions of time, e.g. *cuando* (when), *en cuanto* (as soon as), *mientras* (while), *hasta que* (until), *antes de que* (before), used with a future meaning

No podré descansar hasta que sepa adónde se ha ido.

I won't be able to rest until I know where she has gone.

Al empezar la clase tengo que hacer de portera, hasta que estén todos.

At the beginning of the class I have to be a doorkeeper until they are all in.
- after conjunctions of purpose, e.g. *para que* (so/in order that), *a fin de que* (so/in order that), *de modo/manera que* (so/in such a way that)

Te escribo a fin de que/para que te des cuenta de mi dilema.

I am writing to you so that you are aware of my dilemma.

Debemos hacer una revisión de la caldera para que funcione bien.

We must service the boiler so that it works properly.
- after *como si*:

Me miró como si estuviera loco.

He looked at me as if I were mad.
- after an 'indefinite antecedent'

The subjunctive is used in subordinate clauses when the identity of the 'antecedent', i.e. a person or thing mentioned previously, is unknown. When the identity of the 'antecedent' is known, the indicative is used. (*Receptive use at AS, productive use at A-level*)

Buscamos un colegio que tenga buenas instalaciones deportivas.

We're looking for a school that has good sports facilities.

No conozco a nadie que vaya a la fiesta.

I don't know anyone who is going to the party.

Llévanos a un sitio donde estemos a gusto.

Take us to a place where we can be comfortable. [We do not know the precise place we'll end up in.]

But

Los seis individuos que resultaron detenidos en la manifestación…

The six individuals who were arrested in the demonstration… [The indicative is used here because the identity of the individuals is known.]

This construction is often found in set expressions like *pase lo que pase* (whatever happens).
- in the expressions of concession *por muy + adjective que*, *por mucho + noun que* (however (much)) (*A-level only*):

Por muy listo que sea Fernando, no va a encontrar la solución.

However clever Fernando may be, he won't find the solution.

Por mucho frío que haga, voy a salir esta noche.

However cold it is, I'm going out tonight.

Some expressions which are used to make *value judgements* may be followed by either the infinitive or the subjunctive. These expressions are usually impersonal:
- *a mí me parece bien/mal*   it seems good/bad to me
- *es importante*   it is important
- *es imprescindible*   it is essential
- *es necesario*   it is necessary
- *es normal*   it is normal
- *hace falta*   it is necessary
- *más vale*   it is better
- *sería mejor*   it would be better
- *vale la pena*   it is worthwhile

Es imprescindible saber quién controla los medios de comunicación.

It's essential to know who controls the media.

No me parece bien que revistas como Hola *tengan tanta influencia.*

It doesn't seem right to me that magazines like *Hola* have so much influence.

Es importante no olvidarte/que no te olvides de la cita.

It's important that you don't forget the appointment.

The subjunctive in main clauses
The subjunctive is found in main clauses after words and expressions which denote uncertainty or strong wishes:
- *que...* used for a command or strong wish

¡Que lo pases bien!   Have a good time!
- words meaning 'perhaps', e.g. *quizá(s), tal vez*

Quizás eche de menos a sus padres.

Perhaps he's missing his parents.

Tal vez vuelva mañana.

Perhaps he'll come back tomorrow.
- *ojalá* (if only, I wish) used to express a strong wish or hope

¡Ojalá hubiera aprobado el examen!

I wish I'd passed the exam!

Dicen que mi hermana Laura ha dejado las drogas de diseño. ¡Ojalá fuera cierto!

They say that my sister Laura has given up designer drugs. I wish it was true!

Se ha enamorado otra vez… ¡Ojalá le dure!

He's fallen in love again… I hope it lasts!

G15 The imperative
The imperative mood is used for giving commands and making requests. These can be either affirmative: *¡Mira!* (Look!) or negative: *¡No mires!* (Don't look!). In Spanish you have to choose between familiar and formal modes of address, (*tú/vosotros* and *usted/ustedes*).

Although the use of the informal imperative, *tú* and *vosotros*, is becoming increasingly common in semi-formal situations in Spain, in certain contexts the formal *usted/ustedes* imperative should be used: when addressing people in authority, those who are older than yourself or those who you do not know (as when writing a job application or being interviewed). It is also used in shops when addressing staff, shop owners, and in restaurants.

G15.1 *Tú* commands
To form the affirmative familiar imperative in the singular remove the last letter from the second person singular of the present indicative:

¡Cállate!   Be quiet!

¡Come las verduras sin quejarte!

Eat your greens without complaining!

Si no te quedas dormida en 15 minutos, levántate y haz algo.

If you aren't asleep in 15 minutes, get up and do something.

Sube rápidamente.   Go up quickly.

Note that nine verbs have irregular *tú* forms in the imperative, as follows:
- decir   to say   di
- hacer   to do, make   haz
- ir   to go   ve
- oír   to hear   oye
- poner   to put   pon
- salir   to go out   sal
- ser   to be   sé
- tener   to have   ten
- venir   to come   ven

To form the negative *tú* imperative, *no* is placed before the second person singular of the present subjunctive:

¡No hables tan bajo!   Don't speak so quietly!

¡No me digas!   Don't tell me!/You don't say!

No rompas la rutina ni en los fines de semana ni en vacaciones.

Don't change your routine at weekends or when on holiday.

G15.2 *Vosotros* commands (Spain)
To form the affirmative familiar imperative in the plural replace the final *-r* of the infinitive with *-d*:

¡Comed!   Eat (up)!

Chicos, ¡venid mañana a las 8! Come tomorrow at 8, boys!

To form the negative *vosotros* imperative, *no* is placed before the second person plural of the present subjunctive:

No habléis con ella. Don't speak to her.

No os levantéis temprano. Don't get up early.

G15.3 *Usted(es)* commands

To form *usted(es)* commands, affirmative and negative, singular and plural, use the third person form of the present subjunctive:

Póngame tres kilos de naranjas.

I'd like three kilos of oranges.

Tomen la primera a la derecha para el restaurante Andaluz.

Take the first on the right for the Andaluz restaurant.

No se preocupe. Don't worry.

No le(s) importe que digan que no.

Don't let it bother you if they say no.

G15.4 The position of object pronouns

Object pronouns are added to the end of affirmative commands:

¡Cómetelo! Eat it (up)!

Dígame lo que quiera. Tell me what you want.

In negative commands pronouns precede the verb:

¡No me hables así! Don't speak to me like that!

¡No os acostéis! Don't go to bed!

G15.5 First person plural commands

First person plural commands ('Let's go' etc.) are formed from the first person plural (*nosotros*) of the present subjunctive, for both the affirmative and the negative:

Salgamos ahora mismo. Let's go out straight away.

The final -s of the *nosotros* form is omitted in reflexive verbs:

Vámonos. Let's go.

Acostémonos. Let's go to bed.

G15.6 The use of *que* to express commands

Que plus the subjunctive form may be used with any person of the verb to express a wish or command:

¡Que aproveche! Enjoy your meal!

¡Que tengas un buen día! Have a good day

G15.7 The second person plural in Latin American Spanish

In Latin-American Spanish the familiar plural imperative (*hablad*, *comed*, etc.) is replaced by the *ustedes* form (which is also used for the formal imperative). (See Modes of address, section G20)

G16 Conditional sentences

There are three main types of conditional sentences:
- open conditions, for statements which might or might not happen

For this type, the *si* clause is in the present indicative. For the main clause either the present indicative, the future indicative or the imperative, is used:

Si vamos a Segovia, volveremos tarde.

If we go to Segovia we'll get back late.

Si no quieres comer la tortilla, déjala.

If you don't want to eat the omelette, leave it.
- unlikely or impossible conditions, which express a wish rather than a real possibility

The same structure is used for these conditions: the imperfect subjunctive in the *si* clause and the conditional in the main clause:

Si limpiáramos mejor las playas, atraeríamos a más turistas.

If we cleaned the beaches better, we'd attract more tourists.

Si fueras ecologista, te interesarías más en los temas globales.

If you were an ecologist, you'd be more interested in global issues.
- conditions regarding an unfulfilled wish, which are contrary to fact

For this type of sentence, the pluperfect subjunctive is in the *si* clause and the conditional perfect in the main clause:

Si hubiera conseguido el empleo habría organizado una fiesta.

If I'd got the job I'd have thrown a party.

Note

Si with a past tense in the indicative, followed by a present or future tense in the main clause, is used in order to indicate doubt:

Si han llegado, podremos comenzar la reunión.

If they've arrived, we can start the meeting.

The indicative is also used after statements of fact in the past:

Si llovía, no salíamos. If it rained, we didn't go out.

G17 The passive voice

In an active sentence the subject of the sentence performs the action:

Irlanda ganó el Festival de la Canción de Eurovisión.

Ireland won the Eurovision Song Contest.

This is called the **active voice**.

In a passive sentence the subject of the sentence has an action done to it by someone/something else:

El Festival de la Canción de Eurovisión fue ganado por Irlanda.

The Eurovision Song Contest was won by Ireland.

This is called the **passive voice**.
- Verbs which take a direct object (transitive verbs) can be used either actively or passively.
- The verb *ser*, followed by the past participle of the verb, is used to form passive sentences.
- The past participle after *ser* agrees in number and gender with the subject of the sentence.
- Where there is an agent it is preceded by the preposition *por*; the agent in a passive sentence may, however, be 'understood'.

La oficina fue cerrada con llave por el jefe a las 7:00 de la tarde.

The office was locked up by the boss at 7.00 p.m.

Las armas han sido destruidas.

The arms have been destroyed [i.e. understood to be destroyed by an agent, like the government, the army etc.].

The passive can be used in all tenses:

Sus novelas son publicadas por Plaza & Janés.

Her novels are published by Plaza & Janés.

El concierto será celebrado el sábado.

The concert will be held on Saturday.

Esa pintura ha sido dada al Museo de Arte Contemporáneo.

That painting has been given to the Museum of Contemporary Art.

The passive in Spanish is used more in written than spoken language and is found less than in English. A number of alternative constructions exist:
- the third person plural with an active verb

Le entregaron las llaves de la casa.

He was given the keys of the house.
- duplication of the direct object

The direct object can be placed first in the sentence and repeated as a pronoun before the verb:

Aquel castillo lo destruyó el rey Carlos V.

That castle was destroyed by King Charles V.

- the use of the reflexive pronoun *se*

se can be used to express the passive without an agent. The verb will always be in the third person, either singular or the plural. (See also Reflexive verbs, section G18)

Se alquilan pisos aquí.

Flats (are) rented here.

Se construyó la catedral en 1250.

The castle was built in 1250.

G18 Reflexive verbs

G18.1 In sentences containing reflexive verbs

In sentences containing reflexive (or pronominal) verbs the subject and the object of the verb are the same person.

A reflexive verb has two components: the verb plus a reflexive pronoun. The pronoun changes according to the person, as in the verb *levantarse* (to get up):

yo	me levanto	I get up
tú	te levantas	you get up
él/ella/usted	se levanta	he/she/it/you get(s) up
nosotros/as	nos levantamos	we get up
vosotros/as	os levantáis	you get up
ellos/ellas/ustedes	se levantan	they/you get up

In Spanish reflexive verbs are always accompanied by a reflexive pronoun, *me*, *te*, *se*, etc. as in *acostarse* (to go to bed), *casarse* (to marry/get married), *aburrirse* (to get bored), *interesarse* (to be interested):

Los niños se acostaron tarde.

The children went to bed late.

Es mejor esperar a los cuarenta que casarse mal.

It's better to wait until you are 40 than to marry badly.

Nunca se interesó mayormente por alguna de ellas.

He was never specially interested by any of them.

A non-reflexive verb can become reflexive by adding the reflexive pronoun:

Non-reflexive		Reflexive	
divertir	to amuse	divertirse	to amuse oneself
entregar	to hand over	entregarse	to give oneself up
arreglar	to arrange	arreglarse	to get oneself ready

> **Note**
>
> When you translate a reflexive verb into English it frequently does not have a reflexive pronoun, or the reflexive pronoun is 'understood', e.g. *lavarse* (to wash, i.e. to wash oneself).

G18.2 Reflexive pronouns and plural commands

(See also Reflexive pronouns, section F3 and section G15.5)

In the first person plural of the affirmative imperative the final -s is dropped:

Levantémonos.   Let's get up.

In the second person plural of the affirmative imperative the final -d is dropped:

Sentaos.   Sit down.

G18.3 Uses

The addition of a reflexive pronoun turns a transitive verb into a reflexive one. Reflexive verbs translate the idea of 'self':

Cortó el pan.   He cut the bread. (transitive)

Se cortó.   He cut himself. (reflexive)

A number of verbs have a subtle change of meaning when used in the reflexive form (sometimes known as **nuanced reflexives**):
- *caer*   to fall   *caerse*   to fall accidentally
- *dormir* to sleep   *dormirse* to go to sleep
- *ir*   to go   *irse*   to go away
- *volver* to return   *volverse* to turn round, to become

Reflexive pronouns are often used to express an impersonal subject:

¿Cómo se llega a la Oficina de Turismo?

How do I/does one get to the Tourist Office?

G19 Spelling changes in verbs

Spanish verbs often undergo changes in the spelling of the different tenses and persons. These changes are of two types:
- 'radical' changes in the stem of the verb, that is the first part without the ending -ar, -er, or -ir, e.g. pens- in the verb *pensar*. The last vowel in the stem is always the part affected
- 'orthographic' changes, in other parts of the verb

G19.1 Radical changes

-ar and -er verbs
In the present indicative the stem vowel *o* becomes *ue*, and *e* becomes *ie*, in the first, second and third persons singular and the third person plural:
- *contar* (to count, tell): *cuento, cuentas, cuenta, contamos, contáis, cuentan*
- *entender* (to understand): *entiendo, entiendes, entiende, entendemos, entendéis, entienden*

In the present subjunctive of these verbs, changes occur in the same persons:
- *cuente, cuentes, cuente, contemos, contéis, cuenten*
- *entienda, entiendas, entienda, entendamos, entendáis, entiendan*

The stem also changes in the *tú* (familiar) form of the imperative:
- *cuenta*   *entiende*

-ir verbs
There are three types of radical-changing -ir verbs, each of which follows a different pattern in the present tense: those which change the stem vowel from *e* to *i*, e.g. *pedir* (to ask for); from *e* to *ie*, or *i* in some forms, e.g. *mentir* (to lie); and from *o* to *ue*, or *u* in some forms, e.g. *dormir* (to sleep):

In the present indicative the changes occur in the first, second and third persons singular and the third person plural:
- *e > i*: *pedir*: *pido, pides, pide, pedimos, pedís, piden*
- *e > ie*: *mentir*: *miento, mientes, miente, mentimos, mentís, mienten*
- *o > ue*: *dormir*: *duermo, duermes, duerme, dormimos, dormís, duermen*

In the present subjunctive the change occurs in all persons of the verb:
- *pida, pidas, pida, pidamos, pidáis, pidan*
- *mienta, mientas, mienta, mintamos, mintáis, mientan*
- *duerma, duermas, duerma, durmamos, durmáis, duerman*

Changes also occur in the stem of the preterite of these verbs: *e* changes to *i* and *o* changes to *u* in the third persons singular and plural:
- *pedí, pediste, pidió, pedimos, pedisteis, pidieron*
- *mentí, mentiste, mintió, mentimos, mentisteis, mintieron*
- *dormí, dormiste, durmió, dormimos, dormisteis, durmieron*

In the imperfect subjunctive the *i* or *u* of the stem is present in every person of the verb:
- *pidiera/pidiese, pidieras/pidieses* etc.
- *mintiera/mintiese, mintieras/mintieses* etc.
- *durmiera/durmiese, durmieras/durmieses* etc.

The stem change also occurs in the familiar form of the imperative and in the gerund:
- the imperative: *pide*   *miente*   *duerme*
- the gerund: *pidiendo* *mintiendo* *durmiendo*

Note
It is not possible to predict whether a verb is radical-changing or not; if you are unsure, consult your dictionary or grammar.

G19.2 Orthographic changes

Spelling changes in certain verbs are necessary in order to maintain the correct sound of the verb.

The following verbs make changes before the vowel e in the whole of the present subjunctive and the first person singular of the preterite:
- verbs with stems ending in -car change c to qu, e.g. sacar (to take out)

Present subjunctive: saque, saques, saque etc.

Preterite: saqué, sacaste etc.
- verbs with stems ending in -gar change g to gu, e.g. llegar (to arrive)

Present subjunctive: llegue, llegues, llegue etc.

Preterite: llegué, llegaste etc.
- verbs with stems ending in -zar change z to c, e.g. empezar (to begin)

Present subjunctive: empiece, empieces, empiece etc.

Preterite: empecé, empezaste etc.
- verbs with stems ending in -guar change u to ü, e.g. averiguar (to find out)

Present subjunctive: averigüe, averigües, averigüe etc.

Preterite: averigüé, averiguaste etc.

The following verbs make changes before the vowel o, in the first person singular of the present indicative, and before a in the present subjunctive:
- verbs with stems ending in -cer or -cir change c to z, e.g. vencer (to conquer)

Present indicative: venzo, vences, etc.

Present subjunctive: venza, venzas etc.
- verbs with stems ending in -ger or -gir change g to j, e.g. coger (to catch)

Present indicative: cojo, coges etc.

Present subjunctive: coja, cojas etc.
- verbs with stems ending in -guir change gu to g, e.g. seguir (to follow)

Present indicative: sigo, sigues, etc.

Present subjunctive: siga, sigas, siga etc.
- some verbs ending in -uar and -iar add an accent in the three persons singular and the third-person plural of the present indicative and the present subjunctive, and in the tú form of the imperative, e.g. continuar (to continue); enviar (to send)

Present indicative: continúo, continúas, continúa, continuamos, continuáis, continúan

Present indicative: envío, envías, envía, enviamos, enviáis, envían

Present subjunctive: continúe, continúes etc.

Present subjunctive: envíe, envíes etc.

Imperative (second person singular): continúa

Imperative (second person singular): envía

G20 Modes of address

tú and usted

Tú is the mode of address to use for informal situations. It is always used with family, friends, fellow students and pets, and when talking to children. In Spain people are less formal than they used to be; nowadays complete strangers may address you as tú!

Usted is normally used to address strangers, older people, people in authority and those you want to show respect to.

Voseo (Receptive use at AS, productive use at A-level):

In popular speech in the greater part of the southern cone in South America and much of Central America, the second person singular vos takes the place of tú when addressing close friends. This is known as voseo. The plural of vos in Spanish America is ustedes.

'I want to speak to you' (familiar) in Spain is: *Quiero hablar contigo*. The same sentence in parts of Spanish America is: *Quiero hablar con vos*.

vosotros and ustedes

In Spanish America vosotros is replaced by ustedes for the familiar second-person plural.

In Spain 'Will you come to the concert tonight?' is: ¿Venís [vosotros] conmigo al concierto esta noche? The same sentence in Spanish America is: ¿Vienen [ustedes] conmigo al concierto esta noche?

G21 Constructions with verbs

G21.1 Verbs followed directly by an infinitive

Several key verbs, called modal verbs, act as a kind of auxiliary verb and are followed directly by the infinitive. These verbs, which are mainly related to obligation, possibility, permission and wishing, affect the meaning of the verb which follows.
- obligation ('must') is expressed by a variety of verbs, notably *deber*, *tener que* and *hay que*

No debes fumar en el cine.

You mustn't smoke in the cinema.

Tienes que descargar el artículo del ordenador.

You have to download the article from your computer.
- *hay que* is used in the third person singular only, for obligations expressed impersonally

Hay que tener en cuenta que si vas a la universidad tendrás que estudiar mucho.

You must/It is necessary to take into account that if you're going to university you'll have to study a lot.

(See also Impersonal verbs, section G24)

Notes

- *deber (de)* expresses supposition

Debían de ser las siete o las siete y media de la tarde.

It must have been 7 or 7.30 in the evening.

- 'should' and 'ought to', in the sense of a strong obligation, are usually rendered by *debería* etc. (or, less frequently, the imperfect subjunctive *debiera*)

Siempre deberías llevar tu cinturón de seguridad en el coche.

You should always wear your seat belt in the car.

- possibility and permission are expressed by *poder* (*to be able*)

Puedes aprovechar los ratos de ocio para aprender más sobre ese tema.

You can take advantage of moments of leisure to find out more about that topic.

No puedes salir esta noche porque debes estudiar.

You can't go out tonight because you have to study.

Note the difference in meaning between *podía*, *pude* etc. and *podría* etc., all of which may be translated by 'could' in English:

No podía leer mi correo porque había dejado mi portátil en casa de mis amigos.

I couldn't (i.e. wasn't able to) read my emails because I had left my laptop at my friends' house.

Si me trajeras mi portátil, podría leer mi correo.

If you brought me my laptop, I could (i.e. would be able to) read my e-mails.

- *querer*, *desear* (to wish/want)

Quería hablar con ella pero no estaba en casa.

I wanted to talk to her but she wasn't at home.

Many other common verbs are followed directly by the infinitive:

- *conseguir* — to succeed (in)
- *esperar* — to hope (to)
- *decidir* — to decide (to)
- *intentar* — to try (to)
- *mandar* — to order (to)
- *necesitar* — to need (to)
- *olvidar* — to forget (to)
- *parecer* — to seem (to)
- *saber* — to know (how to)
- *soler* — to be used to

G21.2 Verbs followed by a preposition plus an infinitive or noun phrase

Some verbs are followed directly by the infinitive, others conform to the pattern verb + preposition + infinitive. In some cases there is a choice between the two types of construction, depending on which verb is used. Thus 'I tried to help him' could be either: *Intenté ayudarle* or *Traté de ayudarle*.

The following common verb + preposition constructions should be learned:

Verb + *a*

ayudar a	to help to
comenzar/empezar a	to begin
negarse a	to refuse to
volver a	to (do) again

Verb + *de*

acabar de	to have just (done)
acordarse de	to remember
dejar de	to stop (doing)
olvidarse de	to forget to
terminar de	to stop (doing)
tratar de	to try to

Verb + *en*

dudar en	to hesitate to
insistir en	to insist on
interesarse en	to be interested in (doing)
pensar en	to think about (doing)
tardar en	to take time in (doing)

Verb + *con*

amenazar con	to threaten to
soñar con	to dream about

Verb + *para*

estar para to	be about to
prepararse para	to get ready to

Verb + *por*

acabar por	to finish by (doing)
empezar por	to begin by (doing)
luchar por	to fight for

G22 *Ser* and *estar*

G22.1 *Ser*

Ser is used:

- for characteristics that are considered to be part of the identity of a person or thing, such as religion, nationality and permanent features

Soy británica.   I'm British.

Las montañas son altas.   Mountains are high.

- for occupations

Joan Miró era pintor.   Joan Miró was a painter.

Su tío era ingeniero.   His uncle was an engineer.
- to indicate the ownership or origin of something

Esta propiedad es de mi madre.

This property belongs to my mother.

La estatua es de madera.

The statue is made of wood.
- for time expressions

Son las nueve y cuarto.   It's nine fifteen.
- before infinitives, nouns or pronouns

Lo esencial es vivir una vida sana.

The essential thing is to live a healthy life.
- as the auxiliary verb for the passive (See *The passive voice*, section G17)

La casa fue destruida por el terremoto.

The house was destroyed by the earthquake.
- for information about where or when an event is happening

¿Sabes dónde es la fiesta?

Do you know where the party is?

G22.2 *Estar*

Estar is used:
- for location (temporary or permanent)

Estábamos en México cuando empezó el huracán.

We were in Mexico when the hurricane began.

El Museo del Prado está en Madrid.

The Prado Museum is in Madrid.
- for a state considered to be temporary

Está contenta.   She's happy [but this is momentary].

Las playas están limpias. The beaches are clean.
- to express a change noted in someone's appearance

¡Qué joven estás, Marisa! How young you look, Marisa!
- to form the continuous tenses (See *Continuous forms of the verb*, section G13)

¿Con quién estás hablando? Who are you speaking to?
- with the past participle to express a resultant state

La puerta estaba cerrada.

The door was shut [i.e. in the state that resulted from someone having shut it].

G22.3 *Ser* and *estar* with adjectives

Some adjectives differ in meaning according to whether they are used with *ser* or *estar*:

	ser	estar
aburrido	boring	bored
bueno	good (character)	delicious/tasty (food)
cansado	tiring	tired
listo	clever	ready
malo	bad, evil	ill
triste	sad (disposition)	sad (temporarily)

G23 *Gustar* and similar verbs

A number of common verbs have a similar construction to *gustar*. In this construction the object in the English sentence becomes the subject in the Spanish one:

Le gustan los trenes.

He likes trains [literally: trains are pleasing to him].

¿Te gusta el tenis?

Do you like tennis?

Me gusta hacerlo por todo lo alto.

I like doing it in style.

Nos gusta ir de vacaciones a Cantabria.

We like going on holiday to Cantabria.

Frequently the indirect object is reinforced by adding *a* + the personal pronoun at the beginning of the sentence:

A mí me encantan las tapas.   I love tapas.

A él le interesa mucho el cine. He very interested in cinema.

Other verbs which are frequently used in the same way as *gustar* are:
- costar   to be an effort
- encantar to be delighted, to love
- doler   to ache, hurt
- faltar   to be lacking, missing
- importar to matter
- interesar to interest
- molestar to bother
- tocar   to concern, to be one's turn

Me duele la cabeza.   I have a headache.

Le encanta caminar.   She loves walking.

A mí me da muchísimo miedo volar en avión.

I am very frightened of flying.

Nos faltan dos sillas más.   We need two more chairs.

G24 Impersonal verbs

In the sentences 'It is raining', 'It's your turn' the subject 'it' has no identity. The verb that follows is called 'impersonal'. In Spanish the use of impersonal constructions is widespread. They occur:

- in sentences where the verb is normally in the third person (translated into English by 'it'). Many of these verbs are associated with the weather. They are used only in the third person singular. The most common ones are:
  - llover — to rain
  - nevar — to snow
  - hacer buen/mal tiempo — to be good/bad weather
  - hacer sol — to be sunny
  - hacer calor/frío — to be hot/cold

En Torremolinos hace buen tiempo todo el año.

In Torremolinos the weather is good all year round.

Estaba lloviendo a cántaros. It was raining cats and dogs.

Nevó durante dos días. It snowed for two days.

- with **hay** (there is/there are) and **hay que** (it is necessary to/one/we must). Hay (que) may also be used with other tenses. (See also Constructions with verbs, section G21)

¿Hay queso? Is there any cheese?

No había nadie en el bar.

There was nobody in the bar.

¿Habrá algo para beber?

Will there be something to drink?

No creo que haya nadie en casa.

I don't think there is anyone at home.

Hay que cerrar la puerta a las 9:00 en punto.

We must shut the door at 9 o'clock sharp.

- where the reflexive pronoun *se* is used, translated as 'one', 'you' 'we' or 'they' in English (See Reflexive verbs, section G18)

No se puede entender esto.

You can't understand that.

Siempre se debe empezar por el principio.

One/You should always begin at the beginning.

H Prepositions

Prepositions are words that link a noun, noun phrase or pronoun to the rest of the sentence. Although prepositions work in a similar way in Spanish and English, it is important to note that Spanish uses:
- Single-word prepositions: *con, durante, según* etc.
- Prepositional phrases, which consist of two or more words: *a pesar de, al lado de, con relación a, después de, encima de* etc.

When a preposition or prepositional phrase is followed by a verb in Spanish, the verb must be in the infinitive:

Antes de salir me voy a despedir de la abuela.

Before going out I'm going to say goodbye to grandma.

When combined with particular prepositions, verbs have a specific meaning, e.g. *comenzar a* (to begin to), *tratarse de* (to be a question of), *pensar en* (to think about something), *soñar con* (to dream of). (See Constructions with verbs, section G21)

H1 Specific prepositions

a

'personal' *a* precedes the direct object of the verb when the object is human, or an animal referred to affectionately:

*Conocí **a** tu padre en Sevilla.*

I met your father in Seville.

*Voy a dar de comer **al** perro.*

I'm going to feed the dog.

If a human object is not personalised *a* is unlikely to be used:

Se busca dependiente.

We require a shop-assistant.

a expresses movement towards:

*Va **al** centro comercial a buscar unas gafas del sol.*

She's going to the shopping centre to look for some sunglasses.

a is used to express a precise time and to convey the idea of rate:

***a** la una y cuarto* at a quarter past one

*El tren sale dos veces **al** día para Aranjuez.*

The train departs for Aranjuez twice a/per day.

> **Note**
> *a* does not normally translate the idea of 'at', of location, which is usually *en*, e.g. *en casa* (at home).

antes de/ante/delante de

All three mean 'before'. *Antes de* refers to time, whereas *delante de* and *ante* both refer to place:

*Ven **antes de** las seis.* Come before six o'clock.

*Tuvo que comparecer **ante** el juez.* He had to appear before the judge.

*Nunca habla de eso **delante de** los niños.*

She never speaks about that in front of the children.

con
Con is used before *céntimos*:

*Son dos euros **con** cincuenta (céntimos).*

That's 2 euros (and) 50 cents.

Con combines with *mí*, *ti* and *sí* to make *conmigo* (with me), *contigo* (with you) and *consigo* (with himself/herself/yourself/oneself (singular) and with themselves/yourselves (plural)). (See *Pronouns used after prepostions*, section F4)

de
De means 'of' (of possession), 'from' (of origin) and 'made of':

*Este coche es **de** Rafael.*	This car is Rafael's.
*Soy **de** Alicante.*	I'm from Alicante.
*La puerta es **de** madera.*	The door is made of wood.

desde
desde means 'from', usually indicating a strong sense of origin, and 'since':

***Desde** aquí se ve el castillo.*

The castle can be seen from here.

***Desde** 1977 los españoles tienen un gobierno democrático.*

Since 1977 the Spaniards have had a democratic government.

en
As well as meaning 'in' and 'on', *en* has the sense of 'at', of location:

*Estaban esperando **en** el aeropuerto.*

They were waiting at the airport.

*Antes estudiaba **en** la Universidad de Salamanca.*

Previously I studied at Salamanca University.

dentro de
Dentro de, meaning 'inside', is frequently used in time expressions such as *dentro de poco*, ((with)in a short while), *dentro de media hora* (in half an hour).

para
Para means 'for', 'in order to', in the sense of destination or purpose. It must be distinguished from *por*, which may also be translated by 'for'. *Para* translates 'by', of the time by which something must be done:

*El CD es un regalo **para** mi hermano.*

The CD is a present for my brother.

*¿**Para** qué sirven las vacaciones? **Para** relajarse.*

What are holidays for? To relax.

***Para** mí, la tecnología tiene una función social clara: cambiar la sociedad.*

For me, technology has a clear social function: to change society.

*Por favor, haz el trabajo **para** el lunes.*

Please get the work done by Monday.

por
Por, meaning 'by', 'through', 'by means of', 'on behalf of', 'because of', 'for', is used for cause, origin, and provenance. *Por* is used to introduce the agent in passive sentences. (See *The passive voice*, section G17) It must be distinguished from *para*, which may also be translated by 'for':

*Entra **por** la puerta principal.*

Go in by/through the main door.

***Por** mí no te preocupes.*

Don't worry about [i.e. on account of] me.

***Por** este camino se va a la estación.*

You go to the station along this road.

*navegar **por** Internet*

surfing [i.e. by means of] the internet

*No fui de vacaciones **por** un problema de salud.*

I didn't go on holiday for health reasons.

*Este castillo fue construido **por** los moros.*

This castle was built by the Moors.

sin
Sin followed by the infinitive frequently conveys a negative idea in Spanish, the equivalent of the English prefix 'un-' , as in *especies sin identificar* (unidentified species).

Other examples of this structure are: *una carta sin abrir* (an unopened letter); *un problema sin resolver* (an unresolved problem); *lo hizo sin querer* (he did it unwillingly); *recursos sin explotar* (untapped resources); *una mesa sin barnizar* (an unvarnished table). Note that the English word containing the 'un-' prefix is almost always an adjective.

sobre
Sobre means 'on', 'on top of', 'above', 'about'. It also means 'around' with reference to time:

*Las revistas estaban **sobre** la mesa.*

The newspapers were on the table.

*Quisiera saber más **sobre** el Museo del Prado.*

I'd like to know more about the Prado Museum.

*Llegaré **sobre** las diez.*

I'll arrive around 10 o'clock.

I Conjunctions

Conjunctions are words used to connect other words, phrases and clauses. There are two types of conjunctions: coordinating and subordinating.

I1 Coordinating conjunctions

Coordinating conjunctions like *y*, *o*, *ni*, *pero* and *sino* link words or sentences of equal weight:

El niño se cayó y se echó a llorar.

The little boy fell over and began to cry.

No sé quién es ni de dónde viene.

I don't know who you are or where you've come from.

- *y* becomes *e* when the word that follows begins with *i* or *hi*:

España e Inglaterra — Spain and England

limpieza e higiene — cleanliness and hygiene

- *o* becomes *u* when the word that follows begins with *o* or *ho*:

setenta u ochenta — seventy or eighty

¿Prefieres limón u horchata? — Do you prefer lemon or horchata?

Both words *pero* and *sino* mean 'but'. *Pero* has the sense of a limitation of meaning. *Sino* must, however, be used when 'but' contradicts a previous statement in the negative. If the clause introduced by *sino* has a verb in it, *que* must follow *sino*:

Tiene mucho talento pero no sabe aprobar los exámenes.

He has a lot of talent but he can't pass exams.

Mi novia no es alta y morena sino baja y rubia.

My girlfriend is not tall and dark but small and blonde.

El dueño no sólo no le pidió perdón sino que además le insultó.

Not only did the boss not apologise but he also insulted him.

I2 Subordinating conjunctions

Subordinating conjunctions introduce a clause that is dependent on the main clause. (*See also Uses of the subjunctive, section G14.5*) The most common subordinating conjunction is *que* (that), which is often not translated into English.

I2.1 Meanings

Subordinating conjunctions have a wide range of meanings:

Cause
porque, ya que, puesto que, pues	because

Purpose
para que, de modo/manera que, a fin de que, de forma que	so that

Proviso
con tal de que, siempre que, a condición de que	provided that

Concession
aunque, si bien, bien que	although
a pesar de que	despite

Time
antes de que	before
cuando	when
en cuanto	as soon as
hasta que	until
mientras	while

Condition
a menos que, a no ser que	unless

Dicen que no saben dónde están las llaves.

They say (that) they don't know where the keys are.

Hay que tomar un taxi porque es más rápido.

You must take a taxi because it's quicker.

Aunque la selección española parece más fuerte, no creo que gane la copa.

Although the Spanish team seems stronger, I don't think it will win the cup.

Cuando llegues a Correos, verás la librería enfrente.

When you get to the post office, you'll see the bookshop opposite.

I2.2 *Que* used colloquially as a subordinating conjunction

Que is also used colloquially as a subordinating conjunction of cause. (*Receptive use at AS, productive use at A-level*)

Cuidado, que se va a quemar la tortilla.

(Be) careful, the omelette is going to burn.

J Negation

The most common negative words in Spanish are:
- *no* — not, no
- *nunca* — never, not ever
- *jamás* — never, not ever [more emphatic than *nunca*]
- *nada* — nothing, not anything
- *nadie* — nobody, not anybody
- *ninguno* — no, not any, none, no one
- *ni (siquiera)* — nor, not even
- *ni....ni* — neither... nor
- *tampoco* — neither, nor, not either
- *apenas* — scarcely

In order to make a negative statement, a negative word must be placed before the verb:

No sabe.

He doesn't know.

Aquí nunca llueve en agosto.

It never rains here in August.

A double negative is formed in Spanish when there are two or more negative words in a sentence, one of which must go before the verb:

Aquí no llueve nunca en agosto.

It never rains here in August.

No sabe nada de sus derechos.

He knows nothing/doesn't know anything about his rights.

Two or more negatives may be used together in the same sentence:

No entiende nunca nada.

He never understands anything.

Nunca sale con nadie el fin de semana.

She never goes out with anyone at the weekend.

After the preposition *sin*, negative words like *nadie*, *nada*, *ninguno* have to be translated by an affirmative word in English. If a verb follows *sin*, *no* is not used:

Encontraron la casa sin ninguna dificultad.

They found the house without any difficulty.

Estaba en la Ciudad de México sin conocer a nadie.

She was in Mexico City without knowing anyone.

K Questions

(See also Interrogative adjectives, section C14, Interrogative adverbs, section E9 and Interrogative pronouns, section F9)

K1 Direct questions

There are two main ways of forming direct questions:
- yes/no questions, which usually start with a verb

¿Vuelves hoy o mañana?

Are you coming back today or tomorrow?
- questions which request information, beginning with an interrogative word

¿Qué quieres?

What do you want?

¿Por qué no te gusta viajar?

Why don't you like travelling?

¿Cuántos habitantes tiene España?

How many inhabitants does Spain have?

> **Notes**
> - Interrogative words bear an accent.
> - An inverted question mark always precedes a question.

K2 Indirect questions

Indirect questions are clauses within a sentence that are introduced by an interrogative word. Interrogative words used in indirect questions bear an accent:

No sé a qué hora comienza la corrida.

I don't know what time the bullfight starts.

Le pregunté cuándo iba a mandarme las fotos.

I asked him when he was going to send me the photos.

Quiero aprender cómo responder a esa pregunta.

I want to learn how to answer that question.

> **Note**
> The meaning of a sentence changes if the word that introduces the clause does not bear an accent. Compare
>
> *Sabe que va a comer.*
>
> She knows **that** she is going to eat.
>
> with
>
> *Sabe qué va a comer.*
>
> She knows **what** she is going to eat.

L Word order

In general, Spanish is more flexible than English in the order of words within a sentence. This is particularly evident in the position of the subject and the verb.

L1 Subject-verb word order

It is usual for verbs to be placed after the subject of a sentence, but in short sentences there is a tendency to place the subject after the verb, for emphasis:

Han llegado tus amigos.

Your friends have arrived.

Iba yo andando por la calle, serenamente.

I was walking calmly along the street.

The verb is rarely placed at the end of a clause or sentence. It is normally the *first* or *second* element, unless the subject consists of very short components such as pronouns:

La semana pasada fui a Toledo con mi abuelo.

Last week I went to Toledo with my grandfather.

But

No me lo dio.

He didn't give it to me.

In direct yes/no questions it is usual to place the verb first:

¿Está trabajando José?   Is José working?

In questions, when a speaker wishes to focus on a word or phrase, it is often placed before the question and followed by a comma. This use is known as **focalisation**. (*Receptive use at AS, productive use at A-level*)

Y tu hermano, ¿cómo está?   How is your brother?

La dieta mediterránea, ¿te alarga la vida?

Does the Mediterranean diet prolong your life?

In indirect questions the subject-verb order is normally inverted:

Me pregunto cuándo volverá Enrique.

I wonder when Enrique will come back.

In verbs like *gustar* and *doler* the subject is placed after the verb. (*See* Gustar *and similar verbs, section G23*) The indirect object is often repeated before the verb, for emphasis:

A mí me duele mucho la pierna.

My leg really hurts.

A mis hijas les gustan las vacaciones en el extranjero.

My daughters love holidays abroad.

In relative clauses the verb in the main clause often precedes the subject, so that the relative pronoun can follow directly the noun it refers to:

Son muchas las historias que mi padre cuenta de su juventud.

The stories my father tells of his youth are legion.

L2 Adjectives and word order

Adjectives are usually placed before the noun they accompany but a speaker may choose to say, for example, *una feliz historia* rather then *una historia feliz*, in order to emphasise the adjective. (*See also* Adjectives that go before nouns, *section C3*)

Some adjectives change their meaning according to their position. (*See* Adjectives which change their meaning according to their position, *section C5*)

the ordinal numbers *primero* and *último* are placed immediately before the noun when accompanied by a cardinal number:

los tres primeros meses   the first three months

las cinco últimas semanas   the last five days

otro normally goes before *mucho*, *poco* or a number:

Llegaron otras tres personas.

Three other people arrived.

¿Me pones otras dos naranjas?

Will you give me two more oranges?

Otros* muchos ciudadanos firmaron la petición.

Many other citizens signed the petition.

*otro may also be placed after *mucho* in this construction.

L3 Prepositions and word order

Prepositions are never placed at the end of a clause or sentence. (*See* Prepositions, *section H and* Relative pronouns, *section F5*)

Es la chica de quien hablé.

She's the girl I spoke about.

La casa con la que soñaba se vendió ayer.

The house I dreamed of was sold yesterday.

L4 Adverbs and word order

(*See also* Adverbs, *section E*)

Adverbs and adverbial phrases are usually placed directly before or directly after the verb:

Hablo bien el francés.   I speak French well.

A los españoles nos gusta cenar en una terraza en el verano.

We Spaniards like dining out on a terrace in summer.

Adverbs must not be placed between an auxiliary verb and a participle:

299

Siempre he trabajado bien con ella.

I've always worked well with her.

No he tenido nunca motivo para quejarme.

I've never had any reason to complain.

In certain common adverbial expressions the word order is the opposite of English:

ahora mismo	right now	*todavía no*	not yet
ya no	no longer	*aquí dentro*	in here

M Cleft sentences

A cleft sentence consists of two clauses, a main clause and a subordinate clause, which could be expressed as a simple sentence. Thus *Fue en Madrid donde nos conocimos* (It was in Madrid that we met) could be expressed more simply and directly: *Nos conocimos en Madrid* (We met in Madrid). The more complex construction is used in order to put a special focus on one of the constituents of the sentence. Cleft sentences are quite common in Spanish:

Fue Laura quien llamó.

It was Laura who called.

Lo que no quiere hacer es marcharse.

What she doesn't want to do is go away.

Con quien no fui a volver a encontrarme fue con Manolo.

The person I didn't want to meet again was Manolo.

Fue entonces cuando supimos que nos habían robado.

It was then that we learned that we had been robbed.

Lo de que me han llamado tonto me lo ha dicho mi hermano.

The fact that they called me stupid was told to me by my brother.

N Time expressions

N1 'Ago'

The idea of 'ago' in English is conveyed by using *hace/hacía* followed by the period of time:

Hace 30 años los jóvenes tenían actitudes diferentes.

Thirty years ago young people had different attitudes.

Lo habíamos encontrado hacía muchos años.

We had met him many years ago.

N2 'For' with a period of time

'For' referring to an action which began in the past and is/was still going on may be expressed in three ways:
- *llevar* + gerund

Llevan 5 años viviendo en Oviedo.

They've been living in Oviedo for 5 years [i.e. they are still living there now].
- *hace/hacía que* + present/ imperfect tense

Hace 6 meses que Asunción estudia informática.

Asunción has been studying ICT for 6 months [i.e. she's still studying now].

Hacía varios años que vivían separados.

For several years they had lived apart.
- *desde hace/hacía* + present/imperfect tense

Lo conozco desde hace 2 años.

I've known him for 2 years.

María llevaba escribiendo el programa desde hacía mucho tiempo.

María had been writing the programme for a long time.

N3 'For' referring to duration

'For' referring to the duration of a period of time can be conveyed by *por* in Latin America. In Spain usually no preposition is used.
- *por*

Van a ir a Caracas por quince días.

They are going to Caracas for a fortnight.

Elisa se va a quedar una semana con su amiga.

Elisa is going to stay with her friend for a week.
- *durante* refers particularly to the time during which something happened

Busqué el libro durante largos años y al final lo encontré en una librería de anticuarios.

I looked for the book for many years and in the end I found it in an antiquarian bookshop.

> **Note**
>
> *Desde* means 'since', and refers back to the particular time when the action began in the past:
>
> *Hemos estado viendo la tele desde las 4:00 de la tarde.*
>
> We've been watching TV since 4 p.m.

O Indirect speech

When we want to report something that another person has said we can either use **direct** speech or **indirect** speech. In direct speech we might say:

Paco dijo: 'No tenemos leche.'

Paco said: 'We haven't any milk.'

If we want to report what he said using indirect speech we would say:

Paco dijo que no tenían leche.

Paco said that they hadn't any milk.

Notice that the **tense of the verb** changes from **present** to **past** in the version in indirect speech. Indirect speech frequently requires a logical change of tense in this way; it might also require a change in the **subject pronoun**.

Direct speech:

*Jorge dijo: '**Yo** no quiero leche.'*

Jorge said: 'I don't want any milk.'

Indirect speech:

*Jorge dijo que **él** no quería leche.*

Jorge said that he didn't want any milk.

Possessives may also change in indirect speech:

*Ana dijo: 'He perdido **mi** tarjeta de memoria.'*

Ana said: 'I've lost my memory stick.'

*Ana dijo que había perdido **su** tarjeta de memoria.*

Ana said that she had lost her memory stick.

Certain expressions indicating time or space also have to change in indirect speech:

*Laura dijo: 'Voy a Lima **mañana**.'*

Laura said: 'I'm going to Lima tomorrow.'

*Laura dijo que iba a Lima **al día siguiente**.*

Laura said that she was going to Lima the next day.

*Claudia dijo: 'Llegó **aquí** en un Mercedes rojo.'*

Claudia said: 'He arrived here in a red Mercedes.'

*Claudia dijo que había llegado **allí** en un Mercedes rojo.*

Claudia said that he had arrived there in a red Mercedes.

The following changes in the tense of the verb take place when changing from direct to indirect speech:
- the present becomes the imperfect

| *'**Trabajo** duro.'* | 'I work hard.' |
| *Dijo que **trabajaba** duro.* | He said that he worked hard. |

- the preterite and the perfect become the pluperfect

| *'**Llegamos** finalmente.'* | 'We arrived at last.' |
| *'**Hemos llegado** finalmente.'* | 'We've arrived at last.' |

*Dijo que **habían llegado** finalmente.*

He said that they had arrived at last.
- the future becomes the conditional

| *'**Volveré** hoy.'* | 'I'll come back today.' |

*Dijo que **volvería** aquel día.*

He said he would come back that day.
- the future perfect becomes the conditional perfect:

*'**Habré terminado** el trabajo.'*

'I'll have finished the job.'

*Dijo que **habría terminado** el trabajo.*

He said he would have finished the job.
- the imperative becomes the present or imperfect subjunctive

*'**Trae** tus discos.'*	'Bring your discs.'
*Le pide que **traiga** sus discos.*	He asks him to bring his discs.
*Le pidió que **trajera** sus discos.*	He asked him to bring his discs.

- the present subjunctive becomes the imperfect subjunctive

*'Quiero que me **mandes** un e-mail.'*

'I want you to send me an e-mail.'

*La chica quería que le **mandara** un correo.*

The girl wanted him to send her an e-mail.
- the perfect subjunctive becomes the pluperfect subjunctive

*'Deseo que **hayan vuelto** sin problemas.'*

'I want them to have returned safely.'

*Dijo que deseaba que **hubieran vuelto** sin problemas.*

She said that she wanted them to have returned safely [literally '… that they had returned'].

P Discourse markers

Discourse markers are words or phrases that we use to connect and organise what we write and say. Some discourse markers tend to be used more in writing, such as *en términos generales* (in general terms) or in speech, such as *ahora bien* (well, now, however).

Discourse markers have different functions in relation to:
- ordering ideas: *en primer lugar* (firstly), *en resumen* (to sum up), *luego* (next), *por último* (finally)
- adding ideas: *de igual modo* (in the same way), *es mas* (moreover), *por ejemplo* (for example), *también* (also)
- cause or consequence; *así pues* (so), *por consiguiente* (so), *por lo tanto* (therefore), *resulta que* (it so happens that)
- opinion: *desde mi punto de vista* (from my point of view), *en mi opinión* (in my opinion), *para mí* ((as) for me), *personalmente* (personally)
- reformulation: *en otras palabras* (in other words), *es decir* (that is (to say)), *mejor dicho* (to put it another way), *o sea* (in other words/I mean)
- opposition: *a pesar de todo* (despite this), *en cambio* (however), *por el contrario* (on the contrary), *por otra parte* (on the other hand), *sin embargo* (however)

Q Fillers

Fillers are small words that we use in order to fill a pause for a moment before continuing to speak. They give us time to think of what we are going to say next.

Some of the more common Spanish filler words (*muletillas*) are:
- a ver — let's see
- bueno — well
- de hecho — in fact
- de verdad — really
- entonces — so, then
- está bien — it's OK
- este — um
- mira — look
- o sea — I mean, or rather
- pues — well
- vale — OK
- venga — come on
- viste [Argentina] — you know

Verb tables

Regular verbs

hablar		Gerund: *hablando*	Past participle: *hablado*
Imperative familiar	**Present indicative**	**Imperfect indicative**	**Preterite**
habla	hablo	hablaba	hablé
hablad	hablas	hablabas	hablaste
	habla	hablaba	habló
	hablamos	hablábamos	hablamos
	habláis	hablabais	hablasteis
	hablan	hablaban	hablaron
Future	**Conditional**	**Present subjunctive**	**Imperfect subjunctive**
hablaré	hablaría	hable	hablara/ase
hablarás	hablarías	hables	hablaras/ases
hablará	hablaría	hable	hablara/ase
hablaremos	hablaríamos	hablemos	habláramos/ásemos
hablaréis	hablaríais	habléis	hablarais/aseis
hablarán	hablarían	hablen	hablaran/asen

comer		Gerund: *comiendo*	Past participle: *comido*
Imperative familiar	**Present indicative**	**Imperfect indicative**	**Preterite**
come	como	comía	comí
comed	comes	comías	comiste
	come	comía	comió
	comemos	comíamos	comimos
	coméis	comíais	comisteis
	comen	comían	comieron
Future	**Conditional**	**Present subjunctive**	**Imperfect subjunctive**
comeré	comería	coma	comiera/ese
comerás	comerías	comas	comieras/eses
comerá	comería	coma	comiera/ese
comeremos	comeríamos	comamos	comiéramos/ésemos
comeréis	comeríais	comáis	comierais/eseis
comerán	comerían	coman	comieran/esen

escribir		Gerund: *escribiendo*	Past participle: *escrito*
Imperative familiar	**Present indicative**	**Imperfect indicative**	**Preterite**
escribe	escribo	escribía	escribí
escribid	escribes	escribías	escribiste
	escribe	escribía	escribió
	escribimos	escribíamos	escribimos
	escribís	escribíais	escribisteis
	escriben	escribían	escribieron
Future	**Conditional**	**Present subjunctive**	**Imperfect subjunctive**
escribiré	escribiría	escriba	escribiera/ese
escribirás	escribirías	escribas	escribieras/eses
escribirá	escribiría	escriba	escribiera/ese
escribiremos	escribiríamos	escribamos	escribiéramos/ésemos
escribiréis	escribiríais	escribáis	escribierais/eseis
escribirán	escribirían	escriban	escribieran/esen

Common irregular verbs

conocer		**Gerund:** conociendo	**Past participle:** conocido
Imperative familiar	**Present indicative**	**Imperfect indicative**	**Preterite**
conoce	conozco	conocía	conocí
conoced	conoces	conocías	conociste
	conoce	conocía	conoció
	conocemos	conocíamos	conocimos
	conocéis	conocíais	conocisteis
	conocen	conocían	conocieron
Future	**Conditional**	**Present subjunctive**	**Imperfect subjunctive**
conoceré	conocería	conozca	conociera/ese
conocerás	conocerías	conozcas	conocieras/eses
conocerá	conocería	conozca	conociera/ese
conoceremos	conoceríamos	conozcamos	conociéramos/ésemos
conoceréis	conoceríais	conozcáis	conocierais/eseis
conocerán	conocerían	conozcan	conocieran/esen

dar		**Gerund:** dando	**Past participle:** dado
Imperative familiar	**Present indicative**	**Imperfect indicative**	**Preterite**
da	doy	daba	di
dad	das	dabas	diste
	da	daba	dio
	damos	dábamos	dimos
	dais	dabais	disteis
	dan	daban	dieron
Future	**Conditional**	**Present subjunctive**	**Imperfect subjunctive**
daré	daría	dé	diera/ese
darás	darías	des	dieras/eses
dará	daría	dé	diera/ese
daremos	daríamos	demos	diéramos/ésemos
daréis	daríais	deis	dierais/eseis
darán	darían	den	dieran/esen

decir		**Gerund:** diciendo	**Past participle:** dicho
Imperative familiar	**Present indicative**	**Imperfect indicative**	**Preterite**
di	digo	decía	dije
decid	dices	decías	dijiste
	dice	decía	dijo
	decimos	decíamos	dijimos
	decís	decíais	dijisteis
	dicen	decían	dijeron
Future	**Conditional**	**Present subjunctive**	**Imperfect subjunctive**
diré	diría	diga	dijera/ese
dirás	dirías	digas	dijeras/eses
dirá	diría	diga	dijera/ese
diremos	diríamos	digamos	dijéramos/ésemos
diréis	diríais	digáis	dijerais/eseis
dirán	dirían	digan	dijeran/esen

estar		**Gerund:** estando	**Past participle:** estado
Imperative familiar	**Present indicative**	**Imperfect indicative**	**Preterite**
está	estoy	estaba	estuve
estad	estás	estabas	estuviste
	está	estaba	estuvo
	estamos	estábamos	estuvimos
	estáis	estabais	estuvisteis
	están	estaban	estuvieron

Future	Conditional	Present subjunctive	Imperfect subjunctive
estaré	estaría	esté	estuviera/ese
estarás	estarías	estés	estuvieras/eses
estará	estaría	esté	estuviera/ese
estaremos	estaríamos	estemos	estuviéramos/ésemos
estaréis	estaríais	estéis	estuvierais/eseis
estarán	estarían	estén	estuvieran/esen

haber (auxiliary verb) — Gerund: habiendo — Past participle: habido

Imperative familiar	Present indicative	Imperfect indicative	Preterite
Imperative not used	he	había	hube
	has	habías	hubiste
	ha	había	hubo
	hemos	habíamos	hubimos
	habéis	habíais	hubisteis
	han	habían	hubieron

Future	Conditional	Present subjunctive	Imperfect subjunctive
habré	habría	haya	hubiera/ese
habrás	habrías	hayas	hubieras/eses
habrá	habría	haya	hubiera/ese
habremos	habríamos	hayamos	hubiéramos/ésemos
habréis	habríais	hayáis	hubierais/eseis
habrán	habrían	hayan	hubieran/esen

hacer — Gerund: haciendo — Past participle: hecho

Imperative familiar	Present indicative	Imperfect indicative	Preterite
haz	hago	hacía	hice
haced	haces	hacías	hiciste
	hace	hacía	hizo
	hacemos	hacíamos	hicimos
	hacéis	hacíais	hicisteis
	hacen	hacían	hicieron

Future	Conditional	Present subjunctive	Imperfect subjunctive
haré	haría	haga	hiciera/ese
harás	harías	hagas	hicieras/eses
hará	haría	haga	hiciera/ese
haremos	haríamos	hagamos	hiciéramos/ésemos
haréis	haríais	hagáis	hicierais/eseis
harán	harían	hagan	hicieran/esen

ir — Gerund: yendo — Past participle: ido

Imperative familiar	Present indicative	Imperfect indicative	Preterite
ve	voy	iba	fui
id	vas	ibas	fuiste
	va	iba	fue
	vamos	íbamos	fuimos
	vais	ibais	fuisteis
	van	iban	fueron

Future	Conditional	Present subjunctive	Imperfect subjunctive
iré	iría	vaya	fuera/ese
irás	irías	vayas	fueras/eses
irá	iría	vaya	fuera/ese
iremos	iríamos	vayamos	fuéramos/ésemos
iréis	iríais	vayáis	fuerais/eseis
irán	irían	vayan	fueran/esen

leer		Gerund: leyendo	Past participle: leído
Imperative familiar	Present indicative	Imperfect indicative	Preterite
lee	leo	leía	leí
leed	lees	leías	leíste
	lee	leía	leyó
	leemos	leíamos	leímos
	leéis	leíais	leísteis
	leen	leían	leyeron
Future	Conditional	Present subjunctive	Imperfect subjunctive
leeré	leería	lea	leyera/ese
leerás	leerías	leas	leyeras/eses
leerá	leería	lea	leyera/ese
leeremos	leeríamos	leamos	leyéramos/ésemos
leeréis	leeríais	leáis	leyerais/eseis
leerán	leerían	lean	leyeran/esen

oír		Gerund: oyendo	Past participle: oído
Imperative familiar	Present indicative	Imperfect indicative	Preterite
oye	oigo	oía	oí
oíd	oyes	oías	oíste
	oye	oía	oyó
	oímos	oíamos	oímos
	oís	oíais	oísteis
	oyen	oían	oyeron
Future	Conditional	Present subjunctive	Imperfect subjunctive
oiré	oiría	oiga	oyera/ese
oirás	oirías	oigas	oyeras/eses
oirá	oiría	oiga	oyera/ese
oiremos	oiríamos	oigamos	oyéramos/ésemos
oiréis	oiríais	oigáis	oyerais/eseis
oirán	oirían	oigan	oyeran/esen

pedir		Gerund: pidiendo	Past participle: pedido
Imperative familiar	Present indicative	Imperfect indicative	Preterite
pide	pido	pedía	pedí
pedid	pides	pedías	pediste
	pide	pedía	pidió
	pedimos	pedíamos	pedimos
	pedís	pedíais	pedisteis
	piden	pedían	pidieron
Future	Conditional	Present subjunctive	Imperfect subjunctive
pediré	pediría	pida	pidiera/ese
pedirás	pedirías	pidas	pidieras/eses
pedirá	pediría	pida	pidiera/ese
pediremos	pediríamos	pidamos	pidiéramos/ésemos
pediréis	pediríais	pidáis	pidierais/eseis
pedirán	pedirían	pidan	pidieran/esen

poder		Gerund: pudiendo	Past participle: podido
Imperative familiar	Present indicative	Imperfect indicative	Preterite
Imperative not used	puedo	podía	pude
	puedes	podías	pudiste
	puede	podía	pudo
	podemos	podíamos	pudimos
	podéis	podíais	pudisteis
	pueden	podían	pudieron

Future	Conditional	Present subjunctive	Imperfect subjunctive
podré	podría	pueda	pudiera/ese
podrás	podrías	puedas	pudieras/eses
podrá	podría	pueda	pudiera/ese
podremos	podríamos	podamos	pudiéramos/ésemos
podréis	podríais	podáis	pudierais/eseis
podrán	podrían	puedan	pudieran/esen

poner — Gerund: poniendo — Past participle: puesto

Imperative familiar	Present indicative	Imperfect indicative	Preterite
pon	pongo	ponía	puse
poned	pones	ponías	pusiste
	pone	ponía	puso
	ponemos	poníamos	pusimos
	ponéis	poníais	pusisteis
	ponen	ponían	pusieron

Future	Conditional	Present subjunctive	Imperfect subjunctive
pondré	pondría	ponga	pusiera/ese
pondrás	pondrías	pongas	pusieras/eses
pondrá	pondría	ponga	pusiera/ese
pondremos	pondríamos	pongamos	pusiéramos/ésemos
pondréis	pondríais	pongáis	pusierais/eseis
pondrán	pondrían	pongan	pusieran/esen

querer — Gerund: queriendo — Past participle: querido

Imperative familiar	Present indicative	Imperfect indicative	Preterite
quiere	quiero	quería	quise
quered	quieres	querías	quisiste
	quiere	quería	quiso
	queremos	queríamos	quisimos
	queréis	queríais	quisisteis
	quieren	querían	quisieron

Future	Conditional	Present subjunctive	Imperfect subjunctive
querré	querría	quiera	quisiera/ese
querrás	querrías	quieras	quisieras/eses
querrá	querría	quiera	quisiera/ese
querremos	querríamos	queramos	quisiéramos/ésemos
querréis	querríais	queráis	quisierais/eseis
querrán	querrían	quieran	quisieran/esen

saber — Gerund: sabiendo — Past participle: sabido

Imperative familiar	Present indicative	Imperfect indicative	Preterite
sabe	sé	sabía	supe
sabed	sabes	sabías	supiste
	sabe	sabía	supo
	sabemos	sabíamos	supimos
	sabéis	sabíais	supisteis
	saben	sabían	supieron

Future	Conditional	Present subjunctive	Imperfect subjunctive
sabré	sabría	sepa	supiera/ese
sabrás	sabrías	sepas	supieras/eses
sabrá	sabría	sepa	supiera/ese
sabremos	sabríamos	sepamos	supiéramos/ésemos
sabréis	sabríais	sepáis	supierais/eseis
sabrán	sabrían	sepan	supieran/esen

salir		Gerund: saliendo	Past participle: salido
Imperative familiar	**Present indicative**	**Imperfect indicative**	**Preterite**
sal	salgo	salía	salí
salid	sales	salías	saliste
	sale	salía	salió
	salimos	salíamos	salimos
	salís	salíais	salisteis
	salen	salían	salieron
Future	**Conditional**	**Present subjunctive**	**Imperfect subjunctive**
saldré	saldría	salga	saliera/ese
saldrás	saldrías	salgas	salieras/eses
saldrá	saldría	salga	saliera/ese
saldremos	saldríamos	salgamos	saliéramos/ésemos
saldréis	saldríais	salgáis	salierais/eseis
saldrán	saldrían	salgan	salieran/esen

seguir		Gerund: siguiendo	Past participle: seguido
Imperative familiar	**Present indicative**	**Imperfect indicative**	**Preterite**
sigue	sigo	seguía	seguí
seguid	sigues	seguías	seguiste
	sigue	seguía	siguió
	seguimos	seguíamos	seguimos
	seguís	seguíais	seguisteis
	siguen	seguían	siguieron
Future	**Conditional**	**Present subjunctive**	**Imperfect subjunctive**
seguiré	seguiría	siga	siguiera/ese
seguirás	seguirías	sigas	siguieras/eses
seguirá	seguiría	siga	siguiera/ese
seguiremos	seguiríamos	sigamos	siguiéramos/ésemos
seguiréis	seguiríais	sigáis	siguierais/eseis
seguirán	seguirían	sigan	siguieran/esen

sentir		Gerund: sintiendo	Past participle: sentido
Imperative familiar	**Present indicative**	**Imperfect indicative**	**Preterite**
siente	siento	sentía	sentí
sentid	sientes	sentías	sentiste
	siente	sentía	sintió
	sentimos	sentíamos	sentimos
	sentís	sentíais	sentisteis
	sienten	sentían	sintieron
Future	**Conditional**	**Present subjunctive**	**Imperfect subjunctive**
sentiré	sentiría	sienta	sintiera/ese
sentirás	sentirías	sientas	sintieras/eses
sentirá	sentiría	sienta	sintiera/ese
sentiremos	sentiríamos	sintamos	sintiéramos/ésemos
sentiréis	sentiríais	sintáis	sintierais/eseis
sentirán	sentirían	sientan	sintieran/esen

ser		Gerund: siendo	Past participle: sido
Imperative familiar	**Present indicative**	**Imperfect indicative**	**Preterite**
sé	soy	era	fui
sed	eres	eras	fuiste
	es	era	fue
	somos	éramos	fuimos
	sois	erais	fuisteis
	son	eran	fueron

Future	Conditional	Present subjunctive	Imperfect subjunctive
seré	sería	sea	fuera/ese
serás	serías	seas	fueras/eses
será	sería	sea	fuera/ese
seremos	seríamos	seamos	fuéramos/ésemos
seréis	seríais	seáis	fuerais/eseis
serán	serían	sean	fueran/esen

tener — **Gerund:** teniendo — **Past participle:** tenido

Imperative familiar	Present indicative	Imperfect indicative	Preterite
ten	tengo	tenía	tuve
tened	tienes	tenías	tuviste
	tiene	tenía	tuvo
	tenemos	teníamos	tuvimos
	tenéis	teníais	tuvisteis
	tienen	tenían	tuvieron

Future	Conditional	Present subjunctive	Imperfect subjunctive
tendré	tendría	tenga	tuviera/ese
tendrás	tendrías	tengas	tuvieras/eses
tendrá	tendría	tenga	tuviera/ese
tendremos	tendríamos	tengamos	tuviéramos/ésemos
tendréis	tendríais	tengáis	tuvierais/eseis
tendrán	tendrían	tengan	tuvieran/esen

traer — **Gerund:** trayendo — **Past participle:** traído

Imperative familiar	Present indicative	Imperfect indicative	Preterite
trae	traigo	traía	traje
traed	traes	traías	trajiste
	trae	traía	trajo
	traemos	traíamos	trajimos
	traéis	traíais	trajisteis
	traen	traían	trajeron

Future	Conditional	Present subjunctive	Imperfect subjunctive
traeré	traería	traiga	trajera/ese
traerás	traerías	traigas	trajeras/eses
traerá	traería	traiga	trajera/ese
traeremos	traeríamos	traigamos	trajéramos/ésemos
traeréis	traeríais	traigáis	trajerais/eseis
traerán	traerían	traigan	trajeran/esen

venir — **Gerund:** viniendo — **Past participle:** venido

Imperative familiar	Present indicative	Imperfect indicative	Preterite
ven	vengo	venía	vine
venid	vienes	venías	viniste
	viene	venía	vino
	venimos	veníamos	vinimos
	venís	veníais	vinisteis
	vienen	venían	vinieron

Future	Conditional	Present subjunctive	Imperfect subjunctive
vendré	vendría	venga	viniera/ese
vendrás	vendrías	vengas	vinieras/eses
vendrá	vendría	venga	viniera/ese
vendremos	vendríamos	vengamos	viniéramos/ésemos
vendréis	vendríais	vengáis	vinierais/eseis
vendrán	vendrían	vengan	vinieran/esen

ver		**Gerund:** viendo	**Past participle:** visto
Imperative familiar	**Present indicative**	**Imperfect indicative**	**Preterite**
ve	veo	veía	vi
ved	ves	veías	viste
	ve	veía	vio
	vemos	veíamos	vimos
	veis	veíais	visteis
	ven	veían	vieron
Future	**Conditional**	**Present subjunctive**	**Imperfect subjunctive**
veré	vería	vea	viera/ese
verás	verías	veas	vieras/eses
verá	vería	vea	viera/ese
veremos	veríamos	veamos	viéramos/ésemos
veréis	veríais	veáis	vierais/eseis
verán	verían	vean	vieran/esen

volver		**Gerund:** volviendo	**Past participle:** vuelto
Imperative familiar	**Present indicative**	**Imperfect indicative**	**Preterite**
vuelve	vuelvo	volvía	volví
volved	vuelves	volvías	volviste
	vuelve	volvía	volvió
	volvemos	volvíamos	volvimos
	volvéis	volvíais	volvisteis
	vuelven	volvían	volvieron
Future	**Conditional**	**Present subjunctive**	**Imperfect subjunctive**
volveré	volvería	vuelva	volviera/ese
volverás	volverías	vuelvas	volvieras/eses
volverá	volvería	vuelva	volviera/ese
volveremos	volveríamos	volvamos	volviéramos/ésemos
volveréis	volveríais	volváis	volvierais/eseis
volverán	volverían	vuelvan	volvieran/esen

Index of strategies

A
argument development 63, 169

C
circumlocution 35
conclusions, drawing 179
conversations
    initiative-taking 209
    speaking fluently 35
    unpredictability of 151

D
dictionary use 15, 96, 219, 223

E
essay writing 143, 144–45

F
films
    character analysis 121, 141
    cinematographic techniques 139
    genre comparisons 123
    realism and believability 125
    relevance of issues for today's society 137
    setting and plot 119
    synopsis writing 127

G
grammatical structures, complex 187

I
idioms, using 223
inference of meaning
    from listening material 172
    from questions asked 79
information, summarising 49, 205

L
language development tasks 165, 219
listening strategies 58
    for the exam 76
    inference 172
    native speakers 154

M
memorisating skills 25

N
native speakers, listening to 154
novels
    comparing two views of 131
    genre comparisons 129
    historical authenticity 133, 135
    main character analysis 109
    sense of place 117
    setting and themes 115
    structure effectiveness 111

O
online materials 15, 53, 219, 223
opinions/viewpoints 63, 179
organisational skills
    course notes 21
    revision notes 103
    time management 143, 145, 251

P
planning an essay 143, 144
plays
    era and setting 113
    popularity when first written 107
    sense of place 117
presentations 192
    polishing 194
    questions and answers 195

Q
questions
    answering in Spanish 79
    presentations 195

R
reading strategies 30
    comprehension questions 69
    exam techniques 199
registers, using different 259
repair strategies 35
researching 192, 229
    a person 215
    event/series of events 85, 103
revision techniques 165, 247

S
speaking skills
    audience interest, holding 241
    improving fluency 183
    producing interesting sentences 91
    repair strategies 35
summarising information 49, 205
synonyms 96, 223, 254

T
time management 143, 145, 251
translating
    from English into Spanish 43, 237
    from Spanish into English 39, 232

V
viewpoints, comparing and contrasting 63
vocabulary
    extending 65
    memorising 25
    sophisticated 254

W
written work
    checking and editing 95
    checking range and accuracy of language 219
    drafting and redrafting 158
    essays 143, 144–45

Acknowledgements

The publishers would like to thank the following for permission to reproduce photographs:

p. 11 PicHouse/Everett/Shutterstock/REX **p. 13** Jasmin Merdan/Fotolia; **p. 14** goodluz/Fotolia; **p. 17** dmitrimaruta /Fotolia; **p. 18** Pedro Oliva /Fotolia; **p. 20** Igor Mojzes /Fotolia; **p. 21** *l* Dick Garrell/Getty Images; *r* dglimages /Fotolia; **p. 22** David Pereiras/Fotolia; **p. 24** jolopes/Fotolia; **p. 27** tatoman/Fotolia; **p. 28**; *t* benschonewille/Fotolia; *b* Fotolia; **p. 29** Fotolia; **p. 30** eenevski /Fotolia; **p. 32** pololia/Fotolia; **p. 34** Frank Boston/Fotolia; **p. 35** Dusan Kostic/Fotolia; **p. 37** Fotolia; **p. 38** marko86/Fotolia; **p. 41** Javier Castro/Fotolia; **p. 43** Wolfgang Jargstorff/Fotolia; **p. 44** Sven Weber/Fotolia; **p. 47** AFP Getty Images; **p. 48** Jack F/Fotolia; **p. 50** teracreonte/Fotolia; **p. 52** Javier Castro /Fotolia; **p. 55** lienchen020_2/Fotolia; **p. 56** pressmaster/Fotolia; **p. 58** *t* David Mee; *b* David Mee; **p. 59** *t* TopFoto; *b* TopFoto; **p. 60** TopFoto; **p. 62** SOMATUSCANI/Fotolia; **p. 64** Eugene/Fotolia; **p. 66** M. Gove/Fotolia; **p. 68** yolandi/Fotolia; **p. 70** Distrikt3/Fotolia; **p. 71** *t* jackF/Fotolia; *b* Igor Borodin/Fotolia; **p. 73** fotodo/Fotolia; **p. 74** Igor Zakowski/Fotolia; **p. 76** David Mee; **p. 78** omicron/Fotolia; **p. 80** David Mee; **p. 82** Barking Dog; **p. 87** witty bear/Fotolia; **p. 88** *1* pat_hastrings/Fotolia; *2* ZIQUIU/Fotolia; *3* arenaphotouk/Fotolia; *4* M.studio/Fotolia; *5* Arturo Limón/Fotolia; *6* la_vanda/Fotolia; **p. 89** Island Stock/Alamy; **p. 90** Tupungato/Fotolia; **p. 92** Mik Man/Fotolia; **p. 94** litchi cyril/Fotolia; **p. 95** *t* lunamarina/Fotolia; *b* sedat saatcioglu/Fotolia; **p. 97** *tl* sattriani/Fotolia; *tr* Olaf Speier/Fotolia; *b* Ezume Images/Fotolia; **p. 99** Monart Design/Fotolia; **p. 101** *t* JackF/Fotolia; *b* cribe/Fotolia; **p. 102** *tl* nito/Fotolia; *bl* nito/Fotolia; *r* nito/Fotolia; **p. 105** *t* Moviestore Collection/REX/Shutterstock; *m* c.PicHouse/Everett/REX/Shutterstock; *b* Everett Collection/REX/Shutterstock; **p. 118** c.PicHouse/Everett/REX/Shutterstock; **p. 120** Everett Collection/REX/Shutterstock; **p. 122** Moviestore Collection/REX/Shutterstock; **p. 124** Photos 12/Alamy; **p. 126** Snap Stills/REX/Shutterstock; **p. 130** Fotolia; **p. 134** *b* Fotolia; **p. 136** Everett Collection/REX/Shutterstock; **p. 138** AF archive/Alamy; **p. 140** Moviestore Collection/REX/Shutterstock; **p. 147** Becky Stares/Fotolia; **p. 149** Laiotz/Fotolia; **p. 151** chamillew/Fotolia; **p. 152** quickshooting/Fotolia; **p. 155** lassedesignen/Fotolia; **p. 156** dietwalther/Fotolia; **p. 157** Anterovium/Fotolia; **p. 159** joserpizarro/Fotolia; **p. 161** Nikolai Link/Fotolia; **p. 162** Monkey Business/Fotolia; **p. 163** Monkey Business/Fotolia; **p. 165** jovannig/Fotolia; **p. 166** *t* Gideon Mendel/Corbis; *b* 621513/Fotolia; **p. 170** Graphithèque/Fotolia; **p. 171** Creativa Images/Fotolia; **p. 173** Oscar de Marcos/Demotix/Corbis; **p. 175** T2/Fotolia; **p. 176** *b* Radharc Images/Alamy; **p. 178** Chema Moya/epa/Corbis; **p. 179** Alfonso de Tomás/Fotolia; **p. 180** Giovanni Cancemi/Fotolia; **p. 182** puckillustrations/Fotolia; **p. 184** macrolink/Fotolia; **p. 185** Orlando Bellini/Fotolia **p. 186** ornitozavr/Fotolia; **p. 189** *t* Mike Thacker; *b* D'July/Fotolia; *bl* pelillos/Fotolia; **p. 190** *l* D'July/Fotolia; *r* Mike Thacker; **p. 191** pelillos/Fotolia; **p. 192** morganimation/Fotolia; **p. 197** fotomek/Fotolia; **p. 199** erlire/Fotolia; **p. 201** *l* TopFoto; *r* TopFoto; **p. 202** a40757se/Fotolia; **p. 204** TopFoto; **p. 207** lipowski/Fotolia; **p. 208** Christian STAEBLER/Fotolia; **p. 211** joserpizarro/Fotolia; **p. 212** *t* akg images/Album/Documenta; *b* Hulton-Deutsch Collection/Corbis; **p. 215** Sergio Hayashi/Fotolia; **p. 216** Vladimir Voronin/Fotolia; **p. 218** Hulton Archive/Stringer/Getty Images; **p. 223** grechsantos/Fotolia; **p. 225** Cebreros/Fotolia; **p. 226** Tupungato/Fotolia; **p.228** Antonio Fdez./Fotolia; **p. 230** cronopio/Fotolia; **p. 233** Onidji/Fotolia; **p. 234** Bettmann/Corbis; **p. 236** RIA Novosti/TopFoto; **p. 237** TopFoto; **p. 239** *l* poosan/Fotolia; *r* Gilloots/Fotolia; **p. 240** srodrim/Fotolia; **p. 243** mast3r/Fotolia; **p. 244** fotonen/Fotolia; **p. 246** loreanto/Fotolia; **p. 247** dglimages/Fotolia; **p. 249** shou1129/Fotolia; **p. 250** carballo/Fotolia; **p. 253** *l* krasnevsky/Fotolia; *r* andresgarciam/Fotolia; **p. 254** Robert Kneschke/Fotolia; **p. 256** traveltelly/Fotolia; **p. 258** Africa Studio/Fotolia; **p. 259** ViewApart/Fotolia;

The publishers would also like to thank the following for permission to reproduce artwork and illustrations:

p. 18 Instituto de Política Familiar a partir de datos del INE; **p. 36** es.slideshare.net **p. 85** 'LinkedIn, Instagram y Spotify, las redes que más suben en España', 28 de enero de 2015, tecnologia.elpaís.com, slideshow, Ángel Luis Sucasas, Ediciones El País SL; **p. 142** *A*, *B* and *C* Barking Dog; **p. 168** PROVIVIENDA, 1/8/2014; **p. 194** *t and b* Barking Dog; **p. 256** We Live Security en Español (2013), ¿Para qué utilizas las redes sociales?, http://www.welivesecurity.com/la-es/2013/08/21/51-usuarios-latinoamericanos-utiliza-redes-sociales-fines-corporativo